U0136094

李世瑜著

現在華北祕密宗教

陳垣題

蘭臺出版社

吳　序

　　一般人不管學問如何淵博，功業如何輝赫，對於人生中有若干問題，只要稍加思索，追求原委，都無法得到圓滿的解答。在他們心裏，這些都是一種懸案，是一種不能深解的謎。這些要想知道而無法知道，要想究討而無從究討，要想控制而無力控制的許多問題，多少會引起情緒上的不寧，心境上的糾擾。這就是宗教的一種動機。

　　第一個問題老是縈纏一般人的心靈的就是「人的歸宿」。一個人活在世上，表現儘管大有差別；有的遊閑了一生，有的建樹了不可磨滅的豐功偉業，到了死的時候，從社會客觀的評估，有的重於泰山，有的輕如鴻毛。不過從個人主觀的立場，每個人都覺得他已努力了一生，忙碌了一生，到了臨終時，仍覺大志未成，工作未竟，引為憾事。他看見了比他年長者一個一個這樣的過去，他也確切的知道他的末日早晚會來臨。在他優閑的時候，他自然而然的會發生一種疑問：「人生難道這樣就完了嗎？」這個問題的提出可說是一種內心微奧的抗議，是不安情緒的泄洩。書本不能給他答案，工作不能完全使他忘卻。在下意識裏，這個問題始終在纏綿他。任何主張，任何信仰，祇要能夠答覆這種抗議，安慰這種情緒的，必能獲得大眾的擁戴，在民間的潛力亦必雄厚。

　　第二個問題每一個人時常想追究而沒有人能確切答覆的，就是關於物種淵源的究竟。人們的智識發展到某種程度後，自然而然會追究一切事物的來歷。其中最切身的一部份就是關於人類本身的淵源。我們的祖先究竟如何發端的？何處起家的？何時分化的？這些問題雖然在近代人類學上還無法切實的答覆，但在任何民族裏，凡稍有思慮者多少想弄個清楚。許多宗教在民眾間所以能有操縱的力量，所以能獲得他們的信仰者，一部份的原因，因為祂們傳統上的信條或經典能夠很武斷的給這些玄妙的問題以一種斬釘截鐵的確切答案。

　　再有一種現象，一般人始終感到大惑不解的，就是善惡的報應問題。每一民族中都有一種道德標準。標準儘可不同，但都有善與惡，公與私，正義與強權，道德與邪惡的區別。前者一致加以表揚鼓勵，後者則予以遏制。這種態度當然是民族經驗的結晶，對於民族的生存是一種具有決定性的因素。但事實上一個民族中所目為善的，公的，正義的，道德的行為，往往不近人性，勉強訓練的，而且常常會妨礙個人的利益。所以要維持這種標準，時常要靠著一種外力來督策，來疏導。假如社會上凡為善的人都能有善報，凡為惡的人都逃不脫惡果，那維持這種標準當就比較容易。但大家都知道，因果往往是背道而馳的，至少為善未必有善報，作惡可能免惡果。這種矛盾怎樣可以調協呢？這也得靠宗教來解脫。在文明人的宗教中，主旨都在勸人為善，他們的信條，都建築在因果報應的大前提上。不過報應不限於今世，前世可能是今日的因，今世就是前世的果，也就是來世的因。這樣一來，塵世上儘管充滿了

不公平的事件，不靈驗的因果報應，到了來世仍然會受到公正的裁判，善惡終究會得到應有的獎懲。這當然會給予無數人以一種安慰，同時也給不少肆無忌憚的人以一種顧忌。

中國除了若干邊區的回教和喇嘛教能夠支配一般人民的精神生活外，一向流行的儒佛道三大教，在人民的生活上並沒有太大的影響。所謂的儒教，不過是一種倫理系統，根本不能算正統的宗教。佛教哲理深奧，非一般人所能領略。道教已到了凋殘頹廢的階段，僅剩了一套空殼的儀式。這些宗教對於我們上面所提出的許多問題，願望，情緒，都不能有明確的啟示，更不能舒洩人生動盪惶恐的情緒。為了滿足這一類的需要，為了加強僅具體殼而缺乏動力的宗教力量，才有各種秘密宗教的倡設。我們看到他們流行的廣汎，信徒的眾多，正足以證明這些需要的迫切。社會學及人類學對於這種現象，尤應有精密的調查和深刻的了解。所以李君世瑜的這種研究是值得我們注意，而且應當提倡的。

從李君的著作中我們可以發現凡秘密宗教的倡導者並不是研究有素的哲學家，也不是學問淵博的思想家，而是極平凡極普通的老百姓。這無非說明，他們精神生活上缺乏一種寄託，他們矛盾的心緒得不到安定，於是在流行的各種宗教中，東抄西襲的湊成一套新的儀式，新的信條，來屬足內心的渴望。倘從純粹的論理或邏輯上着眼，這秘密宗教的內容是不值一笑的，但從心理的觀點和社會的功能上看來，我們不能不承認他們的重要性和現實性。儘管許多教條可說是不倫不類，但是他們對於上面所提到的許

多切身問題卻給了很簡單，很切實的答案。沒有受過太高智識的人信奉以後，心靈覺得有了寄託，生活有了意義。所以這些宗教可以深入一般人民的心坎，無數的人會死心塌地的供奉不逾。

李君為了搜集資料曾親自加入各種秘密宗教，以便觀察體驗其中的究竟。他以同情的態度，作客觀的分析。這是難能可貴的嘗試。華北方面的情形，有了李君這篇報告，我們可以知道一個輪廓。希望類似的嘗試可以推廣到中國的其他各區，從各方面的報告中再整理出一個綜合的結論，這對於社會學及人類學一定有很大的供獻。

吳澤霖於清華園

民國三十七年十二月一日

賀　序

　　一九四四年我在北平日本人的集中營裏，有充分的閒暇；同時在營裏的，還有許多察哈爾，山西和綏遠的神父們，他們都願意我對於當時盛行於這些省分的秘密宗教一貫道做些研究。當時我的努力幾乎沒有結果，雖則靠了朋友們的借與，尤其是太原的焦神父，我得到了三十種一貫道所印的小冊子，但沒法得到關於這個秘密宗教的直接材料。於是我只能寫成了一篇簡短的關於這三十種小冊子的提要。

　　因為這種嘗試離我自己的本行太遠了，我對於這些宗教，並不會增加了更多的認識；但是我幸而有機會和李世瑜君往還。輔仁大學的趙衛邦教授，把我介紹給他，他那時正在準備着做一個對於一貫道的澈底研究。趙教授自己正是鼓勵他做這種工作的人。李君懷了一個著書的計畫去加入了這個教門，在很長的時間裏，他很忠誠地參加了他們的集會，很透澈地認識了他們的教義。他又獲得了他們大量的書刊，目睹了他們最神秘的儀式。尤其有意義的，便是他更嫻習了這些「道親」們日常招待的方式和談話的姿態。這一項嫻習使他很容易地去深入其他的秘密宗教，因為這些方式和姿態，在各種秘密教中往往是很相似的。

　　現在李君的書完成了，他不但完成了一貫道的研究，而且還把他的計劃擴充了。我雖則是一個外行，但也許可

以在這書出版的時候，寫下我的信念：我想作者所走的是
正當的途徑，因為他正集中精力於搜集這些秘密宗教的文
獻上。以前的作者還沒有發現過這麼多的資料，同時他們
往往根據了那些貧弱的認識來作過速的論斷。所以在我看
來，作者的感覺是不錯的，那就是作綜合研究的時候還沒
有到來。我們需要更多的關於那些宗教的文獻，才能有比
較可靠的結論。我希望在最近的將來，我們的作者，能在
這一問題上有更多的貢獻。

　　　　　　　　　　　　　　　　　　　賀登崧

　　　民國三十七年十一月十三日寫於北平半畝園的太室

自　序

　　這本書是我在北平輔仁大學人類學研究所肄業時，在賀登崧教授（Rev. William A. Grootaers, C.I.C.M.）指導之下寫成的碩士論文。但並非全部，原稿除「緒論」一篇外，本文計分兩篇：上篇《歷代秘密宗教史料鈔》，內容分七章，係抄錄自漢迄清的有關秘密宗教的史料；下篇《現在華北秘密宗教》，內容分四章，係現在華北各地流行著的四種秘密宗教的調查報告；另外尚有附錄六種，係雜錄有關秘密宗教問題的文獻的。這裏所發的只是原稿的「緒論」和下篇。關於這一類秘密宗教最近在北平興起的還多，例如太上門，混元門，八方道，十方道，太極神教，明明聖道會等，真是五光十色。將來如果環境許可，作者仍將繼續調查。

　　提起秘密宗教問題，我首先要說明的就是牠和「秘密社會」（幫會或 Secret Society）完全不是一回事，而是流傳在民間的一種純粹的「宗教」，牠的發展異常複雜而有趣，是研究歷史，民俗，宗教的人必應知道的事，我舉一段話來說明牠的性質和流傳的普遍情形，就是李景漢先生在《定縣社會概況調查》裏所記載的：

　　六十二村內又有佛教會和數種所謂道門團體，其中有的非常秘密，有的雖不很秘密，但也不歡迎人打聽內容，因此調查非常困難，但也多少知道一些內中情形。……一個村莊不限一

種道門，有時可以發見數個團體。可是一個人祇能屬一個團體，不能同時加入兩種團體。

李文另有附表一個，列出在六十二個村落中流行著的十二種秘密宗教的名稱和信徒數目等，由這一段可以知道牠的簡單概念和存在情形。當然，這一現象不一定能代表所有的事實。例如我在萬全縣和宣化縣調查過二百餘村莊，其中只發現了六種秘密宗教，而在我經常居住的平、津兩地，却發現了現在仍在流行著的至少有四五十種。（不具備「宗教」的完全條件的，如頂香，跳神之類除外。）總之，秘密宗教在民間勢力的強大和這一問題的重要，由此可以證明。只是過去很少有人注意過，更沒有過專篇研究的文字，偶或有人談起，而所用的材料也往往非常不科學。我再舉一實例證明這一點。王治心先生在《中國宗教思想史大綱》的《秘密社會中的宗教》一節裏開頭的幾句話：

　　我們在這裏提起秘密社會，並不是承認秘密社會在宗教上有什麼特殊的貢獻，也不是承認秘密社會中的宗教性，有甚麼影響到現代宗教思想的變遷；因為這個問題很少有人研究，而且也不容易研究。不過牠在宗教方面，確有一種關係，在研究中國宗教思想的範圍中，似乎也應當提到的。既然這樣，我們不知道應當把牠放在什麼地方，不過牠是近代的產物，尤其是在清代起頭的，包含著民族思想在內，所以我們就把牠放在這一節裏。

從這幾句話可以知道王先生把這一問題根本弄錯了，所以這一節的內容，我們是可以想像而知的。其他提到秘密宗教的文字，錯誤往往不一而足，可見用正確的觀念去研究這一問題的需要是如何迫切。

　　這本書就是把我幾年來直接從現在流行著的幾個秘密宗教裏所見到的一些實況記載下來，希望把這一問題重新介紹給人們，更願能供給一些專家們以參考的材料和得到他們的指正。

　　非常感謝聞在宥教授，在這樣印刷困難的時期能把這本書出版，並且曾將全文詳細檢閱一過，糾正了不少的誤漏。陳校長援耄題署，吳師澤霖，賀師登崧賜序，雷師冕（Rev. Rudolph Rahmann, S. V. D.）資助印刷插圖，陳嘉祥科長供給資料，李仲耘畫師繪製圖像，及內子單其莘的繕校原稿，均謹在此永誌謝忱。

李世瑜於輔大方言地理學研究室

十二月十四日，一九四八

增訂版序

　　我出生於 1922 年 2 月，在天津梁家嘴一個富有的封建大家庭裡。祖輩、父輩都經營商業，唯有父親彩軒公讀過教會學堂新學書院，又到日本早稻田大學工科肄業，歸國後陸續開過三個工廠。他接受了「文明思想」，對於封建家庭的種種弊端，尤其是有些房裡五花八門的迷信、愚昧信仰和活動深惡痛絕。他曾諄諄教導我說：「這些東西一定要取締，不然可能導致亡國滅種（義和團運動對他的刺激很大）。但是取締一件事情必須徹底了解它。看它到底是怎麼回事，使人那麼執迷的原因是什麼。」這幾句話成了我的座右銘。

　　我自幼受到良好的學校教育，南開中學初中，匯文中學高中，輔仁大學社會學系本科，人類學研究院。自從 1940 年我尚在高中讀書時就開始對當時流行的多種民間秘密宗教進行了調查，如一貫道、在理教、聖賢道、道院等，有的在我那個大家庭裡就調查了。1941 年入大學時已經掌握了很多資料，入大學後首先就是想探詢一下我搞的這一套算不算一門學問。使我失望的是沒有人能回答這

作者 7 歲像（1929 年）

個問題，因為沒有一位教授對這個方面有所研究，也沒有一門課程講到這個問題。直到上了大四，要寫畢業論文了才遇到一位「明師」趙衛邦教授。他不在社會學系，而是在輔大的東方人類學博物館編輯《民俗學誌》（外文刊物），兼在人研任教。他是位民俗學專家，我的論文就是他指導的，題為《秘密教門之研究──附一貫道實況調查》。就是由於這篇論文，我被保送入了人類學研究院。在這裡又遇到另一位「明師」賀登崧教授（Willem Grootaers，比國神父）。他曾得到過三十多種一貫道經卷，發表過一篇《一貫道經典提要》。自從 1947 年初到 1948 年秋我索興搬到他的「方言地理學研究室」去工作、學習。47 和 48 年兩個暑假我又隨他到察哈爾省萬全、宣化兩縣去進行廟宇、宗教、民俗、方言等方面的田野調查，兩次共調查過 200 餘農村、兩個縣城和張家口市，共是 4 個月。這是兩次嚴格的訓練，我學到了他的全部方法論，增長了很多知識和本領。兩次的調查報告共是三種，都是由他執筆，與我聯名發表。這三種報告發表後，幾十年來成為外國的「中國學」學者的必讀書。它們是：

Temples and History in Wanchuan，《華裔學誌》1948 年號。

Rural Temples Around Hsuanhua，《民俗學誌》1951 年號。

中国の地方都市における信仰の実态，日本五月书房 1993 年版

賀登崧還全面指導了我的碩士學位論文：《中國秘密宗教研究》，內容除緒論一章外，分上下篇，上篇是《歷代秘

密宗教史料叢鈔》，下篇《現在華北秘密宗教》。完成這部論文是 1948 年，學校給予出版獎勵，當年即在華西大學中國文化研究所出版（節取緒論和下篇），這即是我那部「處女作」。當時的校長陳垣先生是著名的史學家也是宗教史學家，他對我的書很賞識，親自為它命名並題寫書檢。他向我說：「你的書是一本好書，過去還沒有人作過這種研究。咱校本來有《輔仁學誌》，也可以出專刊，但只能是文史方面的考據性的書，所以推薦給華西大學，聞在宥先生可以給你出版。」

《現在華北秘密宗教》於 1948 年底出版，當時成都尚未解放，因此未能在全國發行，而大部分運往國外，初版 1500 冊，又重印了一次。成都解放後華西大學圖書館還存有 500 多冊，恰好我的恩師趙衛邦先生 1951 年調至該校歷史系任教授兼圖書館館長，在他主持下把這批書售給了古籍書店，這才得以在國內按「古籍」出售。這本書在幾十年間據知有三次被影印出版，影響了一些國內外的學者，自然是以承認這是一門學問為前提的。他們也跟著這樣做起來，取得了早已超過我的成績。

有一點不能不引為遺憾的是該書在經過華大聞在宥先生審閱時竟把「呂祖道」一章刪去，這一章約五萬字，呂祖道是在北京流行的，聲勢不小，刪去它的原因是有一篇濟公降壇的壇訓，大意說無生老母看到世人作惡多端，一氣之下派遣「赤魔大帝」下凡，掃盡世上惡人，為期三年，三年後無生老母還要將赤魔大帝收回。聞先生害怕了，這分明是影射共產黨，說他只有三年的天下。當時成都即將解放，聞先生只好撤下這一章，並且把原稿毀掉，我沒有

留底，此次出版增訂版，我想恢復也沒有辦法了。

　　1948 年 10 月賀登崧回國，不久北平、天津解放，社會學、人類學被取消，輔大改組，我（已是助教）失業，回到天津，改了業，改為歷史。先後在天津教師學院教歷史，又到天津史編纂室編天津史，該室後來合併於天津歷史研究所，我又被調到其所屬的《歷史教學》雜誌社當編審，該社後來合併於天津古籍出版社迄今。我在這些單位供職 40 年，除在天津史編纂室時僅有 10 個月是奉公地進行一項田野工作（調查渤海灣古代海岸遺迹）之外，我自己的專業一律是在「八小時以外」作的，都應算是我的「業餘愛好」。只有到 1988 年退休了，被社科院歷史所返聘回去，建立了民間宗教研究中心，我才得以為所欲為。

　　我一直沒有放棄我的專業，先說民間秘密宗教方面。雖然取締反動會道門，而有的並沒有宣布為反動，我還有許多老關係，照樣來往，解放前的未竟之功因而得到補充、修訂，如在理教。而且還有新的開展，如我發現了一處從明萬曆年間原封不動地存在了 400 多年的紅陽教佛堂，結識了他們的掌門人、道爺。又如聖賢道、天地門、太上門、普明大佛道、太上古佛門等。在《民間宗教》第二、三期上發表的《天津在理教調查研究》、《天津紅陽教調查研究》、《明明聖道調查研究》就是我的成果的一部分。還有幾篇文章似也應該介紹一下，如發表在《北京史苑》1985年第 3 期的《順天保明寺考》，此文把西大乘教的來龍去脈理清，彌補了民間秘密宗教史上的一個缺環（此文我曾譯為英文，後請 Susan Naquin 教授做了修訂並補充她所掌握的資料聯名發表於《哈佛亞洲研究學報》第 48 卷第 1 號，

1988 年 6 月）。又如發表於《世界宗教研究》1986 年第 1 期的《民間秘密宗教史發凡》，此文代表了我研究此學幾十年的階段性成果。又如發表於《歷史教學》1979 年第 2 期的《義和團源流試探》和發表於《史學月刊》1985 年第 2 期的《義和團源流答問》，這是義和團運動研究上第一次從民間秘密宗教角度追溯其源流的文章，此後不少中外學者也就此更深入地進行了研究，寫出不少佳篇，日本小林一美先生稱這些研究為「源流派」。

　　還有一項我想一提的是 1984-1986 年我在美國賓州大學時除講學外曾用了半年多時間調查過費城大學區的 160 座屬於 70 多教派的教堂，為此《基督教科學箴言報》的記者採訪了我，寫了一篇報告發表於該報 1986 年 4 月 13 日，事後日本一家英文報紙全文轉載。這是我想用在國內調查秘密宗教的方法到國外去試一試，試的結果使我非常滿意，只是他們這 160 座教堂都是公開的。我獲得的資料盈筐累篋，我至今還在整理着，只是發表了一篇小文章，題為《科技大國的宗教狂熱》在報紙上發表，全面的報告還有待來日。

　　還是談談在國內。近年由於加強對有反動趨向的會道門和各種假託氣功的取締力度，某些組織消聲匿迹了。但是個別的還在活動，他們希圖東山再起。有一個巧妙的組織，就是我在涿鹿縣發現的普明大佛道，這是萬全縣黃天道的遺緒，他們居然能在一片取締聲的夾縫中生存着。其妙處就在以走共產主義道路為標榜，有一座公開的殿堂，不公開收徒弟；掌門人會治病，來治病的就是徒弟。不事宣傳、張揚，由掌門人指揮一切，有幾個幫手都是管廟產

的、管布施款項、管衛生的。我也寫成調查報告，收入增
訂版。

　　我從 1940 年就開始對民間秘密宗教進行調查研究，一
氣貫通，直到 2004 年最後一次到涿鹿縣，共是 66 年，可
謂傾畢生之力從事這項工作。我的看法是中國歷史上從五
斗米道張角開始，民間秘密宗教無代無之，即便中國也成
了科技大國（已有上述美國的例子），也不會沒有它們的存
在。所以我認為從事這門學問的，不會失業。

　　　　　　　　　　　李世瑜 2006 年 7 月 2 日於天津
　　　　　　　　　　　　　　　　　　時年八十四

RELIGIONS SECRÈTES CONTEMPORAINES
DANS LE NORD DE LA CHINE
Résumé en Francai3

Depuis six ans l'auteur de cet ouvrage a fait une enquéte sur une quinzaine de sociétés religieuses secrétes en vogue actuellement dans la Chine du Nord; il en présente iciquatre sur lesquelles sa documentation est suffisamment reorésentative.

Les religions secrétes en Chine out une histoire ties ancienne; on les trouve mentionnées dés la dynastie Han 漢 au début de notre ére et depuis lors elles n'ont été inconnues a aucune époque. Sans doute leurs doctrines se sont modifiées souvent d'aprés époqueset les lieux. Ainsi la religion Wu-tou-mi Tao 五斗米道 sous les Han combinait des elements confucéens et bouddhiques. Au temps des Seize Royaumes(3-6 siécles), leurs idées religieuses étaient un syncrétisme de Confucianisme, de Bouddhisme et de Taoisme. Dés l'époque des Wei 魏 (5-6 siécles) on trouve la doctrine sur la venue au monde de Maitreya qui était empruntée à l'Inde. Deux religions étrangéres, le Manichéisme et le Nestorianisme se muèrent en religions secrétes lorsque l'opposition gouvernementale leur refusa l'existence officielle. Sous les Ming 明 (14-17 siécles) un nouvel élément apparaît, le culte de Wu-sheng Lao-mu 無生老母 La Mère Eternelle; elle devient leur divinité suprème et elle est restèe un element essentiel de toutes ces sects jusqu'à nos jours.

L'auteur considère l'étude des religions secrétes comme un des problèmes principaux de l'étude des religions de Chine; on les trouve partout et toujours; elles surpassent souvent en vitalité les religions officielles. Cela se constate surtout en Chine du Nord durant les cinq derniers siècles. Les historiens contemporains semblent ne pas avoir attachéassez d'importfance à l'étude de ces religions; la raison en est sans doute à chercher dans le fait que leurs adhérents se recrutent le plus souvent parmi les classes inféxieures de la société ainsi qu'on peut s'y attendre pour des religions don't les doctrines sont superficielles et qui présentent un élément considérable de superstitions grossiéres.

Le premier chapitre de cet ouvrage traite de la religion Huang-t'ien Tao 黃天道 ; cematériel fut rassemblé durant un voyage d'exploration folklorique à Wan-ch'üan 萬全 , province du Chahar, Durant l'été de 1947, ploration dirigée par le Père Willem A. Grootaers, CICM, professeur à l'Université Catholique de Pěkin et directeur de Eureau of Linguistic Geography.

En plus de l'exposé de la doctrine et des rites de cette religion on trouvera ici un cas typique de la découverte d'une société religieuse secrète. En meme temps la méthode géographique a été appliqué au développement du Huang-t'ien Tao dans le territoire explore; cette méthode était inconnue jusqu'ici des savants faisant des etudes de folklore en Chine.

La doctrine, les rites les écrits canoniques et les légendes entourant l'origine du fondateur sont dans le Huang-t'ien Tao très semblables à ce qu'on trouve dans les autres sociétés analogues. Cependant l'auteur découvrit des preuves convaincantes que depuis les règnes de Wan-li 萬曆 jusqu'à celui de Ch'ung-cheng 崇禎 （1572-1644）cette religion se transmit sans interruption jusqu'à nos jours.

Le deuxième chapitre traite du I-kuan Tao 一貫道. Cette religion connut un grand succès durant les toutes derniéres anées, se répandant dans tous les territores occupés par les Japonais. Son fondateur, mort en 1947, était Chang T'ien-jan 張天然. Ses membres gardent un secret rigoureux au sujet de sa personne. Sa doctrine présente des éléments étranges que l'auteur a tâché d'analyser dans la première section de ce chapitre; il n'aréussit à démèier que quelques fils de cet écheveau embrouille. L'auteur a eu des rapports très intimes avec cette société et a pu obtenir un nombre considérable de ses secrets. L'origine assez recente du I-kuan Tao fait qu'elle combine des éléments trouvés dans d'autres sociétés secrétes; c'est donc là vraiment un type bien représentatif de cette sorte de religion.

On trouvera ici un rapport détaillé sur les doctrines, sur les rites et sur ses méthodes d'apostolat. Le succés qu'elle connut est reflété par le grand nombre d'écrits publiés par elle. Les plus populaires de ces ouvrags sont maintenant aux mains de l'auteur qui enposséde 130; il a jugé intéressant d'en présenter une liste compléte avec commentaire bibliographique dans le dernier paragraphe de ce chapitre.

Le troisième chapitre présente la société Kuei-i Tao 皈一道; elle est répandue au Shantung et au Hopei, surtout dans les villes de Pékin et de Tientsin. Elle présente de nombreuses similarités avec le I-kuan Tao. On pourrait même hasarder l'hypotèse que ces deux scciétés ne sont que le développement divergent d'une méme religion originale, bien que l'auteur ne puisse encore rien affirmer sur cette origine.

Dès le premier paragraphe l'auteur montre que le Kuei-i Tao a dû prendre son origine ily a moins de cent ans. C'est sur le point de ses pratiques ascétiques que cette société differe le plus de l'-kuan Tao. En plus de son strict végétarianisme, elle exige de ses membres la récitation quotidienne de nombreuses prières et l'accomplissement quotidien de 4.000 prostrations profondes. A caùse de cela sans doute, son succès est beaucoup moindre que celui de l'I-kuan Tao. Seuls quelques fidèles dans les grandes villes ont pu embrasser ses pratiques. L'auteur a eu des rapports avec ses membres à Tientsin et il a été surtout frappé par leur genre de vie entièrement dominé par leurs observances religieuses; il y a consacré un paragraphe spécial. A cause de son histoire relativement longue ses écrits sont assez nombreux; on en trouvera ici 33 présenté brièvement, que l'auteur a pu se procurer sur un total de 60 titres connus.

Le quatrième chapitre traite de la société I-hsin-t'ien-tao Lung-hua Sheng-chiao-huei, 一心天道龍華聖教會. Le quartier général de cette religion était à l'origine à Ch'ang shan-hsien 長山縣 （province dn Shantung）, puis vint se fixer à Tientsin à cause des circonstances politiques. Elle fit usage de l'occupant japonois pour étendre son influence.

Parmi les religions secrètes, celle-ci est le plus inaccessible. Il est extrèmement difficile d'en apprendre quelque chose tant qu'on en n'est pas membre. Ceux-ci ont des pbligations très lourdes: ils ont à céder toutes leurs possessions à la société, eux-mèmes-et leur famile doivent aller se fixer avec les autres membres; leur'vie n'y est pas facilè et très peu en sont capables. De là les grandes difficultés qu'on rencontre dans l'étude de cette religion. Ce chapitre est entièrement basé sur le matériel saisi par les autorités à la fin de la guerre à Tientsin et sur quelques rapports traduits en chinois et dus à des auteurs japonais. Ce chapitre ne peut donc ètre mis sur le mème pied que les trois précédents; il présente un exemple de ce qu'on peut obtenir en s'appuyant uniquement sur une enquète officielle et sur des recherches d'auteurs plus anciens.

Après avoir étudié ces religions secrètes, quelques conclusions générales se dégagent. La divinité suprème de ces sectes est toujours Wu-sheng Lao-mu; leur but est de sauver le monde de la fin proche de notre période cosmique; leur fondateur est un "esprit" envoyé sous forme humaine par Wu-sheng Lao-mu, pour diriger la société. Bien plus, toutes les religions passées de l'humanité ont la mème origine céleste et le temps est venu de les réunir en une seule; de là leur principe général: San-chiao kuei-i 三教歸一 Les Trois Religions en Une, ou Wan-chiao kuei-i 萬教歸一 Toutes les Religions en Une. Bien que leurs ritca diffèrent assez considérablement, elles ont cependant toutes quelques éléments communs: une formule magique réservée aux membzes, un signe de passe secret et une méthode spéciale de faire la prostration; enfin toutes emploient l'écriture spirite sur le sable commemoyen de communication avec les eeprits. Ces points généraux sont traités dans l'introduction.

目　錄

導　論
——民間秘密宗教史發凡

　　民間秘密宗教是指作為正規的、公開的宗教，如佛教、道教等的異端，在民間秘密流傳的各種宗教，它們是廣大人民群眾所崇奉的宗教。這種宗教的源遠流長，生命力極強，發展變化很複雜；教理、儀節俱收並蓄，存世經卷雖不如佛、道教為多，但對它的研究在我國宗教哲學思想上的關係綦重；更其是秘密宗教的存在與歷代的農民起義多有聯繫，因此它又是歷史學上不可忽視的課題。僅就知見，略述梗概。發凡起例，容有未當也。

史略

　　民間秘密宗教的淵源可以上溯到古代的原始宗教性活動。固然如《易・系辭》上也說「聖人以神道設『教』」，而實際上當時的宗教性活動尚不具備完整的宗教思想體系，大體上說，它們都是屬於自然崇拜、靈魂崇拜和巫術、術數之類。它們的方式、名目繁多，如巫覡、立屍、工祝、關亡、夢兆、厭劾、卜筮、占星

等。這些活動不只流行於社會下層，也流行於社會上層。古籍上、金文、甲骨文上有關這方面的記載很多，例如《國語·楚語》：「古者民神不雜……在男曰覡，在女曰巫。」這是關於巫覡的解釋。《楚辭·九歌》：「靈偃蹇兮姣服，芳菲菲兮滿堂，五音紛兮繁會，君欣欣兮樂康。」這是關於神靈附體時的描繪。《通典·社典·立屍議》：「自周以前，天地宗廟社稷，一切享祭，凡皆立屍。」《詩·楚茨》：「神具醉止，皇屍載起，鼓鐘送屍，神保聿歸。」這是關於立屍的記載。

這些原始的宗教性活動在春秋戰國時代與一些哲學思想，如老子、莊子、列子相雜糅，秦漢時代又經過方士之流的利用，到了東漢時代就出現了具備比較完整的宗教思想體系和信條、儀軌、組織以至有了經卷的宗教，太平道、天師道即是。它們是最早的民間秘密宗教。這種宗教從其產生伊始就有着兩種性格，一是與正規的、公開的宗教一樣，起到對人們的心靈給予慰藉的作用，一是與革命思想結合，成為組織和策動農民起義的動力。這可以太平道為典型。《後漢書·皇甫嵩傳》：「初，巨鹿張角自稱大賢良師，奉事黃老道，蓄養弟子，跪拜首過，符水咒說以療病，病者頗愈，百姓信向之。角因遣弟子八人使于四方，以善道教化天下，轉相誑惑，十餘年間，眾徒數十萬。連結郡國，自青、徐、幽、冀、荊、揚、兗、豫八州之人莫不畢應。遂置三十六方，方猶將軍號也，大方萬餘人，小方六七千，各立渠帥。訛言『蒼天已死，黃天當立，歲在甲子，天下大吉』，以白土書京城寺門及州郡官府，皆作甲子字。」「角等知事已露，晨夜馳敕，諸方一時俱起，皆著黃巾為標幟，時人謂之黃巾，亦名為蛾賊，殺人以祠天。角稱天公將軍，角弟寶稱地公將軍，寶弟梁稱人公將軍。所在燔燒官府，劫略聚邑。」

　　大約就在太平道、天師道出現的同時，佛教也開始在中國傳播。在佛教的影響下，太平道、天師道的某些支派參照佛教的內容改進和豐富了原來的教理、經卷、科儀、規戒，經過長時間的流傳，逐漸形成正規的宗教道教。但是另外一些支派則仍維持其原來的面貌，在民間繼續秘密流傳。自然，發展為正規宗教的道教在以後的年代裏還會不斷影響到秘密宗教，關於這類秘密宗教，沒有留下系統的資料，因為當時不會有人留心它們的存在和流傳情況。只是有個別的支派對社會的影響較大時，歷史上才會見到它們的消息。如《晉書・張軌傳》：「京兆人劉弘者，挾左道客居天梯第五山，燃燈懸鏡於山穴中為光明以惑百姓，受道者千餘人。」又《周札傳》：「時有道士李脫者，妖術惑眾，自言八百歲，故號李八百。自中州至建鄴，以鬼道療病，又署人官位，時人多信事之。」

　　有的支派更擴張了秘密宗教的另一種性格，釀成了農民起義。東漢末、西晉初和東晉末發生的張魯、陳瑞、孫恩、盧循、徐道復等的起義就都是天師道及其支派所領導的。其中較為著名的是張魯和孫恩的起義。《三國志・張魯傳》：「祖父陵客蜀，學道鵠鳴山中，造作道書，以惑百姓，從受道者出五斗米，故世號米賊。陵死，子衡行其道。衡死，魯復行之。」「魯遂據漢中，以鬼道教民，自號師君。其來學道者初皆名鬼卒，受本道已信，號祭酒，各領部眾。……不置長吏，皆以祭酒為治，民夷便樂之。」《晉書・孫恩傳》：「世奉五斗米道，恩叔父泰……及扇動百姓，私集徒眾，三吳士庶多從之。……道子誅之，恩逃於海。……自海攻上虞，殺縣令，因襲會稽，害內史王凝之，有眾數萬。於是會稽……等凡八郡一時俱起，殺長吏以應之，旬日之中，眾數十萬。」

　　佛教自東漢明帝永平十年（67年）傳入中國後，經三國、兩晉、南北朝直到隋唐的幾百年間，絕大多數統治者都是十分重視和大力提倡的，因此它的傳播很廣泛，對於我國意識形態領域的影響很大。但是由於它的宗教哲學思想深邃奧秘，經卷浩瀚難解，儀節繁縟靡費，所以不僅廣大人民群眾不易接受，統治階級分子同樣也是不勝其煩的。某些佛教徒於是努力尋找學佛的「方便法門」。大約不晚於四世紀開始，一些能為群眾接受的簡單易行的佛教宗派就已建立起來或自印度引進。

　　如東晉時廬山東林寺僧人慧遠召集了部分信徒組成白蓮社，宣導「彌陀淨土法門」，教人只念一些簡單的經咒、佛號即能往生西方極樂世界。慧遠還有《沙門不敬王者論》、《法性論》等著作，他的說教非常重要，後世許多教派都是由此發展而來。

　　白蓮社之後，南朝齊梁間，佛教的「彌勒下生」說又演為通俗化、現實化的一條教義。按《彌勒下生經》說佛滅後世界即陷入苦境，一切惡趣，次第顯現，至五十六億七千萬歲之後彌勒佛將自兜率宮降世，在龍華樹下紹繼佛位，那時世界將變為天堂，廣博嚴淨，豐樂安穩，只有享樂，沒有痛苦。梁武帝大通元年（527年）佛徒傅翕（傅大士）利用這一教義創為彌勒佛教，宣稱他就是從兜率宮來的彌勒佛，自號「當來解脫善慧大士」，到世界上挽劫救難，濟渡群生。這一說教也很重要，一千四百多年來在民間各種秘密宗教中奉行不替，絕大多數創教祖師或其接續傳燈的人都自稱為彌勒佛化身。

　　在上述這類佛教宗派的影響下，唐代僧人善導就創建了淨土宗，淨土宗又分兩派，一派稱阿彌陀淨土，奉阿彌陀佛，一派稱彌勒淨土，奉彌勒佛。南宋時僧人茅子元又自淨土宗發展為另一宗派白蓮宗（詳後）。這些宗派也都是奉行專念佛號、受持五戒、

不茹葷酒等便捷的修持法則的。善導和茅子元都推東晉的慧遠為初祖，自認是白蓮社的傳人。

又如三世紀時在印度創興的佛教宗派大乘教也於東晉時期傳至我國。大乘教強調一切眾生皆可成佛，一切修行應以自利利他並重，排斥自利自度、自我解脫的佛教原來的教義。再如隋代僧人信行所創立的三階教，聲稱佛滅後一千年前所有得道眾生都是有根基的，屬於第一階、第二階；一千年後為第三階，或稱末法時，一切眾生，包括沒有根基的甚至惡人都要得道。他宣傳隋代即已到末法時，不應再以念一佛、誦一經為是，而應普歸一切佛，普修一切法，所以三階教又名普法宗。

白蓮社，彌勒教、淨土宗、白蓮宗、大乘教、三階教等這些佛教宗派的教義都是符合廣大群眾的心理和要求的，因而受到歡迎，深入民間，有的就與固有的秘密宗教融合一起，有的本身先起了質變，即也具有了秘密宗教的性格，最後還是與固有的秘密宗教相融合，這主要表現在他們也會糾眾起義。這類事實史不失書，其中最大的一次就是北魏延昌四年（515 年）冀州（今河北冀縣）僧人法慶利用大乘教的起義。《資治通鑒》卷 148：「魏冀州沙門法慶以妖幻惑眾，與勃海（今河北河間）人李歸伯作亂，推法慶為主。法慶以尼惠暉為妻，以歸伯為十住菩薩、平魔軍司、定漢王，自號大乘。又合狂藥，令人服之。父子兄弟不復相識，惟以殺害為事。刺史蕭寶寅遣兼長史崔伯驎擊之，伯驎敗死，賊眾益盛。所在毀寺舍，斬僧尼，燒經像，云『新佛出世，除去眾魔』。」

彌勒教倡興後，歷隋、唐、宋、元各代，利用它舉行起義、鬧事的更多。茲舉最早的隋代發生的事件為例。《隋書・煬帝紀》：「大業六年（610 年）春正月癸亥朔旦，有盜數十人，皆素冠練

衣，焚香持花，自稱彌勒佛，入自建國門，監門者皆稽首。既而奪衛士杖，將為亂，齊王暕遇而斬之。於是部下大索，與相連坐者千餘家。」《隋書・五行志》：「九年（613 年）帝在高陽，唐縣人宋子賢善為幻術，每夜樓上有光明，能變作佛形，自稱彌勒出世。又懸大鏡於堂上……遠近惑信，日數百千人，遂潛謀作亂，將為無遮佛會，因舉兵欲襲擊乘輿。事洩，鷹揚郎將以兵捕之。……其後復有桑門向海明，於扶風自稱彌勒佛出世，潛謀逆亂，人有歸心者輒獲吉夢，由是人皆惑之。三輔之士翕然稱為大聖，因舉兵反，眾至數萬，官軍擊破之。」

　　唐代社會承平，統治者為了維護其封建秩序，在意識形態領域中一般說不僅是儒、道、佛三教齊尊，還能容許外來宗教，如摩尼教，因此這一時代的民間秘密宗教相對地形成低潮。但摩尼教的傳入則對於秘密宗教的發展關係重大。摩尼教於武后延載元年（694 年）傳入我國，它原是三世紀時波斯人摩尼所創，其教義是綜合火祆教、基督教、佛教以及諾斯替教派的一些教義和宗教哲學思想加以改造而成。如摩尼教有「二宗義」即明暗或善惡說，謂善神清靜而光明，惡魔污濁而黑暗，人宜棄惡就善，棄暗趨明，這是從火祆教來的；摩尼教有「三際說」，即分宇宙的歷史為過去、現在、未來三際，這是從佛教來的；摩尼教的開闢說謂自開闢之初有十二辰，掌分年代，至第十一辰，釋迦佛出現，至第十二辰摩尼光明佛出現，這是根據基督教的創世說和千年王國說、佛教的彌勒下生說改造而成的；摩尼教主張只有「明使」（「明王」、「明尊」、「惠明」、「佛多誕」、「慕暗」同義）才能教化眾生，脫離諸苦，拔救靈魂，不墮地獄，這是從諾斯替教派來的；等等。

　　摩尼教傳入中國後，因為一度被官方承認和提倡，因此得以

公開傳教，並翻譯和著述了不少經卷，建築了一些寺院。但後來
又於會昌三年（843年）遭到嚴厲禁斷，於是摩尼教的一部分攀
附於道教、佛教（主要是道教），一部分則成為秘密宗教在社會
下層流傳，主要在西北、華北各地，一部分轉移至福建、浙江一
帶，這是因為當時波斯與中國交往時也由海路至東南沿海，所以
那裏還有摩尼教的勢力（至今泉州摩尼教寺院草庵尚保存完
好）。其名稱各異，如末尼教、明尊教、明教、吃菜事魔、魔教、
齋教、老官齋等。摩尼教教義本來就是一種雜薈，所以不僅攀附
於道教、佛教的很快就被接納（佛教曾有所排斥），以致吸收了
他們的教義、經卷，而且變成秘密宗教的很快也與固有的秘密宗
教結合一起，彼此交融、豐富、發展，成為歷史上最重要的秘密
宗教白蓮教的一套新型的教義，這是從一直流傳到晚近時期的白
蓮教派各種秘密宗教以及保留至今的大量的白蓮教經卷中得到
證明的。

　　摩尼教既經傳入民間成為秘密宗教，它也就具有了秘密宗教
的性格，即在和平環境中它是安善的宗教組織，在特殊的歷史條
件下它也會聚眾造反。這種事實自五代直迄元明不斷發生，茲舉
著名的五代時的母乙起義、北宋慶曆時的王則起義、北宋末的方
臘起義為例以見一斑。

　　《佛祖統紀》卷42：「梁貞明六年（920年）陳州末尼聚眾
反，立母乙為天子，朝廷發兵擒母乙，斬之。其徒以不茹葷酒，
夜聚淫穢，畫魔王踞坐，佛為洗足，云佛是大乘，我法乃上上乘，
其上慢不法有若此。《通鑑長編紀事本末》卷49：「慶曆七年（1047
年）十一月戊戌，貝州（今河北南宮）宣毅卒據城反，則本涿州
（今北京涿縣）人，歲饑，流至貝州，為人牧羊，後隸宣毅軍為
小校。貝俗妖怪，嘗言釋迦佛衰謝，彌勒佛當持世……則僭號東

平郡王，以張巒為宰相，卜吉為樞密使，建國曰安陽，榜其所居門曰中京，居室廄庫皆立名號，改元曰德聖。」《宋會要輯稿》第 6927 頁，176 冊《方臘》：「徽宗宣和二年（1120 年）十一月，睦州（今浙江淳安）青溪縣妖賊方臘據幫源洞，僭號改元，妄稱妖幻，招聚凶黨，分道剽劫。」《十駕齋養新錄》卷 8：「紹興四年（1134 年）五月，起居舍人王居正言：伏見兩浙州縣，有吃菜事魔之俗。方臘以前，法禁尚寬，而事魔之俗，猶未至於甚熾。方臘之後，法禁愈嚴，而事魔之俗，愈不可勝禁。」

　　摩尼教轉為秘密宗教後還有一點餘緒可言，即它在宋徽宗時又興起了一個支派稱為白雲菜或白雲宗，當時的影響也不小。《佛祖統紀》卷 54：「白雲菜者，徽宗大觀間，西京（今西安市）寶應寺僧孔清覺居杭之白雲庵，立四果十地造論數篇，教於流俗，亦曰十地菜，覺海愚禪師辨之，有司流恩州（今山東恩縣）。嘉泰二年（1202 年），白雲庵沈智元自稱道民，進狀起額。臣寮言：道民者，吃菜事魔，所謂奸民者也。既非僧道童行，自植黨與，千百為群，扶持妖教，聾瞽愚俗，或以修橋砌路，斂率民財，創立私庵，為逋逃淵藪，乞將智元長流遠地，拆除庵宇，以為傳習魔法之戒。奏可。」這個支派因為與前此興起的白蓮菜的名字只有一字之差，因此往往被混為一談，《佛祖統紀》卷 46 中就曾指出「白雲之徒兒與白蓮相混」。為了分清這兩個教派，《明律集解‧附例》卷 11 規定：「凡妄稱彌勒佛、白蓮社、明尊教、白雲宗等會，一應左道亂正之術，扇惑人民，為首者絞，為從者各杖一百，流三千里。」下面有注：「西方彌勒佛（按指彌勒教）、遠公白蓮社（按指白蓮教）、牟尼明尊教、釋氏白雲宗是四樣。」由此可見摩尼教攀附佛教並轉化為秘密宗教後僧俗無間的流布情況。

　　從民間原始的宗教性活動發展而為以太平道、天師道為代表

的秘密宗教，後來又擷取佛教傳入後所興起的白蓮社、彌勒教、淨土宗，大乘教、三階教等宗派的一些教義，最後又與變為秘密宗教的摩尼教的各種宗派合流，這個過程不少於一千年，至此民間秘密宗教的內容和形式基本上已經定型而且統一起來，名字就稱為白蓮教。

　　「白蓮教」這個名稱是怎樣來的？有下引一段史實。《佛祖統紀》卷 54：「白蓮菜者，高宗紹興初吳郡延祥院僧茅子元依仿天臺宗圓融四土圖、晨朝禮懺文、偈歌四句、念佛五聲，勸男女修淨業，戒護生為尤謹，稱為白蓮導師。有以事魔論於有司者，流亡江州（今江西九江）。其徒輾轉相教，至今為盛。」下文還引用釋宗鑒的評論：「良渚曰：此三者皆假名佛教以誑愚俗，猶五行之有沴氣也。今魔尼尚扇於三山（按指福州一帶），而白蓮、白雲處處有習之者。大抵不事葷酒，故易於裕足，而不殺物命，故近於為善。愚民無知，皆樂趨之，故其黨不勸而自盛。」茅子元本是學天臺宗的，因受了當時避繁難趨簡易，避空虛務實際的學佛風氣的影響，也仿照淨土宗制定了那些省便的修持法則，並也尊東晉創立白蓮社的慧遠為初祖。又據記載茅子元當時還曾在吳郡淀山湖組成一個念佛的結社名為白蓮懺堂。他所創的宗派後來也就被認為是淨土宗的一派，稱為白蓮宗。

　　按南宋時期查禁秘密宗教是十分嚴厲的，不管什麼樣的宗教結社，只要有「以事魔論於有司者」，立即就會遭到剿辦。茅子元假託七百五十多年前的慧遠為祖師，並借用「白蓮」的名字，儘管他被誣為事魔流放江州，事實還是「白蓮、白雲之徒，處處有習之者」。當然《佛祖統紀》所記，未始不是志磐的張惶其詞，所謂習之者也未必盡是茅子元白蓮懺堂的信徒，但是由於茅子元的假託，官府的剿辦和志磐的記載，「白蓮」一詞從而益發彰明，

以至成為當時和爾後指稱秘密宗教的代詞。至於「白蓮教」這個名稱，大約只是在元代個別的文獻中見過，如《元典章》卷33。而南宋及元代所習見的稱謂則是白蓮社、白蓮宗、白蓮菜、白蓮會、白蓮堂、白蓮經堂、白蓮懺堂、白蓮佛堂、白蓮教堂、白蓮教會以及白蓮都掌教堂、蓮堂等字樣。明清兩代也只是在官書、奏摺以及某些著述中作為民間秘密宗教的代稱，而各教本身則沒有自稱為白蓮教的。

元代的政治黑暗，社會混亂，民不堪命，正是在這樣的條件下，白蓮教得到很大發展。元代統治者對於白蓮教的性質起初並不十分瞭解，一度在有力的信徒賄通下元仁宗皇慶二年（1313年）竟然下詔保護，允許其公開傳教，建立佛堂，蠲免稅糧，而不久又開始取締，並且多次殘酷鎮壓。然而正如記載上說的，對於秘密宗教的「法禁愈嚴」，「愈不可勝禁」。最後，則掀起了由白蓮教首先發動的元末農民起義推翻了元朝。

元代的秘密宗教和其前代和後代一樣，都是廣泛而深入地潛流於民間，而見於記載的卻很少。比較為人所知的，除元末農民起義時的有關史料外，還有一次棒胡起義。《元史·順帝紀》：「（至元三年，1337年，二月）壬申，棒胡反于汝寧信陽州（今河南汝南），棒胡本陳州（今河南淮陽）人，名閏兒。以燒香惑眾，妄造妖言作亂。破歸德府鹿邑，焚陳州，屯營於杏岡……獲棒胡彌勒佛小旗、偽宣敕，並紫金印、量天尺。」關於元末農民大起義的史料很多，茲舉其初期的記載以示它和秘密宗教的關係。《元史·順帝紀》：「初，欒城人韓山童祖父以白蓮會燒香惑眾，謫徙廣平永年縣。至山童倡言天下大亂，彌勒佛下生，河南及江淮愚民皆翕然信之。福通與杜遵道、羅文素、盛文郁、王顯宗、韓咬兒復鼓妖言，謂山童實宋徽宗八世孫，當為中國主。福通等殺白

馬、黑牛誓告天地，欲同起兵為亂。事覺，縣官捕之急，福通遂反，山童就擒。其妻楊氏、其子韓林兒逃之武安。」原為元末農民起義軍一名小卒的朱元璋後來崛起，初期他還奉韓林兒為宋帝，由於劉基等的開導，他認識到白蓮教的虛偽性，遂於至正二十六年（1366 年）將韓林兒殺死，建立了明朝。

朱元璋認識到白蓮教的虛偽，也知道白蓮教的厲害，因此在他當了皇帝之後立即頒佈對於傳習白蓮教等秘密宗教的禁令，並著為律例（見前）。但是秘密宗教的傳播非僅沒有就此斂跡，反而出現了前所未有的盛況。這主要表現在一千年來匯合眾多的宗教教派和哲學思想而成的、用白蓮教這個名稱來代表的秘密宗教，明代以來開始產生了各種流派。其名目繁多，宗支關係複雜，但其教義則比較一致。另外，不晚於正德初年（1506 年之後）開始，一些有力量的教派競向社會上層趨附，直到朝廷之中。如成化、正德年間的無為教（羅祖教），稍後些的西大乘教，嘉靖間的黃天道，萬曆間的東大乘教（大乘圓頓教），同時期的紅陽教等。他們得到那些上層人士的支持，當然就可以大行其道，也可以得到資金刊印經卷，以至公開建立廟宇。這類秘密宗教的社會作用已經無異於正規的宗教。

但更多的教派則仍是保持其原始性格，在民間「暗行暗調」，不時策動起義，終明之世，此仆彼起，僅是見於記載的即不下四十餘起之多。舉舉大者如：洪武初陝西沔縣（今勉縣）田九成起義，永樂中山東益都唐賽兒起義，同期長沙李法良起義，宣德末河南彰德（今安陽）張普祥起義，景泰末安徽霍山趙玉山起義，弘治中直隸宣化李道明起義，弘治末河南趙景隆起義，正德末河南馬隆起義，嘉靖初山西崞縣（今原平）李福達起義，嘉靖間廣西曲靖者繼榮起義，同期山西應州（今應縣）羅廷璽起義，同期

直隸蔚州（今蔚縣）閻浩起義，同期山東汶上田斌妻連氏起義，嘉靖末四川大足蔡伯貫起義，萬曆間廣東始興（今韶關）李圓朗起義，同期山東郭大通起義，同期南京劉天緒起義，同期江蘇徐州趙一平起義，同期福建甌寧（今建甌）吳健起義，天啟初山東巨野徐鴻儒起義等。至於明末農民大起義，從其組織領導來看，與秘密宗教無甚關係，但在義軍分合不定、迂迴錯綜的進軍過程中，各地附入的小股民變集團其為秘密宗教組織的則所在多有。如據《綏寇紀略》卷 2、8 的記載，就說陝西興平等地有「妖教數千」附入李自成軍，說張獻忠軍曾佔據過的江西建昌「妖人密教，實繁有徒」。又如自成軍由劉宗敏等率領的別部於途經真定（今河北正定）、趙州（今趙縣）、平山縣一帶時即有當地龍天道所組織的一個小股武裝附入。自成失敗向陝西退卻後，該地秘密宗教組織（可能還是龍天道或其兄弟教派）繼續擁戴自成堅持抗清。

　　清初統治者一方面實行高壓政策以防止人民反抗鬥爭，一方面也實行提倡宗教政策以牢籠人心，一部分秘密宗教因而也得混跡其中，當然它們是屬於安善的宗教的。而另方面，原始性質的秘密宗教的流傳較之明代尤有過之。這表現在有清一代所有重要的農民起義都莫不為秘密宗教所組織和發動，小股則更不易統計。如乾隆十三年（1748 年）福建甌寧（今建甌）朱錦標妻普少起義，乾隆三十九年（1774 年）山東壽張王倫起義，嘉慶初川、楚、陝三省農民大起義，嘉慶十八年（1813 年）河北、河南、山東林清、李文成起義，嘉慶二十年（1815 年）安徽、江蘇、江西方榮升起義，道光二年（1822 年）河南、安徽朱鳳閣、邢名章起義，道光十年（1830 年）山西趙城曹順起義等。

　　尤其值得提出的是道光年間的太平天國運動和光緒年間的

義和團運動，這兩次運動也是由秘密宗教組織和發動的，只是太平天國所利用的宗教並非完全是傳統的白蓮教，而是洪秀全借用了基督教的某些教義而創立的上帝教（拜上帝會）。洪秀全在創教之前也曾學過白蓮教，有的記載稱他在青年時期曾「以宣卷治病過日」（《盾鼻隨聞錄》卷 1），「宣卷」是白蓮教的專用名詞，即宣唱白蓮教的經卷──寶卷。其他一些領導人也有的在參加上帝教之前接受過白蓮教的薰陶，如粗知文墨的馮雲山還曾編制過「妖書」、「經咒」，後來才入上帝教，楊秀清是個信「妖教」的世家，本人會降神附體，蕭朝貴也會附體，洪秀全更自稱是「天弟」下凡，稱清帝是「閻羅妖」等等。上帝教在入教儀式和禮拜時也要獻茶、獻供、讀願懺文，焚黃表奏章，他們的戒條也不外是「殺、盜、淫、妄、酒」的「五戒」之類，他們的節日裏也有二月二、三月三、九月九：這些都不是來自基督教的。無怪汪堃評論說：「賊眾讚美禮拜，崇奉天父，似竊天主教之唾餘，捏稱轉劫救世，能知禍福，又似踵白蓮教之故智，恣行簧鼓，觀其舉動，並天主教，白蓮教之不若矣。」（《盾鼻隨聞錄》卷 5）

　　大約不晚於康熙年間開始，一些白蓮教組織在習教的同時兼習拳棒，也有一些武術團體在演習拳棒的同時兼習燒香拜佛、念咒誦經。如雍正七年（1729 年）江寧（今南京）于璉，借賣卜為名傳佈邪教，又以符咒燒香吞服，練習神槍。」（《大清世宗憲皇帝實錄》卷 62）乾隆四十八年（1783 年）「……嚴齡等與山東王倫都是高口地方之李姓徒弟，從前原係白蓮邪教，演習拳腳。」（《大清高宗純皇帝實錄》卷 1192）嘉慶十七年（1812 年）「董四兒在尹家莊拜從翟道士為師，學習拳棒，名為梅花拳。翟道士並教令習念黃經（按即《高上玉皇經》）。」（中國第一歷史檔案館藏《軍機處錄副奏摺‧農民運動》卷 1747）。這樣發展下去，

至光緒二十六年（1900 年）在反帝愛國激流的觸動下，就釀成了以義和團為領導核心的義和團運動。義和團就是一種白蓮教與演習義和拳的武術團體經過近二百年的融合過程所形成的組織。

義和團運動失敗後，義和團的戰士們又各自回到自己的家園，一面務農，一面仍舊習武兼習教，他們的名稱遂即改為紅槍會。大約又過了二十年，在北洋軍閥統治區，從抗糧抗捐運動開始，他們又掀起了武裝鬥爭，直到抗日戰爭時期才完全結束活動。這是我國民間秘密宗教史上的最後一次武裝鬥爭。

但是其宗教活動並未完結。和以前各代一樣，他們頑強地潛流在全國各地的下層社會之中，直到解放以後的一段時間。這些秘密宗教，全部都是白蓮教的遺亞，有的還沿用著明清時代的舊名。如紅陽教（混元門）、白陽教、黃天道、聖賢道、在理教、一炷香、九宮道、先天道、還鄉道、收緣門、太上門、茶葉門等；新起的名稱更多，據解放後有關部門調查，只西南各省的這類組織就有二百一十七種名稱。還應該提出，在抗日戰爭時期的淪陷區中，在日寇、漢奸的包容下，創始於清光緒年間的白蓮教支派一貫道倡狂地活動起來，其傳播之廣，人數之多是空前的。解放後更製造反動謠言，惑亂人心，已經成為十足的反革命組織，因此於 1951 年被人民政府宣佈為「反動會道門」加以取締。1963年的社會主義教育運動中，更將殘留於民間的其他各種秘密宗教基本上予以肅清。

教義、儀節、修持、經卷

我國民間秘密宗教是經過一個漫長的發展變化過程，又是廣泛吸收了多種宗教的成分以及哲學思想而形成的，從南宋到明初

這段時期，才逐漸有了定型化的教義，即白蓮教的教義。由於在此之前，它的本身尚在幼稚時代，又由於存世的史料太少，所以研究秘密宗教的教義，只能從定型之後的教義為主要研究對像。自然，這些教義都是有它們的來歷的，如能查清其所自來，也就可以窺知白蓮教之前各個歷史時期秘密宗教的部分面貌了。

太平道、天師道這類早期道教組織也是民間秘密宗教的鼻祖，它們發展為正規的道教之後，由於這種血緣關係，道教的教義也就很容易地被秘密宗教吸收。佛教的某些宗派和摩尼教也都是使秘密宗教成長的重要因素。宋代的理學勃興後對秘密宗教的影響也很大，在它們的教義中也融入了許多儒家、理學的思想。秘密宗教最後定型為白蓮教，也就是說，白蓮教是道教、佛教、摩尼教、儒家和理學交融的產物。

白蓮教的教義概括起來略如下述。最初的宇宙混然一團，什麼也分不出來，稱做混沌，也叫鴻濛、威音，在宇宙之上還有一個地方叫做雲城，也叫安養極樂國，都斗太皇宮，無極理天，也就是天堂。那裏住著一個無生無滅、不增不減、不垢不淨、至仁極慈的，能夠創造一切也能毀滅一切的神，稱為無生老母，也就是上帝。她開始使混沌分出天地日月，兩儀四相，五行八卦，創造了萬物和人類，宇宙成了一個花花世界，而人類則是這個世界的主宰。同時世界上還有一種對立的力量，就是魔鬼。魔鬼使人丟失本來靈性，生出奸歹險詐之心，成了壞人，世界因此弄得不成樣子。無生老母於是又造了九十六億好人，叫做原子，也叫原佛子、皇胎兒女、賢良子，希望他們降到世上重新整頓這個世界。但是很使她傷心，這九十六億原子同樣受了魔鬼的迷惑，玉石不分了。無生老母在一怒之下決定派遣燃燈佛、釋迦佛、彌勒佛三位佛祖分別到世上把原人渡回雲城。她把宇宙從時間上分成若干

「元會」，一元有十二會，一會一萬零八百年，一元十二萬九千六百年；一元又分三期，即青陽時期，紅陽時期、白陽時期，三期之後又將開始另外一元。青陽時期由燃燈佛掌教，紅陽時期由釋迦佛掌教，白陽時期由彌勒佛掌教。每期之末將要道劫並降，降道渡回原人，降劫收殺惡人。開闢以來已經過去兩個時期，降過兩次道、兩次劫，即青陽劫、紅陽劫，現在已是白陽時期之末，又將降下大道和白陽劫。由於燃燈、釋迦兩佛辦理不力，青陽時期只是道降君相，紅陽時期只是道降師儒，所以只渡回四億原人，即還剩九十二億原人留在世上，許多惡人也沒消滅，這些任務就都交給彌勒佛要他在白陽末期一次完成，這叫「末後一著」。這次渡回的九十二億原人並不是都要回到無生老母住的雲城，而是雲城要降到世上，彌勒佛將要在雲城降下時召開一個「龍華大會」，這是九十六億原人與無生老母團聚的大會，所以稱為「歸根認母」。在雲城降下之前還要降下大劫，即水、火、風三災齊降，所有惡人全部要消滅。在大劫過去，龍華大會召開之後就到了另一元，那將是一個黃金鋪地的極樂世界。

這個任務很大，彌勒佛將要怎樣完成呢？首先他要親自下凡，化為人身。還要許多天上的星宿神佛一齊下凡，其中包括觀音、濟公、達摩、地藏、老君、呂祖、關公、太白金星、孔子、孟子、唐僧以及五百羅漢、二十八宿等等，化為人身之後稱為「知識」，都來幫助彌勒佛辦理末後一著。化為人身的彌勒佛要開創一個教派，他就是祖師，那些知識擔任傳道師，到各地建立佛堂，大開普渡。他還宣稱，他的道是唯一的無生老母降下的最後一次的真正的大道，所有其他教派都是邪門歪道，已經加入了其他教派的，這次也都要重新加入他的道。所以他們常以「三教歸一」、「萬教歸一」和「平收萬教」相標榜。

　　這些教義只是白蓮教的最基本的內容，具體到某一教派某一師祖所傳，又會有很多差異。譬如對佛經懂得多些，就多講些斷除煩惱之類，對道教懂得多些，就多講些丹藥服食之類，懂些四書五經就多講些忠恕仁愛，懂些理學就多講些性理天命。有的還側重三綱五常、孝悌禮義、酒色財氣等倫理道德觀念。總之是因時因地因人而制宜。正因如此，所以當遇到天災人禍、政治壓迫、民族矛盾嚴重的時候，這些教義立刻就會與現實結合起來，容納進新的內容，或是把原來的教義重新加以解釋賦予符合當時需要的意義。

　　教派的創建者還要規定一些簡單的、淺顯的儀節和修持法則叫信徒奉行。主要是入道儀式，儀式上要傳授「三寶」，就是將來升入雲城時要交驗的三種憑證，交驗三寶叫做「答查對號」，合格的才准許通過。三寶之一是口訣，常是五字真言、八字真言之類；二是手訣，稱為「合同」，其指法各教也不同；另一寶是經過知識點開「玄關」竅，玄關的部位各教也不同，但總離不了兩眉中間到囟門之間。入道之後經常抱合同唸真言可以逢凶化吉，遇難呈祥。此外還要有一些燒香、磕頭、獻供、獻茶、祈禱、懺悔的儀式，這也由各教自行規定。比較一致的是不殺生、不茹葷酒、不吸煙，還有，一般信徒都不成本大套地念經，他們雖都有經，但那只是給少數教內的上層分子或為了裝點節日而專門訓練的一班人諷誦的。最為重要的修持工夫是渡人入道，這叫做「外功」。先要把自己的家屬和親屬渡進來，然後再渡朋友和所能接觸的人。據說渡人並不難，只要他是在「九六原子」之數的，一經勸說必然會同意入道，這是一種緣分，否則勸道的人就不會遇到那個被勸的人。事實上渡人是很不容易的，但他們的辦法很多，只要看中某人就一定能拉他進來。入道之後也都很能使人誠

篤崇信，許多教派都有令信徒傾家蕩產、挈其妻子進道苦修的規定，竟也有不少人盲目聽從。原因是他們的一套教義確實對於勞苦群眾的心靈能夠起到慰藉作用，特別是在苦難深重使人們無告的時候。

　　不難看出，白蓮教的這些教義、儀節、修持大都是汲取於其他宗教的，如能加以考證，大半都可以找到它們的出處。試舉一例，即關於白蓮教的開闢說。在他們的許多種經卷裏都有這樣的教義，如紅陽教經典《混元弘陽無極飄高臨凡經》：「先有鴻濛化現，後有滋濛，混沌滋濛長大，結為一個軟卵，又喚做天地玄黃，玄黃蚌破，才現出治世老天佛。宗祖出世，清氣為天，濁氣為地，一生兩儀，二生三，三生萬物，諸般都是老祖留下。」圓頓教經典《古佛天真考證龍華寶經》：「打開混沌，劈破鴻濛，取出先天一氣，運行陰陽變化，二氣成行，三才治世……混元一氣如雞子。」黃天道經典《太陽開天立極億化諸佛歸一寶卷》：「天地如雞卵，乾坤日月乃玄黃大道。虛天混沌喚吾當，鴻濛初出號當陽。」《普靜如來鑰匙寶卷》：「威音以前者，無極生根本，昆崙山下生一塊混元之石，三萬六千頃大，內生一卵，名叫混元一氣。……卵生雞，次雞生卵，青生天，白生地，紅生人，乃天地人三才，黃生萬物，黑反濁氣，五氣而生，一杳生二儀，二儀生三才。」原來這一條教義是襲自道教的，道教的著名經典葛洪《枕中書》說：「昔二儀未分，溟涬濛鴻，未有成形，天地日月未具，狀如雞子，混沌玄黃，已有盤古真人，天地之精，自號元始天王。」又例如前面講過的白蓮宗的「專念佛號即能往生淨土」說，彌勒教的「彌勒下生」說，大乘教的「一切眾生皆可成佛」說，三階教的「末法時」說，摩尼教的「二宗三際」說，「十二辰」說，「明王出世」說等，也都可以在白蓮教的教義、儀節、修持裏找到它們的蹤跡，

由此益可說明白蓮教源流的多元性。

　　民間秘密宗教從一開始就有經卷，但早期都是借用別家的，如太平道就是借用了《太平清領書》，天師道就借用了《老子》。後來則凡是由佛教的某些宗派轉為秘密宗教的自然要念佛經，摩尼教轉為秘密宗教的自然要念摩尼教經。他們真正有了自己的經卷大約是從明代開始。如朱國禎在《湧幢小品》卷 23《妖人物》條曾載成化中山西崞縣（今原平）王良及忻州（今忻縣）封越利用秘密宗教起義，為官軍所獲，追出其「妖書圖本」榜示天下事，其中附錄一個目錄，共計 88 部，這大約是白蓮教最早的一批自己的經卷。可能由於它們都是抄本，而且當時一定是立即銷毀了，所以沒有留傳下來。從這些經卷的名稱來看，完全可以證明他們已經在使用那一套定型了的教義。如《金鎖洪陽大策》（按「洪陽」即「紅陽」）、《玄娘聖母經》（按「玄娘聖母」即「無生老母」）、《鎮國定世三陽曆》（按「三陽」即青陽、紅陽、白陽）、《彌勒頌》、《應劫經》等。

　　秘密宗教的經卷是抄本，這是當然的，因為它們的內容是不被封建統治階級歡迎的，歷代的政府莫不對他們採取查勦、禁毀的政策，他們不能公開佈道，沒有資金，書坊也不會承攬他們的印刷業務。但這種抄本經卷卻應視為秘密宗教的正統，它代表了秘密宗教的本色，廣大農民歡迎它，舉行起義的農民把它奉為至寶，因為其中蘊藏著深刻的戰鬥哲學，是他們進行戰鬥的指導思想和行動方針。正是由於這樣，這種寶卷很難流傳和保留，目前發現的只有兩三種。在這種寶卷裏可以見到他們會把起義當時嚴重的天災人禍說成是「三期末劫」水、火、風三災來臨，把他們的領袖指為無生老母選派的她自己的代表或是彌勒佛，把起義的將領們指為諸天星宿和佛祖，把「當今皇帝」指為妖魔、邪精靈，

把一般戰士指為「九二原子」，把奪取政權說成是皇帝的天數已盡、新的真主當來，把革命的前景說成是「雲城」將要降世，他們還會把教內的規誡當做軍事紀律，還會以神的名義提出戰鬥口號、部署作戰計畫。秘密宗教代替了農民革命的職能。

成化、正德時代白蓮教的一支羅祖教攀附於朝廷的事在秘密宗教的歷史上是一件大事，一定意義上說，這是一種背叛。但是從此秘密宗教卻有了印本經卷，而且許多教派競相踵效，趨附上層編印經卷，蔚為風氣，萬曆前後直到康熙年間是其極盛時代。當時刊印的數量很大，印製精美，較之佛、道教經卷尤有過之，至今海內外公私收藏尚有一百幾十種，最早的版本是正德四年（1509 年）的《羅祖五部經》。由於這五部經的第四、五兩部的名稱都帶有「寶卷」字樣，後來各教所編就也以「寶卷」命名，這一名詞遂成為白蓮教經卷的專用稱謂。

這種寶卷自然與抄本寶卷的內容不同，不能有任何違礙字句，還要儘量拉上一些佛、道、儒的東西來裝飾，才能兜售他們自己的教義。這從他們的寶卷名稱就可以看得出來，因為它們與真正的佛經、道經幾乎難以區分了。如：《佛說大方廣圓覺修多羅了義寶卷》,《銷釋南無一乘彌陀授記歸家寶卷》,《救苦救難靈感觀世音寶卷》等。

從道光年間開始，寶卷又以一種更簡單的形式出現，這是因為許多秘密宗教中都增添了扶乩以交通人神的把戲，神佛通過乩壇向信徒垂訓，記錄下來，印刷出來就成了他們的經卷，名稱不再叫寶卷，而叫「壇訓」，壇訓的字數不多，各教都在編造，印刷也較方便，實際上，它已成為一種傳單式的勸道的宣傳品。

緒　論

一

　　「秘密宗教」，或稱「秘密教門」，民間俗稱「教門」或「道門」。過去學者對於此種宗教的命名甚不統一，如：秘密教派，秘密教，秘密社會宗教，秘密宗教會社，秘密宗教社會，秘密宗教結社，宗教的修養結社，秘密經會，秘密宗教團體，秘密的宗教，甚至：下等宗教，低級宗教，迷信集團，異端宗門，偽會，邪教，魔教，左道，歪道……。[1]所以這樣的緣故至為明顯，就

---

[1]　「秘密教派，秘密教」之稱見陳垣《摩尼教入中國考》。「秘密社會宗教，秘密宗教社會」見王治心《中國宗教思想史大綱》。「秘密宗教結社，秘密宗教會社，宗教的修養結社」見日本末光高義《支那的秘密結社與慈善結社》。「秘密經會」見陶希聖《元代彌勒白蓮教會的暴動》。「秘密宗教團體，秘密的宗教」見李景漢《定縣社會概況調查》。「下等宗教」見梁啟超《評非宗教同盟》。「低級宗教」為一般社會學書籍慣用名詞。「迷信集團」見矗崇岐《二千年來迷信集團之變亂》。「異端宗門」見日本重松俊章《初期的白蓮教會》。「偽會」見《宋史‧理宗本紀》。「邪教」為一般官書的稱謂。「魔教」為南宋時對秘密宗教的稱謂。「左道」亦為官書的稱謂。「歪道」為一般佛道教徒的俗稱。

是專門去研究它的人太少，偶因某問題牽連及此，也都信手拈來，不求甚解，於是有此命名混亂的現象。

秘密宗教是一種秘密流傳在我國民間的非知識階級之間的宗教，它的發生和流傳情形非常複雜，又因為是秘密的，材料絕不易得，所以一般人認為這種宗教是不可能研究或是不值得研究的。殊不知由於這項材料的缺乏，我們常可以在研究歷史，宗教和其他社會問題的文章裏，發現很多錯誤，──本書中也曾涉及了幾個問題，是足可以看出這種事實的。──為了補救這一項學術上的遺憾，對秘密宗教的研究已是刻不容緩的事，近年雖也有人看出它的重要，而去真正從事研究的依舊很少，如陶希聖先生在作過《明代彌勒白蓮教及其他妖賊》一文之後，曾做了這樣的呼籲：

> 彌勒教會自元魏以來到明代，有千二百年的歷史。白蓮教自南宋到清也有六百年之久。我希望有人搜集已有的研究，並搜集未搜的材料。我的這類隨筆不過就正史勾稽，並沒有多大的史料價值，用意在引起大家的興趣，並供專攻者些微的用途罷了。[2]

又如十堂先生在《無生老母的信息》中，也有過這樣的感歎：

> ……可惜這些資料絕不易得，自五斗米道，天師道，以至食菜事魔的事，我們只見到零碎的記載，不能得要領，明清以來的事情也還一樣。碰巧關於無生老母卻還可以找到一點材料，因為有一位做知縣老爺的黃玉谷，于道光甲午

---

[2]　見民國二十四年《食貨》半月刊 1 卷 9 期 53 頁編輯的話。

至辛丑這七年中間，陸續編刊《破邪詳辯》三卷，續又續三續各一卷，蒐到邪經六十八種，加以駁正，引用有許多原文，使我們能窺見邪說禁書的一斑，正是很運氣的一件事。這些經卷既已無從蒐集，我們只好像考古學家把揀來的古代陶器碎片湊和粘成，想像原來的模型一樣，抄集斷章零句來看看，不獨憑弔殉教祖師們之悲運，亦想稍稍瞭解信仰的民眾之心情。[3]

提起秘密宗教問題，還要說明的就是它和「秘密社會」（幫會或Secret Society）完全不是一回事，而是流傳在民間的一種純粹的「宗教」，它的發展異常複雜而有趣，是研究歷史，民俗，宗教的人必應知道的事，我舉一段話來說明它的性質和流傳的普遍情形，就是李景漢先生在《定縣社會概況調查》裏所記載的：

六十二村內又有佛教會和數種所謂道門團體，其中有的非常秘密，有的雖不很秘密，但也不歡迎人打聽內容，因此調查非常困難，但也多少知道一些內中情形。……一個村莊不限一種道門，有時可以發現數個團體。可是一個人只能屬一個團體，不能同時加入兩種團體。

李文另有附表一個，列出在六十二個村落中流行著的十二種秘密宗教的名稱和信徒數目等，由這一段話可以知道它的簡單概念和存在情形。當然，這一現象不一定能代表所有的事實。例如我在萬全縣和宣化縣調查過二百餘村莊，其中只發現了六種秘密宗

[3]　見民國三十四年《雜誌》第 15 卷 4 期第 4 頁十堂《無生老母的信息》。按十堂即周作人。

教，而在我經常居住的平、津兩地，卻發現了現在仍在流行著的
至少有四五十種。（不具備「宗教」的完全條件的，如頂香，跳
神之類除外。）總之，秘密宗教在民間勢力的強大和這一問題的
重要，由此可以證明。只是過去很少有人注意過，更沒有過專篇
研究的文字，偶或有人談起，而所用的材料也往往非常不科學。
我再舉一實例證明這一點。王治心先生在《中國宗教思想史大綱》
的《秘密社會中的宗教》一節裏開頭的幾句話：

> 我們在這裏提起秘密社會，並不是承認秘密社會在宗教上
> 有什麼特殊的貢獻，也不是承認秘密社會中的宗教性，有
> 什麼影響到現代宗教思想的變遷；因為這個問題很少有人
> 研究，而且也不容易研究。不過它在宗教方面，確有一種
> 關係，在研究中國宗教思想的範圍中，似乎也應當提到
> 的。既然這樣，我們不知道應當把它放在什麼地方，不過
> 它是近代的產物，尤其是在清代起頭的，包含著民族思想
> 在內，所以我們就把它放在這一節裏。

從這幾句話可以知道王先生把這一問題根本弄錯了，所以這一節
的內容，我們是可以想像而知的。其他提到秘密宗教的文字，錯
誤往往不一而足，可見用正確的觀念去研究這一問題的需要是如
何迫切。

　　近年民俗學（Folklore）發達後，我們非但不會再覺得這個問
題是不可能研究的，並且已成為研究民俗學的人義不容辭的使
命。八年前我決定從實地調查現在流行著的秘密宗教入手，曾先
後加入了幾種教門，或接近他們的組織及信徒。八年來，雖因工
作本身的困難和其他事務的牽纏，使我不能達到預期的目的，而
所得的材料已有十四種教門了，它們是：

1.黃天道	6.藍卍字會	10.同善社
2.一貫道	7.黃卍字會	12.救世新教
3.皈一道	8.世界紅卍字會道院	13.聖賢道
4.一心天道龍華聖教會	9.道德社	14.九宮道
5.在理教	10.悟善社	

這些教門都在華北各省市流行，根據所獲得的文獻，知道第五，十，十一，十二及各種道院，也曾遍及全國各地，尤以同善社一種最為倡狂一時。但第五，六，七，八幾種已變成半秘密形式，他們的宗教成分和慈善成分各得其半，或又因主持者有時是社會上的較高階級，原始的秘密宗教性質已失去了，本書只好放棄這一部分。第九種是與藍卍字會相似的組織，它的勢力不強，內容也不充實。第十，十一，十二，三種則是流行於民國十年前後的教門，雖然我曾間接獲得了大量的材料，但因時代關係，暫不併入本書。最後兩種，它們的形式完全保有原始本色，是純粹的秘密宗教，可惜所用的文字方面的材料不多，調查時僅能得到一些有關儀節的東西，其他無從稽考，所以也是不足代表現在秘密宗教的。

黃天道，一貫道，皈一道，一心天道龍華聖教會，是至今流行的秘密宗教，書中所記都是直接得來的新穎材料。黃天道一部分，是去年（1947年）夏天隨我師賀登崧教授去察南萬全縣調查時才得來的，所以放在首章。它散佈在萬全縣西南的全個面積上，據《懷安縣誌》[4]我們知道萬全鄰縣的懷安也在盛行，又據道中傳說它還傳到西河，順聖，馬房，蔚州，宣陽，枳兒嶺，廣

---

[4] 見民國二十三年張鏡淵纂《懷安縣誌》卷 4 第 59 頁。

昌[5]等地。因為調查的方式與前不同，所獲材料性質也不同，文章的作法與後面幾章也自不同。注意點是調查方法和散佈範圍，更應用了「民俗地理學方法」（Folkloristic Geography）的一例，作成它的流衍範圍圖。這種方法在中國還沒有發達，認識它的人也很少，現在試作一次；可惜是應用在一種現行宗教的分佈上，還不是發揮民俗地理學方法的最高效能的例子。第二章是一貫道，這是抗戰期中流遍整個淪陷區而以華北各地為尤盛的秘密宗教，八年前（1940年）我開始從這個最容易進入的教門調查。他們因為是最近興起的，內容也最容易向已有的其他教門抄襲，它擁有龐雜的教義，新奇的儀節，和大量的經典。我和這種教門接觸最久，探得的奧秘也最多，為了保存有關它的文獻，除將所得經典各作一提要外，文中也儘量引用經中原文，因此所寫的篇幅也最多。其次是皈一道，三年前（1945年）我開始和他們接近，它是一個從清代末葉一直傳下來的原始型秘密宗教，現在傳到河北的一支，是由山東來的，此外河南及平、津各地也都有他們的蹤跡。因為創始年代較早，所以放在一貫道後面。最後是一心天道龍華聖教會，這是一種秘密得不可能直接得到材料的教門。我只有在天津市政府社會局查抄他們以後，在那些檔案中和報紙上抄錄一些有關的材料，並且把日本人作過的調查也附在後面。

　　但有一點認為遺憾的，就是數量方面的調查。例如一貫道，究竟它有多少「佛堂」，多少「點傳師」，多少信徒？這是不易知道的。在北平我曾問過一個很有權威的點傳師：「北平有多少佛

---

[5]　西河不知何地。順聖係今陽原縣東城。馬房今陽原縣或謂係柴溝堡鎮迤北之馬城州。蔚州今蔚縣。宣陽今大同右衛。枳兒嶺今懷安縣及天鎮之交界。廣昌今淶源。

堂？」他說：「這個誰也不知道，大約有一百多個。」又有一次
到天津我最初進道的佛堂去查問我進道的年月，他們說：「沒有
底案。」所以，不用說華北的總數量，當地的總數量甚至本佛堂
的統計也根本沒有。一貫道中說他們的道徒分佈在「大江南北以
至甘陝邊疆」。皈一道道徒說：「如今中國『二十四省』皆有。」
至於一心天道龍華聖教會，據民國十八年的統計，是四十萬人，
但這都是不可信的。

　　還有一點，他們奧秘中的最奧秘處，我仍舊無法得到。例如
一貫道，它們做「點傳師」的，每人有一小冊，裏面是一切規儀
和咒語口訣，不是點傳師不會見到，固然我可以見到他們依冊做
出的許多儀式，或記下朗誦出口的經咒口訣，但心中默念或喃喃
背誦的詞句就不可得到了。又例如皈一道，要想進入，非先與他
們一樣清苦，一樣的一進佛堂就叩數百響頭不可。一心天道龍華
聖教會則是必須傾其家產連眷屬一齊進入道中不出大門，方可盡
知底蘊。那麼像調查一貫道一樣的化裝混入，暫時同流的辦法，
對他們又行不通了。但是，最奧秘處不見得是最高價值所在，即
或缺如，也是無關調查研究的緊要的。

二

　　如果我們一翻史籍，常遇到秘密宗教的史料，可見歷代皆有
秘密宗教的發生，但是對它們的詳實而有系統的記載卻極少見。
除了這種教門對於當時政治社會有極大的影響時，歷史家們是從
不為它們多添一筆的。五斗米道是中國秘密宗教的鼻祖[6]，關於

---

[6]　陳垣《摩尼教入中國考》第 237 頁：「張角為秘密教派之祖，故中國人言

它的史料相當豐富，這是因為五斗米道曾經釀成了「黃巾之亂」，同時它又是後來道教的前身。五斗米道的勢力當時當然很盛，降及東晉，它的旁系支流已經發生了，但這方面的材料，除了在讀史時偶而發現一些之外，大部分一定已經失傳了[7]。彌勒教啟自元魏，各代中出現情形複雜，但大多是被人目為教匪之流，關於它的記載非常散碎，過去曾有過幾位學者把唐，宋，元，明各代的彌勒教資料蒐集起來寫成文章[8]。宋代還有一個非常大的秘密宗教就是「食菜事魔」，當然我們知道它就是從摩尼教搖身一變而來的。從佛教演化而成的白蓮教，也是從宋代起始，因為它在佛教徒的眼裏視為異端，所以像《佛祖統記》，《釋門正統》[9]等書裏才會提到它；又因白蓮教到後來越演越奇，甚至成為近代史上一頁重要的課題，所以注意它的人就更加多了。明代末年，因為當時的政治影響，秘密宗教發生最多，派別分歧，花樣層出；並且最重要的一個事實就是這個時期所發生的一套秘密宗教的教義，是一個劃時代的產物。它與以往我們所知道的秘密宗教完全不同，而給後來四百年的秘密宗教奠定了一個中心思想，那就

左道者必稽張角。」

[7] 如《晉書‧張軌傳》所記：「京兆人劉弘者挾左道居天梯第五山，燃燈懸鏡於山穴中為光明，以惑百姓，受道者千餘人。」又《晉書‧周禮傳》：「時有道士李脫者，妖術惑眾，自言八百歲，故號李八百，自中州至建業，以鬼道療病，又署人官位，時人多信事之。」等類記載，皆屬五斗米道之流亞。

[8] 日本重松俊章：《唐宋時代的彌勒教》，東京帝大《史淵》第三輯；陶希聖：《元代彌勒白蓮教會的暴動》，《食貨》第 1 卷第 4 期；又《彌勒白蓮教及其他妖賊》，《食貨》第 1 卷第 9 期。

[9] 南宋嘉熙初，釋志磐著《佛祖統記》；咸淳初，釋宗鑒著《釋門正統》。

是對無生老母的崇拜。有清以來秘密宗教的流布，更是無時不有，而一般人注意的都是那些反對朝廷或妄生事端的教匪，正統的純粹的秘密宗教則很少有人想到。

以上所說的一些秘密宗教，都是歷史中犖犖大者的事實，其因為勢力薄弱或流傳未廣或係一種安善的宗教而隨著時代淹滅了的，歷代中正不知有著多少！舉例來說：白蓮教興起於宋，盛於元，到了清末又大大的顯赫一時，他的傳佈相信從宋到清從無一時間斷，而這八百餘年間，關於它的記載，究竟能有多少？設如清末沒有白蓮教禍的發生，誰又知道它的壽命是這樣長呢？又如本書所說的黃天道，它是開始於明末的，而在去年才被我在萬全縣發現，它的壽命也有三百多年。三百多年來能知道黃天道始終還活著的，究竟有幾人呢？類似白蓮教和黃天道的情形而始終沒被人發現過或根本就中途消滅了的秘密宗教究竟有多少，這恐怕是一筆永遠算不清的「老賬」了。我們不希望能算清，只希望能由這種事實推知我國自「五斗米道」以來，一直到今天，始終存在著一種秘密宗教，它的傳佈是因時代因地域因人物而不同，但卻始終和正統的佛、道等教平行發展而秘密的隱藏在社會的下層中間的。

三

這裏我們要把現在一般秘密宗教所流行的內容列出一個大綱來，因為它們的內容都是彼此相似或相通的，而這一套東西就是前述從明代開始傳下，影響我國四百餘年宗教思想的東西。

第一先說它們的教義：「無生老母」是崇拜的中心，她就是創造萬物的主宰，人類先天的母親，也就是信徒們最終的歸向。

她在造物之初，因見萬物俱備，惟有人畜不分，所以大發慈悲，特派下九十六億「原佛子」（又稱「原子」）下生為人；後來這些原子因在人間受了物欲之迷，失了真正的路徑，永遠不能脫離輪回，無生老母為了愛護她的兒女，決定將他們喚回，並且貶罰不在原子之列的人類永下地獄。她所用的方法就是將世界在時間上分成三個階段：第一期叫「青陽時期」，第二期叫「紅陽時期」，第三期叫「白陽時期」，到每期之末將世界演成混沌，以收殺惡孽，同時降下「道」來挽救賢良；青陽，紅陽都已過去，那兩次只收回了四億原子，現在還剩九十二億留在世上，這就是須要在白陽時期收回的了。而這白陽時期正應在現在，所以無生老母又降了大道，並且那混沌大劫也就在目前了，這就是所謂「三期末劫」。這次降道規模很大，不但要渡盡了留在人間的「九二原子」，並且還要收回老母以前所頒降的各種應運而維繫人心的宗教，這就是所謂「普渡」和「萬教歸一」。這次降道的統率者是由老母派下「彌勒佛」擔任，（近來的一些教門多在彌勒佛之外還加上「濟公活佛」）並且彌勒佛（或濟公活佛）還化為人身辦理道務，那就是各秘密宗教的創教祖師了。

秘密宗教教義的綱領主要就是這些，除此之外雖仍有很多教義也是非常重要的，但多半的是從佛、道等教抄來，這一點也就是他們「萬教歸一」的精神表現了。

第二要說他們的修持和儀式。這一方面，各種教門很不統一，各有各的方法，各有各的形式，而這些方法和形式卻都是按著一定的規律造出來的，例如說各教的進教時的儀式，大都是由一個傳道者用手一指進教者的兩眉當中的地方，然後授予一種「指訣」和幾個字的「真言」，雖然指的方法，指訣的形式，真言的文字不一樣，但總是在這三項規律之下隨意編造出來的。又

如有的利用扶乩來說道，有的用「附體」的方法來說道，雖然扶乩的用器制法不同，附體的方法也不一，但總是要在人與神之間找出一種媒介（最初的秘密宗教大多不用這種通神的媒介，這是從清末民初才流行在一般教門裏的）。此外還有不同的「坐功」方法，「誦經」方法，「行功」方法，「採補」方法，甚至「茹素」的方法也是不同的，例如有的只是忌食葷酒辛辣，有的除菜蔬之外只許用鹽，有的只是忌肉食而許吃牛乳和雞蛋。

　　第三是他們的經典。由於教義的彼此通融，經典方面也就互借起來，這個事實在各教裏發現得很多。例如我見到一種經本之後，立刻會知道它是否屬於秘密宗教的，但卻不能把一種秘密宗教的經典斷定是屬於那一種教門的。又有一種情形是根本不用經典，或只有一兩種借用而非獨有的經典，如前述的聖賢道及九宮道即是。

四

　　以下我再把秘密宗教的發生問題略談一下。有人說：中國人的宗教情感太薄弱，以致中國根本沒有自己創造的宗教，儒教不是教，道教是擷取先秦兩漢的各「家」學說又受了佛教影響而成，細分析起來也不是教，其餘則是舶來品。——這種說法我反對。我以為這種現象相反地正是中國人宗教情感特別濃厚的表現，先秦兩漢時代，中國沒有正式宗教，而用「家」來做宗教的代用品；佛教進入以後，立刻就聯合了固有的學說，仿照佛教的體例創造了道教，同時佛教也和道教並行不悖一直到現在；此外各代所傳入的外來宗教，除了它們本身具有缺點或政治變遷而不能推行外，其餘全被接受了。尤其是各代不斷興起的秘密宗教，更足以

表現中國人是如何的需要宗教，他們的宗教情感是如何的濃厚。但就是因為缺乏組織能力和科學觀念，所以埋沒了不知多少個創教祖師們的價值，也因此造成了我國民間自由的秘密的創造宗教的精神。

缺乏組織能力是個人主義特盛的結果，人們沒有全體性的觀念，對宗教的崇拜也一向是獨善或出世的思想，一種宗教雖然創出，往往不能立刻建立一個健全的組織或嚴正的系統，總是隨便依託上幾代古人就以為根深蒂固了，創教人死去，他的接續者必要分門別派甚至另起門戶。缺乏科學觀念，沒有求真精神，一切都認為有理，儒家是正宗，佛教也不偏，加上道教就是三教合一，回教，天主教傳來就是五教一理，甚至一切民間宗教思想，不問合理與否，一致贊同而統謂之萬教歸一。又缺乏科學觀念則迷信心理太強，不可思議的事物，就不想去找解釋，甚或正派的思想而歪曲地運用。印度彌勒繼承佛位，廣度一切天人的說法，到了中國演成彌勒教；晉代高僧慧遠開淨土宗，集社念佛，掘淨池以種白蓮，因稱白蓮社，後來不知怎樣由白蓮社而白蓮會而白蓮教而義和團了；唐武后時摩尼教傳入中國，因朝廷排斥外教，屢加禁止，終歸不傳，到了宋代，那一套正規的教義竟流為秘密的食菜事魔。

明代以後，正統的宗教發展已漸衰頹，推動他們的強大力量已經很少，只剩下一部分勢力在民間苟延殘喘。一般的現象是：信徒只憑一些傳統的觀念就算他們對於某教的信仰，廟裏沒有老道和尚，經典散失，儀節失傳。雖然宗教本身到了這種地步，群眾心理中的宗教情感卻不能因此減退，於是秘密宗教之風自此更盛。明末興起的對「無生老母」的崇拜，更為中國宗教史上開一新頁，它控制了四百年中國大部分的宗教領域。

　　我並非為秘密宗教來說法，而只是承認它的發生和存在的價值。我反對他們那些危害人心的教義，也反對他們借行教為名的許多不正當的行為，尤其反對他們擁有多數信眾以後的操刀必割的心理。歷代的當局沒有不與秘密宗教立在敵對地位的，我同情這種方法，因為芟除了他們的滋蔓，可以戢止愚人的邪說的流布，也可以防止教匪之類的生事。但有一點卻要為我們的宗教情感極濃厚的民眾們請命的，就是摧毀了他們的宗教以後，代用品又在那裏？舉例來說，我們走過的萬全縣九十二個村子，只有一座天主教堂（實際上整個萬全縣也只有這一座），裏面只有一位神父，常和他接近的不過是所在村中的幾十位教友；佛道教的廟宇很多，九十二個村莊中共有五百七十個，但只有四五個廟中是有一個和尚或道士的，而這些人常是白癡，甚至不知道他所看守的廟中的神名。那就無怪乎黃天道在這個區域中會代之而興了！

　　還有一點有待闡明的，就是一般人對於一切秘密宗教的倡興認為全是受了什麼背景的主使，如悟善社和救世新教等是江朝宗的政治活動，或一貫道是日本人的間諜組織等，這也是一種錯誤的認識。茲舉故事二則以明之。

　　民國三十二年（一九四三），我友李君因從事地下工作，被天津日本憲兵隊捕獲，適有同獄者數人皆係一貫道徒，因得罪日偽某方，故也被捕，於獄中橫被戲謔，曾令他們裸體扶乩，以刑具逼他們招請濟公降壇。當時全市一貫道「佛堂」聞之莫不喪膽，急由「總佛堂」命令改變佛堂原來樣式暫停一切道務活動，不幾天以後又將該項人等安然釋出，於是各佛堂又大開其「普渡」。由此故事可知各佛堂確為信徒自動的秘密設立，與日本當局絕無關聯。至於各地佛堂數目的眾多及其定期開壇傳道，大肆活動等情形，日本人當然明瞭；不過檢其內容與他們的統治和愚化政策

尚無衝突，所以盡量放縱而已。

日前與我師賀登崧教授曾至北平宣武門內一名叫佛教研究院的地方去參觀，院中仍附有一叫宗教協會的機構，到院之後立刻知道非但沒有什麼「研究」，連「佛教」也沒有，裏面所供佛位是無生老母以下百餘神聖仙佛，倒是宗教協會還名符其實，但這個「宗教」乃是指的「秘密宗教」。他們定期聚會，會員都是北平現行各秘密宗教的教首或信徒，當日所見計有一貫道，八方道，混元門，太上門，太極神教，世界紅卍字會，正字慈善會等機構，各門信徒都彼此融合，絕不反對。推其到這裏的原因，不外因他們所習的教沒有大量的經濟來開辦道場，或格於政府的禁令傳佈不廣，而暫時斂跡到這個較為公開的場所做他們對神的禮拜。與他們談起道來，莫不在嘆惜天運使然，只好隱起真道，暫時不傳。尤以一位太極神教的教首叫孫悟子的，他斷定兩年半之後一定改變天運，他所習的教主要為演習「神拳」，聲言念咒請神之後即可不教自會。當日帶有男女信徒十餘人當場表演，始知純為義和團的遺風而隱到現在還沒得到機會發展的秘密宗教。

我常把秘密宗教的散佈擬為附在麵包上的黴菌，把麵包放在通風的地方，幾天也不覺它有黴菌的存在，若放在陰濕的環境中，很快就可看出它們的生長。所以，秘密宗教的種子是隨時隨處散佈在社會中間，一旦遇到優良的環境，像西太后的昏庸，日本人的放縱一樣時，許多個宗教立刻會崛起，也許像孫悟子一樣的教首在很短時間內，又會練就百萬「太極神兵」了。

最後我把本書的三個希望寫在下面：

第一、歷史上忽略了秘密宗教，今後應開始對它注意，我籲請社會科學家們改變以往對秘密宗教的看法，把它當作正式的課題，盡量蒐集前人未發的資料，並找出它們的系統，將來我們要

作成一部《中國秘密宗教史》。

第二、刺激宗教界，使知淩乎其上的宗教力量還有秘密宗教，這是發揚合法的正統的宗教的一層魔障。由這裏介紹的內容可以知道秘密宗教所以盛行，信者所以接受的原因，而去找出抵抗和消滅它們的辦法，這未始不是一個良好的參考。

第三、承認秘密宗教本身的價值和在中國社會中的地位，用民俗學的方法從事實際調查，搜羅材料，剖露真像，供給學者研究，和行政者的參考。並且這種秘密宗教的調查現在才開始，除我個人要繼續努力外，還要糾合同志，共同為民俗學開拓一個新的領域。

附　錄

1948 年於北京的一次秘密宗教扶乩

賀登崧（Willem A. Grootaers）著　柯若樸・靜思譯

譯者按：

本文作者賀登崧，乃比利時籍天主教聖母聖心會神父。氏為李世瑜先生業師，現居日本。原文乃據賀登崧及李世瑜於 1948 年在北平所進行的田野考察寫成，並以法文發表於比利時出版的 *Mélanges chinois et bouddhiques* 學報（第 9 卷，頁 92-98）。該文為現今學者提供大陸解放前夕有關北平教派宗教活動之一瞥。這份詳盡的田野報告為吾人保存了一份珍貴的歷史文獻。隨著近年來有關民間宗教與教派宗教研究的迅速開展，本文的中譯肯定的將為學者們提供有用的史料。

　　我的朋友和同事李世瑜先生，1940 年至 1948 年前後八年，對華北的秘密宗教進行研究。他一共發現了十四種教門（譯者按：指黃天道、一貫道、皈一道、一心天道龍華聖教會、理教、藍卍字會道院、黃卍字會道院、世界紅卍字會道院、道德社、悟善社、同善社、救世新教、聖賢道和九宮道）。為了深入探悉一

貫道這一重要的教門的秘密，他曾經加入成為其會員達三年之
久。

　　在李世瑜的重要著作《現在華北秘密宗教》[10]中，他曾對四
種秘密教門（譯者按：指黃天道、一貫道、皈一道和一心天道龍
華聖教會）的教義和經典作出詳盡的描述。讓我在此引述他在該
書《法文提要》中的兩段文字：

　　　　秘密宗教在中國有很悠久的歷史。自漢代，人們可從
　　史籍中見到有關的記載。西元一世紀以來，歷代均見提到
　　這方面的史料。毫無疑問的，這些教門的教義在不同時空
　　下有了改變。五斗米道在漢代時已納入了儒、釋的內容。
　　到了十六國（三至六世紀），它的宗教思想已是儒、釋、
　　道三教的融合。從魏朝（五至六世紀）開始，人們可自其
　　教義中找到從印度轉借過來的彌勒下生教義。……到了明
　　朝，有關無生老母的新內容被提出了。她成為了這些教門
　　的最高神祇，而且一直到現在，她仍舊構成這些教門教義
　　中的主要內容。

　　　　作者認為研究秘密宗教是中國宗教研究當中最困難
　　的一種。這些教門在各代普遍流行各地，而且它們的活動
　　往往超越官方的宗教。這種情形，特別在最後五個世紀的
　　華北一帶，尤為顯著。當代史學家們似乎未給予這類宗教
　　研究足夠的重視。其中的原因，毫無疑問，是與大部份秘
　　密宗教的信眾來自民間低下層階級，它們的教義被視為迷

[10]　李世瑜著《現在華北秘密宗教》，viii+175 頁，地圖 1 幅，插圖 14 個（內
　　附法文提要），成都，1948（Studia Serica，專題著作系列 B，No.4）。

信、粗俗和低劣的看法有關。

作為本文主題的介紹，請允許我再摘錄李世瑜在《提要》中的結語：

> 這些教門的宣教目的，是要挽救即將面臨末劫的世界。它們的教主均為無生老母派遣降生人間的仙佛。而且，人類過去所信仰的宗教均同出一源，如今正是萬教歸一的時候……雖然在儀規方面，各教門的差異頗大，但他們也有相似之處。譬如：只流傳在信眾間的神秘咒語，某種秘密的手印和特別的叩拜形式。最後一點即是：各教門均用沙盤扶乩，作為人神之間溝通的媒介。

在這裏，我要對（我與世瑜）於 1948 年 5 月 9 日在北京一秘密宗教活動中心花上一天時間的見聞，作簡短的描述。由於這裏所描述的內容與世瑜書中所處理的四種教門沒有直接的關係，所以他未在該書中描述當日之所見。

在抗戰期間大興其道的華北秘密宗教，和平之後（即戰後）遭受中國政府於 1946 年頒佈的法令全面禁止。這項禁令涉及所有宗教和政治性的秘密會社。1948 年在北京之所見，有助於瞭解當日教門的情況：

一些秘密宗教的教首在每月的初一，十五日定期聚會。聚會的地點是介於內城與外城之間的宣武門內西面的石駙馬大街 22 號。這個聚會場所的正式註冊名稱為「佛教研究院」，而會員們熟悉之另一稱呼則為「宗教協進會」。格於政府禁令而暫隱不傳的各教門於每半個月定期聚會的目的，在於維持一些秘密宗教信眾的宗教熱情。我相信李世瑜先生和我輕易被獲准參加四月初一

　　日當天的聚會，一則因世瑜擅用道場中的習慣語，另則因一些會員在面對政府禁令壓力下，不敢過於堅持該聚會的隱密性。

　　當天下午的首半段時間，安排給太極神教的教眾。太極，作為絕對的或原始的概念，為道家和新儒家們所應用。這個教門似尚在確立階段，它的創教人是孫悟子。在他門下有十名能手，其中大多數為婦女。他以詩句說教，告誡教眾，為時達一個半鐘頭。它的教義內容與其他類似教門的基本信仰並無差別，其中包括：世界末日即將來臨，人類必須歸根認母。他的說教內容大部分還涉及當日發生的事件，並以之作為末劫來臨的先兆，使人感到此類聚集可以輕易被轉化為政治性集會。秘密宗教頗容易被導入政治性派系。

　　這種印象在我觀察了孫悟子於說教完畢，率教眾至內院演習「神拳」（一種神打功夫）後，更為強化。這種由教眾跟隨教首念咒請神後操演的「神拳」活動，進行超過四十五分鐘。人們由此可找到 1900 年「義和團」直系遺風之投影。他們（指義和團）也由相似的（念咒）儀式開始，進入刀槍不入（的神化地步），最終使自己為政治目的而效命的。

太極神教教徒表演神拳

神拳演習完畢，教眾們散會。協助前述活動的自願工作人員當中，有十人繼續留下來。這群人當中，頗具代表性，值得在下文加以介紹。由左至右（不包括席地而坐的小孩和立於後排右端的李世瑜先生和本人）：

第一排（就坐者），由左至右：

1.王，佛教研究院司禮。2.劉大夫，一貫道道親，是一名執業中醫師。3.盧庭寶，八方道教徒。4.王興林，八方道教首，於七年前立願不剪髮和不剃鬍子。5.袁仲安，佛教研究院主持人。6.李抱一，混元門教首。7.唐明中，紅卍字會道首。

第二排，由左至右：

8.朱劍文，佛教研究院會員，負責按摩治療。9.僕人。10.劉大夫之妻。12.劉大夫夫婦之女兒，是孩子的母親。13.李太太，太上門教徒。14.關太太，菜市場相師，為王興林老伴。

當天下午的下半段時間有降乩活動。乩手並未參與前述活動。他並非院內任何教門的教徒，作為職業乩手，他只為眾人提供扶乩服務。

該院中央的建築物專為宗教活動而設，共分三室：中室內供奉無生老母相片。這張相片據說是在扶乩時，由無生老母將自己的肖像壓印在感光膠捲上面[11]。

在桌面上供有許多銅質仙佛牌位，其中包括釋、道、儒、回、耶諸教中大部份的仙佛神聖在內。

---

[11] 這種做法相當普遍，我也曾見過孔子、老子，尤其是濟公的相片。濟公為佛教僧人，他約於 1208 年去世。他被大多數的這類秘密宗教奉為祖師，因為他是彌勒佛的化身。

北平「宗教協進會」人員與作者合影照

　　扶乩以高聲念誦院內主要仙佛經咒開始，由司禮高聲發號令，會眾依據神明地位每次進行九或六或三叩首。中室禮拜完畢，會眾遂移至左邊房室。該室較之前者來得小，只能容納十二名協助當日扶乩活動者而已。其他會眾均立於門口，排隊面向掛有觀音肖像之內壁。肖像前，供有好幾個刻有彌勒當來佛、關帝及其他通俗神名號之牌位。在該室中間置一低足方桌，桌面上有一鑲邊託盤。盤內鋪上一層薄薄的黃沙。較接近會眾之左邊，有一高足桌子，上面擺了一大本記錄簿子，用以記錄神明訓示的乩文。

　　最後，一如一般廟宇所見，神壇前面，擺設了一雙燭臺、一對花瓶和一隻香爐。

「佛教研究院」中的佛龕

　　下圖顯示正在進行中的扶乩。桌子右手邊站立者為抄寫員，左邊站立者為司禮。他手執一木耙子，當沙盤上的字被念出後，他便用耙子將沙弄平。另一立於左邊的報字員（為司禮身子所遮隱），則每次高聲念出沙盤上書寫的文字。

　　在桌子右手邊站立的乩手，手執一「Ｔ」形書寫工具（譯者按：即乩筆）。在工具的其中一端，附有一垂直尖筆。乩手的雙眼打開，並未進入恍惚狀態。他書寫的速度極快，但字跡卻易於辨認。雖然乩手書寫時站在旁邊，但所寫的文字卻朝向觀音肖像的正面，使人感覺文字是觀音所揮寫。而會眾所見文字，則為倒寫[12]。

---

[12] 有關扶乩在中國的形式和起源的大致情形，參閱趙衛邦撰《扶乩的起源和發展》，北京：《民俗學志》，卷 1·Ⅰ，1942，頁 9~27。

「佛教研究院」人員扶乩景象

　　當日降乩諭示的神明為西方三聖，即：

　　(1)燃燈，二十佛之首位，是釋迦佛的前任。他以神光之名轉世，是秘密教門中的第二代祖師和達摩在中國的首位繼承人。

　　(2)准提，光明女神，是觀音眾多形相之一。她轉世為秘密教門中的第十一代祖師，名叫若道。

　　(3)接引，阿彌陀佛，是牽引亡魂升西方世界的菩薩。

　　在批了一些普通警句後，降乩神明的乩諭乃輪流針對所有出席的會眾們。每當個人乩諭首句出現有關信眾的姓名，被報字員念出時，該名信眾必須趨前，於神壇前的拜墊上叩九次頭，然後回到原來的站立處。其他會眾亦依次趨前叩首。

　　下圖顯示扶乩快結束時，乩手、抄寫員和報字員小心將記錄簿中的乩諭重讀一遍，並改訂錯字。之後，大夥兒離開現場去喝茶。這時候，每名會眾可作出要求，讓抄寫員將有關個人的乩諭，

抄錄於紙上。我於當天所獲取的簡短乩諭，談論範圍乃歡迎我出席鸞會，並附加說明因為我接受正教教義而有此機緣獲悉聖教之妙旨。

在鸞會中，若降有詳述教義旨意或作針對性的規勸的長篇且重要的乩文，會眾當中有許多會自費將之刊印，派發給其他信徒。許多流傳於秘密教門中的著作，即源自這些乩諭訓文。

「佛教研究院」人員校訂鸞文景象

一貫道調查報告
（1940-1948 年）

前言

　　一貫道是現代最大的一種民間秘密宗教。它在淪陷期間，由於日寇的縱容和支持，發展遍及整個淪陷區中，勝利後更流播於大後方的大部地區。其人數之多，無法統計，聲勢之大，史無前例。由於它的活動一直是與官方有著千絲萬縷的關係，這種秘密宗教的宗教部分實際上已成了它的軀殼，也即其內容中滲透著濃厚的政治色彩，或者說是日寇用來統治和愚化我國人民的工具之一。勝利之初，我國各地當局尚有查禁該道消息，近來則似又成過去，傳聞即系由於該道上層分子又與當前某種權勢人士有所妥洽，因而仍准其「暗釣賢良」（道中術語）。雖然，而因該道宗教部分的內容異常豐富、完整，對它的研究，不但可以旁通現在流行的類似組織，且可以從而推知其所謂失傳了的前此各代的秘密宗教情況，故而不厭其詳地記錄於此。

　　一貫道分兩大派系，所傳則大同小異。一派為由張天然領導

者，又稱弓長派，流衍於華北、東北、華中等地；一派為由張天然之師兄弟郝寶山（一說為由薛洪）領導，流衍於山西及甘、陝邊疆。本文資料以弓長派為主。聞張天然於去年中秋（1947 年 9 月 29 日）死去，弓長派又分裂為數支，內容也有一些新的發展。

　　我對一貫道的調查開始於 1940 年秋，凡歷七年。曾於平津各地深入其許多「佛堂」，廣泛地與其「道親」接觸，並結識若干「點傳師」，所遭阻難，也是筆難盡述的。舉其大者如：1944 年天津「總佛堂」發現我潛入該道的意圖後即曾以我為「謗道分子」下令全市佛堂禁止我入內；前年 11 月天津一貫道某點傳師曾借我在《民國日報》發表了一篇《駕乩扶鸞原理淺測》的機會，依託「萬國道德會」名義在該報登過啟事，說我「不查真像，誣謗宗教」；最近我在這裏寫書的事又為北京「總佛堂」探知，常來我校（輔仁大學）攬活的洗衣房掌櫃賈承富（該道「幫辦壇主」）好心關照我說，「總佛堂」正在打聽我，並向警察局告發了我，叫我趕快逃避，等等。

　　但這些是影響不了我為了學術事業而繼續工作下去的。四年前我曾寫就一篇論文：《秘密宗教研究》，附《一貫道實況調查》，當時正是日寇侵華的垂死階段，也是該道最為盛傳階段，我寫出的這篇論文其實是一件廢物。雖然我不得已地一再于文中寫著這類話：

> 或有謂余藐視前人垂教，甘冒佛前「五雷轟身」之宏誓，揭發「天道」所不公開者，則余豈敢？謂余提醒知識界中對其「深致妙理」加以探討，或能斟酌利弊，抉擇興廢，其庶幾乎！自惟謭陋，八方道親，幸匡正焉！

但文稿仍一直壓在學校圖書館的書庫架上。本文就是那篇論文的

擴充。我想現在的時代，總不是四年以前可比了！

一、一貫道源流考實

　　一貫道的最近一代祖師是張天然（本名光璧），道中人稱之為第十八代祖。張自謂得道於路中一，道中稱之為第十七代祖。又據說路中一得自第十六代祖劉清虛，自劉某接續傳統後始改名為一貫道。道中傳說劉某的傳道年代是民國初年，因此一貫道的創始也應是此時。張天然自稱民國十九年（1930年）「奉天承運」「辦理末後一著」，於民國廿五年（1936年）後「道務方大見宏展」，他的與人相見，就在這個時期。據此，一貫道的源流應是這樣：

　　民初——草創時期，由劉清虛掌教，是一種隱秘的秘密宗教；

　　民十九至民廿五——漸盛時期，由張天然開始掌教；

　　民廿五至民卅四——極盛時期，遍佈淪陷區中；

　　民卅四以後——衰微時期，復歸隱秘，發展伸向大後方。

　　在這個階段以前的歷史，道中傳說就近於荒誕了，他們一直推到盤古氏及未有天地之先。其實在的淵源，我們也約略可以找出一些線索，本節就是我的考證。

（一）從「三期末劫」「彌勒掌教」考證

　　一貫道重要教義之一為「三期末劫」「彌勒掌教」。無線癡人著《一貫道新介紹》中解釋較詳：

> 無極生化天地萬物，十二萬九千六百年為一終始，名曰元會。每會因氣象之變遷，而有數期之劫運。現在午會告終，

未會初起。自開天以來，約有六萬餘年，已有三期之分：第一期曰青陽劫，應於伏羲時代；第二期曰紅陽劫，應于周昭王時代；第三期曰白陽劫，應於午未交替之際。每期道劫並降，降道拯救善信，降劫收殺惡孽。劫由人造，道因劫降，道宏則劫消。……青陽時期燃燈古佛掌天盤，紅陽時期釋迦文佛掌天盤，白陽時期彌勒古佛掌天盤。」（第6頁上）

考明中葉以後的諸種秘密宗教，也以此說為教義。黃育楩《破邪詳辯》中謂之為「天運三變」，所引各教經卷中，屢見提及。如卷3引紅陽教的《混元紅陽顯性結果經》云：

混元一氣所化，現在釋迦佛掌教，為紅陽教主。過去青陽，未來才是白陽。

黃氏解釋：

邪教謂前此釋迦佛掌世，後此彌勒佛掌世。掌世既異，故天運亦異。

卷1所載圓頓教《古佛天真考證龍華寶經》也有此說：

燃燈佛後，有釋迦佛接續傳燈，釋迦佛後有彌勒佛接續傳燈。

又云：

初會龍華是燃燈，二會龍華釋迦尊，三會龍華彌勒祖，三會龍華願相逢。

卷 2 引黃天教《普靜如來鑰匙通天寶卷》也有此說：

> 燃燈佛子，獸面人心，釋迦佛子，人面獸心；彌勒佛子，
> 佛面佛心。

又清代有白陽教者，亦秘密宗教之一，《破邪詳辯》卷首引白陽教首領申老敘之供狀中有云：

> 紅陽劫盡，白陽當興。現在月光圓至十八日，若圓至二十
> 三日便是大劫。

由以上各節看來，天運三變及彌勒掌教之說，非但為當時各宗教共同教義之一，且與今日一貫道的說法無異。詳考其由來，蓋起於彌勒降世的傳說，淵源於印度，彌勒教與白蓮教興起後即為它們所吸收。彌勒降生南天竺婆羅門家，釋迦在世時，常侍旁聽法；釋迦佛懸記：將來由他紹繼佛位，於華林園龍華樹下三會說法，廣度一切天人。據此傳說，乃有彌勒教的產生。自隋唐以迄北宋末年，為該教全盛時期，其活動地域為河北一帶。

摩尼教自唐武后延載年間（694 年以後）傳入我國，由於後來遭禁，宋代乃演為明教，或稱食菜事魔。其教中經典有所謂《二宗三際經》者，「二宗三際」即其主要教義之一。「三際」即是過去、現在、未來。經中解釋說：

> 初際者未有天地，但殊明暗，明性智慧，暗性愚癡，諸所動靜，無不相背。
>
> 中際者，暗既侵明，恣情馳逐，明來入暗，委質推移，大患厭離於形體，火宅願求於出離，勞身救性，聖教固然，即妄為真，孰聞聽命？事須辯識，求解脫緣。

後際者，教化事畢，真妄歸根，明既歸於大明，暗亦
歸於積暗，二宗各複，兩者交歸。

以此與上引明代諸教中經典所稱「天運三變」之說比照，實係異
曲同工。由此可知明代諸教中實亦雜糅了明教教義。

白蓮教始於宋，本也出於佛教，元初盛行於江南，北來以後
始接受彌勒教的彌勒降世說。《元史》卷42云：

初灤城韓山童，祖父以白蓮會燒香惑眾，謫徙廣平永平
縣。至山童倡言「天下大亂，彌勒下生」，河南及江淮愚
民皆翕然信之。

當時傳佈甚廣，徒眾五十餘萬，元兵不能禦。由至正十一年，以
迄元亡。明代河北諸秘密宗教即係其緒餘，「彌勒掌世」「三會龍
華」等說，實韓山童的黨羽所傳授。當元末山童起義時，人多以
紅巾為號，稱為「紅軍」。紅陽之名或本於此。或謂紅陽之名係
來自「紅羊劫」之說。宋柴望著《丙丁龜鑒》，意欲托言讖緯而
微戒時君，謂丙午丁未為國家厄會。後人以丙丁屬火色赤，未為
羊，遂稱亂世為「紅羊劫」，此說也甚可能。然而明代諸教與元
末白蓮教有關，則似無疑問。光緒《畿輔通志》，卷132《教匯》
條有云：

白蓮邪教，起自元末紅巾之亂，其教以「真空家鄉，無生
父母」八字為真言。而明末諸教亦以此八字為真言。

《破邪詳辯》卷3：

邪教有八字真言曰：「真空家鄉，無生父母。」真空二字
謂仿佛經而言。

由此可知，自從彌勒降世之說傳入中國演為彌勒教，又與明教、白蓮教混合產生「三期末劫」「彌勒掌教」的說法之後，一直傳到明代，仍為諸秘密宗教的教義。由前面所引明代諸教的內容與今日一貫道來比較，則又知一貫道實係承繼了明代的一套教義。除了三期末劫，彌勒掌教一點而外，其他還有很多證據，可以證明，一貫道與明末諸教的關係，如無生老母、九六原子、暗釣賢良、三曹普渡、三教歸一等等。以上不過擇其典型，下面再從該道幾位祖師分析。

（二）從羅蔚群分析

　　一貫道的道統中的第八代祖師叫羅蔚群，聲稱：「乃太上大弟子公遠真人化身，北直隸涿州人，誕辰為正月初八日。」按此人不但見於一貫道中，現代許多秘密宗教也多以他為祖師之一。

　　羅蔚群是什麼人呢？說法太多了，僅以他的名字來說，我見過的即有：羅蔚群、羅孟洪、羅悟空、羅慧能、羅淨卿、羅寶、羅因、羅懷、羅清；籍貫則有：北直隸涿州、山東即墨、甘肅蘭州、四川；時代有：明正統、明正德、明嘉靖、明萬曆、元代、唐代、晉代。最可靠的是下面一段文字：

> 俗家住在山東萊州府即墨縣豬毛城成陽社牢山居住。祖輩當軍，密雲衛古北口司馬台悟靈山江茅峪居住。我為出家在家，四眾菩薩，打七煉魔苦行，無處投奔。發大好心，開五部經卷，救你出離生死苦海，永超凡世不回來。《苦功悟道卷》、《歎世無為卷》、《破邪顯正鑰匙卷》、《正信除疑自在卷》、《巍巍不動太山深根結果寶卷》信受奉行。

這是他的自述，見於他所著《巍巍不動太山深根結果寶卷》第 24 品中（正德四年〔1509 年〕刊本，分 2 卷 24 品）。較此後出的還有一部康熙年間普浩輯的《羅祖行腳寶卷》（光緒元年〔1875 年〕據康熙二十一年〔1682 年〕刊版重印，不分卷。此卷疑即《羅祖出世退番兵寶卷》），內容全係記述羅祖事蹟，其梗概如下：羅祖山東萊州府即墨人氏，名羅因。明正統七年（1442 年）生，嘉靖六年（1527 年）卒。曾於北京錦衣衛當軍，後退而學道。苦修十三年「頓悟無為道」。某年錦衣衛總督因番兵十萬八千圍困北京，夜得一夢，謂羅祖可退番兵，往拜之。羅祖於陣前射三箭，空中降下蓮花三朵，番兵畏而退卻。帝聞之，令試其技，果不虛傳。但帝竟以妖人問羅祖斬罪，臨刑時鋼刀自斷，遂禁於天牢。羅祖在牢中依靠太監張永及魏國公、黨尚書得由五臺山召來了其弟子福恩、福報協助他寫就五部經卷。呈帝御覽後仍未得寬免。某日有番僧七人進銅佛一尊，令朝中解其機玄，朝臣俱不曉，乃召羅祖對番僧辯道，羅祖對答如流，番僧拜服，帝悅，封羅祖為「無為宗師」，頒龍牌助刊五部經卷。

　　根據上述兩段傳說，可知羅祖大約為明正統、景泰時人，成化、正德年間，曾創行無為教，後人也稱他的教為羅祖教。但秘密宗教中有些傳說常是不可信的。上引兩段資料所記有關史實和人物如果我們與正史勘比一下，即可知其顛倒錯亂矛盾重重。由於世傳關於羅祖教的資料，早於明末者比較少見，我們也只好暫且用它，聊備一說而已。

　　明代從萬曆年間起，秘密宗教之風大盛，支派繁多，在歷史上的關係也更重要。明清兩代的多次農民起義與各種秘密宗教很少是沒有聯繫的。僅從《古佛天真考證龍華寶經》第 23 品（明刊本，分 4 卷 24 品）所記，即有老君教、達摩教、紅陽教、淨

空教、無為教、西大乘、黃天道、龍天教、南無教、南陽教、悟明教、金山教、頓悟教、金禪教、還源教、大乘教、圓頓教、收圓教等十八種之多。清代秘密宗教名目更是五花八門，不可勝數。這些秘密宗教論者都稱為白蓮教的支派，其實白蓮教自元末明初屢遭禁斷之後，即已改頭換面，很少有再敢自稱為白蓮教的了。而白蓮教與萬曆之後的各種秘密宗教之間有一個重要的過渡橋樑，即是羅蔚群所創的無為教。因此與其說萬曆以後的秘密宗教是白蓮教的支派，不如說是無為教的支派。

　　我舉兩個例子說明這個事實。如萬曆年間興起的紅陽教，它的祖師是韓太湖（飄高老祖），但也尊羅祖為祖師。他們的經典《混元紅陽臨凡飄高經》第 24 品（明刊本，分 2 卷 24 品）中說：

> 旃檀老祖來下天宮，三番去留經：頭遭臨凡荷擔僧，二遭臨凡轉為唐僧，三回九轉羅祖五部經。

又如前述明末收源教，即也尊羅祖。他們的一種叫做《大乘意講還源寶卷》的（康熙六年〔1667 年〕刊本，不分卷）竟題為「山東萊州府即墨縣羅公演」（其實這是他們的偽造，從年代及經的內容看，根本不可能是羅祖所作），其中說：

> 昔日靈山一會，今朝佛法常新。西天二十八祖（按指達摩），東土五祖傳燈（按指禪宗達摩以下五祖），羅祖續佛慧命，直指見性明心。

　　此外明末以來還有許多秘密宗教，根據記載也都說是無為教的別稱或支派的。如：羅道教（見瞿九思《萬曆武功錄》卷 1），大乘教清茶門、聞香教（見勞乃宣《義和團教門源流考》），老官齋（見《史料旬刊》第 27 期《新柱摺》），龍華會（見上刊第 24

期《雅爾哈善摺》），三乘教（見上刊第 2 期《謝旻摺》），大成教（見瞿宣穎《中國社會史料叢鈔》輯《陳世倌摺》）等。甚至有些秘密宗教，還直接托用羅祖或無為教的名稱，如黃育楩《破邪詳辯》卷 4《佛說三回九轉下生漕溪寶卷》條下稱：

> 普明祖名李升官，曾著《普明如來無為了義（寶）卷》，因係無為教，又稱無為祖。又有頓悟祖名僧種，曾著《大道元妙經》，因號頓悟祖，又稱頓悟教，實係無為教，故稱無為祖。此外又有稱無為祖者，不計其數。

由此可見羅祖和他的無為教在當時和以後各種秘密宗教中的威望之高和繁衍之盛。而一貫道等秘密宗教既然也尊羅祖，而且其全部道統又與上引收源教等的道統如此雷同，可知它確也是從明中葉的無為教通過明末以後諸種秘密宗教輾轉流變下來的。

（三）從張天然分析

張天然，一貫道弓長十八代祖，現在的教首所謂「師尊」者也。張氏自稱係濟公倒裝下凡而「奉天承運辦理末後一著」的。所以名為弓長祖，實道中人為避「聖諱」而不敢直呼其姓字，張氏於道中的尊貴，由此可以不言而喻。

他的行止靡定，雖各地皆設行宮，也很少有人知道他駕幸何方的。所以道中人雖極虔誠之士，甚至如點傳師（又稱代表師）而欲一睹聖顏，也屬難得。

一貫道十八代祖師張天然像

然則張氏究竟是怎樣的人呢？周著《揭破一貫道邪教惑人秘密》
[1]中有專文描述：

> 師尊生得堯眉舜目，慧眼雙瞳人，常似閉目守玄，睜開則
> 神光奪目，額間尚有一雙大眼立生。龍鼻聳直，冠頂如蠟，
> 準頭豐隆。口開唇紅，五綹長鬚，精神百倍。兩耳垂肩，
> 手過雙膝，龍步虎行，飄飄灑灑，真是超塵出世，氣度非
> 凡。並且兩手掌心天生的左日右月硃砂紅痣，將手一拍，
> 印透千張紙。兩腳又有紅砂硃痣，左腳心北斗七星，右腳
> 心南斗六星。因彼為濟公活佛，為三曹真主，才有如此福
> 德貴像。雖處塵世，而靈光超出天外，與宇宙同體。凡吾
> 人一切活動，彼全能知，且常臨壇降訓。……

然考弓長祖的奉天承運，實由明末開始。何以言之？

《破邪詳辯》卷 3 曾將明末流行的「收源教」有所記敘：

> 飄高倡教，而還源諸人相繼而起，適至弓長，總諸邪經大
> 成。

又所引該教經典有名《古佛天真考證龍華寶經》者，內容全為敘
述弓長祖之事蹟，因經內稱弓長祖即系天真古佛所化。今略舉一
二以介紹明末的弓長祖。

> 《無生傳令品》有云：「無生母，吩咐汝，法王傳令；
> 天真佛，聖臨凡，下生投東。下生在，中原地，燕南趙北，

---

[1]　周明道：《揭破一貫道邪教惑人秘密》，稿本，係我於 1947 年得自天津市
　　社會局風化禮俗科者。

桑園裏，大寶莊，有祖弓長。」（黃氏辯曰：）「噫，弓長
即張，分姓為號，粗俗之至。再者邪經，知弓長與飄高等，
同為明末妖人，所言皆係真空家鄉，無生父母之意，而前
此並未聞及，可見天真古佛，無生老母，即系弓長飄高等
所捏造，不可信也。」

《弓長領法品》有云：「無生母，令弓長，親來領法；
母今日，傳與你，十步修行。」

《末劫眾生品》有云：「弓長祖，到家鄉，聽母吩咐；
說下元，甲子年，末劫來臨。辛巳年，又不收，黎民餓死；
癸未年，犯三辛，瘟疫流行。」

故由弓長祖一點觀之，則今日一貫道的內容，與明末諸教所
習者的關係，不難斷定。

除此之外，能證明今日一貫道和明末諸教有關的，還有許多
術語：如弓長祖的家鄉是「燕南趙北」，最高崇拜是「無生老母」，
出外辦道叫「開荒」，入道叫「掛號」，上天降道叫「開科選賢」。
又如「無縫鎖」，「儒童祖」及「三極」、「三元會」之說，均並見
於《破邪詳辯》所引各教經卷及今日流行的一貫道。更可笑的是
一貫道中還稱今天的弓長祖（張天然）也叫「收圓（源）祖」，
也曾作過《古佛天真考證龍華寶經》（簡稱《龍華寶經》），可見
他們是把明末的收源教和弓長祖與今天的張天然混同起來了[2]。
這一點是我在調查工作結束後整理資料時發現的，當時沒有追究
他們。我推想他們的解釋一定會是：明末那次收圓沒有結束，今
天的張天然是明末弓長祖的轉世，繼續辦理「末後一著」的。

---

[2]　參閱第三節第 11 條引《醒世週刊・五教圓通經義》。

（四）從王覺一分析

由以上三段來看，既知一貫道是由彌勒教、明教、白蓮教以及明末諸教一線傳下來的，而清代秘密宗教的發生情形非常複雜，我們如何可以尋出一貫道在清代的脈絡呢？我也找到一些材料。

一貫道的道統中有所謂十五代祖王覺一者，他在道中的威信很高，關於他的記載及傳說也很多。如《一貫道疑問解答》上卷第3頁：

> ……梁武帝時，達摩初祖西來，真道又得一派相傳，至十五代祖王覺一歸空時，瑤池金母降壇批示，「東震堂」始改為一貫，稱曰一貫道。

又如《歷代祖師源流道脈》卷3：

> 徐楊十三祖，天命在隱顯之間；十三祖後，天命暗轉山西姚十四祖，其時眾魔爭奪天盤，道統自此以混；下傳王祖覺一，仍係暗授，道統益亂。王祖悲天憫人，惟恐教傳旁門，學失正路，誤此亙古難逢之良機，因著書多卷，闡明性理心法，以啟愚提智，化世救民者。光緒十年丙戌春三月，王祖歸空於天津楊柳青。其後清虛十六祖在山東北海南岸重傳真道，名曰東震堂。

又如《一貫道理問答》：

> 王覺一祖，道號北海老人，山東青州人氏，乃咱道十五代祖師也。前為東震堂之師祖，著有《理數合解》、《子曰解》、《一貫探原》、《闡道文》等書在世。論大道之傳，自古單

傳口授，天運道光初年，普渡始開。初是西乾堂，北海老
人西乾之弟子也。西乾堂祖師辭世時，焚香請示，瑤池金
母乩諭，改名東震堂，命王祖執領，當時眾領袖，雖不敢
違天命，然而忿者多矣。於是各立門戶，各起堂名，先誦
經卷，後斷色欲，神前抓准，然後點傳。王祖歸空時，仍
又請問，壇諭改名三極一貫，交付劉祖，道號清虛老人執
掌。我祖受業於門下，效力二十餘年，受師父之遺命，繼
續於今，故有斯道。

一貫道中尚有多種經卷題為王覺一所著，如《談真錄》、《歷年易
理》、《三易探源》、《三教圓通》等。

　　王覺一之詳細事蹟，一時尚未可盡詳。《揭破一貫道邪教惑
人秘密》一書，對前引自徐楊十三祖後道統混亂及王覺一等情，
曾作一解釋：

> 同治九年，道統混亂，係因官府拿辦。曾國荃《人種》中
> 曰：「王覺一別號半仙，自少年以算卦為生，並扶乩畫符
> 為人治病；後在直隸、山東各地設教騙人，妖言惑眾，官
> 府剿拿甚嚴，終落法網，斬首示眾，二子及其黨羽均皆逃
> 匿。」（第三卷）[3]

　　文中對王覺一介紹甚詳，且引曾國荃記載，似更可據。以下
再錄陳捷《義和團運動史》中一語，以明王覺一的身份：

> 或謂義和團總首領曰王覺一，……實即石佛口王姓。（第

---

[3] 周氏引曾國荃著《人種》一書，不知為何種版本，查曾國荃著作中，《人
種》一書並未行世。然因其有關王覺一事蹟，姑錄之。

18 頁）

　　然而世傳義和團首領多稱張德成、曹福田、黃蓮聖母、李來中、朱紅燈等人，鮮有言及王覺一者。陳氏所云，可能係本於勞乃宣《義和團教門源流考》一書所記。這一問題我認為係由於義和團門戶紛紜，首領眾多，其勢力龐大行動顯赫者則為人知之，僅俱「神權」而無「軍權」者即不為人道，王覺一或即屬於後者之故。由此說明一貫道由明末諸教於清代以義和團之一支為其過渡而至晚近則殆無疑義。總之，一貫道之道統，雖托稱始於上古羲皇之世，然而各代祖師，究竟何以知其與一貫道有關，則多未能尋繹其根據。其比較可考之羅蔚群、弓長祖及王覺一，我們確知他們是明中葉以後的無為教、明末收源教及清末義和團某支之祖師，王覺一之後，兩傳而至十八祖弓長——今之師尊張天然。

（五）關於一貫道源流考證的新材料

　　《一貫道調查報告》一文草創於 1940 年。今日對一貫道的認識自非前此所可比擬。僅以對其源流考證一節來說，即曾獲得大量的新資料。如文中轉引自一些文獻的記載，大部分都已找到了原始出處。特別是關於明中葉無為教和明末收源教等民間秘密宗教的，所獲更為豐富，因為我曾找到眾多的他們當時所使用的經典——寶卷。從其中不但更清楚了那些秘密宗教之間的關係，對一貫道與它們之間的瓜葛也益發彰明了。

　　如一貫道的第十八代祖師為什麼名叫張天然，道號叫天然子？為什麼說由他來奉天承運辦理末後一著？為什麼他說民國二十五年後道務方大見宏展？我即曾在東大乘教經卷《銷釋接續蓮宗寶卷》（清初刊本，折裝，4 卷 24 品）裏發現了原委。在它

的《紅梅八杆品第十七》中說：

> 有一天然子復叩老祖：「安立下頭續，可到幾時祖教興
> 隆？」祖曰：「丙子年大法興隆。」……囑咐吾兒天然子
> 末後一著，你在菩提彼岸中央聖地，執掌蓮宗普駕法船，
> 找化人天扶宗闡教，祖教興隆。

這是先天老祖的一段讖語，他預許一個叫天然子的，將來「執掌
蓮宗」「辦理末後一著」，在丙子年他將協助天然子闡教，祖教可
以興隆。一貫道的張天然正是借用了這一段話，給自己起了個道
號叫天然子，名字也改為張天然，並將丙子年附會為民國二十五
年的丙子上，又說是由他奉天承運辦理末後一著。我想這個發現
不是偶然的巧合。

　　除寶卷之外，在許多檔案、方志、筆記、別史及其他有關史
著中也都發現了不少資料。更其是在對許多其他民間秘密宗教的
調查研究過程中，也曾見到許多事實是足資與一貫道的源流互相
印證的。

　　如我曾在北京發現一種在抗戰期間與一貫道同時並傳但沒
有它的聲勢為大的民間秘密宗教「明明聖道」，他們也以無生老
母為最高崇拜，也將「母」字直寫（像「申」字），佛堂裏也將
無生老母的牌位寫成「明明上帝無量清虛至尊至聖三界十方萬靈
真宰」。這個奇怪的名字既然不只一貫道一家在用它（更多的秘
密宗教裏只用「三界十方萬靈真宰」八字），可知它一定是有一
個共同的來源的。

　　在北京圖書館藏的「摩尼教經殘卷」中引《應輪經》時有這
樣一段話：

光明父子及淨法風，皆於身中每常遊止。其明父者即是「明
界無上明尊」，其明子者即是日月光明，淨法風者即是惠
明。

這段話我想正是一貫道等的無生老母牌位所本。它是以「明
父」、「明子」、「明界無上明尊」及「淨法風」等詞演化之後，加
在民間秘密宗教慣用的「三界十方萬靈真宰」之上而成。如果這
個比附尚非郢書燕說，則宋元以後摩尼教與秘密宗教的雜糅，於
此又可多一明證。

又一例證即本考證的第二段中關於羅祖教的創教年代我根
據《巍巍不動太山深根結果寶卷》的刊印年代及《羅祖行腳寶卷》
所記推斷為明正統至嘉靖之間的問題。我曾自荷蘭德‧賀魯：《中
國宗教及秘密宗教的被迫害》（De Groot:*Sectarianism and
Religions Persecution in China, Amsterdam*, 1903）一書第 180-181
頁所載明末某教抄本經典中發現一段話：

> 太上無極老祖後又登殿與諸佛說九十六億懷（皇）胎兒女
> 開天撥落在凡，至今迷戀娑婆，真性沉淪，無人點化那裏
> 還鄉。先天令燃燈佛度二億仙家，中天令釋迦佛度二億僧
> 家，尚存九十二億。現後天掌管於世，未知何人降凡收返
> 兒女還鄉。眾諸佛不敢答應，只有羅祖以發慈悲出班奏
> 曰：我欲降生於凡，化度兒女以復家鄉，未知聖意如何。
> 老爺心觀朗意，將令付於羅祖。羅祖領令下凡，開荒顯教。
> 明朝萬曆朝代菩薩即有此俗家，持齋修行，從一祖起始，
> 係是姓羅名懷號悟空。

這段話不但為明末諸教教義中所稱「天運三變」以及「青紅

二期降道共度四億原子」之說增一新證，也對羅祖倡教的年代提供一項異於一般的資料。即它似乎是說羅祖的出世是萬曆年間，較我的推斷晚了六、七十年。但是從本節第二段考證中所引萬曆、崇禎年間流行的紅陽教、收源教經典中將羅祖列入其道統中的情況看，羅祖的無為教也係創於萬曆年那是不可能的。因為同時流行的各教絕不會橫向互借祖師，如現在流行的各種秘密宗教除一貫道外，絕不會將張天然列入道統，其道理是一樣的。因此我認為德·賀魯所引經文必係萬曆、崇禎等年某教所用，也許該教祖師正如黃育楩所說：「此外又有稱無為祖者不計其數」之中的一個，為了尊大其身分，故意不提前此的羅祖（也如張天然的不提明末清初的弓長祖一樣），而謂羅祖於萬曆年間出世也是很可能的。

二、一貫道宣傳方法

《一貫道疑問解答》中，有這樣一段話：

一貫道為何不立案？倘官廳疑有作用出而干涉，怎樣對付呢？

一貫道是應三期普渡，暗渡賢良而降的先天大道。昔日孔夫子周遊列國，傳一貫時，未聞有立案之說；且釋道兩教，亦未聞有此定章。自古至今也未聞不許信仰宗教之說，可知天道之降世，完全是上帝之所命，也是定數使然，因此道是普收原性歸理的真天道，故無立案之必要。總之吾道絕無背景，絕無作用，也非藉此欺騙錢財，愚弄人民，完全是窮理盡性，闡明一貫真理的道學。勸世渡人，改惡

向善，作一完全好人。若說官廳加以干涉，更勿用憂慮顧忌，不妨自由調查，因吾道行持正大，有裨于世道人心，官為民之長上，豈有長上不樂有賢子弟學作好人之理乎？設因不立案加以干涉，亦惟有暫停不傳，有何懼哉？所謂合則留，不合則去耳。孔聖有云：「道之將行也命矣夫，道之將廢也命矣夫。」足見大道興衰的原因，實天運使然，非人力所能為也。（卷上第 4 頁上）

若遇點傳師親口講解這一條，更是津津有味了。開頭就說：「我們是孔孟的真天道，不是什麼宗教，自從開天闢地就在傳，從未立過案。況且我們都是老母的兒子，官廳裏的人也是老母的兒子，那有母親向兒子那裏立案的道理？褚民誼已經受過弓長一點了，所有一切要人們，也都在九六原子之數，早晚都會被點的……。」但他們雖然這樣理直氣壯的不怕官廳干涉——事實上當時的官廳是絕不干涉的——而仍不敢公開宣傳，於是才有「暗渡賢良」的說法。他們說，現在普渡雖開，而仍不能逢人即渡，必須要已得道的人「因親渡親，因友渡友」，「下九流」之列：剃頭的，修腳的，唱戲的，茶役，妓女……是不渡的。必須等將來天道大開，「走馬傳道」的時候，才算公開。

　　所以一貫道傳道的責任，已不僅是點傳師的事務，而是在每個道徒身上，在戰亂之下的人們，只有靠著救世主的觀念來維繫他們無主的心靈，而一貫道的一套教義，正是針對著這種需求的產物。道徒們入道之後，的確可以得到莫大的慰藉，而去拼命的追求無生老母所預許的許多福澤。他們不惜身家財產的犧牲，到很遠的地方去「開荒」，不能出外辦道的，也要在自己的親友間努力做宣傳。他們常這樣說：「自己得了曠世未有的真寶貝，豈

能不讓自己的親友也得到？如果你們不進道，將來我自己升了理天，伴著老母，享受無量清福，我於心何忍？我願意我們今生做親友，到了理天還是親友，你們不答應進道，就是拒絕我們永遠做親友。」所以有些人的進道，實際上是礙於情面而來的。

一個好的傳道者，常將上述的這個「逼迫手段」，放在最後來用，另外還有威嚇和利誘兩層。威嚇的方法，不外演說「三期末劫」來臨，罡風掃世的厲害；雖然「金剛佛爺，陸地神仙」，也難脫逃；或講演因果的迴圈和輪回的苦惱。並且為了不使所講過於抽象，常是就著當時國內外的狀況或社會新聞來做譬喻，甚至昨夜的鄰家失火，也要說出很多的靈應。利誘的方法，大約為說出無生老母如何派下濟公活佛化為弓長祖師下世救渡皇胎兒女，並且「三曹齊渡」辦理「末後一著」：上渡河漢星斗，中渡萬國萬教，下渡幽冥鬼魂。只要受弓長一點，神仙逃脫輪回，永保神位；鬼魂出離地獄，直升極樂理天；人則一步直超，立地成佛。上拔九祖，下蔭七玄。死後瞳人不散，屍首不殭，雖值炎夏不生蠅蛆。種種靈妙，無盡無窮──要想活在這個世界，入一貫道是惟一的門徑。吾人既能與已得道的人為親友，且得其勸化，可知根基非淺，定也在「九六原子」之數。

如果再不能打動對方的意志，就是逼迫了。並且一次不成，還屢次的勸說，好像他自己入道之後，勸別人入道就成了他人生中最大的使命了。所以有時為要拉進一個新「道親」，不惜用很多時間，很多唇舌，很多金錢。

許多傳道者的口才，訓練得非常流利，有時雖因學識關係，不能講得很好，最低也要達到說上三四個小時的話也不覺累的地步；所講的內容，至少應把基本的幾個概念弄清，至少能罄其所有的講給別人，至於談話的倫次，是無大關係的。所以我們常可

以看到本來很愚笨的人，甚至老年的婦女們，也會侃侃地講起道來。

如果講道時能運用自己所知的所學的來靈活運用，那就更好了。我們在聽過一個傳道者的談話後，就很容易斷定他的身份：曾念過「初中」的人，定會舉出「大理石加鹽酸生成二氧化碳」的例來；一個織布局的工頭，常會說「幾股的紗」，多寬的「面子」；如果是常以機器的齒輪和皮帶的價格來舉例的，他一定是鐵工廠的「掌櫃」。所以他們的話，不但成了習套，在基本道理方面，彼此也無大差異。常常在聽過一兩位傳道者講道之後，就可以洞悉整個一貫道的內容，因為再聽別人講述，也還脫不了相似的東西。

很久以前，我就想把那些成套的能講三四個小時的談話，記錄一份下來，以介紹他們傳道的技術，因事實上的困難，因循未就。幸而道中有幾種經，都是些權威的點傳師們所寫，內容就是記錄他們平日為人講道時的許多基本教義，並多托為問答式的分出條目來。固然這些記載已由語言變為文字，不免為了曾加錘煉就會失去真像，但大部分的講道者所講的內容，層次，甚至語氣，都與這些經中相似，故頗疑這些經典就是有志傳道者所應事先熟讀的課本。以下將《道友問答宣講本》的前一部分錄出，以示一斑。

是年清和之望，余有宿客，其夜風清月朗，余焚香煮茗。友問曰：弟入道未久，不明一切，究竟道為何物請為開導。

余曰：咱道名為一貫道，若問此中情由多矣，今當擇要者一談，為君入手之法。夫道者，百善之總名，凡慈善

事皆可謂道；又道者，至理也，凡合理者即合道；又道者，正理也，如父慈子孝，夫義婦順，忠信仁德，莫不是道；又道者理也，天有天理，地有地理，物有物理，事有事理，人身有性理。又曰性為道體，凡天良上所出者，即天性中所出者也。夫人之性，本天理上分來的，得其指示，修之即可成道。在天曰天理，賦人曰天性，發於事曰天德，體而行之曰天道。所以君子處世，防非止惡，謹言慎行，不敢違理者，恐傷其性也，此為外德。更有養性悟性之內功，可向一貫心傳，四字道言及機文神訓等書參習，茲不煩述。至問道之始末，淵源深矣，太古之世，人心純厚，動不傷理，靜不亂性，人即道，道即人；漸後人心漸滑，天道顯露於河洛，堯舜二帝繼之，以執中精一，十六字心傳化世；孔子繼之，說出中庸一貫之理，數千年來，家國有序，歷朝尊為宗教，然性與天理，逢時才顯，所以雖有三墳五典，四書五經，只少口授心傳，道義盡成文藝了。聞師所諭，堯舜生於午中，此時乃午末未初之際，午盡陽光足滿，故有三期普渡，重明一貫之道也。三期者，伏義畫卦，以開文教，為一期；孔子刪書定禮，振立綱常，為二期；今時中外道門多多，各正性命，各究性理，乃三期普渡也。先生即生斯世，便是與佛有緣，就當加心修行，佳緣不可空過，性典天道，人人有份，淑身淑世，孰不可為？果能實踐實行，縱到不得神仙聖位，亦可上不愧於祖考，下不殃於後世，做個完全道子，現時道書滿世，欲求其精，博學尋求。

友曰：聞公所言，儒為宗教，不知佛道兩家是正是邪，異同請為一示。

余曰：道本無極一理，以一而分三，猶人一身而有精氣神，初以一分三，今以三合一，乃收圓之象，然三教中，佛法最高，所以古今掌教，皆是佛家，考應劫經云：混沌初開，定就十佛掌世。前者已經過去七佛，現山西汾陽縣大相寺孝義縣馬莊營村有七佛寺可證。彼時世無文字，名諱難稽，下餘三佛，乃燃燈，如來，彌勒執掌，燃燈掌過一千五百年，如來佛掌三千年，彌勒之事，不便細表，而今已經執手。如來佛，生於周昭王甲寅年四月八日，父名剎利，國號淨飯王，母名摩耶夫人，十九歲出家，得燃燈佛之授記，說法四十九年，遺經著典，渡世萬載。其道指性作佛，直探本原，掃除聲色，無我人相，後世稱為佛祖，孔子家語記曰：西方有聖人焉，名曰佛，不言自信，不治不亂，無為之道也。曾有遺記書云：吾道三千年，正法一千年，相法一千年，末法一千年，末法之後，正法又出，即今日總持三教之道也。老君姓李名耳字伯陽，諡曰聃，周定王丁巳年，生於楚國陳郡，為幽王柱下史官。其父姓韓名乾字元畢，母名精敷，受孕八十年，生於李樹下，因改姓李，自孔子問禮之後，加以幽王昏亂，騎青牛出函谷關，西渡胡王尹喜，其道淡泊養心，其法以抽坎填離，水火既濟而煉金丹，曾有道德，清靜，感應篇，陰隲文化世。孔子之事，政教兩兼，不須煩敘。但三教大道，皆以性理為宗旨，其綱常倫理，均係性天中流露，性體既明，倫常不習自正，所謂體明用達，本固枝榮，自然之理也。惜乎佛教失其妙諦，道教失其金丹口訣，念經誦懺，乞食於人間；儒教失其心法性理，蓋世文人，不過尋章摘句，若問知止定靜，收視返聽之功，窮理盡性，養性率性之法，知

者無幾，致使宗教，似乎絕廢。咱道之傳，三教齊修，行儒門之禮儀，用道祖之工夫，守佛老之規戒，小用延年益壽，大用明道成真，此即重明一貫之事也。

友曰：如此三教一貫之傳，亦持齋否！

余曰：戒也，佛門中五戒，殺生為第一，人生數十年不可與六畜結冤，但因普渡，恐有身不自由，因齋戒而誤學道者，是以規矩雖有，法是活的，不過修道人，要以慈悲為主，一蟲一鳥，統同天性，只因前世功過不同，今生轉變各異，殺而食之，妨礙天理。呂祖有詩曰：我肉眾生肉，形殊理不殊，休令閻君斷，自問應何如。先生如肯捨這點口福，壇前焚香立願，某代稟老堂，以記其功。

友曰：豬羊與世無功，若三年不殺，不多於人數乎？

余曰：怨人孽生之過，山中虎豹，卻無人殺，何以不多於人數，世人縱情肆欲，只知貪口腹，貪利息，誰肯留心於天理，存心於物命耶？

友曰：道則高矣美矣，然人多不信者何？

余曰：此事一在祖德，一在自己根基，有緣者聞之不捨，無緣者強之不行，若非佛根之人，勢難得入佛道，總之，有德之家，始生修道之子弟，此事當與壓寶一般，當壓不壓，恐其受害，盒子一開，可就遲了，所以說，有緣遇著佛出世，無緣遇著佛涅槃。涅槃者，止渡也。

友曰：如欲前進以何為先？

余曰：先將信心立穩，信為道之母，功德之源，人若無信，占課亦不靈，要知人人俱足天性，仙佛同體，迷悟不一，故有差別。頭圓足方，以象天地，一呼一吸，以象陰陽，二目同日月，五藏即五行，喜怒哀樂即風雲雷雨，

仁義禮智本元亨利貞，降生赤子，天地同體，堯舜孔孟，不異常人，明理者為仙佛，背理者作鬼魂，率而修之曰道，乃一定不移之理，不知信否？

友曰：如是之說，一切經典皆無用矣。余曰：經者路也。大道須得自修自悟，佛能指路，不能替修，誦經一事，不過藉此悟法而已，念經若能明道，古佛當初念的什麼經？咱們今日，不可不看，不可執煞，所以說，看經不如講經，講經不如依經行。

友曰：如咱道所供之神，既稱明明上帝，又稱無極老母，究竟此母，是男是女，請為一示。

余曰：明明者，已明又明也；無極者，無量無邊也；稱母者，因生性而言也。三才上下，仙佛神鬼，凡有靈者，統是一母所生。故新學家，有四萬萬同胞之說；關帝壇訓，有爾性即我性，你我本無別之語。人在先天時，陰陽不分，是時即是無極混元一氣，一有人身，名曰後天，後天是太極。無極是無形無相之真如也，天理也，自性也。太極是無形有跡，有聚有散之氣二也，陰陽二氣，一呼一吸也，氣質之性也。人秉父精母血理氣而成，為三也，故老子說：道生一，一生二，二生三，三生萬物。大凡天地間萬物，除性道之外，無一不在氣數中，在氣數中，即有聚散，生死存亡，不言可知矣。今日一貫之道，獨標性理，宋儒謂為理學，欲知其高超，有對聯一副請悟，曰：一步直超三界外，不勞彈指了修行。理為三才之本，若失一即成「埋」矣。先生若能會得此義，從此精一守一，認性為我，掃除一切，凡情雜務，俱作應酬，功行百日，心不定而自定。老子曰：如此清靜，漸入真道。未知肯否？

友曰：如人性情暴燥，與道有礙否？

余曰：暴燥由於無涵養，不僅由於見識低，要知中和氣象，乃天地之自然景，無是無不是，君子之居處法，聖經有言，喜怒哀樂未發為中，發而中節為和，致中和，天地位焉，萬物育焉。先生何不體之？孔子曰：小不忍則亂大謀，氣不平久必生疾。須要細心。

友曰：昔年無煤油時，我國香油麻油等甚賤；遍地種鴉片時，米糧價小；一個錢一文時，銀錢不缺。今日電氣點燈，鴉片絕種，一枚銅元頂十文，理應百物大賤，何以銀錢缺乏，旱潦不勻？

余曰：金銀乃天地之精，人老精衰，天地亦然，故無好景。旱潦一事，亦自各方人心所定，五行之中，天一生水，有雨不降，降不迎時，皆人心顛倒，與天心不合之故，只有一法，可以挽回，曰善也，道德也。天能降災，也能降福，水能滅火，善可解冤。一人善保一身，一家善保一家，人人皆善，天下指日清平。朱子曰：吾人之心即天地之心，人心善，天地之心，亦善，天地萬物本吾一體，至於物當賤而反貴，亦不要緊，修道人專講善惡，則享受自異，須大眾為善挽回。

友曰：近來天主耶穌之教盛行，不悉彼之宗旨為何？

余曰：該教是專教人敬上帝，莫敬祖先牌位及一切神像。但其上帝，還是要神像的。又其立醫院，設學堂，做好事，期望可升天堂，但又不承認陰曹有地獄。其教義膚淺，其宗旨就算敬上帝，升天堂，如此而已。……（第1-12頁）

又篇末尚有一段文字，亦足以代表道中宣講時的精神，它是接在「問答」之後的，像是總論，又像是跋，但段落不清，很不易斷定。今也照錄於後：

余辱承師命，自愧德薄才疏，無法調度。每閱壇訓，催督大家急速醒悟，不然普渡一止，大限一臨，咱們愛修修不得了。心中著急，想出幾句入心道話來，對眾一敘：凡講道者，務以性理為宗旨，若論因果報應，乃下乘法，非一貫心傳，大家注意。余記得論語云：君子上達，小人下達。上達者，立身行道，性理之學是也；下達者，世俗情緣事是也。咱們都是佛根子，寧學君子，勿學小人。道有何益。孔子曰：朝聞道夕死可矣。性與天道大露，只有今時。故古德云：人身難得，中華難生，三期難遇，大道難逢。咱們今日，四難全占了，根行不淺。三期普渡，為挽災煞而來。近年各處刀兵水火，人人皆怕，乃運氣所使。然天既降災而又降道何故？無非欲人回心向善，各本天良，各自立命，故挽天心者，保身之計也。王覺一祖師曰：善言天者本於人，善言人者本於天，人能悟到天如何我亦如何，天不大，人不小的時節，則與道相距不遠矣。但要認住一性，認住一理，由一性而思萬靈之性，萬性一性所生，由一性而推萬緣，萬緣皆一性所生。理也性也，本原一也，若無此一，萬從何有？諸位不明，有一比喻，貧夫種了一顆穀，秋天打下未肯吃，一直種了三年整，大家算算這數目。天地間凡沒根本的事，都不能長久，人亦同然。中庸云：「道之大原出於天，而不可易；其實體備於己，而不可難。」又云：「君子之道本諸身，始言一理，中散為萬

事。」故教諸公認性也。天命之性人人皆有，乃先天之真
我，修正道者，若不向性功上用力，便是外法，道體一失，
性命便屬閻君了。何以故？如人之家業，自若不能顧，他
人便要刁取。性亦同然，所以說一念之差，天堂地獄者此。
父子夫婦，原本人倫，以道觀之，石火電光，其間尚有天
壽不齊之慮，筵席一散，各自投奔，陰司路上不認親，那
時節孤丁丁，呼天不靈，叫地不應，公卿國相，平民一般，
想起道來，悔何可及？常言說：「人生莫作後悔事，怕病
須要事先防。」夫性，主人翁也。未生即有，死後不無，
其貴莫比，修之出世，昧之作鬼，雖無形跡，一切有形有
跡者，皆他所生，放之包括三界，收來黍內藏身。灑灑脫
脫，無煩無惱，清清靜靜，有感即通，酒色財氣，原非性
中所有，喜怒哀樂，亦由情感而生。既知老母當敬，我性
更當愛惜，了然三期事重，亦當代天分憂。有而不知，皮
囊所隔，知而不為，福淺命薄。談人是非，豈如回心自審，
改過自新，積萬載之芳名，認性為我，真我常曜，心離諸
相，輪迴可逃，成己成人，方為一貫子弟，知心是佛，定
是彌勒門徒，無本狂夫，身外尋道，有德之士，心內求真，
道由心生，命從志立，慈心時時發現，與佛同肩，道德處
處宣傳，神仙作侶，生死事大，遵道規靠定老母，紅塵非
家，失次序定見閻君，過惡相勸，眾道友一體同心，攜手
修行，修道人毋分你我，頑石受琢磨，磨成佛，永受香火，
人人皆佛性，本有的豈肯輕拋，世務繁冗，抱定修道宗旨，
人情重疊，舉止勿忘天良，時衰世弱，家家困難，功德立
下，有時復興。大道戒多貪，經云：「修利，修多利，人
心宜清靜。」又云：「多情乃佛心」。妙理難窮，細心參想，

始終不二，一得永得，日月如梭，一日不虛度，天時不早，緣人勿誤良機，體貼天心，葷腥早戒，行為忠厚，福自天生，天地位中和，莫學驕矜憎愛，元神最清靜，少說是非長短，多能多巧，萬家奴婢，不奸不滑，道中賢才，良知帶來的，是孝悌忠信，人心中易犯者，是奸盜邪淫，掃除三心，定超三界，不守五戒，難出五行，君子務本，見烏鴉返哺，孝心發現，善人善道，聞狐狸修煉，道念彌堅，代佛學言，了凡作佛，體天行事，遇難成祥，福要自修，所想的，皆不濟事，人各有命，富與貴，聽其天然，道法千門，須從信仰入手，天爵極易，念賴坐悟而成，心性常依，終朝清升濁降，內功不斷，時時水火相交，天開科選，釣賢良，同登彼舉，人能宏道，六萬年，普渡今時，超拔雙親，千古大孝，承辦道事，清神無限，人壯近老，人老近死，禍未來急早修行，寒來暑往，日月相逼，須知道一貫為何，一篇俚言，為同人入手捷徑，實行不息，不枉你得遇今生。完。（四十四面──四十八面）

　　雖然這一段的起頭說：「凡講道者，務以性理為宗旨，若論因果報應，乃下乘法，非一貫心傳，大家注意。」但事實上一般講道者，還是多用因果報應的方法來致人崇信，這裏不過為了著書的關係，只言「性理」不言因果，可以顯得教理的深奧而已。同時這類經典，有時也講一些因果，可惜只是理論的，不是宣傳時的真相，例如伍博士所著《一貫淺說》有云：

　　……客曰：人己共度，現下固宜如此，而因果報應之說，是否可信？余曰：天下之人不能諸惡莫作，眾善奉行，總由不明因果報應之理，略舉數端，以釋子疑。孔子曰：「善

不積不足以成名，惡不橫不足以滅身。」關聖帝君云：「善惡兩途，禍福攸分，作善福報，作惡禍臨。」淮南子曰：「樹黍者不獲稷，樹怨者不報德。」太上曰：「種瓜得瓜，種豆得豆，種時不失，十年根生結果，是瓜是豆，依樣償還。」因果經云：「要知前世因，今生受者身，要知來世果，今生作者心。」地藏云：「從來作善作惡，報應絲毫不爽，降福降禍，賞罰自古無差。」這皆是說的果之與因，如回應聲，如影隨形，絲毫不爽的道理。譬如有人，誠能入孝出弟，謹言慎行，忠恕為懷，慈悲存心，生前為個善人，死後即得享天上之樂，這就是君子循天理，而日進於高明。高明即是天堂，此之謂善因善果。要是不孝不弟，不仁不義，以惡為能，以曲為直，損人利己，奸盜邪淫，生前為個惡人，死後定要到地獄裏受罪，這就是小人徇人欲，而日流於污濁，污濁即是地獄，此之謂惡因惡果。感應篇云：「禍福無門，惟人自召，善惡之報，如影隨形。」佛經云：「苦因苦果，樂因樂果。」燃燈云：「一毫之善，與人方便，一毫之惡，勸人莫作，衣食隨緣，自然快樂。算甚麼命？問什麼卜？欺人是禍，饒人是福，天網恢恢，報應殊速，謗聽吾言，毋自傾覆，倘爾執迷，終墜六畜。」孟子曰：「天作孽猶可違，自作孽不可活。」禍福無不自己求之者。易曰：「積善之家，必有餘慶，積惡之家，必有餘殃。」書曰：「作善降之百祥，作不善降之百殃。」因果報應之理，三教聖人，不惟舉之於口，而且筆之於書，怎能視為荒謬無憑呢？（第5-6頁）

前面說過：這些印成書籍的東西，已經失去真相。真正講道

時，說理也許沒有這樣透澈，但舉例或引起其他的枝節時卻很
多，所以有時說得非常零亂，稍有識見的聽了，往往會發生疑惑
的。但這些講道者，因為訓練有素，所以遇到聽者認為不滿而提
出問題時，往往是很從容地一答就能駁倒對方。舉例來說：如果
討論到扶乩問題，問者說為什麼孔子也會作七言詩，十言歌詞？
耶穌也會寫中國字？某人的祖母降壇也會寫出大篇的訓文來？
他們一定要說：「仙佛是無所不通無所不能的，人世上辦不到的
事，到理天之後就可為所欲為。」又問：「天降大道挽救劫運，
為何只在中國，外國人就都要被罡風消滅嗎？他們要想得道，也
念我們的經文嗎？」答說：「這是天運關係，現在天道只降東魯，
然後普傳中華，所謂人身難得，中華難生，大道難逢，明師難遇。」
又問：「濟公每天都要降壇，各地各壇都要請濟公，究竟有多少
濟公？」答曰：「仙佛有億萬化身，慢說各地各壇，這間屋子和
那間屋子，也會同時請來濟公。」又問：「現在濟公化身為張老
師，辦理末劫道務，何以紅卍字會等處教門每日降乩也為濟公，
為何他不在那裏也講一貫道而去講別的道理？」答曰：「仙佛以
慈悲為本，一切法皆是佛法，只要吾人存心向善，仙佛無不樂助。」
又問：「我已是某教信徒，不能背叛本教。」他們說：「現在是三
期末劫，上天平收萬教，萬教原從一本而來，而今仍歸一本，此
一本就是一貫，你可以先進道，進道之後我可以給你看五教教主
勸他們的信徒同歸於一貫道的訓文，那時你將相信我的話，孔子
說：『是道則進非道退。』」又問：「仙佛既然這樣靈驗，為何不
快使戰爭停止，我們是否可以請壇去問仙佛，究竟戰爭幾時可
停？」——如果他們不能回答時，就要漸轉到旁的問題上去。如：
「啊！戰爭實在太殘暴了！什麼叫劫煞？這就是了，不但戰爭使
人民塗炭，你看水火瘟蝗一齊來了。現在充滿世界的，全是乖戾

之氣，人在這種空氣之中怎能活得下去！我給你舉個化學的例子：你拿一個真空的瓶子，對著瓶口大笑三聲，趕緊再用蠟封好；再拿另一個真空的瓶子，對著瓶口大喊三聲『殺』字，也用蠟封好瓶口，然後放在陽光底下曬三天，裏面於是起了化學變化，大笑三聲的瓶子裏變成紅色，喊殺的瓶子變成藍色，現在到處喊殺，人們若不趕快進道，恐怕危機就在目前了。」再問：「罡風掃世，世界混沌，混沌之後又將有一新的世界；這些話如何證明？既說即將降臨，究竟什麼時候？你敢給我保證嗎？」──如果實不能答出，他們就要拿出「末後一著」的法寶來：「天機不可洩漏！」

但這類不能回答的問題，在隔一些時日之後，一定仍可找出答案，似乎他們要有一個討論這類問題的機會，做出答案，以備將來再有人發出同樣的問題。即如「罡風掃世幾時到來」一問題，終於也被他們找到圓滿的回答，那是在二戰的最後階段，美國向日本施放原子彈以後，他們說這就是「罡風掃世，世界混沌」了！

前述這種性質的問答，多半是在單獨研究道理或勸道時才發生，如果在佛堂中公開講道時，是絕對忌諱發問的。倘有「不肖之徒」，猛浪地發出了不能回答的問題，立刻就會有人彈壓，或請他講過之後再問，但講完時，常有許多人將問者包圍或由相識的人予以殷勤招待，以了結這個僵局。

三、一貫道教義介紹

大體說來，一貫道的教義是採用儒家的倫理思想，道教的宇宙觀，佛教的幾種經卷，及佛、道等教的神名和一些術語，更加上世俗的許許多多的迷信，而以無生老母做統率的。也就是道中

所謂的三教歸一或萬教歸一。既有這幾個來源供給資料，所以他們教義的伸縮性是很大的。

譬如有一個「道親」，不知在什麼地方得到一張像片，是一個豬，而四個爪端較長，於是大家斷定它的前生一定是人，就請他降壇批訓，果然一請就到，並且批下很長的訓文，也許指出壇中的某人與它是有夙緣的，於是就請他代為超拔升天，當地各佛堂以後講道的時候，這也就算是很重要的一條，並且下次請壇，它也許再來，它降下的壇訓也許就會印刷出來當做經典。又如某地佛堂，曾請濟公將佛教某經或請呂祖將道教某經用白話注解出來，於是各地就都拿來翻印，該經也就成為一貫道的經典。

所以要談到一貫道的教義，按理論講必須把各地所有經卷完全蒐集來，並且聽過各地佛堂中每一次的講道，再歸納起來，才算詳盡。當然事實上不可能，也無需這樣做，因為他們的基本教義總還固定，雖拉上幾種新的經典，但流行不會太廣，對於教義不會太有影響。本節就是把已蒐集到的材料中，取其普遍一些的，逐條寫下來。

（一）三期末劫

據道中說一貫道的產生，是在未有天地之先，但恒隱而不現。自有天地之後，迄今只現過三次。按自天地創造之初，即已定出三個階段，第一曰青陽期，第二曰紅陽期，第三曰白陽期；各期之末必有劫運降生，青陽劫應於伏羲時代，紅陽劫應於周昭王時代，白陽劫即應在現代。每次劫降，道也必降，此道即一貫道。白陽劫降時，將有罡風掃世，一切返回混沌，混沌之後將再造天地，故曰三期末劫，蓋較前二劫尤烈；躲避之法，惟有入一

貫道，故一貫道於今大開普渡。（詳見本文第一節）

（二）無生老母

　　全名叫：「明明上帝無量清虛至尊至聖三界十方萬靈真宰」；又叫無極老母、瑤池金母、育化聖母、維皇上帝、明明上帝；簡稱老母或皇母。此母字寫如「卍」，即將「母」字橫放，云是先天寫法。「卍」字的「口」即無極之意，兩點即太極中的一陰一陽，又「一畫開天」。取一字代之即中間一豎，取其義曰無極，即至極而無以復加之義，因無極有生育天地人類萬物之功能，是由無形而生有形，因有形而有名，是為母，所以稱之為無極老母。且無極既能生育天地萬物，故為天地萬物之主宰。所有其中參贊化育，運用萬能，定有至神，其體為理，其用為神，因此稱曰「上帝」。再吾人降生之初，天所賦予之靈性，本極光明，嗣後為物欲所蔽，失去本來靈明，故欲恢復本來靈明，必須為善去惡，清心寡欲，使靈明復明，所以稱曰「明明」，也即《大學》所說「在明明德」的意思。

　　老母是創造宇宙的主宰，常在「無極理天」。為一貫道中心崇拜，即道徒的最終歸向，所謂「歸根認母」。所有東土的人民，都是她的兒女，只因失鄉迷路，永在輪迴受苦。現在她設下大道來挽救，這大道是「真大道」，除了它全是旁門雜法。此種立教的本義是很成功的，因為母愛的依戀，是人類永遠的追求，現在既有這至仁極慈的老母要從戰亂的世界裏，將她的兒女呼喚回去，怎不叫人興奮感激呢！所以老母在一貫道中是很能發揮她的威信的。

（三）九六原子

「九六原子」也是道中主要教義之一，意義是這樣：在寅會之初，人畜不分，茹毛飲血，穴居野處，不能治世，雖有人如無人。老母見世界不成世界，所以特派九十六億佛子降生東土，號曰「原來子」，簡稱「原子」。於是有巢氏，燧人氏，后稷，神農氏，軒轅氏，倉頡氏諸人輩出，從此制禮作樂，世界文物大備。但後來因為這九十六億原子被物欲所迷，已經失去本來靈性，所以無生老母決定將他們喚回來，永遠陪她在理天享福。於是降下大道去挽救。這不是一件容易的事，雖然曾經降過兩次大道──青陽期及紅陽期之末，而每次僅渡回了兩億，還剩九十二億；這次白陽期，是最後一次降下道來，所以大開普渡，對像就是這九十二億原子，但渡時依然很難。

《皇母家書》：

> 老母天宮放悲聲，淚流不止濕雲裳。皆為佛子迷世上，九六皇胎不還鄉。差你臨凡治世界，講明三綱與五常；三從四德教婦女，溫柔謙雅要端莊。那知迷了假色像，貪戀妻子日夜忙；酒色財氣是羅網，九六佛子裏邊亡。……世人皆是我兒女，兒女遭劫娘悲傷。差下仙佛臨凡世，設立大道化八方。老娘哭的肝腸斷，何法喚兒回家鄉。三教歸一同舟渡，誰來修道誰免殃。萬教道祖同護佑，免劫免難得吉祥。（第 7-9 頁）

《皇母訓子十誡》：

> 想兒痛斷腸，無盡悲傷，極樂家鄉好淒涼。差盡仙佛臨東土，為救原皇。歎迷夢黃梁，愁壞老娘。親身渡世化凡鄉。

空垂血書千萬語，當作耳旁。（九面）

這兩段話，很簡明地說出了為何要渡回九六原子的理由，也可知她對九六原子是如何殷切的期待了。她在道中所降的這類訓文很多，每次和人們相見，永遠是這樣哭哭啼啼的，幾乎沒有一篇不帶「淚汪汪」、「淚濕衣」、「淚如雨」等名詞的，可見她對九六原子的不知還鄉是多麼傷心。

但世上的芸芸眾生，何以知道他是否原子呢？這要看「緣分」。下列的一段話，是對於這一點最清楚的說明：

> 如此人是原人佛子，生性不昧，聽人一說，信心即起，聽則信，信則修，此為與佛有緣者。所謂分者，就是爵位。有緣之人，得了道時時在心，只怕墜落人後，積功累德，不敢少懈，此人終能成道，成道後，按功果而定爵位，這是有緣有分。但知而不學為無緣，學而不實為無分。前人云：「幼而不學，長無能也，壯而不學，老而憂也。勿謂今日不是有來日，今年不學而有來年。日月逝矣，歲不我與。當為不為，必生後悔。」（《一貫道疑問解答》卷下第3頁下）

（四）三位佛祖

無生老母既要喚回她的九六原子，於是降下一貫大道，自開天闢地以後，已有三次，第一次即在青陽期之末，第二次在紅陽期之末，第三次即現代。各期皆有一「佛祖」掌理「天盤」，他們的掌理法是：

> 道家傳道青陽會，燃燈古佛降人間。十字街上把道講，無

影山前把道傳。無字真經無為法，三皈五戒要精研。七情六欲莫貪染，五倫八德化良賢。……十人退去有八九，二億真人歸靈山。此是青陽頭一會，燃燈古佛初收原。道家傳道收圓滿；換上釋迦把道傳。釋迦古佛把道掌，道經佛典一齊言。觀音心經金剛典，三官北斗化人間。升天拔罪與救苦，清靜道德五千言。佛老經典有千萬，化世修身了塵凡。惟有真空正命脈，悟到寂滅識妙玄。無字金經無為法，悟得通徹即是仙。道傳天下名一貫，九十四億盡上船。……開齋破戒思退悔，個個退步不向前。九四退了九二數，又收二億見母顏。紅陽世界今已滿，換上白陽把道傳。白陽彌勒掌世界，名號儒童降世間。儒家立教來傳道，因為三教失真傳。真儒降世講經典，五經四書一齊言。講開學庸三易理，詩云子曰說個全。（《三教重新》第 1-3 頁）

此外還說：每期之末，道劫並降，青陽時期掌劫的叫呵魔靈王，紅陽時期掌劫的是魔王陽虎；他們所用的方法，不但直接的「收殺惡孽」，並且還「拿戒殺齋滅行善」以考驗那些修道之士，是否信心堅定。現在白陽時期掌劫的是誰，並未說出，僅謂「罡風掃世」，世界即將混沌了。

（五）張天然

前面雖對張天然作過介紹，但還未詳盡。以下我要寫出張氏親自寫的一篇文章——《暫定佛規》的序文，和一個點傳師抄給我的《張氏傳略》：

……斯時也，正值三期末劫，人心不古，世風頹壞，又兼歐風東來，崇尚科學，先王之綱常掃地，聖人之禮教廢弛，故而戾氣彌漫，陰陽乖舛，變亂相尋，災異叢生，遂致釀成空前未有之浩劫，目下極大之厄運。……余本不才，乃蒙皇母不棄，賦我以靈性，降生於東魯。……迨至庚午年間，正逢天降大考，竟蒙畀以重任，余自思何德何能，敢膺此命，當即再四懇辭，以讓賢路，詎料皇母降鸞各壇，不允所請，余只得勉為其難，順天行事，然而三曹齊渡，責重任巨，受命以來，夙夜惶恐。……

某點傳師所抄示的《張氏傳略》原文如下：

張祖光璧字天然，道號天然子，又號金鋼子。山東濟寧人。初耕讀，復繼祖業於濟南光明德油鹽雜貨店，後經路祖中一（彌勒古佛化身）渡化，指點迷津，求得天道，授以心法，隨駕四出勸化。民國十四年，路祖歸空，復佐陳師姑（觀音古佛化身）渡世，於民國十九年上天無皇降乩垂訓，敕令張祖掌教，是年上天大發慈憫，普渡三曹，並示以三期收圓劫數。越十載大道時顯時隱，民二十五，方大見宏展。大江南北以至甘陝邊疆無不皆是，張祖實為救劫菩薩也。

他既是奉天承運，由老母派下來普渡三曹的使者，又是濟公活佛的化身，所以教徒們就拿他當做真的濟公：他的頭銜是「師尊」，而濟公也叫「師尊」，不過他是「後天的」，濟公是「先天的」。不論印刷經典或講話時都要避諱，寫到他的名字時，應該另起一行，並且要寫「天然師傅」，或「弓長師傅」，或「師尊」，

或「老師」；談話時更要避免直呼。在禮節中，無論那一類禮——
參駕禮、辭駕禮、謝恩禮、燒香禮⋯⋯（詳下節），都要給他叩
頭。在「佛堂」中的老母牌位下方「八仙桌」的兩旁，經常設有
「太師椅」兩把，左面的是師尊之位，右面的是「師母之位」，
旁人是絕不許坐的，如果坐了，會立刻化為血膿。（這一條教義
並不一致，也有的說那兩把太師椅是為老母而設的。）

　　所謂「師母」，當然也指「後天的」人，是張天然的妻子，
她是月慧菩薩所化，所以又稱「月慧師母」。相傳他們的結合，
完全是因為道緣關係，為了輔佐道務故而合作，與世俗夫妻不
同，道中人所謂：「雖為夫婦，同床無事。」但道徒們又說，師
母並不止一個，「有在家過日子的師母，有幫助傳道的師母，凡
濟公無論那世的夫妻，全要在今日會齊，方顯神道巧妙。如現在
的月慧師母，就是濟公在靈隱寺（杭州）做和尚以前那一世的妻
子。」

　　由於這種理論，許多點傳師或道徒們，並不以為有一個以上
的妻子是不合理的，因為要仿效師尊的做法，甚至有時為了是否
應再納一妾的問題，還要請壇求訓，壇上如果允許，就會這樣批
示（舉一個實例）：「她和你在唐代本為主奴，因你被她虐待而死，
故今世理該她為你妾，以贖前愆。又依你命中『八字』與她的『八
字』對照，你必須娶她為妾，以期彼此『相生』，方可諸事順遂，
否則不但你將潦倒，且有性命危險。即以你將去某地『開荒』一
事來論，非她之助，是不能有所成就的。」藉著這類的說法，據
我所知，確有不少的道徒，「成其好事」。

　　張天然既然是奉天承運，為一貫道十八代祖，又值普渡時
期——並非單傳單授，所以道務是很忙的。一貫道初興起的幾年，
他還是自己親至各處傳道，如某地經其徒的勸化已有多人樂於進

道，就定期請他到某地去點傳；後來因為「道務宏展」，他已不能這樣做，於是興起「代表師」的制度，「代表師」後來又叫「點傳師」，就是由他授予權力，代表他向各地傳道的人。所傳的新道徒，當然還算是他的直接弟子。這種點傳師後來極多，據道中人稱：依天命，應滿三千六百之數，三千乾道（男），六百坤道（女），他們都是上天的三千六百諸佛菩薩、各級星宿轉生而來（道中也稱為「三千六百聖」）。欲當點傳師者，原則上，必須功德深厚，道理通達，人格高尚，志向堅定，身心雙修，言行可法之人方為合格，再經師尊考拔，始可派充代表。而事實上能做點傳師的人是有著另外一些特定條件的，如有社會威望或地方勢力，與官方有來往甚至就是現行官場人物，有錢，願為一貫道、張天然效忠等。非必道理通達，人格高尚，因我確曾見過有的點傳師本人幾乎是白癡，他的每一個在佛堂裏的活動，都有別人輔助或代替；也無須經過師尊的考拔，因為大部分當了點傳師的人是根本沒見過張天然的。

　　點傳師的特殊服飾是光頭、蓄八字鬍、長袍、馬褂、緞鞋。不論何地人，在佛堂請壇、朗讀經咒以及講道時都改用山東口音（魯西方音），這是因為師尊是魯西人，都要摹擬他的口音，也像和尚、道士讀經咒、白文時都用「韻白」一樣。

（六）一貫道

　　時至三期末劫，無生老母為要喚回她的剩在世間的九十二億原子，於是第三次普降大道，派彌勒祖師執掌「天盤」，濟公活佛執掌「教盤」，濟公倒裝下凡即是師尊張天然。這些前面都已介紹過了。現在要說濟公──張天然──如何的執掌教盤呢？那

就是創立和管理一貫道了。

「一貫道」既是如此的鄭重，所以對於它的解釋，也就非常玄妙，甚至成為教理之一，講道時常用很多話來批解這一名詞，好像能瞭解「一」，「貫」，「道」三個字連在一起來用是什麼意思的人，就是宇宙最聰明的人。舉兩篇解釋「一貫道」的文字為例：

《一貫道新介紹》：

> 天地元始，渾然一團，無聲無臭，莫為其名。伏羲氏畫先天八卦，以圓圈象之，又一畫開天，取一字以代之，因圓寫為○，橫寫為一；以後老子又有無極之說，孔子亦有一貫之稱，蓋先天原本無形，強形之以圓圈，取其義曰無極。按圓圈伸開為一字，後以一字定名，一字之由來，實無極圈之變象也。推其原理，無極有生育天地之能，包羅萬象之義，無極似屬於靜，一字似屬於動，無極其體，一字其用也。無極一動萬物生，靜而不動為真空，動而能生為非空，或靜或動，真空非空，無在非無極，亦無在非一，統以一字名之亦無不可。故一為萬物之根源，又為萬物之主宰。猶如數學上，零得數之源，一為數之始，零動則一生，一生則萬數成，萬數皆始於一，捨一則不成數。推而言之，萬物生於一，萬物不離乎一，大而宇宙有一為之主，小而一物亦有一為之主，凡物皆由一而生，亦皆本乎一而成，一即無極之真，先天之妙，至神至明，亦名之曰理。此理雖視之弗見，聽之弗聞，實則體物而不可遺也。因此理貫徹天地萬物，天地萬物各具此理，故曰「一貫」。
>
> 所謂道者何？路也。行必有路，無路寸步難行。路有正路有邪路，行正路成為善，行邪路成為惡。何謂正路？

合於理者為正路。何謂合理？理為應有之軌道，合於軌道，即合於理，出乎軌道，即為不合理。應有之軌道無他，即與生俱有之本能，與生俱有之本能仍為本性，失迷本性即出乎軌道，出乎軌道則險象叢生。例如地球出軌，則四時不正，萬物不生，火車出軌，則車身損壞，行旅遭禍，此為顯然易見者也。一貫道為生天育地之大道，尤為人生應行之常理，就理論言之則為哲學，玄而又玄；就具體研究，則又屬科學，近世科學家只知創造科學，不知科學之究竟為何，細參道蘊，則當知大道又為科學之本源矣。語云：哲學為科學之母，良非虛語。總之天地萬物，未有能出乎一貫之道者。故孔子云：「誰能出不由戶，何莫由斯道也。」（第 1-2 頁）

《一貫道疑問解答》：

一貫道者，其意甚深，其理至妙。簡而言之，一即是無極之真，先天之妙，至神至明，亦名之曰理。貫即貫徹一切之意，由無貫有，由始貫終之無極至理……故孔子曰：「道也者，不可須臾離也。」所以吾人能修性者，就能修道，而道也可以說是吾人必走之大路。蓋凡行必有路，行正路則平平坦坦，日進光明，行偏路則崎嶇坎坷，必墜陷阱。換句話說，也就是合於理者為光明大道，背於理者為黑暗邪途。故孔子教人以非禮勿視，非禮勿聽，非禮勿言，非禮勿動，為修身之本。使人人說理，事事遵理，如此則身可修，而家可齊，國可治，而天下可平，所有一切之動靜云為，自無過與不及之差矣。由此觀之，道是萬類生活之要素，是支配萬類之主宰，是一切有情之教主，是至虛至

靜之真理，是至聖至靈之玄德，吾人不可一時一刻得以脫離者也。（第1頁）

（七）道統

依他們的說法，其道統如次：

盤古氏——年代久遠，無有記載。其時人心純善，獸面佛心，性與天通，實即活佛世界。

太昊——伏羲氏。以木德王，故姓風。有聖德，像日月之明，乃燃燈古佛化身。

黃帝——有熊氏，姓公孫，名軒轅。以水德王。遇廣成子指點，始得真宗。

帝堯——陶唐氏，帝嚳之子又曰尹祈氏。以「十六字心法」授與大舜，乃由大舜接續道統。

帝舜——有辛氏，黃帝八代孫，生於姚墟。

大禹——姒姓，名禹，字商密，鯀之子。以金德王。於青陽末期，上天降劫，洪水氾濫，大禹領命，遂疏九河。後由舜授以十六字心法，乃接續道統。

成湯——子姓，名履契。伐夏救民，天下歸之，承繼君王道統，是為紅陽之始。

文王——姬姓，名昌，如來古佛化身。受命於天，命掌紅陽道盤。造「文王八卦」，發揚道旨。

武王——文王之子名發。以木德王。紅陽初，周國師姜尚點將封神，即在此時。

周公——名相，武王之子。自武王而受「十六字心法」。

孔子——名丘，字仲尼，水精子化身。為士儒接續道統之始，

繼老子而傳「十六字心法」。

曾子——名參，字子輿。孔子因其能通乎道，故授以「一貫心傳」，令之接續道統。曾著《大學》。

子思——孔姓，名伋，伯魚之子，孔子之孫，受業於曾子，遂接衍道宗。曾著《中庸》。

孟子——名軻，字子輿。受業於子思而得天命。曾著《孟子》七篇，闡發儒教真理。

孟子之後，心法失傳，儒脈泯滅，歷秦、漢、晉、隋、唐、議論紛紛。迨炎宋肇興，希夷首出，濂、洛、關、閩相繼而起，真宗賴以昌明。然運不相逢，究未得繼續道統。良以孟子之前，業經盤轉西域，釋教接衍。宋儒輩出，不過應運闡發道旨而已。西域自釋迦牟尼渡大弟子迦葉之後，單傳至二十八代，道統如次：

釋迦牟尼——姓剎利，父淨飯，母摩耶。周昭王二十六年甲寅四月初八日自母右脅誕生，死於周穆王五十三年壬申。享年七十九歲，說法四十九年。

摩訶迦葉尊者——大龜氏，號老波古仙人。為釋迦弟子，曾將釋迦所說法著為經典。第二祖。

阿難尊者——姓剎帝利，父斛飯王。於釋迦成道之日生，為釋迦弟子。第三祖。

優波毱多尊者——吒利國人，第四祖。

提多迦尊者——摩伽陀國人，第五祖。

彌遮迦尊者——印度人，第六祖。

波須密多尊者——北天竺國人，第七祖。

佛馱難提尊者——迦摩羅國人，第八祖。

伏馱密多尊者——提迦國人，第九祖。

脅尊者——印度人，第十祖。

富那夜奢尊者——華氏國人，第十一祖。

馬鳴大士——婆羅奈國人，第十二祖。

迦毘摩羅尊者——華氏國人，第十三祖。

龍樹大士——西天竺國人，第十四祖。

迦那提婆尊者——南天竺國人，第十五祖。

羅睺羅多尊者——迦毘羅國人，第十六祖。

僧迦難提尊者——第十七祖。

伽耶舍多尊者——摩提國人，第十八祖。

鳩摩羅什尊者——大月氏國人，第十九祖。

闍耶多尊者——北天竺國人，第二十祖。

婆修盤頭尊者——閱城人，第二十一祖。

摩拏羅尊者——那提國人，第二十二祖。

鶴勒那尊者——月氏國人，第二十三祖。

師子尊者——中印度國人，第二十四祖。

婆舍斯多尊者——罽賓國人，第二十五祖。

不如密多尊者——南印度國人，第二十六祖。

般若多羅尊者——東印度國人，第二十七祖。

菩提達摩尊者——南天竺國人，第二十八祖。

菩提達摩于梁武帝時自西方東來，真機復還於中國，道中人稱之為「老水還潮」。自達摩入中國為第一祖，真道仍是一脈相傳，今已至十八代祖，即張天然，道統如次：

菩提達摩——姓剎利帝，胡成古佛化身。道中因奉為初祖，故對之異常崇拜，對其故事，傳說亦最多。

神光二祖——姬氏，諱神光，號慧可大師，乃燃燈古佛化身。

普菴三祖——余氏，諱普菴，號僧璨鑒知大師，乃靈寶天尊化身。

曹洞四祖——司馬氏，諱曹洞，號道信大醫師，乃天皇尊者化身。

黃梅五祖——黃梅氏，號宏忍大滿師，乃凌霄金童化身。

慧能六祖——盧氏，諱慧能，號慧能大鑒師，乃地藏王化身。曾有《六祖壇經》一部遺世。

自六祖之後，道降「火宅」。昔日五祖將「衣缽」傳於六祖時，曾於夜間密囑，勿令道脈絕滅，但不可傳之惡僧。後來六祖果遇惡僧迫令傳其衣缽，六祖遂奔至廣東曹溪。二次又被尋逐，幸遇白玉蟾於田中將六祖救護，迎至其家，六祖遂授衣缽，後又遇馬端陽，也授以正法，從此釋終儒起，道興火宅。此是密機，因不令僧知，故壇經不載。慧能以後道統如下：

白玉蟾七祖——號白衣居士，係南嶽大帝化身。誕辰為三月十四日。

馬端陽七祖——馬氏與白氏並稱七祖，因皆係慧能弟子。馬氏號道一居士，乃西方第十二祖馬鳴大士化身。誕辰為四月初九日。

羅蔚群八祖——乃太上大弟子公遠真人化身。北直隸涿州人。誕辰為正月初八日。

黃德輝九祖——乃元始天尊化身。江西饒州府鄱陽縣人。

吳紫祥十祖——號靜林，乃文昌帝君化身。於清康熙十三年乙未八月十三日降誕於江西撫州府金谿縣。

何了苦十一祖——號若道，乃九天斗母化身。於乾隆年間降誕於江西廣信府貴溪縣三板橋，誕辰為三月初九日。

袁退安十二祖——號志謙，又號無欺，乃元始天尊化身。於乾隆二十五年庚辰五月十三日降誕於貴州龍里縣。

楊還虛十三祖——號守一，乃觀音古佛化身。於嘉慶元年七

一貫道源流簡表

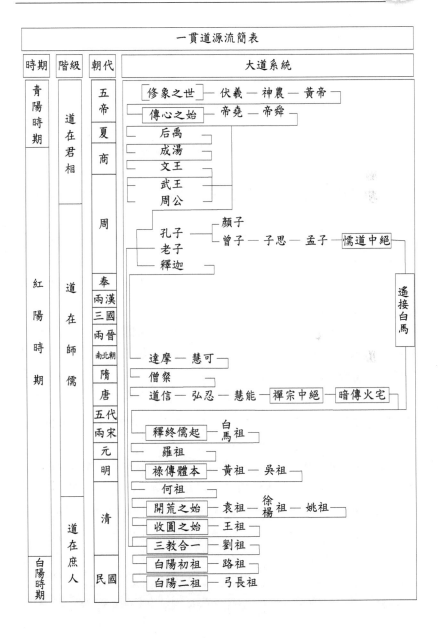

時期	階級	朝代	大道系統
青陽時期	道在君相	五帝	修象之世 ─ 伏羲 ─ 神農 ─ 黃帝
		夏商	傳心之始 ─ 帝堯 ─ 帝舜
			后禹
			成湯
			文王
			武王 周公
		周	孔子 ─ 顏子 / 曾子 ─ 子思 ─ 孟子 ─ 儒道中絕
			老子
			釋迦
紅陽時期	道在師儒	奉兩漢 三國 兩晉 南北朝 隋 唐 五代 兩宋 元 明	遙接白馬
			達摩 ─ 慧可
			僧粲
			道信 ─ 弘忍 ─ 慧能 ─ 禪宗中絕 ─ 暗傳火宅
			釋終儒起 ─ 白馬祖
			羅祖
			祿傳體本 ─ 黃祖 ─ 吳祖
			何祖
	道在庶人	清	開荒之始 ─ 袁祖 ─ 徐楊祖 ─ 姚祖
			收圓之始 ─ 王祖
			三教合一 ─ 劉祖
			白陽初祖 ─ 路祖
白陽時期		民國	白陽二祖 ─ 弓長祖

月二十三日降誕於四川成都府新都縣。

徐還虛十三祖——徐氏與楊並稱十三祖。皆係袁十二祖所渡。徐氏號吉南，乃彌勒古佛化身。於乾隆八年八月初七日降誕於四川成都府新繁縣。

徐，楊十三祖之後，道統混亂，係因眾魔爭奪天盤，天命在隱顯之間，特命先天五老及各仙佛聖真，倒裝降世，暫理道統，五老名稱如下：

陳祖火精——號玉賢，乃先天五老南方赤精古佛化身。四川成都府新都縣人。誕辰為二月二十七日。掌五行火部道盤。

宋祖木成——乃先天五老木公化身，於湖南長沙潭州城掌五行木部道盤。

安祖土道——乃先天五老中央黃老古佛化身，於湖南長沙寧鄉縣掌五行土部道盤。

彭祖水德——號浩然，又名滄海覺真子，儒童素一老人。乃先天五老水精古佛化身。湖北沔陽人。誕辰為十二月初八日。掌五行水部道盤。

林祖金秘——號金元，又號玉山，崑圃。乃先天五老西方金老古佛化身。於嘉慶九年甲子六月二十六日降誕於敘州府隆昌縣。掌五行金部道盤。

林祖金秘於同治十二年癸酉四月初十日歸空，臨危之際，吩咐眾門徒，此後道盤只准代理，不准稱祖。天命遂由西蜀華陽林氏智姮姑尊密收，後又交與實菴古壽氏道新老人代掌，道新之後又託於三希堂牛公道一老人。此後尚有仙佛聖真與五老「分性」，同心立功，同遭劫難者多人，茲誌其名於下：

依果 依微 煉性 奇善 明新 修德 致恭 淨持 致讓

良仕 良玉 依專 海川 定選 黃謙 忠恕 伊正 道玄

道生　道相　道基

此後道統暗轉山西姚祖鶴天，又得接續一貫脈絡。姚祖之後，四傳而至張天然。

姚鶴天十四祖——山西人，餘未詳。

王覺一十五祖——號北海老人，山東青州人，為西乾堂姚祖弟子，東震堂祖師，著書甚多。

劉清虛十六祖——曾於山東北海南岸傳道，餘未詳。

路中一十七祖——山東濟寧人，乃彌勒古佛化身。天運至此已換白陽三期，故由路氏掌道，且路氏仍兼為「白陽初祖」，民國十四年乙丑歸空，此後道務一度由陳師姑（觀音古佛化身）暫理，後始傳至「弓長祖」。

張光璧十八祖——也即白陽二祖。字天然，號天然子，又號弓長祖師，山東濟寧人，乃濟公活佛化身。於民國十九年接續道統。

（八）理氣象三天

理天，又稱無極理天，極樂理天，就是「天堂」，老母所在的地方，得過一貫道的人將來要歸宿的地方。理天又不像天堂那樣的抽象，它的具體所在地，就是地球的大氣層外面，那裏沒有空氣，也沒有地心吸力；那裏有無窮美善——如果叫一位點傳師來講解，那的確是容易叫信者嚮往，希望趕快脫離這混亂的塵世的。

氣天，就是大氣層裏的天，是仙佛所居的地方。仙佛，當然都是由人修成的，所以他們仍有機會墜入輪回。雖修到仙佛的地位，而仍不能享到理天的「清福」。

象天就是現在的人世。它和氣天將來都是要毀滅的。

如果按「性理」來講，叫做無極理天，太極氣天，佛極象天（或叫皇極象天）。《性理新介紹》一書中解釋得很詳細：

> 老子云：「無名天地之始，有名萬物之母。」原始本體無形無名是為道，因又曰無極。無極化生萬物，長之育之，由無形生有形，因有形而有名，是為母。又云：「大道無形生育天地，大道無情運行日月，大道無名長養萬物。」是則道為萬有之根源，未有天地已有此道，天地萬物無不包含於道。統而言之曰道，質而言之曰理，分而言之又曰天。蓋無極一動五行化生，剛者為陽，柔者為陰，陽氣輕浮為天，陰氣凝結為地，天地氤氳萬物化生。有象有形謂之象天，有氣無形謂之氣天，渾然真理無聲無臭謂之理天。象由氣成，氣由理生，理本真空以化生氣象，證明非空。氣象本屬沉濁，以得真理，運用靈敏，氣象不離乎理，而理不雜乎氣象，無理則氣象不生，氣象絕而理仍在；故氣象有變而理無變，理氣象合一又為無極全體。（三頁）

又道中對於氣天象天終歸毀滅一條，特別重視，目的在使人知理天的有恆，要脫輪迴之苦，罡風大劫，必須超升理域，要想超升就必須進道。各經卷中均常見此類說法，茲舉《一貫道疑問解答》為例：

> 氣天是有陰陽，有變化；既有變化，就有生死；既有生死，就有始終。氣天的始終，是十二萬九千六百年，定為十二會，以子丑寅卯辰巳午未申酉戌亥為名。六會開物，六會閉物。自子至午為自無而有，自午至子為自有而無。天開

於子沒於戌，地闢於丑沒於酉，人生於寅沒於申。亥時混沌，子時又生天，如此迴圈不已。又《史記》載言：「天開於子，地闢於丑，人生於寅。」這些說法都可以證明氣天有始終，氣天既有始終，象天當然也不用說了。再者氣天的變化，也可以以小推大，例如一日有一晝夜，正是十二時辰，晝屬陽，夜屬陰，一日一開一閉，日日如此。一年有四季，正是十二個月，春夏為陽，秋冬為陰，一年一開一閉，年年如此。推之一元，也是十二會，子會陽生，午會陰降，午會猶如日之正午，子會猶如日之半夜，子為開物之始，午為閉物之始。午會以前，自無入有，午會以後，自有入無。所以午會是一元中極大的關頭，而午會氣數的變化，也是一個很大的奇局。所以以理推之，今日可推明日，今年可推明年，大小一理，以此推去，故知由此一元會，可推前一元會與後一元會，自然如符合節，了然於心矣。（卷下第 9-10 頁）

（九）三曹普渡

《一貫修道須知》的序中說：

夫道者，三曹中至尊至貴之事也，非至善不足以契合，間有三乘之義：化愚為賢，化賢為聖，化聖歸天；又有三乘之位：明理者為仙佛聖，守理者為賢哲，背理者為凡庸；又有三乘之別：上渡河漢星斗，中渡有情萬類，下渡九幽亡魂。

這可以說是三曹普渡的定義。但有一點意思未包括在內就是：所

以能渡三曹，是因為老母當此三期末劫，大發慈悲，欲喚回她留在氣象二天及地獄中的九十二億原子，故而頒下此令。不但將道降在人間，又藉人的力量超拔氣天仙佛，及地獄中的有緣亡魂。凡在人間未能趕上大道降世的，都可以「尋訪有緣」而代為超拔。《一貫道疑問解答》中，解釋較詳：

> 何謂三曹齊渡？
>
> 一貫道普渡性靈的範圍極廣，上可以渡天上河漢星斗，中可以渡人間芸芸眾生，下也可以渡地府幽冥鬼魂，此之謂三曹齊渡。
>
> 上渡河漢星斗怎樣渡法？
>
> 此時正應三期末劫，三佛治世，故有三曹普渡之事，蓋以過去修行之客，煉氣之士，而未遇上天開恩渡回理天者，以及忠臣孝子烈女節婦，死後豈能淹沒？雖可升為氣天之仙，或為鬼中之神，然如不得天道，仍是難脫地獄之苦，不能達本還原。現逢三期末劫，天道普渡，故氣天諸仙，常有隨神佛到壇，或到處顯化，找尋前世有緣之人，擔任引保，代繳功德費，由師尊再請南極仙翁鑒定，並核准應繳功德費數目，始可借用人竅點玄，以期求得天道，返回理天，永脫輪回，故河漢星斗之渡法較為繁雜也。
>
> 下渡幽冥鬼魂怎樣渡法？
>
> 人生世上，孝悌為本，吾人果欲孝道無虧，生前固應竭盡孝敬之誠，死後尤須深行超拔亡靈之功，俾得永脫輪回之苦難，享受理天之清福。不過為子孫者，若欲超拔九玄七祖幽冥鬼魂，究竟怎樣渡法，始可達到目的？第一必須修道有恆，有功有德。第二必須代繳功德費，然後再請

> 師尊，借亡靈子孫之人竅點玄。至於入道儀規，與人間眾
> 生渡法相同。（卷上第 11 頁）

但這裏所謂請師尊點玄，後來的一貫道佛堂中皆沒有實行，都只
由點傳師來點。這種點仙佛和點亡靈的實例很多，道中信徒對這
一條教義也很重視，尤其超拔亡靈，幾乎各虔誠的信者（至少是
已經全家入道了的），一定要對他們的祖先行這份功德。所以道
中流行的經典中，很多為超拔亡靈之後請被超拔者降壇所批的
「結緣訓」，由這種訓裏我們更能見到上渡河漢星斗，下渡幽冥
鬼魂的真面目來。請參閱第五節裏第五十六和第九十四兩種的提
要，這裏不再贅述了。

（十）道降庶民

　　雖然道在未有天地之先就已產生，而因為時會關係，它以各
種姿態出現在人間。青陽時期「道降君王和師儒」，得道的人除
了皇室以外都是儒門弟子，如軒轅，廣成子，堯，舜，孔子，曾
子，子思，孟子等。紅陽時期，真道就不在中國，已經由老子出
關時帶到西域，那裏由釋迦牟尼另起了一個道脈，得道的都是佛
家弟子，中國方面雖然各代中名儒輩出，不過是應運闡發道旨，
直到梁武帝時達摩東渡，真道才又回來，從達摩傳了十六代，結
束了紅陽期。白陽期自路祖中一再傳至弓長祖師，才脫離了「單
傳單授」的階段而大開普渡。這次的普渡，雖然範圍廣至三曹，
但還有一種限制，就是不許再親近國公卿相，時運所趨，應在「庶
民小子」身上。當然庶民小子之中良莠不齊，渡的時候應當特別
檢查入道者的身份，如屬「下九流」的份子是不許渡進的，必須
身家清白有正當職業的才可。最穩妥的辦法就是已得道的道親，

去因親渡親，因友渡友，所謂暗渡。因為這一條教義的關係，所以一貫道徒大部都是非知識階級。事實上是倒果為因的。

（十一）三教歸一

一貫道的教義既是相容並包，所以他們無論對於那一宗的教義，都有「來者不拒」的精神，因此造出「三教歸一」的說法。事實上還不僅三教：耶穌基督的道理，穆罕默德的道理，也常被他們採用，且時常請他們藉著木筆沙盤來降訓。還有，前面說過，許許多多的世俗迷信也都包括在內，故有時又說「五教歸一」、「萬教歸一」。惟其如此，才能取消一切旁門雜法，而由弓長祖一人領受天命，統率真正的道統。有一個佛堂裏有一副對聯是這樣：

> 一點現天真，三曹齊渡。貫通明性理，萬教齊歸。

可以看出他們的精神。不過平常的標榜總以「三教歸一」為多。這也是道中主要教義之一，這裏還要詳加解釋：

《一貫道疑問解答》中說：

> 三教合一怎樣解說？
>
> 三教原是一理所生，雖分門別戶，言論各有不同，然而究其實際，概屬一理，故三教具是因時而設，應運而生，無非代天宣化，挽救人心，化惡為善，化莠為良而已。況道家以虛無為本，注重保養虛靈，返回無極；釋家以靜寂為根，注重返觀靜寂，滅除雜念；儒家之明明德，則注重私欲淨盡天理純全，天理就是至善，亦可說他是靜寂，靜寂便是無極，無極即是真理。所以三教皆由無極一理而生也。且佛講萬法歸一，道講抱元守一，儒講執中貫一，雖

三教傳法不同，要皆以一為本源，自是由一理而化為三教，猶人之一身有精氣神。現在三教合一乃收圓現象，猶之返本還原，俱為不昧之靈性，則又合為一也。

三教既是一理所生，究不知何者為高，修道者亦有偏重否？

三教既是本於無極一理，當然無所謂什麼高低，不過按世俗比較上則以佛法為最高。怎麼說呢？考之古今掌教者皆是佛家，應劫經云：混沌初開，定就十佛掌教，前者已經過去七佛，下餘三佛乃燃燈、釋迦、彌勒執掌。燃燈佛掌過一千五百年，釋迦佛得燃燈佛授記，說法四十九年，遺經著典，渡世萬載，其道指性作佛，直探本原，掃除聲色，無我無相，後世稱為佛祖。老君姓李名耳字伯陽，自孔子問禮後，騎青牛出函谷關，西渡胡王尹喜。其道淡泊養心，其法抽坎填離，水火既濟而煉金丹，遺有道德經清靜經等化世。孔子之道，政教兩兼，盡人皆知，無庸多敘。總之三教大道，皆以性理為宗旨，其綱常倫理，均係性天中流露，性體既明，倫常不習自正，所謂明體達用本固枝榮，自然之理也。可惜佛教失其妙道，道教失其金丹口訣，念經誦懺乞食人間；儒教失其心法性理，舉世文人，不過尋章摘句，若問知止定靜，收視返聽之工，窮理盡性率性養性之法，知者無幾，致使三聖宗教，臨於廢絕。所以一貫真傳必須三教齊修，不偏不倚，行儒門之禮儀，用道教之工夫，守佛家之規戒，小用可以延年益壽，大用可以明道成真，此修一貫之道者，不可不注意也。（卷上第14-15頁）

以下再舉一「五教歸一」的理論。《醒世週刊》第一期有一篇《五教圓通經義》：

五行化世，散佈五洲，五種民族，五色五性，萬國一理，世界大同，皆是佛性，莫再迷濛，宏道化劫，救濟眾生，協助收圓，三佛同功。

儒——存心養性，執中貫一。大成至聖，《大學》《中庸》，聖同子。須彌中洲，亞細亞洲，黃種黃色，中土黃老之後。

釋——明心見性，萬法皈一。如來文佛，《心經》《金剛經》，舍利子。南贍部州，亞非利加洲，紅種紅色，南火赤精子之後。

道——修心煉性，抱元守一。太上老君，《道德經》《清靜經》，菩提子。東勝神洲，澳大利亞洲，藍種棕色，東木東王公之後。

耶——洗心移性，默禱親一。耶穌基督，《新約》《舊約》，獨生子。西牛賀洲，歐羅巴洲，白種白色，西金西王母之後。

回——堅心定性，清真返一。穆罕默德，《可蘭經》《穆聖教義》，清真子。北俱盧洲，阿美利加洲，黑種黑色，北水水精子之後。

醒世天道——光明真傳，清心靜性，天人合一。弓長收圓祖，《五教圓通》，《龍華寶經》，金鋼子。師表三曹，普渡九洲，四貴五盤，龍華位安，五行一理，萬教皈原，道降中華，白陽天盤，庶民得幸，人人光沾。

（十二）神靈

一貫道中所崇拜的神靈，和它的教義一樣——也是集合各種宗教及世俗迷信而成的一種混合物。以下把道中所應用的神靈名字（至少曾降壇一次的），依其重要性為序，排列於後。其在前

述第七條道統中曾見者，除尤為重要者外，皆從略，因那只是一種形式，在道中是不太起作用的。

無生老母──詳本節第二條。

濟公活佛──係無生老母派遣執掌「教盤」的祖師，也即今日師尊張天然的真身。他在道中的威信，幾乎不下於老母，甚至他在一般信者的腦中要比老母還占地位。各佛堂中每日請壇時，十有八次是他降臨。所謂「仙佛有億萬化身」，故各壇雖在同時請神，也可有同一位神降臨。他的別名不下二十餘種，如濟公禪師，濟公爾師，南屏道濟，南屏瘋僧，濟公靈妙，靈妙大師，靈妙天尊，濟公聖僧，南屏僧，酒醉顛僧，酒醉濟顛，靈隱酒狂，西湖酒醉，酒醉狂叟，靈隱禪師，湖隱道濟，西湖道濟，南屏狂叟，濟公顛倒，活佛師尊，活佛爾師，瘋僧爾師，紫衣和尚，窮僧紫衣；又簡稱濟公，濟顛，師濟，濟。

彌勒古佛──係無生老母派遣執掌「天盤」的祖師。原則上他的地位比濟公高，但事實上他卻沒有濟公在道中活躍。他的別名又叫：金公祖師，白陽教主，通理子，大肚通理，大肚金公，金公笨祖，儒童祖，儒童金公，元道真人，布袋羅漢；簡稱彌勒佛，彌勒。

呂祖洞賓──基本五神之一，五神即前二者及關公，觀音及呂祖。又屬「四位法律主」之一，法律主即關公，張飛，岳飛及呂祖。他在道中地位也甚高，以降壇批訓次數來論，他僅亞於濟公。他的別名是孚佑大帝，孚佑帝君，純陽帝君，純陽祖師，呂洞賓，呂純陽，呂道岩，呂天才，呂總戎；簡稱呂祖。

關聖帝君──基本五神之一，四位法律主之一。但雖在道中地位如此，實際上並不如前數者的被人崇拜。他的別名為：協天伏魔大帝，神威鎮遠將軍，神威鎮遠天尊，關雲長，關夫子，關

公。

觀音菩薩——基本五神之一。在道中地位與關公同。別名：南海
　　觀世音，觀世音菩薩，南海大士，南海聖宗，慈悲大士，慈航
　　大士，慈航太尊，九蓮教祖，觀世音，觀音。

月慧菩薩——即張天然夫人的前世真身，故又稱月慧師母，師母。

教化菩薩——其名雖在壇訓中不多見，但教徒的每日「燒香禮」
　　中卻有他的名字，所以他每天要受到不知多少個叩頭。

鎮殿元帥——「燒香禮」中有其名。即張茂猛。

鎮殿將軍——即考試院長張茂田。除「燒香禮」，「參駕禮」，「辭
　　駕禮」中有其名外，因身兼考試院長之名，故與人的交接比較
　　頻繁。所謂考試院，係指老母所降魔考而言。道中傳說張茂田
　　為張天然的幼子，六歲即夭亡，後升至「理天」，無生老母賜
　　給此任。別名茂田八爺，因老母和他開玩笑，以小叭狗呼之。
　　又稱三天考試院長，三天主考。

張桓侯——即張飛。為法律主之一。燒香禮中有其名。別名巡天
　　都御史，桓侯大帝，張三爺，老張。

岳武穆——即岳飛。為法律主之一。燒香禮中有其名。別名巡天
　　元帥。

灶君——即俗稱灶王爺。燒香禮中有其名。

達摩——初祖也。講道時常提及，很少降壇。

孔子——五教教主之一。儒宗始祖。

老子——五教教主之一。道教始祖。又稱道德天尊，太上老君，
　　老君，元始天尊，李伯陽。

釋迦文佛——五教教主之一。佛教始祖。即西天如來。

耶穌基督——五教教主之一。基督教始祖。

穆罕默德——五教教主之一。回教始祖。

孟子——亞聖也。時常降壇。

曾子——宗聖也。時常降壇。

南極仙翁——在道中有相當地位。超拔氣天仙佛及亡靈時皆須由他鑒定。別名南極老朽，南極壽星，長生大帝，南極三天老邁，南極南三天壽星。

文昌帝君——又稱東華帝君，時常降壇。

李鐵拐——又稱鐵拐李，八仙拐李，拐李仙師。時常降壇。

何仙姑——又稱八仙毓瓊，毓瓊仙姑。降壇次數不多，但與鐵拐李同屬八仙。

柳芝蠡——呂祖弟子，常隨乃師降壇，也有時單獨降臨，別名宏教真君，柳九烈。

梅素清——呂祖弟子，常隨乃師降壇，也有時單獨降臨，別名仁聖帝君，梅清溪，梅玉奇。

王右軍——即王羲之。除於《三聖大德經》中數次降壇批解四書外，很少降壇，間或有信徒求賜書寫，則偶一臨壇。

孔明——除《孔明碑文》一種見其名外，極少出現。

地藏古佛——常隨老母臨壇。

萬仙菩薩——常隨老母臨壇。

文殊師利——僅一見於《聖訓集成》。

普賢菩薩——僅一見於《醒世鐘》。

阿修羅王——常隨老母降壇。

接引佛——僅一見於《三聖大德經》。

悟禪師兄——常隨老母降壇

印鏡和尚——僅一見於《三聖大德經》。

飛龍和尚——僅一見於《醒世鐘》。

比丘法海——僅一見於《三聖大德經》。

九蓮開化妙道天尊──僅一見於《因果寶經全本》。

重陽帝君──僅一見於《醒世鐘》。

金闕帝君──常與東華，長生，仁聖等帝君隨老母降壇。

靈山佛母元君──僅一見於《佛母真經》。

邱長春──僅一見於《醒世鐘》。

張三豐──僅一見於《道脈指南》。

鐘離──僅一見於《醒世鐘》。

三官大帝──僅一見於《一貫道疑問解答》。

韓仙──僅一見於《指迷金箴》。

姜子牙──係於天道大開普渡後始被渡入道中者，與姜子牙同時
　　被渡者尚有伊尹，張良，諸葛亮，王陽明，張曜等。

子路──常隨孔子降壇。

子思──常隨孔子降壇。

顏淵──常隨孔子降壇。

李士材──北宋儒士。曾於《三聖大德經》中降壇。號宗梓。

羅洪先狀元──有《羅狀元詩》一種。

旌陽真人──僅一見於《一貫辯道錄》。

玉蟾真人──僅一見於《一貫辯道錄》。

響月交通古佛──僅一見於《八德功過格》。

清風古佛──僅一見於《八德功過格》。

無量渡世古佛──僅一見於《八德功過格》。

金光古佛──僅一見於《八德功過格》。

雷部，風部，虎部，龍部四大元帥──常隨老母降壇。

哼哈二將──常隨老母降壇。

四海龍王──常隨老母降壇。

二十八宿──常隨老母降壇。

四大天王——常隨老母降壇。

八大金剛——常隨老母降壇。

鑒慈天尊——即先天道祖李廷玉，有《聖賢道徒請鑒慈天尊先天
　　祖訓徒歸正訓》一種。

張曜——又名張仙。本係清代山東巡撫，天道大開普渡後被渡入
　　道中者。

雲姑大仙——有《雲姑大仙結緣訓》一種。

王承恩——有《悟王承恩仙結緣訓》一種。王承恩即隨崇禎自縊
　　的太監。

雲遊大仙——僅一見於《醒世鐘》。

日遊神——僅一見於《指迷金箴》。

巡夜神——僅一見於《指迷金箴》。

城隍——常隨老母降壇。

土地——常隨老母降壇。

關興——僅一見於《醒世鐘》。

關平——僅一見於《醒世鐘》。

周倉——僅一見於《醒世鐘》。

福祿財神——常隨老母降壇。

窮爛財神——常隨老母降壇。

雲寶二童——常隨老母降壇。

玉蓮童子——常隨老母降壇。

彩蓮童子——常隨老母降壇。

白鶴童子——常隨老母降壇。

（十三）飛鸞宣化

　　一貫道所以致人崇信的原因，大部的力量在於一般人所不能瞭解的「扶乩」。扶乩也叫「扶鸞」，降鸞時乩的運轉很快，所有神的旨意完全由它頒降，所以叫做「飛鸞宣化」。

　　本來扶乩在唐宋年間初發明時，不過是一種利用人的心理活動特別是下意識作用的婦女遊戲，僅看它跳動的次數來占卜一事的吉凶；後來演成能書畫，能作文和詩詞；到清代才大盛。當時一些舉子們最喜利用，他們常用它作詩、對對、猜謎，以至辯論文體，談論國事，請示試題等；同時另一種用法也在大興其道，就是為宗教說法，尤以一些秘密宗教為甚。一直到最近的一貫道，依然靠它做通神的唯一法器。

　　一貫道的乩，在形式上講，道中人謂之「先天乩」，而叫其他教門所用者為後天乩，因一貫道所用的乩盤，與其他教門略有不同，大概的形式是這樣：一個長方形的木製槽子，約二尺半長，二尺寬，三寸高，底為鐵質或也為木製，裏面鋪著細沙，把槽子放在架子或桌子上；所謂乩就是一個圓形的籠圈，直徑約十寸，高約二寸半，插上一支木棒，高出籠身又有三寸許；另外還有一塊約一尺九寸長二寸寬的木板，中央插著一個長棍，是平理沙盤用的：這些東西都是原色的木料不加油漆。請壇（或稱「開沙」）時在乩盤的左方放上一張小桌和「文房四寶」，預備抄寫訓文。

　　扶乩的人，術語叫做「三才」，就是天才，地才，人才，拿乩圈在沙盤上寫字的叫天才，拿木撥平理沙盤兼唱出所扶出之字者叫人才，抄錄所扶出的字者叫地才。普通一貫道佛堂裏的三才，都由受過訓練的兒童任之，但他們很少扶出佳妙的文字，如遇有點道期或大典請壇時，則另有年長者行之，因為他們的知識

較兒童為豐富，「容易與仙佛合靈」，所以扶出的文章也較好，我們所見到的印刷成帙的壇訓，多半不是出於兒童之手。訓練三才的方法，相當困難，須要「七七四十九日」（實際需要半年、一年或更長時間），每天叫他們靜坐（即坐功，詳後），每次靜坐至少兩小時，也許四五小時，在不坐功時還要背誦較佳的壇訓，須要熟記十數篇乃至數十篇才算及格。另外還要聽講道理和實習扶乩。有的較聰明或是「有佛緣」的兒童，易於與仙佛合靈，也許很快就可扶出字來。我更見過一個一貫道家庭中的十三齡幼童，根本沒受過訓練，而一扶就可出字（這種兒童多是心理學上所稱的神經質或憂鬱質的人）。

　　請神降乩的儀式很簡單，只由一個主請的人——他必須是一個虔心的道親，在無生老母的神案前默禱叩頭之後，再由三才叩過頭，然後拿起乩來，就有神佛降臨，但在請壇之先，三才必靜坐片刻。

　　乩盤一定要放在佛案前面，天才拿乩圈閉目立在沙盤之右，人才執木撥立在沙盤的正面，（對佛案），地才立在沙盤左面的小桌旁邊抄寫。抄訓的紙本大概是用白色軟質的紙，裁成約二尺的長條，訂成很厚的本子，因為每天不知要請多少次壇，所以壇訓的產量是很大的。

　　神降時，乩圈馬上轉動，先在沙盤上旋轉許多次，畫成許多圓圈，由地才平理之後，即開始書寫，寫時字向外，所以地才可以念出。訓文的格式大致相同，先是一首定壇詩或詞，再報名和幾句序文，然後開始正式的訓文。定壇詩多半是七言詩四句或八句，也有的是五言四言或西江月等詞，詩中常將降壇者的名字在每句的第一個字貫出，舉例說，如《五教真諦》中的第一篇訓：

道攝二儀紫微太和平
德配天地氣壓上沖天
天道轉盤東土老幼沾
尊重莊嚴來化君登岸

將詩橫念第一行為「道德天尊」，第五行為「紫氣東來」，第七行為「太上老君」。以下是報名和序文，如：

吾乃道德天尊太上老君李伯陽，奉母命駕降東園，參叩天母，運轉沙盤。哈哈。

「哈哈」也是固定的格式，就是在一段的末尾或將起始另一段的時候才用，有時也寫「花花」。再下就是正文，大部壇訓的體裁都是十言韻文（三三四句法），即每句的第一和第二半句都是三字，第三半句是四字，如：

天地間，男共女，陰陽位定；正乎外，正乎內，各依規程。
有四書，和五經，男子體誦；列女傳，女四書，女兒遵行。
（《婦女箴規》一頁上）

每句話也由天才分三次寫在沙盤中，由地才分三次朗誦和平理沙盤。也有七言的四言的或散文體的，但沒有十言的多。每篇訓的最後，也用「哈哈」二字作結，如：

言到此處無多講，收筆辭母返上蒼。哈哈。退。（《救劫壇訓》九面）

退字之後就算完結，降壇的神就要回去，這時乩的標記仍是一個圓圈，最後將乩圈退至沙盤的後方就不再動了。在降訓時的字，

如有看不清時，還可以說「求慈悲」三字，於是將沙盤平理以後，仙佛還可再寫一次。如有發錯聲音或不識之字時，則乩即打一直杠，至讀對以後，也以圓圈表示。

乩還有幾種特殊用法，就是降書寫畫和治病，作符等。降字畫時則於乩圈的木棍端纏以棉花少許，下鋪一張宣紙，再預備一碗墨汁，神就自己以乩醮墨書寫了，有的乩壇，特備有帶毛筆的乩圈，寫時易有力，作畫也是這樣。降乩的神，有時也能為人治病，治的方法是叫病者跪在乩壇之下，用乩在病者的面前搖幌，謂之「點一點」，或再用硃砂書寫符籙在一張黃表紙上，再用香爐中的香灰少許，一併交給病者，且用乩說明服用法。（大概都是將符焚化，連香灰一起吞下。）也有處方的，也用中國草藥；也有時用「偏方」。我曾見到一個道親，欲求濟公戒吸鴉片煙，濟公在沙盤上奮筆大書十二字：「離了香焦是平平安安斷癮了。」此人再請濟公「慈悲」，解釋這個方子的用法。濟公說用梨，香蕉，柿子，蘋果若干個一同煮爛，犯癮時就吃，即可斷癮。又有另一種方法就是「賜丹」，由某神降壇指命取若干香灰來，用乩在上面搖幌幾次之後，就令人將它放在老母牌位下面，說明須放多長時候，此時間內，凡進壇來的人，都要加叩一百頭或指定的另外數目，滿了日期之後，再拿去服用。

但以上所述這些用法，大都是不常見的。因為屆此三曹普渡之期，仙佛道務太忙，無暇為人賜書治病，除非特別虔誠的道親或點傳師，仙佛有意對他特別「成全」，才這樣做。

（十四）三寶

三寶是世間至秘密至寶貴的東西，自從開天闢地以來，也沒

有多少人能幸而得之的。佛，道，儒……各種宗教裏的修煉，參悟，雖然歷幾十年的工夫，達到最高境界，甚至成了仙佛，也不一定能得三寶，而沒得過三寶的就不能升到極樂世界——理天，和脫卻閻君輪迴之苦。現值三期末劫，罡風即將掃世，得此三寶，可躲避一切劫煞。罡風來時，一切陷於混沌；罡風過後，又將有一新的乾坤：太陽從南出向北落，天長三六一十八個大時辰，共合三十六個小時辰，五風十雨，極樂世界。得不到三寶的人，即都歸於消滅。所以今日生在中國的人們，又能得仙機入一貫道，一定是祖上幾世德蔭，或是氣天仙佛的轉世投胎，所謂「人身難得，中華難生，明師難遇，大道難逢。」

　　三寶的傳授，即在進道之時由點傳師授與，可以說進一貫道的目的就在求得三寶，得了三寶就算得了大道，「朝聞道夕死可矣」！既得三寶之後，須永生不忘，但不許出口，有「上不傳父母，下不傳妻子」的誓言。遇有困厄，若暗轉三寶即可逢凶化吉，遇難呈祥，但如將三寶出口或傳人，即立刻被五雷轟身，化為血膿。

　　三寶的第一寶叫「抱合同」。這是一種手式（指訣），以左手抱右手上，兩手心皆向內，以右手大指按右手第四指第三節節紋，以左手大指按右手小指第三節節紋，然後右手其餘四指抱於左手之上，將兩手置於胸前。意義是「子亥相交」，即世界將有新舊交替的象徵，因子亥兩字適為十二天干的一頭一尾。又有一種解釋：「子亥乃孩，無生老母欲喚回的九六原子，都是她的孩子，故合同按子亥二訣是歸根認母之意。」

　　第二寶叫點「玄關」，就是由點傳師用手向受點者的兩眉當中地方一指，就叫點開玄關了，點開之後，將來死時靈魂即從此關直升理天，未受點者靈魂則由兩目中散升，或遊氣天，或下地

獄。此說有一證明，即得道者死後瞳人不散，而未得道者則分散如羊的眼球。關於「玄關」一詞，道中人甚為重視，以為非屆此普渡時期，此一名詞不可能發現，所謂天機不可洩露。吾人常知人有「五官」，而除眼耳口鼻之外，其餘一官是什麼？則未有人能知，普通說第五官為眉，實為附會之詞，殊不知造物真主的本意乃在「玄關」一竅。玄關不但為人死後靈魂升天的大道，活著時也是一身主宰，人的一切聰明智慧，完全來自玄關。不見人們遇到難題時思索的表情嗎？必須將兩眉緊皺，才能想得起來或得到解決。一皺眉，就是「請教老師」——玄關。在《一貫修道須知》中，還有這樣一段話，解釋玄關的奧妙：

> 玄關一竅，人之樞紐，性靈居存之穴。人自受孕，七日一陽來復，先有此竅。故修行家，離此即是外法。名為神炁穴，又名方寸地，又名生死門。呂祖詩曰：「生我之門死我戶，幾個醒醒幾個悟，夜半鐵漢自思量，長生不死由人做。」佛教稱為不二門，正法眼藏。道教名黃庭。易曰：「君子黃中通理，正位居體。」又名知止所。大學云：「知止而後有定。」乃人身大中之地也，天有斗柄天之中，地而須彌地之中，人有玄關人之中。帝堯傳舜，允執厥中，子思著書體之，有「中庸」二字，得其指示者，名曰得道。《論語》有「朝聞夕死」之讚，子貢有「性天道不得聞」之憂。梅仙鸞訓云：「道是路理是法，千經萬卷證明他，翰墨文章滿天下，並無一人知道法。經史人人讀，只少一指路便差。」二祖神光見達摩後，有詩曰：「不知到底一歸何。是以神光拜達摩，立雪少林為何事，只求一指躲閻羅。」此竅在陰陽上說名太極窩，在八卦為離宮九紫，在

五行為中央正位，子思言：「中也者，天下之大本。」又言「君子而時中」，均與此相連相證。自古千仙萬佛，孰非由此而成，是以希望同人。於此大大的注意。

第三寶是「五字真言」，另一個術語叫「無字真經」，意思是只有聲音而沒有文字，所謂「真經」，就是真正的經，一切的經俱是假的，只要通了這個經，一切的經都可不必念。這五字只許暗轉不許出口，更不許寫出來，所以人們是沒有機會見到這五個字連在一起書寫在紙上的。事實上當然是有字，這五個字就是：「無」是無極，「太」是太極，「佛」是佛極，「彌勒」就是白陽時期掌天盤的祖師名字，這五個字的功用是將來死後上理天時的憑證，如果忘了，是進不去「天門」的，所以道中人將他比為軍隊中的「口令」。

（十五）修持

《一貫道新介紹》說：

一貫道之修行，為半聖半凡，一面修道一面進行各人工作，無論何界，均不妨害其職業。修道功夫為成己成人，成己即修身，自己改過懺悔，一切行為要合乎理；成人即渡人，自己得道，須將道理宣揚，今諸親友亦明道義，人人均改過，行為均合乎理。中庸云：「率性之謂道」，修身也。「修道之謂教」，渡人也。代天宣化，渡人為外功，改過遷善，打坐為內功，現值末劫臨邇，天時緊急，重外功輕內功，外功圓滿內功自成，故修道以行外功為先。而身不修不能齊其家，其家不可教，而能教人者無之，成己始

能成人，正己始能化人，則似又以行內功為先。總之一貫
道之功夫，要在內外不分，動靜無二，無內無外，可內可
外，知行合一，常應常得，即此便是不二佛法，一貫道之
真功。（8頁上）

《一貫道疑問解答》也說：

　　乾坤道友應該怎樣行功？

　　道中男女道友之對於行動，應分工合作，全體動員。
或擔任三才，飛鸞宣化；或講解經訓，宣傳道義；有錢者
量力出資，印刷聖經書訓；有力者四出勸導良善親友，速
行入道；或捐資設立佛堂，以便眾人行功；或盡心維護佛
法，使道務日見發揚；或立志篤行，謹守師命；或齊家修
道，以示模範。凡此種種，男女道親，均應分別各自行功，
以證善果，唯乾坤道友，對於行功，宜隨緣隨分，不誤職
業，量力而為，無非親渡親，友渡友，然亦不可亂渡，孔
子云：「可與言而不與之言失人，不可與言而與之言失言，
智者不失人，亦不失言。」所渡之人，總以忠厚篤實良善
者為宜，至於心術不正品行不端之輩，雖屬至親厚友，亦
不可渡，倘若不懼，渡進此輩，不惟無功，過莫大焉，各
宜慎之。

　　何為內功？

　　修身成己，使自己之一切行為均皆合乎理，清心寡
欲，以求其放心的工夫，即為內功。

　　求其放心的工夫究竟如何作法，可得聞乎？

　　所謂求其放心的工夫，就是一個制心的方法。制心之
法，當然以靜坐為最要，蓋以智慧生於精神，精神生於安

靜，而煉精化氣，煉氣化神，煉神返虛，也不外這靜坐一
法。要想行此靜坐之法，可於早晚盤腿端坐，閉目養神，
舌抵上齶，平心靜氣，去一切雜思妄想，也不思善，也不
想惡，不動不搖，不出不入，坐至一念不生，萬慮皆息之
時，湛然澄清，內外無物，這個時候，就是《易經》上所
謂寂然不動的景象，《大學》上之知止定靜時也。久而久
之，自然可還原復初矣。

何為外功？

勸善成人，使眾生普渡，人人向善，行濟人利物之事，
存拯災救世之心，先正己而後正人，此種功德，即為外功。
行外功時不知如何做法為宜？

行外功，不能有沽名釣譽之心理，更不能有惡言厲色
之表示，若為沽名起見而行功，則無所謂功矣。若性燥氣
憤而勸人，則非修道人矣。總之行動要遵三教聖訓，竭力
實行為是。凡抄寫善書，設立佛堂，宣傳道義，以開人智，
皆是上等功德，要知化一人成道，使他九祖超升，抄一句
善書，勝如萬言，則三教聖人，無過於此。至於凡情上濟
急救難，賑災除厄，小則出資獨辦，大則集資共舉。他如
不費金錢之功德，更要隨時隨地，和顏悅色，多方開導，
與父言慈，與子言孝，與兄言友，與弟言恭，與夫婦言和
睦，與朋友言信實，與官吏言忠正，遇惡人勸他改邪歸正，
遇善士勸他養性修真，廣行三教，報答四恩，此渡人行功
之法也。（第 8-9 頁）

雖然他們有這樣一番規戒，但對人宣傳時則常不說出，而謂經過
「點傳」之後，就可永不進佛堂，也可永不再納功德費。相反的

在進道的第一天，就會立上很多大願，念了很多誓言，如「虛心假意」，「退縮不前」，「逆道不現」，「不量力而為」，「天打五雷轟身」等相逼而來，於是：「內功外功」之法，就很容易被介紹了。

此外還有幾條有關修持的道理，一是色欲，一是茹素和戒絕煙酒。色欲，道中是不禁止的，他們說：「天地交而生萬物，男女交而生人，此乃造化之理。佛道兩家乃憫人受妻子之累，故不令娶。今日普渡，不背人倫，父子同堂，夫婦同居，真心由家庭內考取賢良，所謂君子之道造端乎夫婦。請看『孝』字：上老下子，倘使人無家室，五十年後，宇宙便成空場，還談什麼道呢？」

茹素戒煙酒道中也視為重要戒條之一，他們主張：「先天之性，原本至清，決不容有濁氣相混。故修道人必須留清去濁，始能明復本性。凡屬五葷三厭及煙酒等物，皆當禁除。且上天有好生之德，修道之人，應體上天之意，不可任意殺生，致造罪孽。」實際上吃素的人，是不完全戒掉葷腥的，因為他們仍吃雞蛋和牛乳。而且大部的入道者是並不守這一條的，除了點傳師之流或極虔心的道親。他們也並不強迫，如果要他們解釋，就是：「不願持齋者，應多行功德，能替六畜消冤解債，也無不可。規矩雖有，辦法是活的。」至於戒絕煙酒一條則行者較多。

（十六）解經法

一貫道因為也是孔孟所傳的道，所以將孔孟的地位提得很高，並且用孔孟傳道時的經典為現在一貫道的唯一寶典，也像東漢五斗米道托用老子的五千言一樣。五斗米道後來演成大盛千餘年的道教，由此也可想見一貫道的雄心。

他們常用這一套話來解釋：道之降世，並非先有經典，如釋

迦，基督，創教時並無經典，而他們死後才有弟子們為他們著為
經典。所以青陽期燃燈古佛傳教之後，曾有「三經二書」一種遺
世，但後來失傳；紅陽期之後，有五經四書遺世，即現在的儒家
經典五經四書；將來白陽期之後，將有「七經六書」出現，現在
弓長祖所傳者，即是「七經六書」的內容而用五經四書作藍本，
也是溫故知新，學而時習的意思。但各代俗儒的解經，多未能闡
發本來的奧旨，這也是天命使然。現在道降東魯，普傳庶民，吾
人才得洞悉機藏。以下把道中解釋四書五經裏的「機藏」的方法
寫幾個例子：

子曰：學而時習之，不亦說乎！有朋友自遠方來，不亦樂乎！
人不知而不慍，不亦君子乎！

解曰：子，就是一了也，一了百了，無思無慮，私欲淨盡，
天理純全；即不睹不聞，無聲無臭之理天也，無形無象無極之真
空也。曰，就是口得其一也，口得其一即能言也，有聲有色也，
有聲有色即太極氣天也，有寒有暑，萬物消長，變而有常之氣天
也；此氣十二萬九千六百年為一始終。學，學得一貫真傳也。說，
讀為悅，此聖人之道微乎其微不可輕得而聞之也，必待學而時習
之，真心求明師一點，不用文字，口口相傳，然後得其至悅之工
也。有朋一句：遠方之人聞其聖賢之道脈，一貫之心法，四方有
志之士，望風來歸，入我一貫道，做一新道親以為聖賢宗脈，故
樂之也。人不知以下：人不知是不知之人也，不知之人見遠方人
常來常往，俱生疑心，不知所幹何事，殊不知吾一貫道理微道大，
平世小人何能知之，小人修成聖人，那有此理？聖賢修身性命之
學那能知之。故彼輩常出言譭謗吾一貫大道，吾輩不加慍怒，不
亦君子乎？

子曰：吾道一以貫之，曾子曰唯。

解曰：孔子說我現在所傳的道就是一貫道，曾子稱是。

子曰：誰能出不由戶，何莫由斯道也。

解曰：孔子曠世之大賢，而何以說出「誰能出不由戶」這樣簡單的話來呢？其中必有道理。按「戶」字本是「尸」字加上一點，吾人之未得道者，雖生猶死，與屍無異，所謂行屍走肉。如果得到斯道──一貫道，受過咱師一點，就等於尸字上加了一點，於是成了超凡入聖直達理天的門戶。

大學之道，在明明德。

解曰：大者人得一也，即求得一貫道之人也；「學」字上半外方合為「臼」字，其中包括爻字，是合「陰陽龍虎玄武朱雀」於白陽宮中也，下一「冖」字，若得明師一點，即成寶字頭，其中暗隱三寶之意；之字上方一點即係玄關，下方一橫是迴光返照中宮，中間斜撇是真陰直往下降，下方又一橫，是陽精復轉上升，故之字實有受過明師一點，即能直通理天之意；欲學得此道，即在明明之德，明明者，明明上帝（無生老母）也。

欲治其國者，先齊其家，欲齊其家者，先修其身。

解曰：欲達治國平天下的目的，必先自身求得一貫道是為修身，然後一家皆入道，是為齊家，每家皆能齊家之後可望國治。

天命之謂性，率性之謂道。

解曰：命者人一叩也。人一叩是求道者向師尊一叩以求三寶也。「性」從心，從生。此心字豎寫為三筆，較「心」字少一筆，是失去一點也，此一點，必得道之人方能有之，芸芸眾生，被物欲所蔽失去一點靈性，至為可惜。此話尚有一證明，即性命二字合為十六筆，而錢字也為十六筆，常人之所謂性命即指錢而言也。性本來自理天，故曰天命之謂性，落生之後，氣由鼻口而入，已失去真靈，必須率性，方可再成大道。率字何意？求得一貫之

謂也，率字上方為玄，即玄關，旁四點為「四相」，收回道心之意也，下方十字，即性命混合也。又此率字係倉頡夫子仿人面而造，上方為玄關，四點為二人（瞳人），十字則像人之口鼻。又耶穌基督所傳之教亦不過為吾率性之道，何以言之？率字之玄字即耶穌也，彼曾釘死下方之十字架，臨刑時兩旁曾伴以二賊，該二賊即率字兩旁之二人字也。

道也者，不可須臾離，可離非道也。

解曰：真道得後絕不可須臾離開，試觀世間古今一切宗教何者能永伴不離？惟吾一貫真傳之三寶，得後永記，即永伴不離，故任何宗教皆是旁門雜法，非道也。

人心惟危，道心惟微，惟精惟一，允執厥中。

解曰：人心者染汙之妄心也，後天氣質之性，危殆不安也。道心者，先天本然之性，微妙莫測也，精者明之，一者一貫也，惟「一」與「明」，方可克制後天氣質之危殆。先者，篤信隨順也，執者遵守皈依也，中者真空妙有也，真空其大無外，其小無內，妙有其前無始其後無終，豎窮「三界」，橫遍「十方」，允執厥中者即隨順皈依，此三教共遵先聖一貫真傳也。

按人心惟危，道心惟微，惟精惟一，允執厥中幾句話，在一貫道的人，也把它叫做「堯舜十六字心法」，視為非常要緊的道理。勝利後的初期，一貫道也曾遭禁，所謂三寶，也被洩露，一貫道的某一派又改定了一種新三寶，其五字真言即用「十六字心法」來代替。本來這幾句話是舜告大禹為君的方法，後來儒家講道時，也喜歡引用，甚至認為是堯，舜，禹，湯，文，武，周公，孔子秘傳的口訣，是心傳的唯一道理，可以應用於一切方面。所以一貫道中的人，認為它合乎一貫之理，把它視為要義。至於對這些字的解釋，說法更多，以上不過舉一個例。總之他們所謂「發

前賢未發之奧旨」，不過是想方法把四書五經裏的句子，牽和到一貫道中來而已。

（十七）其他教義

在《一貫道疑問解答》裏，我們還可以找到許多其他的教義：

> 道高一尺，魔高一丈，果有此理否？
>
> 人自寅會下世以後，歷次災劫，惡孽如山，前生未了，今生又續，以致冤債重重，輪回不已。一得大道，群魔均向閻君索討，恐你道成天外，無處索討也。閻君是至公無私的，當然有冤不能禁報。因此之故，也有跟邪祟的，也有遭橫事的，也有疾病纏身的等等不一。陰考陽魔，消解前愆。淺學的人，自謂我入道修佛，何以反受其害，由是惹得俗人譏笑，親友背論，因而退志的很多。殊不知玉不琢，不成器；金不煉，不值錢；若無高山，那能顯出凹地；經過千錘的，才是好鐵呀。但要人受得住才行。（卷下第5頁）
>
> 何謂天人一貫之旨？
>
> 宇宙是一大天，人是一小天。換言之，人是一小宇宙，宇宙有理氣象，人也有理氣象。人之骨肉和其他的形體是象，呼吸和流通周身的氣是氣，主宰全身的性是理。人之氣和宇宙之氣相通，人之性和宇宙之理相通。理是萬物統體的性，性是人人各具的理。理主宰宇宙。性主宰人身。如果宇宙之氣勝乎理，宇宙的萬物，便失其中和；人身之理蔽於氣，人的作為，便失其中和；此天人一貫之旨也。（卷下第8頁）

道有三五凝結之功，究是什麼？

三五不止道家說，儒釋亦同。儒為三綱五常，佛為三規五戒，道為三花五氣，名異理同。功成時，一仙一佛一聖，此是外三五。還有一內三五，尤為簡捷。無極老母壇詩云：「二五相交性命全，三五凝結貫人天。」以一月說，初一光初發，到三五十五即可圓滿；人生十五成丁；大道亦然。何為二五，目也，何為三五，加上性也，二五在天為日月，能相對照，人若回光凝結不散，即是返本還原法。經書上的話，暗含道義多多。如有不明，抱住一性一竅推解，訪求明人指點，自然節節可明。明白後，就可一律拋開，善自修之為是。怎麼說呢？經云：「吾所說法，如筏喻者，上得岸去，還要船作甚。」（卷下第 12 頁）

如何是三花聚鼎，五氣朝元呢？

此是守玄工夫。三花者精氣神也，人身為爐，玄關為鼎，道家安爐立鼎，即是此工。五氣者，五臟之氣也，而心一靜，濁氣變為清氣，守住玄關，默默綿綿，若亡若存，多多益善，至道凝矣。（卷下第 12 頁）

孟子說，我四十不動心，善養浩然之氣。又說，浩然之氣難言，不知亦為道乎？

當然是道。孔子四十不惑，孟子四十不動心，這就證明一貫之傳，前後一理。因為人在中年時，血氣方剛，研究性理者少。及至四十，世間酸甜苦辣滋味，都已嘗過，一留意於道德，恍然一悟，自然不禁一頓足，一點頭說：是了是了，紅塵非家鄉，肉體非我體；來時空手來，去時空手去；閻王路上無老少，六十歲一甲子，只剩三分之一了。因而早早修道。浩然者大也，孟子言浩然之氣，即佛

言自性如來也。又說難言者，因為道無形，性無相，知者只可意會，不可言傳，因此說難言，言出則非道矣。故前聖有云，予欲無言。又云：默而識之。（卷下第 12 頁）

什麼是解脫法？

解脫二字，佛言離一切相，俗言就是看破一切，能將世情酸甜苦辣覺出，加之時常靜念，一動一靜，皆在性上見解，事來即應，事去勿留，則離見性不遠矣。要知萬里山河，非我所有，妻子兒女，不能常聚，金銀百萬，還是得操心看守；只有天命之性，修則為神，棄則為鬼，苦樂全是自己尋的，如此實行，不難解脫。（卷下第 13 頁）

何謂空身空心空性空法？

身體本是父母所生，亦具父母氣息。九空長流，種種不淨，四大假合，終須敗壞。故有智者，全身是幻，未死之前，當死一般看待，不過借此幻身，學道修行，此之謂悟身空。復觀自心，非生非滅，最聖最靈，遇境似有，境滅即無，能悟真心，常覺不昧，不隨妄想流傳，但依真性主行，此謂之悟心空。復觀自心，寂然不動，感而遂通，變化無窮，感靈莫測，明明了了，自覺自知，靈靈寂寂，無為無常，此之謂悟性空。復觀如來，所談經法，皆是方便，引導法門，如水洗塵，似病與藥，若證得心空法了，病去則藥可除，此之謂悟法空。總之正法無他，唯悟心源，貪欲不絕，均被意牽，心本清寂，勿動勿定，心無不有，勿存有想，具足諸慧，清靜平常，不思則有，念動則遮，知法勿用，清靜自如，善惡不思，似愚似拙，如斯而行，是名修佛。所以說，一念不生謂之靜，覺而滅之謂之法，依法而為謂之修。修人世之果者，不外積德循理，修佛道

之果者，必須無心無我，聖凡兩途，在人自為耳。（卷下第 13 頁）

經言眼耳鼻舌為四相，又為四賊，又有無我相無人相無眾生相無壽者相，不知如何解說？

眼耳鼻舌為四相，是輔佐性王辦事者。若是視聽聞說，用之有偏，則為四賊，傷害本性矣。故孔子以四勿戒顏回，即此理也。所謂無我相無人相等義，亦與四相相連。眼主施為人相，若能等觀眾生，皆如赤子，不擇冤親，平等濟度，名為無人相。耳主靜為我相，若能知身是幻，悟世無常，不惜身命，但借依大乘佛之教法，名為無我相。鼻主聞為壽者相，若能明悟自己無生實性，不隨心境意識流動，但依方便願力行持，名為無壽者相。口主宣為眾生相，若能於世間心，一了永了，更不相續，名為無眾生相。總之欲得佛果，謹防四相，四相不淨，則造孽無邊，難見本來面目矣。（卷下第 14 頁）

易經首言：乾，元亨利貞。可以說說嗎？

乾者，老陽也，即天之理，人之性，老陽是無物不壓，無物不化。元亨利貞，在天而言為四時，春元夏亨秋利冬貞，貞下再起元，生生不息，此天之道也。在地而言為四方，東元南亨西利北貞。在人而言為四端，即仁義禮智是也，戊己居中屬土，黃中正位，性之竅也，萬善由此而生，世俗謂之為心田，再看田字，四面四個土，可知種善生福，種惡生禍，禍福休咎：自種自收。所以呂祖說：「我命從來本自然，果然由我不由天。」明乎此，則知修福者，來生之事業，修性者，萬代之事業，全在個人自取而已。（卷下第 15 頁）

易經云：易，無思也；無為也；寂然不動，感而遂通。此何謂也？

王祖說過，易有不易之易，有交易之易。不易之易理也，交易之易數也。理不能離數，數不能離理，離則天崩地裂人亡矣。寂然不動，感而遂通者，係指人之良知良能，良知良能，即本然之性也。人性本自清靜，一有所惑，萬法俱備，如鏡照物，照甚麼，有什麼，及至物去，跡也不存，所以教人澄其心，遣其欲，浮雲一退，月光露出，本來的天理，何用思為。（卷下第15頁）

周子云：無極之真，二五之精，妙合而凝。易云：乾道成男，坤道成女。是何意思？

此乃生人造化之理。易經言道，只至太極，而不論太極之上，還有無極，此數學之書也。所以說，一陰一陽之謂道。無極之真，即天賦於人之理；二五之精，父母精血也。曰妙合而凝者，係言男女媾精之後，精賴血養，血賴精成，二人一心之際，默默中有無極真理投入焉，此二五妙合而凝之義也。又男氣足則生男，女氣足則生女，故曰乾道成男，坤道成女也。（卷下第15頁）

天道人道怎分？修時應以何者為先？

重性命而修者，三期普渡，天道也。重倫常而行者，世間普通，人道也。人道是天道之枝幹，故修天道者，得先從人道上立足，為起發點。孝悌忠信，禮義廉恥，三曹中最重之事，天地處處鑒察人心，時時監視行為，若於生身父母不知孝敬，手足兄弟不知親愛，對於親友，敷衍了事而不忠，心口不一而無信，無禮無義，寡廉鮮恥之輩，修行亦無益。人道既失，遑論天道乎，所以修天道的，應

以盡人道為先，孔子說過：「下學而上達」，能盡人道，則
近乎天道矣。（卷下第 16 頁）

　　除上引而外，請再把一篇一貫道的標準訓文錄出，以結束本
節，本訓文為《白陽寶筏》的第一篇，濟公活佛所降。前述各種
教義的最基本者，本篇幾乎全能包括，所以謂本篇為一貫道教義
的綱領，也無不可。

丁丑七月十八日訓：

白陽寶筏設深淵　　千佛萬祖護善男　　先點靈山一塊地
黃篷黃幛九丈三　　三佛應運三期末　　賣給天下諸良賢
杏黃旗幟空中卦　　來在東土賣玄關

我乃濟公活佛，奉母旨，來至法壇；進壇內，先參母駕，
大眾肅靜，批示一端。白陽寶筏，留在世間，哈哈止。彌
勒佛，號金公，掌舵執篙把船撐。萬佛仙，降紅塵，二十
八宿在後行。至東林，化賢英，沿門去找有緣童。善男女，
快修行，大劫已至快行功。八一劫，災重重，早澇瘟疫損
殘靈。原來子，莫放鬆，一切渡化眾傑英。先天道，後天
行，只因八卦白陽更。換三盤，神鬼驚，神鬼難脫八一凶。
明真理，透性靈，無影山前對合同。鬥寶台，顯神通，各
顯各能抖威風。三元會，母子逢，佳期良辰樂融融。錯過
此，難修行，再修須等萬八冬。原來子，早洞明，訪求明
師指合同。觀音母，號聖宗，九天仙女隨後行。法船站，
點金燈，金燈三盞放光明。修船桅，畫帆篷，幸有弓長把
道行。闡大道，領原童，朝拜老母無極宮。又更換，八卦
形，河圖洛書重變更。三易理，人難明，金雞三唱警迷蒙。
杏黃旗，飄空中，神佛保佑修道童。觀音母，道傳明，今

時大權與長弓。濟公佛，號顛僧，懷抱大令下天廷。來紅
塵，把道明，為賣玄關是真宗。眾原子，要記清，明師自
古最難逢。三期劫，遍地生，收殺惡子歸陰城。老皇母，
珠淚傾，心中掛著眾賢英。自靈山，下東城，至今已有六
萬冬。叫長弓，來臨東，又差三千六百英。三千六，傳法
童，各領聖旨把道行。傳大道，訪賢英，得之謹守養性靈。
效古聖，修真宗，忠恕大道無二名。三教理，是一宗，同
源同根一字生。三教內，無別功，克己復禮是根恒。有緣
子，要實行，道內意義早些通。不久的，一貫明，弓長領
徒進雲城。眾弟子，快登程，光陰若過難再逢。效古聖，
好兒童，光陰過去難回程。批至此，不下評，辭母收機返
南屏。哈哈退。

四、一貫道儀規紀詳

（一）佛堂

佛堂即係一貫道的壇場，術語叫「法船」或「法航」。皆由
私人成立，設於信者家中或其他適宜地點，都是秘密附設性質。
其經費及管理全由所在地址的信者擔任。各處佛堂頗少聯絡，惟
各地皆有「總佛堂」一處，統理各該地方的各佛堂。各佛堂的主
人（壇主）及點傳師等，定期聚會於總佛堂共商道務。在各地總
佛堂之上，還有一層組織，就是華中的總佛堂和華北的總佛堂，
前者設在南京建業路，後者設在北平西城興化寺街。這種佛堂也
就是張天然等人經常的住所了。

一貫道佛堂

佛堂所需的房屋，以兩間以上為適宜，通常分為兩部；一部為陳設佛位之用，一部為道徒聽講經訓及新來道親掛號，繳納功德費及休息等之用。陳設佛位多為內間，或用黃幔等物隔為內外。主要陳設為條案一個，太師椅兩把，八仙桌兩個或一個，（因供品甚多須兩張並用）。佛位共六個，壁上為無生老母，用白色宣紙隸書「明明上帝無量清虛至尊至聖三界十方萬靈真宰」字樣，嵌於玻璃鏡框中，兩旁另有玻璃鏡框兩個或四個，內嵌對聯，其詞句各壇不同，有係人作，有係乩賜。茲選錄九種於後以見一斑：

1.道降東魯，普傳一貫。法設西秦，大會三元。

2.大學道傳千秋而為金鑒。中庸理留萬世則作丹根。

3.道在聖傳修在己。德由人造命由天。

4.明路當前，直超理域。法船到處，普渡皇原。

5.俎豆千秋隆盛典。馨香萬世仰仙型。

6.無情無形無名生天地。有神有靈有應定乾坤。

7.玄牝谷神，於此領悟。性理天道，可得而聞。

8.一點現天真，三曹普渡。貫通明性理，萬教齊歸。

9.普渡三曹，俯首共同返本。平收萬教，攜手齊起歸根。

鏡前一尺許懸有緞幡一面，術語叫「雲帳」，老母鏡前案上放一佛燈，並有彌勒，觀音，濟公，關帝，呂祖五位磁制神像。桌上羅列各種供品及香爐蠟臺等。桌前及椅上皆罩以黃色圍靠，

椅子術語叫「法椅」。地上有黃色厚墊三或六個，術語稱拜墊，人多而同時行禮或點傳時，則臨時加之。如遇請神降乩時，則臨時放設乩盤及抄字桌子等用具。外間陳設，各佛堂不約而同，大多皆為藏善書及壇訓的書櫃，桌椅，講臺，黑板，茶具，衣帽架諸物；牆上則常懸《推背圖》，《善惡迴圈圖》，《志公禪師勸世念佛文》，《劉伯溫碑文》，各位仙佛空中顯像及賜書字畫等。

（二）燒香叩頭及獻供

（甲）燒香

道親皆應於家中安設老母及各位祖師佛位，每日分早晚三次燒香，誦讀願懺文，以表誠敬。所燒的「香」與普通無異，因數量很多，故以細者為宜；壇場所用的香還有一種是檀香，即小段檀香木棍。願懺文係道徒所用惟一經文，原文如次：

> （乾）餘蘊
> （坤）信士　○○○（姓名），虔心跪在明明上帝蓮下，幸受真傳（三叩）。彌勒祖師，妙法無邊，庇護眾生，懺悔佛前，改過自新，同注天盤（三叩）。凡系佛堂，顛倒錯亂，望祈祖師，赦罪容寬（十叩）。南無阿彌十佛天元（十叩）。

燒香時，須洗手淨面虔心跪定，雙手舉香與眉齊，用左手按規而燒。用左手的意義為：左手屬善，不持刀，不殺人。又燒香必先立當中一支，取其中一之義，因一貫道為中一之傳，是不偏不倚的中庸大道。燒香數目及排列，佛堂與家庭不同。

家庭燒香，明明上帝五炷；先立中炷，次立左炷，三立上炷，

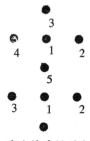

家庭燒香排列法

四立右炷，五立下炷。諸天神聖三炷；先立中炷，次立左，三立右。灶君一炷，立於最下，合為左圖：

壇場燒香：明明上帝五炷，諸天神聖三炷，彌勒祖師三炷，南海古佛三炷，活佛師尊三炷，月慧菩薩三炷，各位法律主三炷，灶君一炷。各炷次序與前同，即先中央再由左而右，插放位置係於上圖的明明上帝及諸天神聖的左方右方及後方，如下圖所示：

此外還有大典年節與每月之初一十五及各紀念日，並辦佛事及開壇各種燒香法，也均與前述二種不同，總之不外增加炷數而已。每日燒香時間，例應以卯午酉三時為標準。如因佛事忙碌，有時間斷，例不為過。設因事務羈累，不得空閒

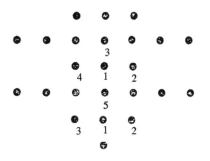

壇場燒香排列法

者，或有特殊情形不能燒香者，皆可暗中叩首：惟不可故意間斷。

（乙）叩頭

叩頭為道中對神敬禮方法之一。叩前先作揖，作揖須過膝，然後雙手回至胸前，再下跪，跪後雙手互握或抱合同，叩時頭須著地，但普通皆以手著地以代頭。叩頭數目及物件，各種禮節中不同，茲列於下：

謝恩禮——即點傳師授訣後的禮節。明明上帝三叩，諸天神聖一叩，彌勒祖師一叩，南海聖母一叩，活佛師尊一叩，月慧菩

薩一叩，師尊一叩，師母一叩，點傳師一叩，引保師一叩，大眾
一叩。計叩十三個。

　　參駕禮及辭駕禮——進出佛堂時行之。明明上帝五叩，諸天
神聖三叩，彌勒祖師三叩，南海聖母一叩，活佛師尊一叩，月慧
菩薩一叩，師尊一叩，師母一叩，點傳師一叩，引保師一叩，大
眾一叩，鎮壇將軍一叩，道長一叩。計叩二十一個。惟最後兩者
也有不叩的。

　　接駕禮及送駕禮——仙佛降壇時用之。明明上帝十叩，諸天
神聖五叩，彌勒祖師若隨母駕五叩，單獨臨壇九叩，師尊三叩，
師母三叩，點傳師一叩，計叩二十七或三十一個。

　　燒香叩頭禮——明明上帝十叩，諸天神聖五叩，彌勒祖師五
叩，南海古佛三叩，活佛師尊三叩，月慧菩薩三叩，各位法律主
三叩，灶君一叩，師尊一叩，師母一叩，鎮殿元帥一叩，鎮殿將
軍一叩，教化菩薩一叩。計叩三十八個。

　　（丙）獻供

　　辦道場時獻供數目：

　　鄉村——五色（鮮菜或素點心，素菜也可。）

　　鄉村——十色（鮮菜或素點心，素菜或糖果。）

　　都市——十五色（鮮果素點心糖果。）

　　紀念日獻供數目：

　　鄉村——十色　城鎮——十五色　都市——二十色

　　所謂紀念日係指明明上帝及金公祖師的紀念日。前者在三月
十五日，六月十五日，九月十五日，十一月十五日（均按夏曆），
後者誕辰為四月二十四日；忌辰為二月二日。獻供時儀式隆重，
詳見點道條。

（三）點道

點道禮是道中禮節最主要的一個，就是收進新道徒，傳授「三寶」的禮節，有系統而隆重。各佛堂定期行之，道務不忙時（事變後初期的一貫道），半月一次，忙時一星期或半星期或間日一次。全禮節可分七段：第一結緣香，第二獻供，第三請壇，第四明明上帝九五大禮，第五點道，第六降壇批訓，第七講道。但如非點道日期，「點道」以外各禮也可獨立行之，如隔若干日換獻供品一次，或隨時皆可請神降壇等。

點道開始前，欲入道者須先完畢掛號（將姓名年齡籍貫職業住所等登記）及繳納功德費等手續，此諸事皆由老道親領導，因新來者必係老道親的親友，且佛堂地址多不公開，又點道時須有老道親二人，一為「引師」一為「保師」。於手續完了後，可暫休息，或聚於宣講處，聆聽道親中道行較高者講道。點道儀式開始，先令新道親齊立佛案兩側，觀摩點傳師或壇主及老道親行結緣香及獻供禮儀式。此後再依次行請壇，點道等禮。

（甲）結緣香及獻供禮儀

先由點傳師或壇主指定執禮二人，又稱司禮，其一為司上禮，一為司下禮，即後擬甲，乙二人。站班四人，端供一人。獻供開始前為獻結緣香，由點傳師或壇主行之，儀式簡單，僅由行者至桌前向香爐內放入檀香杆若干支，然後起立，站於指定地位，即開始獻供。

甲：兩邊肅立。對面作揖。就拜位。作揖。跪。三叩首。（此係上執禮者高唱之詞，唱後眾依詞動作，以下同此。括弧內為注解或動作。）

乙：一叩，再叩，三叩。（此系下執禮高唱之詞，以下同此。）

甲：起。作揖。前進就獻位。（前二人。由左而上，約走五步，立於供桌兩側。以下為後二位動作。）作揖。跪。三叩首。

乙：一叩，再叩，三叩。

甲：端。跪（單腿）。舉眉齊。接。舉眉齊。（以下指前二位之另一位）作揖。

乙：一叩。

甲：雙手奉獻。作揖。（前二位）一叩首。（後二位）

乙：一叩。

甲：端。……（自此以後，甲乙皆照前依次進行。供獻畢，端供人自動跪中央。）

甲：作揖（前二位）。三叩首（三人同叩）。

乙：一叩，再叩，三叩。

甲：起。作揖（前後五人）。後退歸拜位。（前二人由右而退，仍走五步。端供人退出。）

甲：作揖。跪。三叩首。

乙：一叩，再叩，三叩。

甲：起。作揖。兩邊分班，對面作揖。獻供禮畢。

乙：退。

（乙）請壇禮及九五大禮

先由點傳師或壇主指定執禮二人，站班六人。請壇開始，先由點傳師或壇主獻請壇香，後再進行如下禮節。如係點道日，此時由執禮人持薄核對在場者姓名，如係來參觀而不求道者，應即退出壇外，新求道者聽候叫名就位。

甲：兩邊肅立，誠敬請壇。（請壇人讀《請壇經》）

請壇人：大眾肅靜，各列其班，俱整衣冠，誠敬聽宣。八卦爐中起祥煙，育化聖母降臨壇；關帝居左純陽右，二十八宿護法

壇。老母至壇，諸神儼然。右指護吒，左指呵鞭。雷部風部虎部龍部，各顯威嚴。爾等恭立，細聽我言；今逢三天，大道顯然，諸部神真，護庇靈壇，鬼神聽旨，且莫冥頑，遇難救難，遇災除焉。遇善相助，遇事相辦。大劫遠退，星月靈官，領帝敕令，速辦天盤，三曹之事，一一相參。不准退意，時時皆然，各盡爾職，鎮壓三天。母命群真，代我傳宣，見道成道，運轉坤乾，十二元辰，各據其天，時勢將至，勿違特宣。（按：此係聽其聲音而記錄者，並無文字藍本，故不免誤漏。）（以下開始九五大禮）

甲：對面作揖。就拜位。

乙：第一位，第二位，第三位，第四位，第五位，第六位。

甲：作揖。跪。初獻香三炷。（請壇人）

乙：一獻，再獻，三獻。

甲：三叩首。

乙：一叩，再叩，三叩。

甲：起。跪。亞獻香三炷。

乙：四獻，五獻，六獻。

甲：三叩首。

乙：四叩，五叩，六叩。

甲：起。跪。終獻香三炷。

乙：七獻，八獻，九獻。

甲：三叩首。

乙：七叩，八叩，九叩。

甲：起。作揖。跪。獻香五炷。

乙：一獻，再獻，三獻，四獻，五獻。

甲：五叩首。

乙：一叩，再叩，三叩，四叩，五叩。（若遇朔望日，在此

則接續獻香禮。）

甲：誠敬跪讀。（請壇人讀《末後一著》。）

請壇人：末後一著昔未言，明人在此訴一番。愚夫識得還鄉道，生來死去見當前。今有欽加保恩、張光璧等，虔心跪在明明上帝蓮下——

甲：一叩首。

乙：一叩。

請壇人：申請三期應運彌勒古佛。

甲：一叩首。

乙：一叩。

請壇人：三千弟子，諸班星宿，到此運際，同助三佛，普收蘊數，末後大事，明白通報母情。

甲：三叩首。

乙：一叩，再叩，三叩。（請壇人站立。下執禮人執號薄按名請新道親就拜位。）

甲：作揖。跪。（新道親）

（此時乙自動走向前方，作揖，跪，五叩畢，雙手捧表文。）

甲：靜聽讀表。（此表又稱「龍天表」，由點傳師朗誦。）

表文呈奏。據民國××年×月×日×時×分前後，在××省××市（縣）××佛堂之中。今有欽加保恩張光璧率引×××、保×××虔心跪在明明上帝蓮下曰：竊自開天以來，已經三佛之運。生民以來，未得一貫之傳，理義不明，道統已墜，至今三千餘年矣。今蒙皇天開恩，正宗鐘毓於東土；祖師宏慈，正派再振於杞郡。今有眾生塗炭，未得救拯，水火劫煞，已到眼前。所以立下此會，廣救無數眾生；整起此著，普收有緣種子。不啻湯武洪恩，堯舜大德。壇前上帝哂納，案下神祇俱庇。今有眾生等，

突破塵緣，醒悟迷津，懇祈上帝，大賜明路。兒等別無可陳，清供素疏，以達上聞。乾……童……坤……女……各願助功德費洋×元。男兒張光璧率眾等俯伏百叩。

　　乙：朗誦表文畢。

　　甲：焚表。（乙焚之。復自動十叩，起，作揖，仍就執禮位。）

　　甲：十叩首。（焚表禮）

　　乙：一叩……十叩。

　　甲：起。作揖。兩邊分班。

　　乙：第一位……第六位。

　　甲：對面作揖。請壇禮畢。

　　乙：退。（眾皆退）

　　（丙）點道禮

　　點道開始，先請點傳師就點傳位，若請壇時係由點傳師「慈悲」壇主代行，此時點傳師應先獻香，行禮後，再就點傳位。若係點傳師親行請壇，此時不必獻香，僅行禮即可。

　　點傳師獻香行就位禮：

　　甲：請點傳師獻香。（點傳師自動就拜位）作揖。跪。獻香五炷。

　　乙：一獻……五獻。

　　甲：十叩。

　　乙：一叩……十叩。

　　甲：起，作揖，請點傳師就位。（如點傳師請壇，不必呼「起」，「作揖」。）

　　乾引保立願：

　　甲：乾道引保立願。

　　乙：（持乾坤冊點名，使乾道引保就拜位。）

甲：作揖。跪。獻香三炷（跪中間前方者代獻）。

乙：一獻，再獻，三獻。

甲：三叩首。

乙：一叩，再叩，三叩。

甲：各報各名，當願。

乙：我說什麼大眾都說什麼：虔心跪在，（大眾朗誦，下同。）

明明上帝蓮下，今天，願引（引師）／願保（保師）大眾，（三人以上稱「大眾」，

三人以下直呼其名。）如若引入／保入左道旁門，邪教白蓮，誆哄大眾

之錢財，以及所引／所保求道人，身家不清白，品行不端正者，天打五

雷轟身。

甲：三叩首。

乙：一叩，再叩，三叩。

甲：起。作揖。鞠躬。

乙：退。

（坤引保立願同前）

點乾道：

甲：乾求道人就位。

乙：（持乾坤冊點名，使乾新道親就拜位。）

甲：請點傳師訓話。（點傳師訓話，內容不外說明一貫道如
　　何正大，望進道後努力前進等。全隨各人意思，並無固
　　定詞句。）

甲：作揖。跪。獻香三炷。（跪中間者代獻。）

乙：一獻，再獻，三獻。

甲：三叩首。

乙：一叩，再叩，三叩。

甲：點傳師傳合同。（點傳師及老道親幫助各新道親做合同手勢。）

甲：敬聽立囑。（或稱「禮囑」，即點傳師對「合同」之有關事項訓誡一二。坤道少此一項。）

甲：三叩首。

乙：一叩，再叩，三叩。（仍有立囑一段。）

甲：三叩首。

乙：一叩，再叩，三叩。

甲：天榜掛號，各報各名。（新道親報名。）

乙：我說什麼大眾都說什麼：虔心跪在，（大眾朗誦，下同。）明明上帝蓮下，今天，願求孔孟大道，一貫真傳，得道之後，誠心保守，實心 懺悔（乾）/修煉（坤），如有虛心假意，退縮不前，欺師滅祖，藐視前人，不遵佛規，洩露天機，匿道不現，不 量力而為（乾）/誠心修煉（坤）者，天打五雷轟身。

甲：三叩首。

乙：一叩，再叩，三叩。

（點傳師此時令求道者看老母佛位前之佛燈，謂此燈火能上照天府，下照幽冥，一條歸家見母的大路，藉此金光照見。俗語謂「借光」，即借此光。又用長香一支，向燈火引著，香火對求道大眾繞一大圈，謂之無極圈。又將香火向眾直戳，復又抽回，然後熄滅橫陳佛燈之上，謂之引路歸家。戳香時口中念念有詞，至「我今指你一條路，灑灑脫脫大路坦」一句，則高聲唱出。此

一段儀式即第三次「立囑」。）

　　甲：三叩首。

　　乙：一叩，再叩，三叩。（此時點傳師點玄關。依次走至新道親前，先用右手中指在右側向二眉中間一指，口念「一指中央會」；再繞至左側用左手掌向眼前一恍，口念「萬八得超然」。）

　　甲：三叩首。

　　乙：一叩，再叩，三叩。

　　甲：請點傳師傳口訣。（點傳師傳「五字真言」。）

　　甲：三叩首。

　　乙：一叩，再叩，三叩。

　　甲：謝謝老母開道之恩，三叩首。

　　乙：一叩，再叩，三叩。

　　甲：諸天神聖。

　　乙：一叩。

　　甲：彌勒祖師。

　　乙：一叩。

　　甲：南海古佛。

　　乙：一叩。

　　甲：活佛師尊。

　　乙：一叩。

　　甲：月慧菩薩。

　　乙：一叩。

　　甲：師尊。

　　乙：一叩。

　　甲：師母。

　　乙：一叩。

甲：點傳師。

乙：一叩。

甲：引保師。

乙：一叩。

甲：陪壇大眾。

乙：一叩。

甲：起。作揖。鞠躬。

乙：退。

（點坤道同前）

點亡靈：

甲：超拔亡靈人就位。

乙：（持乾坤冊點名，使超拔亡靈人就位。）

甲：作揖。跪。獻香三炷。

乙：一獻，再獻，三獻。

甲：三叩首。

乙：一叩，再叩，三叩。

甲：敬聽立囑。（點傳師立囑。）

甲：呼簽。（受點亡靈姓名書紙簽上，貼代受點人額上。）

乙：某某某遵命隨旨赴壇聽點。

甲：跪聽立囑。（點傳師立囑並點玄關。）

甲：焚簽。（乙將簽取下於爐中焚之。）

甲：十叩首。

乙：一叩……十叩。

甲：謝謝老母慈悲之恩，三叩首。

乙：一叩，再叩，三叩。

甲：諸天神聖。

乙：一叩。

甲：南海古佛。

乙：一叩。

甲：活佛師尊。

乙：一叩。

甲：月慧菩薩。

乙：一叩。

甲：東嶽大帝。

乙：一叩。

甲：地藏古佛。

乙：一叩。

甲：十殿閻君。

乙：一叩。

甲：師尊。

乙：一叩。

甲：師母。

乙：一叩。

甲：點傳師。

乙：一叩。

甲：陪壇大眾。

乙：一叩。

甲：起。作揖。鞠躬。

乙：退。

有的佛堂點道期分為乾坤兩種，故無需分為「點乾道」「點坤道」。又「點亡靈」並不常有，無時則免後一段。至點完後即請鸞垂訓，請仙佛解釋三寶意義，並致訓詞，但也有不請的。降

訓後為點傳師講訓，或講三寶之奧妙，並鼓勵各道親以後努力向道多多行功渡人。最後分贈經典若干，率多介紹道理之書及壇訓等。

（四）功德費及財施

新道親入道時，必須先納「功德費」一宗，道中解釋謂此款為考驗其信心的真假，同時助其行功德的。又謂此係「自行束修之贄禮，入道必經之佛規。」其數量向有定額，事變後初期一貫道的規定為一元，二元，三元三種，又加供果費五角；後又改為三元，六元，九元，也各加供果費五角。至物價漸升後，比率也隨之而遞增。定為三種之意，係令人隨意捐輸，多出錢者功德大，至少也應以最低數目為限。此款項之用途，據云為刷印善書及各處佈道及周濟貧困等。於點道禮節終了後，即須清算收入，然後由點傳師或壇主負責交付該地總佛堂處理，但所收供果費則留於本佛堂使用。本佛堂其餘開支，則全由壇主負責，不動功德費款項，因既發願辦道而立佛堂，即該不畏施捨，故多數壇主將供果費一項亦交總佛堂。

功德費之外，原則上並不需要其他款項，但又有所謂「財施」一節，即道中遇有舉辦善事時，則向素具虔心的信者勸募，如開辦施診所，開辦小學校，向外埠傳道等。通常勸募，關於前二種者甚少，多係向外埠傳道時須要大宗款項，故較富庶的道親，常有捐納巨萬的情事。

（五）研究班及爐

各佛堂於點道期或紀念日等的經常聚會外，還有一種研究

班，亦係定期舉行。屆期請主講者一人，必係道行高深的老道親，所謂內容多為所降壇訓或《論語》，《大學》，《中庸》等書，或亦講所謂「性理」。歡迎老道親主講，聽講者多備有小本筆記；遇有特殊情形，也由壇中備有油印講義，下圖所示係一講性理題材的表解，已印為講義。又此種研究班也有分為若干班別，依道親身份選擇加入者，如「三才研究班」，「壇主研究班」，「講師研究班」，「演禮研究班」等。

考煉道親的方法還有所謂「爐」者，受考煉者的身份，必須已是點傳師，壇主，三才，講師，或準備作以上任務的人，或極虔誠的道親，普通道親是沒有資格的。爐的舉行多在冬日或炎夏，於一適宜地點搭設席棚，內供佛位及乩壇，請諸神輪流降壇批訓，常連續晝夜不停，其三才及聆訓、站班諸人，如無仙佛命令，不准動作，寢食等事也須停止。壇訓內容除講道外，也個別對道親作種種考驗，其法不外用不近人情的命令使受驗者履行，如令叩頭數萬次，令飲極苦藥物，令割肉獻佛，令出鉅資等，但有時根本為恫嚇之詞，並非真要他做。其情節小者謂之「小考」，大者謂之「大考」。

曾聞一入爐道親自述受考經過，謂濟佛令彼頂一「馬子」，向眾報告此人已名登金榜，又令人拿酒一瓶，強命飲之以示慶祝；他稟告濟佛，說我已「清口」不能飲酒，濟佛忽以乩棍向他頭部及身上亂打；他不得已飲了；但飲後又說他破戒，竟被逐出棚外。在場諸人急跪而求情，濟佛忽退壇，眾人旋皆「獻心」，許以大願，濟佛乃又降乩。令彼復入。

理天

空天有天　化象氣生　理氣象天轉連環

性秘地有理　事有性　事有性化　事有生化

七字借一來同除

理

事人天地物

離理

寸步難行　山頭之地　種之不生

天場是散陷

終了難成

天　秉　理　萬　氣　數　數　由
地　理　為　類　象　之　盡　始
人　生　根　之　之　註　化　至
物　成　本　宗　等　定　無　終

　　凡經爐的道親，其道行必較常人高出一籌，身份也必提高，很多預備做點傳師的，出爐後立刻升任。唯爐的舉行很少，多數道親根本未曾聞此一詞。

（六）術語

　　一貫道道徒平日也用很多術語，然因活動年限究竟很短，故所用尚無過於特異者，同時各地流行也不甚一致。茲摘記一二，並擬為「甲」「乙」二道徒的會晤談話一則，以示此等術語的應用。

（甲）術語舉要

師尊——張天然特稱，但濟佛也稱活佛師尊。

師母——張天然夫人特稱，又稱月慧師母。

點傳師——領受天命的傳道者，可代張天然傳道，故又稱「代表師」。

引保師——凡引人得道者曰引師，保證求道人身家清白及入道後努力奉行者曰保師，合稱引保師。

道親——道徒彼此稱呼，早求道者曰「老道親」，新求道者曰「新道親」。

前人——凡較自己求道早者，不論其年齡長幼，皆尊為「前人」或「前賢」。

弟子——對師尊之自稱。

餘蘊——男道親對老母的自稱。

信士——女道親對老母的自稱。

後學——對點傳師，引保師及前人的相對稱呼。

壇主——佛堂主人。所以稱之為壇主者，因佛堂各有專名，多為仙佛所賜，如「道德壇」，「忠恕壇」，「敬誠壇」，「守一壇」等。

三才——扶乩者謂之三才，詳本文第三節十三條。

神童——經過訓練之十二三歲幼童，由總佛堂派赴各佛堂者，即住佛堂中，食用由壇主供給，其職務為監視佛堂及壇主及道親之行事，也能扶乩。

大眾——請壇或點道時到場道親之總稱。

孔孟大道——即一貫道。也稱「真天道」，「老母先天大道」等。

求道——即進入一貫道。

齊家——一家皆入一貫道。

領天命——即領老母之命充當點傳師至各處傳道者。

責任——也即領天命之意，泛指負壇主或三才之責者，通常謂之「有責任」。

先天——開闢天地之先。用途甚廣，如「先天一貫道」，「先天母字——屮」，「先天乩」等。

後天——先天之對待詞。如「後天師母」，「後天乩」等。

書訓——即印刷成冊的講道書籍或壇訓之通稱。

道學——即指一人對於道中道理之瞭解程度。

性理——特指道理中有關天地生成，或五行八卦陰陽圖懺等，玄妙不易解釋之部份。

內聖外王——即「內功外功」之代詞，詳第三節十五條。

勸化——即對教外人之講道或勸之人道，道中用之極多。

開釋——對不明道理者之講解，特指「三寶」之解釋。

成全——造就一道親使其信心堅定，或已堅定者使之「負責任」，謂之成全。特指仙佛對道親之此等行為而言。

財施——即捐錢。又有「法施」，謂只行功不捐錢。又有「無畏施」，謂或捐錢或行功，但須無限量者。

獻心——即許願之謂，特指對老母及師尊而言。有所謂獻心三願：一，身財齊捨，二，捨身不捨財，三，捨財不捨身。

清口——即茹素戒煙酒。雞蛋牛乳則不忌。

花齋——戒絕煙酒但不完全茹素，僅擇固定日期不動葷腥之物。

宏展——道務發達。

慈悲——用為動詞，指仙佛或師尊特許或加福之事。

活潑——即不拘泥於既定規章，道中用之極多。

　　道苗——指可造就或可成全的新道親及道外人。

　　護持——猶「護法」，「護道」之意。

　　法船——或稱「法航」，即佛堂。

　　開荒——到外埠開道，並成立法船之謂。

　　講師——道學高深，能為人公開講演道理者，此種人並非壇主或點傳師。

　　司禮——獻供請壇點道降乩時贊禮之人，也稱「執禮」，有上下之分。

　　司茶——佛堂中有願以低等工作立功德者，則不惜為所來道親倒茶，打手巾等事，甚至打掃佛堂亦皆道親行之，謂之司茶或亦稱「勤務」。

　　幫辦——常為較能幹或較富庶的道親而不能有具體「責任」，或考煉不夠時，得應此名義。

　　超拔——即得道並齊家之道親，欲使其先輩已亡者，或親朋已亡者得道之稱，也即「下渡幽冥鬼魂」之特稱。分「孝拔」，「悌拔」，「節拔」，「慈拔」，「義拔」。但「氣天仙佛」借人竅求道時，也稱超拔。

　　結緣——超拔後之亡靈或神靈降壇，與道親談話之謂。

　　（乙）擬道親會晤談話

　　甲：你也是「道親」嗎？

　　乙：是。

　　甲：好極啦！我們都是「有緣」的。你幾時「求道」？

　　乙：民國二十九年。

　　甲：啊！老「前人」啦！老「前人」啦！

　　乙：豈敢，豈敢，我是「後學」。

　　甲：在那裏求道？

乙：在天津北門裏道一壇。

甲：那裏離「總佛堂」很近吧！

乙：對了。

甲：府上「齊家」了嗎？

乙：早就齊過了。我家兄還「有責任」呢！

甲：府上一定有「佛堂」吧！令兄是點傳師了嗎？

乙：佛堂已成立了好多年，因為地方不大，一度開過「研究班」，請過幾位點傳師和「講師」「開釋」大學中庸。後來家兄帶著家嫂和幾位「幫辦」到河南「開荒」，於是停止了。仗著仙佛「慈悲」他，河南方面道務很「宏展」。家兄發願「獻心」，收了兩個買賣「助道」，去年已經「領了天命」了。

甲：恭喜，恭喜，府上「德蔭」非淺！你的「道學」一定也很高！

乙：豈敢，我因為俗務所累，「行功」不勤，一知半解！

甲：你的「內聖」功夫一定精純。

乙：那裏，我「清口」已三年，因為應酬太多，到底開齋了。

甲：修行有順有逆，規矩雖有，可以「活潑」著，你可以先用「花齋」，各人根基不同，仙佛「成全」之法也不同。

（七）法航開渡十義[4]

一、法船之意義——法船為救渡眾生覺悟迷津，超登彼岸之寶筏，無形無像，秉承上天敕命，掌握神權，主持乾坤，掛號天曹，抽丁地府之命，而開法渡方便之門，謂之法船。

---

[4] 此條與以下八，九，十，十一，十二等條，係引用道中原文，未加改動。

　　二、成立法船之功德法船為苦海之慈航，眾生之救星，況三曹普渡乃無量之大功德。故一隻法船勝過十座大廟之功德。又一班三才一法航，故配三才之功德，與法船相等。三才乃代天宣化，為救世之先鋒也。而三才之培養，應由各壇壇主行功，補助興學費，方能助道展道，開渡法船也。

　　三、成立法船之佛規——凡道親立有沖天之大志，發願渡世，虔心立壇者。應先懇請前人，代為叩求主壇領眾，恩允掛號，派人查看地點是否合宜，有無與他壇相近，以致妨礙道務之處。如蒙准許立壇，後學由前人領導，來主壇謝恩，立願後，再叩請仙佛臨降，慈賜壇名，並請示壇期及班期後，開壇渡眾，得以行功了願也。又開壇後，必須選任誠志道親，清口捨身有法施之精神者，親自守壇行功，壇主補助開消，助道成道，以便壇中道親長住，得以隨時指導成全，如此方能建立法船基礎也。

　　四、成立法船之月報——法船開辦，由前人指導，開列立壇功德清單呈報主壇。以後每月應寫月報，藉以表彰道親功德，而昭壇主信守。此月報經主壇審核後，以便轉稟師座。

　　五、法船舉賢須知——凡有誠志道親，或財法雙施，或能講寫，優秀道苗，必須見賢思舉，由前人領導來主壇結緣成全，以免誤人光明，耽誤前途。

　　六、法船導賢方針——感天恩，懷師德，孝父母，報祖先，尊前人，不忘根本。

　　七、法船地點及護法——法船成立之先，首重擇鄰，以免魔障層層，有礙道業宏展。果能地點適當，大眾有緣，法船開渡時，尤須注意無畏施人才，以作法船之護持，如此收圓，救濟眾生，可穩渡矣。

　　八、法船開渡後尊師之表現——凡有特殊願立功德之好後

學，果能純誠無妄，堪加造就者，可以講明尊師，報恩盡孝之意，啟發其獻心表白，以為成道之階梯，方不負師門栽培之宏恩。又各方前人來往，各壇壇主，應盡招待之責，以示尊師敬賢之意，而盡地主之誼，後學之禮。再者如蒙上天慈撥玄機，師^尊_母駕到，準備接駕時，尤為各壇後學，獻心盡孝尊師之好機會，以盡孝上之禮。

九、法船善書費之交代——凡為壇主者，開壇點道之功德，除供果費外，功德印書及功德闡道，均應呈文主壇，開具功德人名單，請求前人慈閱，以憑核轉善書局，壇主對於此項功德，不得擅自動用分毫，以重佛規，而功德費交於何處，善書由何處請領。

十、法船與超拔亡靈之關係——凡開道普渡之壇主，財法雙施，清口捨身者，得請求主壇，審核功果，超拔兩代。又能開荒外埠領受天命，可以拔薦三代。但超拔時，除超拔功德費外，必須補助龍華追遠堂功德，以盡人子之孝道[5]

（八）三天佛務簡要指南

一、職別須知：

主壇壇長（開荒領眾）

正副壇主（財法雙施）

幫辦壇主（法施）

---

[5] 按龍華追遠堂係在佛堂中另闢一佛案，上供各道親已故祖先之牌位，道親之欲將祖先牌位供入者，必須繳納功德費若干。惟此制並不普遍，僅少數佛堂有之，其名稱也各不同，有名享祀堂者。

幫辦壇董（財施，無量施）

佛務辦事員（新老道親財法不限）

1.掛號 2.司禮 3.宣講 4.錄訓 5.勤務 6.司茶 7.守門

均應尊師重道，服從壇主及佛規指導。

二、行功須知：

道親行功由壇主以至辦事員均應分班了願，各盡其職，各執其宜，以免功行不均，耽誤道果而礙進行。

1.佛務班（擔任辦佛事）2.渡化班（擔任佈道事）3.成全班（擔任開道事）

以上三班輪流推展，道場日宏，佛苗日盛。

三、選拔須知：

道親了願，無職不能行動，故須半月拔升一次辦事員，每三月提選壇一次，前人按功保薦，見賢舉師，又應每星期一舉行壇主周會以策進行。

四、超拔須知：

1.次序：先親後疏先尊後卑，不得亂序。填請求書注明功德。

2.類別：孝拔：父母叔伯以至七祖。

　　　　悌拔：兄弟姐妹。

　　　　節拔：丈夫妻妾。

　　　　慈拔：兒孫媳女。

　　　　義拔：師主戚友。

3.功德渡十人了一身之冤，係九轉十成之意；再渡二十人或齊家超拔父母，如不能渡人或刷書印訓補功，並須願助追遠堂裝修費以盡孝道（法施清口捨身者免交）。

4.闡道立壇清口捨身領命可超拔兩代（財法全）。

5.開荒立壇領命捨身可超拔三代（財法全）。

6.開遠荒立壇領命捨身可超拔五代（財法全）。

附注：以上財施取功德，法施取願力。若孝拔伯叔父母，照父母印書功德加一倍，悌拔照父母加二倍，節拔慈拔義拔照父母加三倍，依次類推，按功定果。

五、結緣須知：

1.拔亡靈百日後，可請求主壇恩准結緣，指定日期邀集家人道親開壇結緣。

2.補助三才班興學費（法施清口捨身者免交）。

3.填寫結緣請求書。

4.自備香供敬獻皇母前及龍華追遠堂。

六、列享須知：

1.亡靈結緣後蒙皇母天恩誥封仙位者，得請求主壇恩准列享追遠堂內奉祀，自備龍華仙位牌。

2.填寫列享請求書，註明奉祀人姓名。

3.願助追遠堂裝修費（法施清口捨身者免交）。

4.龍華列享祭祀典禮，每年舉行五次；計三，六，九，十二，四季大典及新年，以盡人子之孝道也。

七、渡仙須知：

三期龍華恩沾三曹，地曹超渡已如前述；則天曹渡仙一層雖屬難遇，更要有緣還須有力，亦須提倡，缺一不能收圓。如蒙上蒼慈允，大仙顯化，訪緣人求道叩懇仙佛代壇批訓指示因果後，訪得緣人引保，再經恩師慈允開壇，求南極祖師降壇檢定善書功德，然後壇前受點，方能超氣入理，了脫循環耳。

（九）壇主規則

一、凡為壇主者，應以敬天禮神尊師重道恭敬前人為準繩，首先以身作則，以為道親之表率。

二、凡我道親，應當抱定五倫八德為行事。至於壇主之一言一行，尤須隨時檢點，免遭物議，以致影響道務前途，而待人接物謙恭和藹，不可有驕傲粗暴行為，所謂敬人者，人恒敬之也。

三、對於道親無論貧富，只要認道誠心者，當一視同仁，竭誠調教。不可有畛域之分，以免厚此薄彼之譏。即或有不肖者，亦望盡心感化也。

四、對於乾坤道親，應如同胞之相親相愛，隨時指導，並督促行功，以正己化人為前提。

五、對於佛堂之內外應勤加整頓，以重清潔而重觀瞻，總之以莊嚴肅靜為主要。

六、對於各種佛規應隨時講解，俾便明瞭而易遵守。

七、對於各種書訓，應妥為保存，分發各道親時，亦須特別注意。

八、各道親所渡之人，壇主應預先加以考查，是否身家清白，是否良善。勿得草草不查，賢愚莫辨，有礙道務。而引保師接引求道人，亦應首先報告點傳師或壇主，是何等人，是何理想求道，以便用何法成全。

九、凡所來之道親，壇主及辦事人等應盡招待迎送之責，以表恭敬，所謂學道愛人之意也。

（十）乾坤道親到佛堂規則

一、各道親到佛堂應先參駕，走時辭駕。遇有特殊情形應活

潑而為，不可拘執。

二、凡各道親，對於佛堂中各種物品，不得擅自取用。如欲要何種書訓，當與辦事人說明，亦不得擅自拿取。

三、各道親應敬惜字紙，不可用擦汙物，隨處拋擲。凡遇字紙當隨時拾起，投入字紙簍內。

四、凡取用物品者，用完務須放置於原處，以重秩序。

五、凡吐痰時務必吐於痰盂內，或門外牆隅僻靜處，以重公共衛生。

六、在佛堂出入務要輕步，更不准隨意喧嘩及串行。

七、在招呼道親時，須屏氣低聲，切勿高聲喧嚷。在講訓及開壇時，更要莊嚴肅敬，切勿閒談，以重佛規。

八、無論參辭接送駕，以及大典紀念，開壇行禮時須分班，乾先坤後，站立時男左女右，切勿紊亂秩序；即在外相遇，亦應存敬畏之心。

九、行禮時務要整齊嚴肅，不可過於推讓拉扯，應由前人領班，自己宜酌量資格，應在某處相宜，則占某處，共同行禮。凡初入道及無功者，應在最後，方顯自愛。

十、乾道行禮未畢時，坤道不准加入；坤道行禮時，乾道不得參加，此謂之男女有別。

十一、開壇接駕時，如點傳師在此，應先請點傳師接駕後，乾坤再依次分班行禮，如人多擁擠，應由點傳師或壇主臨時指派乾坤各數人，分班代理全體，以免嘈雜。至送駕時，點傳師行禮畢，必須等待三才行禮後，道親方可依次行禮。再求訓者，例應送神謝恩禮之後，再應舉三才頂禮一叩。

（十一）聽講經訓規則

一、無論何人登臺演講，大眾應聽口令，一起立，二鞠躬，三坐下，以表敬意，講完下臺亦同。

二、演講時大眾務要肅靜，切勿交頭接耳有違佛規。

三、聽講者，如能寫字，最好備帶日記簿，聽有重要事項理論，即可簡單記錄，以便暇時檢閱參悟，久之自可增廣知識。

四、在聽講之際，非必要時，切勿隨便下地飲水及上廁所，以免秩序不安。

五、聽講者態度切勿放肆，精神不可萎靡，要專心致力方有益處，如有心得之發明，欲發揮見解者，不妨於講畢時聲明，經許可後，當場講解，俾收集思廣益之效。

六、在聽講時間，如遇後來道親，雖係至好親友，勿要彼此招呼，即有點傳師走入走出，亦不必接送駕及起立，以免秩序紊亂。

七、聽講之人如有疑難不明之點，可以記住，等講員下臺後，再行討論研究，切不可當時提出質問，有誤演講時間，取人厭惡。

八、如領有參觀者，當另設旁聽席，將來人之情形，先向點傳師或壇主報告詳明，以資預備加意成全，倘有不正當人，切勿攜來旁聽，免自取咎。

九、講演畢，乾坤應分別辭駕，挨次而出，不可出外隨便放肆，任意談論，以免外人謗言。

（十二）勸道行功要則

一、凡屬道親均應偷閒向各親友家勸化善良，使其早登道岸，所謂成人即是成己，行功方能了願是也。

二、凡新入之道親誠心信奉者固有，而半信半不明真義者，實居多數。各引保師應常往講說成全，使知得道不易，堅其信心促其行功，夫子所謂循循善誘者也。

三、凡我道親其經濟寬裕者，值此天時緊急，大劫臨頭之時，正宜及時節儉，量力行功，襄助道場，以廣勸化而多救善信；藉消個人歷世冤怨，並可挽化頹風，既有功於社會，亦自造福於將來，當有未可限量者也。

四、凡我道親當時刻檢點自心，切勿起不當之思想，對於一切不當之思想及嗜好，有者急速設法漸漸改掉，無者當時加警惕，不可學染以作後學者之榜樣。

五、凡各道親有暇務必常到佛堂，敬聆聖音，藉以增加知識，涵養道心。倘有不明之處，亦可隨時互相討論，惟能者可以多勞，切勿存觀望之念，立功自成，人自多矣。

六、凡道親能講經訓者，對於不識字之道親，須隨時隨地行功，予以講解，使其明瞭道義。

七、凡我道親亦應誠意正心，謹言慎行，互相勸善規過，策勵勉進，效法古聖先賢，方不負值此修道之佳期也。

八、凡我道親，均應切實遵守佛規，克己修身，抱道奉行，以期大有成就。

九、以上各項規則，如有未盡事宜，得隨時修正之。

五、一貫道經典提要

一貫道經典約可分為四類：

甲類　本道經典──這類經典是一貫道中本身的創作，大部是降壇的乩訓，多為韻文，且有一定格式；也有為道徒所寫，但

論文很少，大多為問答體或語錄性質。年代都很近，最早的為民國二十四年。內容不外為宣講本文第三節所記教義各條。

乙類　借用其他秘密宗教經典──因近代所流行各秘密宗教，其最基本教義大多一致，故無論何教經典，如其內容與一貫道無甚衝突，皆可採用；雖由道中重新翻印，或竟篡改，但也極易辨認。如年代較早，或降壇的神名在一貫道中並未見過，或訓文格式與一貫道者不同等。此類經典極多，數量與本道經典同。

丙類　襲取儒家及佛教道教經典──此類經典甚少，因正規宗教的經典，內容及文字不免深邃，一般道徒不易瞭解，故雖有數種流行，也不甚廣。

丁類　各佛堂自由印刷者──各佛堂於平日請壇扶乩時，偶有較通順的訓文，或較奇怪的事故，如某古人或某仙佛某亡靈降於該壇欲求一貫道等，再遇有虔誠道徒願作功德時，即可付梓。道中規則：欲印刷書訓，須由各地總佛堂通過，並由總佛堂出資，但事實上確多為自由印刷，且多有用油印或印成報紙傳單式者。當然這類經典與前述的甲類有時混合，因甲類經典中有許多也是由這種方式出版的，但這類經典一定沒有甲類流行的廣；有時為某佛堂所印的經典，在另一佛堂就不會見到，所以搜集時是很困難的，我們常說一貫道的經典不易搜集完全，也就在這一點。

本節將作者所得到的 130 種經典各作一提要。雖非一貫道經典的全部，而最基本的和最流行的，已完全包括在內，除此之外，相信不會再有更重要的作品了。

作提要的方法是：先記其年代，作者，印刷者，所屬類別，頁數，尺度及紙質與印刷法；後提經中要點，或簡述其內容性質，遇有最重要的，則錄其原文。但年代，作者，印刷者及經中各篇乩訓或文章的年代，降乩者，扶乩者，題目等，有的具備，有的

缺如，故各提要中也就不能一致了。各經排列，概以首字筆劃為序。

（一）一貫淺說

民國三十二年，伍博士著，崇華堂重印，甲類，8頁（線裝），20×12cm，（前者為長，後者為寬），有光紙鉛印。

計有主題一篇：一貫淺說，（第1-7頁）注曰：「伍博士演說道體」；附一篇：修行打坐歌。前者內容為伍博士與一貫道徒講道時的問答語錄，所討論的題有：一貫道的意義，無極太極的道理，崇華堂中所用的工夫——靜坐，性與天道等。後者則是將靜坐工夫的要點編為七言歌詞一段，但頗疑其錄自他處，非伍博士所作。

（二）一貫聖經

無年代，北海老人著理數叢書之六，崇華堂重印，乙類，32面（page），21.5×14cm，報紙鉛印。

本經既題為北海老人（即王覺一）著，又為崇華堂所重印，故可知其屬於乙類經典。內容計主題一篇：一貫三會收圓，（第1-27面）附無生老母乩訓一篇。前者為文言，全文僅一段，且言詞反覆處甚多。文中多用陰陽術數名詞說道，內容概述運會及天地形成，從伏羲到堯、舜的道統，修身之道——「四勿」，清同治時代的理數及無生老母的闡道，三會收圓及末後一著的解釋。何謂大道，真經，明心見性，超生了死，出苦還原，成其正果，端坐上清天，逃過罡風之法，金丹之法，及其所傳真道的好處。後者為乩訓一篇，純屬本道創作，與前者全然無關，故知為翻印時

所加。本篇計降壇時定壇詩一首，七言訓文 138 句，內容為無生老母批示十段訓誡，令世間的原佛子遵守，大意不外趕快進一貫道，拜張天然為師等。茲舉一段為例：

> 一訓原子洗耳聽。天道勿作虛渺冥。天道本渡原佛子，無緣之人莫強行。眼看世界遭塗炭，劫煞齊起暗不明。誰家兒女誰不找，兒女遭劫母焉寧。告訴兒女醒來罷，莫使老娘放悲聲。過時難再遇一貫，失機難以逢長弓。（第 28 面）

（三）一貫概言

民國二十五年，北海老人著，崇華堂重印，乙類，2+11 面，21.5×12.5cm，有光紙鉛印。

本書即一貫聖經，只是另一版本。主題一篇及附一篇完全相同。前有郝寶山序一篇，作於民國二十五年。其解釋運會時，說法較奇，曾將一年四季，擬為各代興衰：周為春初，唐為秋，漢為夏，宋為冬，明為「九九」，清為一年之末。

（四）一貫眞詮

民國三十二年，關公等乩訓，崇華堂重印，乙類，28 面，18.5×12.5cm，報紙鉛印。

計乩訓及歌詞等十段：三聖降鸞垂諭一貫理訓，採茶歌，瑤池金母歎修道，無極皇母醒悟歌，無極皇母團圞歌，死心歌，破迷歌，小徒兒怨師尊，無生皇母垂九更鼓，無生老母進雲城記。其中除小徒兒怨師尊一篇，占十三面外（12-25 面），餘均甚短。各篇體例及格式，皆與一貫道本道者不同，雖也有無生老母及關公，觀音，呂祖（第一篇訓），但仍屬乙類經典。

（五）一貫探原

無年代，北海老人著理數叢書之三，崇華堂重印，乙類，48面，12.5×14cm，報紙鉛印。

全書體例同一貫聖經，段落極不清晰，且用術數的術語甚多。所講內容，可自下錄兩段見之：

> 或有問於余曰：「先生所言窮理盡性至命之事，與夫無極，太極，理性，氣性，大易河洛，天人一貫之說，固已大無不包，微無不入，乃吾儒之正傳，可以正人心，息邪說，聖人命脈賴以不泯，若得其人而行之，亦可以上不得罪於聖賢，下不為害於將來矣。而又兼及金丹之法，涅槃之道，不幾浸淫於佛老之說乎？」（33 面）

> 余也（王覺一），生長蓬蓽，竊不自揣，自童子之時，即深慕聖人之道，以為可學而致。奈家貧親老，無力從師，不得已，取往聖之遺編，吟詠揣摩，十餘年來，氾濫涉獵，未獲適歸。至二十七歲，蒙洱東萬春劉師之引進，得山西鶴天姚師之指示，入室靜坐，涵養本源，由定靜而悟大化，始知心源性海，三教合轍，登峰造極，萬聖同歸。故不揣固陋，於大易河洛，理學，數學，象學之說，及明德率性，格物致知，精一執中之旨，微有解釋，未知是否，尚待就正。（34 面）

雖則這些道理和所用文字，多數的道徒是不會瞭解的，但仍不失為道中重要經典之一，因一些點傳師或傳道者講道時，常會引用裏面的河圖洛書，八卦，五行，七返九還等神秘名詞的。

（六）一貫覺路

無年代，呂祖等乩訓，崇華堂重印，甲類，32 面，18.5×12.5cm，報紙鉛印。

共分若干卷，各卷單行，今所見者為第二卷，餘未詳。本經包括乩訓 23 篇，計有呂祖八篇，靜虛真人一篇，宏教真君五篇，文殊師利菩薩一篇，仁聖帝君三篇，文昌帝君一篇，關帝一篇，觀音一篇，鐵拐李仙一篇，南極祖師一篇，各篇訓文皆甚短，最長者為呂祖一篇不過四言 81 句。另有一篇為賦體，係觀音所降，於一貫道諸壇訓中，尚為僅見。

（七）一貫心傳

見一貫道理問答引。

（八）一貫道必讀

無年代，觀音等乩訓，天津崇華堂印，乙類，28 面，18×12.5cm，報紙鉛印。

計包括觀音大士勸婦女修道文，宏教真君勸女孝歌，摘錄婦行篇，訓幼女語，山東魚台縣坤道莊德堃求訓，坤道郭立德求訓，坤道王錫理求訓，郭錦明求亡父郭正中臨壇訓，坤道韓某求訓，坤道梁貴全求訓，永城縣坤道于貫德求訓，女身五漏，等 12 篇。前 4 篇格式與一貫道本道者不同；後數篇則略相似，故疑為依原經增加者，各篇內容全係講解女人當守德等事。

（九）一貫勸世書

無年代，無作者，天津崇華堂印，乙類，6 頁，19.5×12.5cm，

有光紙鉛印。

非本道經典，內容只係勸世書一篇，為七言歌體，計 188 句，勸世人如何行三綱五常，並將父、子、兄、弟、婆、媳、姑、嫂、妻、妾、妯娌、姐、妹等項各別提出，示以楷模。如：「為小姑敬哥嫂，時刻謹慎要學好。母親面前說好話，千萬不可胡思擾。姑嫂們，要望常，千萬莫要逞剛強。仗著自己嬌慣性，不能常靠爹和娘。」

（十）一貫辯道錄

無年代，無作者，崇華堂重印，乙類，32 面，19×13cm。報紙鉛印。

係一修道人答一個問道人的語錄，雖為一貫道所刊印，但我曾得到一種經叫中學參同的，就是這本經的原本，它是民初同善社印的。內容與本經一字不差。

所談的問題有：修道人應不慕榮利，隱居山林的道理，儒釋道三教體同用異的道理，輪回的道理，闡明佛老並非異端的理由，佛老於人世的益處，佛老與儒家相通之點。

總之這種經的主體是叫修道人以學佛老為正宗，不及對儒家的道理，這似乎與一貫道的「一貫」精神，有所違背，因為他們是自稱「孔孟大道」的。

（十一）一貫聖訓集

見民國三十五年 1 月 17 日上海《申報》，《一貫道秘史》所引書目。

（十二）一貫佛母經

同前。見《一貫道秘史》所引書目。

（十三）一貫道理問答

民國二十六年，無作者，崇華堂重印，甲類，2+50 面，18.5×13cm，報紙鉛印。

單周景岑解釋堯舜十六字心法（代序）一篇。主題是道友問答宣講本。作者曾自稱：「余辱承師命，自愧德薄才疏，無法調度，每閱壇訓，催督大家急速醒悟，不然普渡一止，大限一臨，咱們愛修修不得了。」（第 44 面）又：「今夕大談，純是講解道義，惟此節至簡至易之法，包括寬廣，可曰傳道，君如自愛，當銘之一試，雖非上乘話，卻是上乘法，從三教聖人復興，不過如斯而已。」（第 41 面）這些話口氣很大，如果「師命」係指濟公而言，則這本書可能是張天然自作，如果「師命」是指張天然，則作者至少是一個良好的點傳師。篇中對一貫道的基本教義解釋非常詳盡，一貫道經典當以此為最完善，如能熟諳此書，則不難成一良好的傳道者，全篇用問答體裁，計六十餘段，茲列其目錄於後：

究竟道為何物？儒為宗教，不知佛道兩家，是正是邪？三教一貫之傳，亦持齋否？道則高矣美矣，然人多不信者為何？如欲前進，以何為先？我道既是一貫心傳，如何都是平民？功德錢是何意思？經典的用途。吾道專於敬神，可求福乎？老母是男是女？既然修道，逢期又命作偈為何？因果二字，儒書少有，惟佛道中多，何故也？五常八德為天律，究竟是否？色欲傷身，咱道因何不戒？內功無非參禪打坐，不知何為外德？如人性情暴躁，

與道有礙否？近年文物大備，何以旱潦不勻？天主耶穌之教宗旨為何？齊家之教者，能行者少，亦有挽救之法乎？道高一尺，魔高一丈，果有此否？如人一般飲食，為何有疾病不離身者，有終年不病者？儒門心法之說，不悉何意？何謂九節工夫呢？七十二火候是何？物類中何以人為長也？「修寺」，「印書」，「施衣茶」，亦為功德否？窮理盡性，格物致知，是何意思？書中有言體用本末，怎講？修煉二字怎講？易經首言，乾元亨利貞，可以說說。佛經言眼，耳，鼻，舌，為四相，又為四賊，又有無我相，人相，眾生相，壽者相之說，如何分解？經云六門常常閉，休走本來人，又是何意？如何是三花聚鼎，五氣朝元呢？佛門中，將紅塵喻為苦海，修道如何為登彼岸呢？西天東土，是何講說？何為理氣象？何為解脫法？酒色財氣，明知傷人，為何就是難除？打坐時，或有大定，或有不定何故？人之三魂七魄，與性怎分？道有三五凝結之功是何？金剛經內云：應如是住，如是降伏其心。又云：應無所住，而生其心，如何講解？諸經中那部最上可看？易經言無極之真，二五之精，妙合而凝，乾道成男，坤道成女，是何意思？易經又說，易無思也，無為也，寂然不動，感而遂通。此何謂也？智慧二字，即人之性命否？如此人生來才短，修道亦可以增否？致中和，天地位焉，萬物育焉。在人身上如何用法？大學知止定靜，以至慮而後得為何？孟子曰：我四十不動心，善養浩然之氣。又曰：浩然之氣，難言。此亦為道乎？何為緣分也？此道中有拔亡靈之事，怎講？佛門有「南無阿彌陀佛」一句真言，是何意思？修行有順逆之法，亦請剖析。何謂無我，無心，無為？順治皇帝出家詩一首。道德之事，固然是好，但怕一時不能成功也。修道人怕生死否？大學中庸，皆有三綱領，但是意深難明，請為一敘可否？咱道之傳，可稱暮鼓晨鐘，渡世寶筏，但世情與

道義不一，依此化人，只恐曲高和寡，枉費唇舌，如何？道中尚有顯微之義，係指何而說也？聞佛門中，有上乘法，明心見性，即是成道，此工甚難，亦有特別之法否？佛門中更有最上乘之學，如果悟得，蓮位可登，可以說說。

（十四）一貫闡道要言

乾隆甲子年，中和山人著，北京崇華堂重印，乙類，48面，21×14cm，報紙鉛印。

作者曾在舊書肆購得闡道要言一種，（民國十年，溧陽同善社印。）後於一貫道中又見有一貫闡道要言一種。與前書對照，除標題另加「一貫」二字及後序一篇刪去外，其餘一字不差。前有序兩篇，作者一為乾隆壬午一了山人，一為乾隆甲子乾乾子，內容計分十四節：

闡發三才之旨。辨明三教之宗。直指脫離輪回之方。顯揭超生了死之道。解三皈五戒之真詮。判為神鬼之情狀。論韓朱辟佛老之由。究程子辟地獄之故。講持齋戒殺之理。述貴德尊道之古人。示消冤解孽之法門。證三期普渡之應驗。洞晰身世之真假。推源魔考之玉成。

（十五）一貫道統條規

無年代，北海老人等乩訓；崇華堂印，甲類，18面，18.5×12.5cm，報紙鉛印。

共四篇：第一篇北海老人降一貫條規，前有短序，後有一貫道徒天成子跋，正文用散文體，敘述一貫道傳道時應注意之點，禮拜神明當注意之點等。第二篇為呂純陽祖師降鸞垂一貫條例，

前有定壇詩一首，陪壇梅仙、柳仙定壇詩二首，本文用散文，係對各等人之訓詞，計有「真士」，「領眾」，「學人」，「官長」，「宿儒」，「英豪」，「父老」，「壯年」，「幼童」，「婆母」，「婦女」，「幼女」等。第三篇協天大帝降鸞垂指謬就正文，前有定壇詩一首，正文用散文，係關帝指示世人如何修持，方可躲避劫數，指示對像分下列五種人：宿僧遊道，名儒秀士，焚香誦經者，持齋受戒者，諸性教社會。第四篇東華帝君降鸞垂條規贊論，前有定壇詩一首及散文序一篇，後為四言贊文六十三句，內容為三期末劫，天降一貫，挽救世人，得道者可證龍華等。

（十六）一貫修道須知

民國二十五年秋，郝寶山著，崇華堂重印，甲類，2+16 面，19×13cm，報紙鉛印。

本書作者郝寶山為張天然的「師兄弟」。故樂為其忠誠服務。作者曾說：「余得師尊絲毫之心傳，不得常與同人講解，是以將大意付於紙筆，望緣人會察義理，自修自悟，各保其身，勿誤良機，是所望也。」

全書計分兩部：上半部題為道情大義，係泛論一貫道教義者。下半部解釋幾個名詞。第一玄關，第二性理，第三坐功，第四心意性，第五空法實法，第六功德。

（十七）一貫坤道須讀

無年代，觀音等乩訓，崇華堂印，乙類，8頁，19×13cm，有光紙鉛印。

即一貫道必讀的另一版本。

（十八）一貫道新介紹

民國二十九年春，無線癡人著，崇華堂重印，甲類，10頁，21.5×12.5cm，有光紙鉛印。

本書係作者入一貫道後，致力研究的心得，計分九節：一貫道之意義。一貫道之性理。一貫道之神明。一貫道降世之原因。一貫道之沿革。三期劫運。一貫道之功用。一貫道之功夫。一貫道之我見。末附短跋一篇及王覺一夫子十二歲時所作之哭五更五首。作者擅屬文，故說理較為透澈。本書於道中奉為寶典，曾有多種重印版本。本文教義一節亦曾有多處引用此書。

（十九）一貫綱常從德合解

無年代，無作者，悟性子校閱，北平崇華堂重印，乙類，64面，18.5×13cm，報紙鉛印。

本書為民國三十年，楊玉山捐資續印者，前有序一篇，內容分上下二卷：

上卷：三綱注解。五常注解。五倫注解。八德注解。齋戒沐浴報答五恩注解。綱常總解。大學首章解。中庸首章解。修身妙理真言。佛門真規三皈五戒拆字解。十惡八邪解。

下卷：三從注解。四德注解。七出注解。八則注解。十條不可注解。婦女修行歌。婦女得道修真歌。乾坤五更參禪歌。

各篇體例為先有散文一段，後為十言歌詞數十句或數百句不等，示例如下：

> 恥字心與耳造成也，心耳最靈之物也，聽聲報於神知覺也，知覺者性也。性本善而無惡，神本靈而不昧只因耳聽邪聲染其心，心生私欲蔽於性，而性不明不知羞，而神

不靈不知恥。若人不說邪言，不聽邪聲，謹守規矩是顧恥也。

　　恥本是，心想邪，身不端正，耳聽邪，心打算，昧了真靈，穿美衣，擦胭粉，只圖高興，男與女，不避嫌，喜笑宣聲，心想邪，如禽獸，不怕敗幸，發生了，許多醜，敗壞門風。……（26 面）

（二十）一貫道疑問解答

　　民國二十六年 3 月，濟公及郭廷棟等人著，天津崇華堂重印，甲類，3+3+5+16+18 頁，21.5×13cm，有光紙鉛印。

　　這種經是一貫道中條目最清晰的一種，看完以後，的確可以對一貫道有所瞭解，不像其他的經訓，篇幅雖長，而往往不得要領。本書作者為郭廷棟等八人，又有濟公活佛的降乩。關於作書的動機，據濟公說：「道者理也，不明理，焉修道，故欲修道，必先明理。明理之法無他，全在有疑必問而已。惜乎世人，皆恥下問，以故愈疑愈迷，迷而不悟，離道遠矣。夫本道自開普渡以來，得道原子，不為不多，然而求其能明理修道者，則又寥若晨星，此何故，是皆由於有疑不問，問而不能領悟之故也。餘因有鑒於斯，乃有疑問解答之作。」作書的方法是這樣：「今吾活佛師尊洞達此情，慈悲為懷，特將一貫道中各項疑問，分別出題，命廷棟等八人，分別解答，加以整理，復經師尊，降鸞修正。並由活佛師尊自答十餘選，共為六十題，統歸上卷。其餘六十題，全由師尊降筆自答，統歸下卷。書越數月，始克成帙，顏曰一貫道疑問解答。所有一貫道之內容，如三聖之教義，入道求修之手續，及得道之效用，均有詳細之解答，閱者皆可一目了然。誠先

天大道之秘解，覺世牖民之聖傳也。」

　　上卷的六十題為：什麼是道？何為一貫道？一貫道何時發現？一貫道宗旨是什麼？一貫道有什麼規程？入一貫道有什麼手續？什麼叫功德費？交此費是何意思？功德費怎樣用途？收功德費不怕入疑心是詐財嗎？除去交功德費還交別的費用及捐款嗎？一貫道為何不立案？倘官廳疑有作用出而干涉，怎樣對付呢？入了道作些什麼事？道中供奉那位神佛？為何要供奉彌勒古佛、觀音古佛和濟公活佛？無極老母和明明上帝是一個神嗎？為何有兩種稱呼？道中也燒香磕頭嗎？燒香磕頭究竟有什麼意思？老師現在也作事嗎？老師怎麼到各處傳道？老師傳道不忙嗎？忙時怎樣分身？代表師有多少位？怎樣可以當代表師？代表師也有薪俸嗎？老師得道時期是單傳呢還是普渡？除老師也有另外的人傳道嗎？此道也有分門別類嗎？一人入道可矣，為何還要齊家？何謂奉天承運？此道傳到何時為止？這些道友都是好的嗎？有不好的道友應該怎樣處罰？乾坤道友應該怎樣行功？何為內功？求其放心的工夫究竟如何作法，可得聞乎？何為外功？行外功時不知如何作法為宜？什麼叫飛鸞宣化？宣化一些什麼？扶鸞是人寫呢，還是真的仙佛寫呢？何為三才？何種資格始可充當三才？扶鸞之事若有疑心能行嗎？亦可隨便在鸞壇問訓嗎？鸞手為何坤道也行呢？何為三曹齊渡？上渡河漢星斗怎麼渡法？下渡幽冥鬼魂怎麼渡法？書訓上常有金雞三唱之說，是怎樣講法？何謂三期末劫？此道中有超拔亡靈之事，不知怎樣說法？超拔亡靈以後有什麼證驗？亡靈超拔了歸於何處？進了道也吃素嗎？入了貴道有什麼效果？效果也有證驗嗎？入了道要不進行也有罪嗎？入了道惡習不改怎麼勸化呢？三教合一怎麼解說？三教既是一理生，究不知何者最高？修道者亦有偏

重否？心好而已，何必入道呢？

下卷的六十題為：為何往年不降此道，直到現在方降呢？我道既是一貫心傳，為何都是平民？法船是何物？亦能看得見嗎？現在道門很多，是否都是法船？求道可矣，敬神得勿迷信乎？不知敬神也可求福嗎？焚香用左手先立其中者是何意思？俗言能識一二三，就可學神仙，不知怎樣解說？先說明了再求道不好嗎？何為緣分？什麼是原子？西天東土怎麼講說？道是真道，然而人多不信是為什麼？每見同人初入道時十分精進，既久則懈怠不知何故？修道之事雖然很好，但是不能一時成功，又當怎樣呢？道高一尺魔高千丈，果有此理否？天譴雷誅之誓可得聞乎？因果二字怎樣講說？何謂「五德」「五戒」「五行」其理同否？色欲傷身，咱道為何不戒？酒色財氣明知傷人傷理，為何就是難除？一樣飲食，為什麼有疾病不離身的，有終年不病的呢？入道後要想前進以何為先？佛法無邊初入不及，不知有無簡便之法，以便節節而行？修行有順逆之法，可得聞乎？何為修煉？何為迴光返照？何謂天人一貫之旨？何謂理氣象三天？何以知道氣天象天有壞？理性氣性質性，不知怎樣分別？同是人類，為何有聖賢愚凡之分呢？人有三魂七魄，與性怎分？何為人心？何為道心？諸經中那部最好可看？智慧二字就是人的性命嗎？道有三五凝結之功究是什麼？如何是三花聚鼎五氣朝元呢？孟子說：我四十不動心，善養浩然之氣，又說：浩然之氣難言，不知亦為道乎？大學知止定靜，以至慮而後得，不知如何解說？致中和，天地位焉，萬物育焉，不知在人身上如何用法？什麼是解脫法？何為空身空心室性空法？經言眼耳鼻舌為四相，又為四賊，又有無我相，無人相，無眾生相，無壽者相，不知如何解說？經云：六門常閉休走本來人。是何意義？易經首言乾元亨利貞，可以說說

嗎？易經云：無思也，能為也，寂然不動，感而遂通。何謂也？周子云：無極之真，二五之精，妙合而凝。易云：乾道成男，坤道成女。是何意思？書訓中有言體用本末不知怎講？天道人道怎分？修時應以何者為先？何為智人？何謂愚人？何為迷人？何謂悟人？年少造孽，老時修行，不知可成道否？一生修行齋戒，種諸善根；老來忽然顛倒，破犯齋戒，不知也能成道否？才短識淺也知修道，亦可增否？修道人也怕生死否？

（二十一）一貫道之人生觀

見《一貫道秘史》書目引。

（二十二）八德功過格

無年代，無作者，上海明善印書局印，乙類，64 面，19×13cm，報紙鉛印。

「修丹積善，築外基也。若無善功，神不護持，如何能成。吾將先年所傳八字天律，列于集中，以便修士下手。」這是響月文通古佛所作的序文，也是本書內容的綱領。所謂八字天律就是孝，悌，忠，信，禮，義，廉，恥。全書也就按此八字，分為八章，每章各列舉遵奉或違背的功或過，很像一種法律，所以叫「天律」。如孝字功過格：

> 向人說父母不是，每次五十過。
> 祖父母，係親所孝養者，能體親心盡道，一次三十功。
> 願為善事若干，以延親壽，百錢二善，貧者加倍。

信字功過格：

　　許人器物，復生吝心，每次三十過。

　　然諾不苟，一次七十功，輕許人者，一次七十過。（20 面）

　　後又附有無量渡世古佛心字功過格一篇，響月文通古佛意字功過格一篇，內容與前大同小異。最後尚有金光古佛，空字解一篇，內容為講解佛家的空字意義，由清風佛祖批註。

（二十三）十全救苦篇

　　民國二十六年 8 月，濟公乩訓，崇華堂印，甲類，32 面，18×13cm，報紙鉛印。

　　津沽李洪志及無名氏序各一篇，正文為濟公乩訓十一篇，全為七言訓文，前有定壇詩等固定格式。第一篇為敘述降訓目的，以下次第講演「十全」，即孝，悌，忠，信，禮，義，廉，恥，仁，慈。

（二十四）了凡訓子書

　　明萬曆，袁了凡著，天津文嵐簃印書局翻印，乙類，35 頁，20×13cm，有光紙鉛印。

　　世俗所謂「善書」一類，此書本流行坊間，今亦被一貫道所搜羅。內容為袁了凡以立命之學，改過之法，積善之方，謙德之效，四事訓誡其子者。篇中並附袁了凡先生傳，俞淨意公遇灶神記，雲谷大師傳。

（二十五）三教真傳

　　宣統三年，孔子老子等乩著，民國九年，天津觀禮堂重印。

乙類，計六冊，24×14.5cm，毛邊紙木板印。

即孔教真理，道救真派，佛教真經，三種合帙，詳見各該書提要。按此經體系龐大，不悉初為何教所編，因亦為提倡三教合一的書籍，故為一貫道所採用。惟因印刷不易，故流行不廣。茲將玉皇大帝頒降此書序文錄出：

> 人之生靈，是人之性也，此理一點，具之心地。孔教曰理，佛教曰靈，道教曰丹。總言之，實一天賦之真耳。此真為善為仁為教。自世道人心，日趨日下，天真盡昧，行越範圍。朕不忍億萬生靈，同成禽獸之無識，故誕降全性之人，化育一方，以培億萬生靈於未死。生夫週末者曰孔，生夫西域者曰佛，立夫遠古者曰道，三教理同，旨宗保性。無如世運太乖，人心太巧，三教雖立，行未至顯，旁歧雜理，日又紛張，將三教正學盡行湮沒。教旨雖傳，有如無有，由古至今，日迷日甚。今復雜學歧出，淆惑人心，三教益迷，人性愈昧。從茲而後，又將同三教未立之先，人心無主，世道趨下，生靈日濁，復蹈如禽如獸之無知識倫理矣。朕今恩施一線，重立三教於今世，再救億萬生靈於未死，故賜億萬生靈洗心保性之良教，以培育之，是為朕命三教主臣，重各闡真傳之命意。彼世界民子，其各知鼓勵，修道入教，以保靈性於未死矣，是為朕之所深望也，是為序。玄穹高上帝玉皇大天尊御筆。（1頁上──下）

（二十六）三教重新

無年代，北海老人理數叢書之八，崇華堂印，乙類，12面，21.5×14.5cm，報紙鉛印。

　　雖然這種經列入北海老人的理數叢書，但未見得是王覺一所作。因為：第一，題為王覺一所著的書籍，文字率多典雅，且很少用韻文，這篇完全是七言歌，文字也多鄙俗。第二，裏面有好多處直接說出「一貫道」字樣，如：

> 為人難聞一貫道，得聞一貫忐不凡。從師訪友幾多載，那有講開一貫傳。今日初聞一貫理，疑疑惑惑作了難。五經四書為憑證，三教心法理不偏。明德率性講的透，詩云子曰說個全。

　　按王覺一清末人，一貫道則是最近的產物。即按一貫道中自己的說法，也是在王覺一死後才定出「一貫道」的名字。所以直接由王覺一說出這個名字是不可能的。全篇共七言歌 132 句，內容敘述三教歸一，三期劫運，各期祖師，又論易禮等經，及一貫道之難得等。

（二十七）三教圓通

　　無年代，王覺一著，北海老人理數叢書之一，天津崇華堂重印，乙類，16 頁，25.5×15cm，有光紙鉛印。

　　共分：論心，呂祖韓仙師弟問答寓言，三會圓通，末後一著等四篇。第一篇論心：先說「一貫心法」由堯舜傳至孟子的過程，孟子之後心法失傳的情形，論儒家的「格物致知」「克己復禮」的功夫，再論三教之相通融，又論心即道，及心即理等。以下諸段頗有與前重複處，大意為：真道由堯舜傳至孔子的過程，論三教一理，又論五教，（釋、道、儒、耶、回。）必須合一，最後用易經解釋天地及論天人一貫。第二篇似非王覺一所作，內容及

體裁與王氏之一貫文風迥乎不同，該篇內容為韓愈之姪孫湘，從學於呂洞賓及鍾離二人門下，呂鍾二人本為得道之士，今見韓湘亦屬可造之材，故漸誘其悟道，最後乃洞示天道玄機。全篇皆用語錄體裁，記敘呂鍾與韓湘講道之問答。第三篇三會圓通，內容可分兩部。上半為推算天運之定數，即對元，會，運，世，年，等之循環道理，講解時舉例頗多，舉凡天文地理以至道德仁義無不涉及。下半敘述清同治以後之運會，與其道統頗有關係。第四篇，末後一著，即指三期末劫，天降大道以收源也。本篇先自天開於子，地開於丑，人生於寅，推至三期末劫，後又論三教聖人鍛煉之法，最後更詳言道家煉精之法。縱觀本書各篇所論，實皆一貫道基本經義，所以後此之作書闡道者，大部皆本此數篇。

（二十八）三教聖訓

見一貫道秘史書目引。

（二十九）三易探原

無年代，北海老人著理數叢書之一，崇華堂重印，乙類，34面，21.5×14.5cm，報紙鉛印。

本書是王覺一氏研究易經的大著。書中有一缺點，即章節不清，全篇並不分段，言語重複處甚多。然其論卦象論五行，縱合三教之數理以解易經，及講氣數各段，均不無獨到之處。

（三十）三聖寶訓

道光庚子年，關公等乩著，北平文采齋印，乙類，19頁，13.5×14cm，毛邊紙木板印。

包括：關聖帝君救劫篇乩訓一篇，勸讀忠告序一篇，勸讀六則一篇，太上感應篇一篇，文昌帝君陰隲文一篇，關聖帝君覺世真經一篇，呂祖遏淫說一篇，楊用修先生勸孝文一篇，上帝敬惜字紙文一篇，文昌帝君蕉窗十則一篇。按此數篇皆民間流行的勸善文字。

（三十一）三聖大德經

民國二十七年，王右軍等乩訓，天津崇華堂重印，乙類，31頁，26×15cm，白紙鉛印。

計包括乩訓十篇，係在清宣統元年五月初五至十六，十二天中連續降出的。第一篇李伯陽解心經，第二篇及第三篇王右軍解大學，第四篇及第五篇王右軍解中庸，第六篇及第七篇南極仙翁解中庸，第八篇南極仙翁解心妙道經，第九篇長生大帝解道經，第十篇接引佛解楞嚴經。各篇都用散文體批解，每訓前面都有幾個陪著來的神仙降壇，如第二篇訓：

> 五月初六日子時降鸞垂大學聖經講解。
> 文章一點發天機　聖脈悠悠與天齊
> 性道天道何同異　吾儒耿耿道獨一　我本
> 柳芝蠡隨師至矣。
> 聖道穆穆　天明昭昭　吾儒耿耿　大哉昊昊　我
> 學士王右軍至也。
> 一翰明月半天懸　萬個真靈護法壇
> 淡雲高飛星盤滿　紫微獨一守玄關　我
> 孚佑帝君純陽降壇。大眾參駕排班。我呂才疏，敢煩台駕降臨，哈哈。

> 仙師少謙，學生分所當為，何分彼此。
>
> 先生既然賞光，請功成之日，禮有重謝。
>
> 學生遵派。聖門之法，惟聖經的大人之學，成人成己，治國之道，大眾少停片刻，我當虔講眾聽，住筆。（第 8 頁上）

各篇解經的方法很正當，但多用理數名詞，又多三教兼用。例如解中庸，也用佛家的話：心經由道祖老子來解。

（三十二）子曰解

無年代，北海老人著理數叢書，崇華堂重印，甲類 8 頁，21.5×13cm，有光紙鉛印。

有序文一篇，正文大約可分兩部分。前部為對「子曰」二字的解釋，除了拆字法之外，又有很多歌詞如：

> 相天道，把書觀，至聖孔子二十篇。學而篇，為第一，子曰以上無極圈。子開天，丑闢地，人生寅會三才全。（第 4 頁上）

並講論語首章：「學而時習之」以下至「不亦君子乎」，也用同法解釋。第二部為對「大學」二字的解釋，這部分材料不多，只有三段歌詞。

（三十三）小徒兒怨師尊

無年代，「小徒兒」乩訓，崇華堂印，甲類 16 面，18.5×13cm，報紙鉛印。

自稱「小徒兒」者所降乩訓一篇。敘述他見了師尊之後，羨

慕師尊所在地方的華麗和享受的高貴，而詢問何以自己不能到這種地步。於是師尊將他在世上不修德，不行善的種種原因指明，又說出自己當初修行的困難，並引古人為例，最後說出近來天降大道，良機難逢，汝輩應努力前進等意。共十言訓文 358 句，前後有定壇詩，退壇詩各一首。

（三十四）己卯聖典垂訓

　　民國二十八年 3 月 15 日，無生老母乩訓，崇華堂印，甲類 16 面，18×12.5cm，報紙鉛印。

　　內容有民國二十八年 3 月 15 日，6 月 15，9 月 15，11 月 15，四個無生老母大典日，所親自降壇的批訓。第一篇七言訓文，148 句，前有定壇詞一首及陪壇「三曹仙佛聖神」的定壇詩。第二篇七言訓，220 句，前有明明上帝定壇詩一首，及陪壇之考試院長茂田，濟公，彌勒等定壇詩三首。降這篇訓時，師尊張天然和師母月慧都在場，濟公降詩時，曾這樣向他們問安：「隨上帝，臨東疇。參母畢，眾靜候。然，慧近好，炎暑當頭。各請保重，免我擔憂。」第三篇七言訓文 120 句，前有無生老母定壇詞一首，及「仙佛聖神」定壇詩一首，這篇訓批降時，也有張天然及月慧在場，諸仙佛曾這樣說：「弓長安善，月慧近祺。」無生老母也這樣說：「率吾兒來會孝童，見天然未免情感。」第四篇七言訓 140 句，前有諸天神祇及無生老母定壇詩各一首。

　　四篇內容不外為宣講普通道義，但第二及第三兩篇值得注意，因有張天然及無生老母的問答語。茲錄如下：

　　　　我兒過累娘不安。我兒將來事正大，秋涼尚有大事端。稍
　　　　稍靜息精神爽，代母多辦重任擔。齊魯有考母將免，如免

又恐難選賢。吾兒斟酌如何好，母子何妨談一談。（師懇
求但考立願不了，不誠心者，最好令其害病，至於好兒女
免考才好。）孝兒所言本甚善，汝乃慈念係後天。不了洪
願為自招，自取天報惹禍端。信而有疑方加考，斷疑生信
加成全。此地各壇共攜手，正應了願多渡賢。事情何在大
與小，只要圓滿即合天。辦道本非粗心事，稍有疏忽考即
前。我兒囑彼遵母旨，以後謹慎助兒肩。免誤大事生差錯，
反累為娘心掛牽。我兒有無懇請事，無事為娘將退壇。（師
複懇多慈悲愚兒才小難承如此大任，願讓賢德，請慈悲。）
我兒不必再提此，吾命諸仙跪面前。誰人擔當此重任，誰
有才能將任擔。諸仙跪求兒受命，（師叩謝）兒再退讓母
作難。如有逆子不從汝，我兒不妨對娘言。為娘對兒費心
力，為兒勉強再作難。好好歹歹無多久，過去成績百分圓。
我兒所作處處好，誰人又能比兒賢。（師再求多慈悲……）
吾命諸兒暗助爾，爾有召命各速前。再命人間諸弟子，合
心共擔助師肩。……為娘略示不下判，率衛來子返瑤天。
（師言一則愚兒才薄，再則世間波瀾大，凡冤愆者請慈
悲。）吾兒孝心娘盡曉，惟恐有失重任擔。一切應付有計
劃，為娘自然主持全。劫運不降人間惺，大夢遲遲到何年。
臨渴掘井已無效，未雨綢繆早向前。（師懇慈悲多成少考。）
吾兒放心決無事，各方行道正須難。（第 8-9 面）

（三十五）大學中庸解

　　無年代，北海老人著理數叢書之一，崇華堂重印，乙類，4+38
面，23×14.5cm，報紙鉛印。

　　共分兩篇：第一篇大學解，第二篇中庸解。前有光緒二十一年，北海老人學庸序一篇。本書內容及解釋方法，可由下抄序文中看出，一般王覺一的作品，大概都是如此。

> 　學庸之解，何為而解也，蓋為論語言性，分性習而未剖理氣。……愚於是不揣固陋，因中庸之天性，大學之明德，闡明理天，氣天，為理性，氣性。人心道心，之所自出，不令後之學者，生漫無入手，望洋而返之歎。斯解言理必本於河圖，驗之大地，即東西南北，不易之寒熱溫涼；推而至於性分之四端，萬善。使寂然不動，感而遂通之無極理天，了然在目；再推無極之真，二五之精，妙合而凝，三五之體用費隱，推而至於河，洛，卦，爻。理天，氣天，百王不易之大經大法。以實大人大體之用。則理周性命，人稟天理，天人一貫，賦畀稟受之際，鑿鑿可據，天與人合，人與天通，窮神達化，當前即是。……故無極理天而後，又申明太極陰陽，四象八卦，三百六十五度四分之一，一周之流行氣天，又後參之以星，辰，日，月，吉凶之性。以及旺，相，休，咎，生，剋，制，化。萬分不齊之所以然，天氣如何分之與人，為氣數之命。人何以得氣天之所命者，為氣質之性，以究壽，夭，窮，通，智，愚，賢，否之所由來。方使理常氣變，了若指掌，聖城賢關，燦如列眉。必令窮究經，史，子，集，考驗古今國家之興廢，人事之得失；以及元會升降，世運變遷，天地終始，人物消息之顯，洞悉費隱，明中之體，廓大之量，入手以靜，了手以誠，通達本末，盡人合天，而內聖外王，明德新民，修道立教之綱領條目，治平位育之極致功效，有不外此而

得者矣。此學庸二經之所以解也。（3 面-4 面）

（三十六）大學白話解說

　　民國三十一年夏，考試院長茂田乩著，崇華堂印，丙類，29
頁，26×15cm，白紙鉛印。

　　前有題詞一首，濟公乩序一篇，考試院長茂田序一篇，後有
曾參跋一篇。書中將大學全章及傳十章，用白話解釋。傳第五章
格物致知，並由著者補全。濟公序中說：「今考古之大學，本末
十章，乃曾參之著。格物致知，失之已久，而今補之，已繼末世
之法。」故道中人極重視此書。所補兩章如下：

　　　　第四章釋格物　　所謂格其物，使無所見欲，則其物不
　　生，而其物格之矣。
　　　　第五章釋致知　　所謂知至，致其物以致其理，可謂知
　　之至也。（11 頁上-下）

自此以後，原書章節，也略有竄改。十章之後，又加歌詞一首曰：

　　　　明德新，親新民，三綱振，八目勤，天下人民共用太平春。
　　（第 25 頁下）

至於注解之方法，每章本文之後，有「字解」「節解」「演說」，
最後再有「總論」一段，以概括全章大意。著者序中說：「字解
節解章論，內中俱備，以三教合一為主，以力用論孟為次，可足
為世法。」曾參跋中也說：「觀之內容濃厚。五教之精華，內俱
有之，足為天下之大學也。」

（三十七）五教合傳

　　無年代，大名張知睿著，北平萬國道德會印，乙類，61 頁，23.5×14.5cm,毛邊紙鉛印。

　　內容為釋，道，儒，耶，回五教教主傳略。耶穌傳後，並有附錄一篇，說明耶穌欲統一各教之義。回教主傳後，亦有附錄，說明中國雖原有三個正統宗教，但回、耶二教，亦拜同一真主，故此後應稱五教合一。

（三十八）五教眞諦

　　無年代，濟公等乩訓，崇華堂印，甲類，20 面，18.5×13cm，報紙鉛印。

　　前有濟公序，內容為五教教主壇訓七篇，計前三篇皆太上老君降，以下為釋迦牟尼，耶穌基督，穆罕默德，及孔子各一篇，體例均為散文。

（三十九）心法芻言

　　無年代，昆明三然子陳榮昌等著，張家口同善社印，乙類，8 頁，19.5×13cm，有光紙鉛印。

　　包括陳榮昌著洗心室思道記一篇，及保山毅一子楊觀東著性道略說一篇。內容亦為闡明三教一宗及聖人性理心法等。此書亦有崇華堂翻印本。

（四十）中學參同

　　無年代，無作者，張家口同善社印，乙類，16 頁，20.5×13.5cm，有光紙鉛印。

此書於道中並不流行，因係一貫辯道錄原本，故附於此。

（四十一）六祖大師法寶壇經

無年代，惠能大師說，北平中央刻經院佛經善書局印，丙類，1+3+37 頁，20×13.5cm，白紙鉛印。

佛教東土神宗六祖慧能侍師講述，門人法海記錄，前有吏部侍郎郎簡序，六祖大師事略，歷代崇奉事蹟等三篇。後有元至元辛卯南海釋宗寶跋等篇。正文分自序，般若，決疑，定慧，妙行，懺悔，機緣，頓漸，護法，付囑等十品。因係正規佛教經典，故內容不再贅述。

（四十二）孔孟聖訓

民國二十六年九月，孔子等乩訓，天津崇華堂重印，甲類，11 頁，21.5×13.5cm，有光紙鉛印。

計有丙子五月二十日孔子壇訓一篇，丙子五月二十五日孟子壇訓一篇，丙子六月初五日孔子壇訓一篇，丙子八月二十八日孔子壇訓一篇，丙子十一月十三日孔子壇訓一篇，丙子十一月十三日孟子壇訓一篇，最後為王覺一夫子十二歲牧牛時之歎五更詞，與一貫道新介紹中所附者同。

（四十三）孔明碑文

民國三十年八月，呂祖乩訓，天津崇華堂印，乙類，12 面，21×13cm，報紙鉛印。

前有民國三年賈寶甫序，內容為純陽祖師降壇，依三期劫運批解孔明碑文，該文係光緒五年五月十二日涇陽縣地震大道山崩

時所發現，碑文云：

> 越老越好，越小越好，越無越好。不用去不用來，二人夥
> 穿一雙鞋；活的背著死的走，死的反將活的埋。一匹大馬
> 跑上山，又無籠頭又無鞍；兩傍善人解得破，一家親人都
> 平安。明白了，明白了，來字頭上結核桃；糊塗了，糊塗
> 了，八月十五鬧元宵。一堆神，一堆仙，吾見藉口來傳言；
> 兩傍善人解得破，一家大小免災難。天翻，地翻，人翻，
> 水翻，石翻，丁丑不算己卯年；賢者一見留一半，己卯之
> 年留二三。賢者好行善，早把真經念；如不存好心，生死
> 在眉尖。五穀種在山，平地起火煙；南搬，北搬，束搬，
> 西搬，搬來搬去無人煙。

本書雖不是一貫道本道經典，但當崇華堂翻印時，大約已有
道中人加以改竄，所以文中許多名詞，皆合於近年一貫道所傳。
如云：「於道光元年，先天一貫大道，普降東土，以救世之善男
信女。天賜年號道光者，以大道自此光明於世也。」（3 面）

（四十四）孔教眞理

宣統三年孔子乩著，民國庚申天津觀禮堂重印，乙類，計二
冊，上冊 37 頁，下冊 41 頁，24×14.5cm，毛邊紙木板印。

三教真傳之一，內容分十八章：養心寡欲，克己慎獨，洗心
明性，毋意毋必，毋固毋我，防欺心，防欺入，質鬼神，質天地，
敦倫常，篤忠信，處世故，博愛濟物，賚己求仁，善養浩然，指
後世迷教，學佛道培功，孔教全功。

（四十五）化善靈丹文

民二十五年，濟公乩訓，崇華堂印，甲類，18 面，18.5×12.5cm；報紙鉛印。

前有陳嘉儒及雲僧序二篇，正文為濟公壇訓四篇，依次講解忠，孝，節，義四字。係二十五年正月初六至正月二十日所降，由坤乩手張玉璋扶出者。

（四十六）王啓全點傳師到壇結緣訓

民國三十四年正月王啟全乩著，北平普一壇印，丁類，6 面，24×13cm，報紙油印。

全書僅王啟全點傳師訓文一篇，降訓時曾由濟公降臨以為引導，後由王某降訓。按王某本一新故的該壇點傳師，今再至該壇，與眾道親結緣。內容敘述王某故後，升入理天，晤見無生老母，封為天佛院會計主任的經過及其生前情形。

（四十七）王淑良與亡翁到壇結緣訓

民國三十二年九月，鄭謙乩訓，普一壇印，丁類，4 面，26×19cm，報紙鉛印。

全書僅鄭謙訓一篇。按鄭某已故十餘年，今經其媳王淑良代為超升入天佛院，列入「高等亡靈」。

降壇時首由天佛院檢查班長張榜題導引，然後批語，所談不外道中義理及家庭瑣事。

（四十八）太上感應篇直講

民國二十三年，無作者，世界紅卍字會天津主會印，丙類，

97 頁，23.5×12.5cm，報紙鉛印。

　　計有靜一代表全體印書人說幾句話一篇，乾隆丁丑黃體端序一篇，感應篇直講法六條，太上感應篇直講（正文），救產丸治法，救產丸方，急救重傷經驗秘法，治瘋症神方，治肺癆良方。

（四十九）布袋經

　　無年代，彌勒佛乩訓，天津崇華堂重印，乙類，3 頁，20.5×12.5cm，有光紙鉛印。

　　全書僅布袋經一篇，十言訓文 92 句。敘述混沌之初，彌勒留下布袋一個，裏面包有世界各種災劫；蓋天運三期的各次劫數，即係此袋開放所致，但彌勒又有金笤掃十把以清此劫。

（五十）白陽寶筏

　　民國二十六年，濟公乩訓，崇華堂印，甲類，22 面，18.5×13cm，報紙鉛印。

　　計乩訓十一篇，係自丁丑年七月初九日至戊寅二月十五所降，降壇者除無生老母一篇外，餘皆濟公所降。訓文均不甚長，最多者為七言訓文 81 句（丁丑七月十一日所降者），老母大典批訓（丁丑九月十五日），正文為七言訓文 79 句。但陪壇神祇所降定壇詩甚多，計有關公，呂祖，張飛，巡天元帥，萬仙菩薩，諸天神聖，三教聖人，濟公，月慧菩薩，彌勒等。其七月十七日訓文哭九更，體裁與哭五更同。

（五十一）四書集注

　　版本甚多，率多坊間流行本。

（五十二）四字道言

見《道理問答》引。

（五十三）印光法師結緣訓

見民國三十二年十二月上海佛學院出版《妙法輪》月刊中「辟一貫道偽託印光法師降乩」一文引。

（五十四）百孝篇

無年代，無作者，崇華堂印，乙類，16 面，18.5×13cm，報紙鉛印。

計歌詞十八篇：百孝篇，體親養育歌，勸孝，勸悌，勸忠，勸信，勸禮，勸義，勸廉，勸恥，醒迷去嗜好歌，醒迷去嗜酒歌，醒迷去嗜嫖歌，醒迷去嗜賭歌，醒迷去嗜大煙歌，醒迷去嗜好總歌，五毒總歌，孝歌。其中除第一篇及第二篇為七言歌，第三篇為十言歌文外，余皆為蘇武牧羊調。茲舉一首為例：

> 美味，那能常在嘴，勸人莫浪費，山珍海錯類。肉易敗，魚易餒，臭味實難炊。夏日礙衛生，春秋多生黴，殺害牲禽事，道德亦有虧。勸君博愛惜物生命，應該行慈悲。禽獸都是命，那個不貪生。食其肉，聞其聲，焉能不傷情，每到臨死期，均是作哀鳴。若能體物情，大道自然成。勸人素食勿貪口腹，戒殺要放生。（11 面）

（五十五）因果寶經全本

清順治十八年，志公長老著，崇華堂重印，乙類，1+12 頁，

18.5×12.5cm，有光紙鉛印。

志公長老是講因果循環論最著之人，曾有志公禪師勸世念佛文行世。因果寶經也係坊間最流行「善書」之一，今一經崇華堂翻印，便也成為一貫道的經典了。

前有光緒甲辰重刻時九天開化妙道天尊序一篇，及淨心道人原序一篇。正文題曰因果還報真經，體裁系七言及十言歌並用。

（五十六）因果結緣訓

民國三十四年，王樹芬乩訓，崇華堂印，甲類，16 面，18.5×13cm，報紙鉛印。

序一篇，三天考試院長訓一篇，王樹芬訓一篇。內容甚為離奇，可為「超拔亡靈」示一好例。茲錄序文如次：

> 陳君鴻義青縣人，民國二十七年求道，至二十八年九月，隨同高君文玉赴本縣北五王莊辦理佛事。正在獻供之前，院長降相於李定斌先生，叫陳鴻義去禪堂觀看。該禪堂在東配房三間北間內，中間供銅佛數尊，南間為磨房，有驢一頭，院長將鴻義喚至南間切近曰：「跪下。」鴻義不知所為何事，即跪求院長慈悲指示。言未了，陡見黑驢連叫數聲，毛耳盡豎，怒不可遏。高君急求院長慈悲，曰：「無你的事，叫他們說話。」又求云：「鴻義凡夫，不通獸語。」院長即問鴻義：「他說話你為何不語？」嚇得鴻義戰兢言曰：「在未求道之先，與已求道之後，均不敢作傷天害理之事。」院長曰：「在你穿號褂子時如何？」曰：「不過抓煙禁賭，勢不得已，亦不敢欺心。」院長又云：「以前還有人命否？」忽憶起三十年前之事，遂曰：「不錯有人命。」

院長曰：「乾坤分班，速來靜聽。」陳鴻義云：「民國二年五月間，麥秋時，余赴舅家探望舅父母，言數語，因麥場正忙，舅父母同去麥場操作，余亦欲起身返回家門。適於此時表妹王樹芬云：有事來前，將手伸入口袋內取煙。此時舅母由外回來，見樹芬之情況，大發雷霆之怒云：「你們現在都不是小孩子，各宜自尊自貴，我知道你們自小一塊長大的，若外人看見，有個言三語四，何以自解。」當時余與樹芬深自愧悔，有口難說，羞惡之心，彼此皆同。余雖婉言勸慰，而舅母余怒未息，責樹芬益屬，余亦不能再勸，躲足歎息回家。至日落時，外面傳出惡耗，舅母找至我家送信，樹芬羞愧自盡，意欲起訴。家母及親友百般調停，將事壓下，最後花去千元之譜，將樹芬葬埋，以全彼此臉面，此乃以前有人命之經過也。」院長云：「黑驢即樹芬前身，今討冤債，爾應如何還他。」當時鴻義無所措對，只求慈悲，由高前人等懇求院長慈允，由鴻義超拔樹芬，以了冤債。院長云：「此事雖可，但樹芬前因欠了人債賬，豈能不還？候過數年，待其還滿前債，再為拔薦。」事隔數年，今求院長允許超拔，並拔薦後，樹芬到壇歷述前因。是為序。（1-2 面）

（五十七）列聖心傳

無年代，復聖顏子等乩著，崇華堂印，乙類，18 面，19×13cm，報紙鉛印。

復聖顏子心傳說一篇，述聖子思中庸心傳文一篇，孟子善信之間蓋誠意而未正心者也一篇，俱係乩著，散文體，文字至為典

雅。

（五十八）回耶教主聖訓

民國三十年，耶穌基督等乩訓，天津崇華堂印，甲類，5頁，20.5×13cm，有光紙鉛印。

己卯年正月初六日，回教徒韓希侗得道後恭求指示訓一篇，戊寅年十一月初四日，耶穌聖誕日垂訓一篇，辛巳三月十四日在徐州，師母率眾求耶穌指示耶穌教信徒訓一篇。內容為穆罕默德及耶穌基督勸導回、耶兩教教徒歸入一貫道的訓文，文中雖多談一貫道道理，仍不失各人的人格和立場，故此經在道中甚為膾炙人口。茲舉第二篇為例：

> 耶和華就是愛，就是生命之光，蘇格拉底只一瞬之文化幽芒。救救罷，我可愛憐之羊群，主啊！我熱淚流滿了胸膛。我耶穌基督，奉上帝命，來向我耶民作最後的示導；你們更無須向我禮拜，月慧救主，是你們黑暗之光。迷途指路碑，要看清了未來的方向。千年血淚不曾乾，摸一摸我耶穌的心腸。末日到臨了麼？你們要再見耶穌麼？現在是什麼日子呢？紅色的水，奔流如江，日爾曼，地中海，波及東西南北洋。血腥的巨戰，喚不醒酒市醉漢，我哭吧！我不能哭，我的心又誰能見？真理是什麼？正道是什麼？我的耶民哪！可給我一個答案。禮拜堂中，禱鐘響了，雖然背誦著舊約新約，都有什麼寫在上面？真道在那裏，誰人曾見？是儒教嗎？是釋教嗎？是道教嗎？還是什麼舶來的耶穌、牟罕？你們再想想，使徒行傳，再將那先知的話，用清楚的頭腦，銳利的眼睛，誠心意的再看，你們有感覺

嗎？……（4頁下-5頁上）

（五十九）母諭修道五規

見《一貫道祕史》書目引。

（六十）血書眞言

無年代，何仙姑乩訓，崇華堂印，甲類，14面，19×13cm，報紙鉛印。

全書僅何仙姑降壇批血書真言一篇，計有十言訓文590句。按何仙姑於道中很少降壇，此訓格式亦小有不同於一般壇訓，故頗疑其借用別教者，但因內容多談一貫道道理，故暫列入甲類。

（六十一）初學須知

無年代，無作者，崇華堂印，甲類，8頁，20×12.5cm，有光紙鉛印。

此為問答體講道書籍，內容和一貫淺說及一貫道理問答諸書相似，惟範圍甚狹。

（六十二）李氏結緣訓

民國二十八年史慶福等乩訓，李氏佛堂印，丁類，16面，19×13cm，報紙鉛印。

此係李氏佛堂壇主等，於超拔其已故父母後降乩結緣訓文，計四篇：己卯年十二月十五日，李鈺堃請亡母史慶福到壇結緣訓一篇，庚辰年六月十二日，李鈺堃請亡父李瑞峰母史慶福到壇結緣訓一篇，十二月十七日，李鈺堃請亡父李瑞峰母史慶福到壇結

緣訓一篇，辛巳年二月初九日，李鈺堃等請先父李瑞峰先母史慶福到壇結緣指示訓一篇。於第三篇訓中，李史二亡靈已說出現封為「天仙院清雅二仙」。

（六十三）佛母眞經

民國二十四年，靈山佛母元君乩訓，崇華堂重印，乙類，26面，19×1cm，報紙鉛印。

有民國十九年小陽月圓覺子序一篇，正文為靈山佛母元君所降（並非無生老母），後有混元神母贊一首。此諸神於一貫道中並未見過，內容雖與道中教義不相背謬，但最新名詞如：「明明上帝，天然師父」之類，則根本沒有。

本訓批降原因，序中說明甚詳，大意為世界天真泯滅，義理乖舛，觸怒靈仙佛母，因此稟明無皇上帝（無生老母），降壇垂訓，以期哭化三千大千世界。全文除前述諸神定壇詩及贊外，計十言訓文 794 句，可謂洋洋大觀。

（六十四）佛教眞經

宣統三年，釋迦牟尼乩著，民國庚申天津觀禮堂重印，乙類，計二冊，上冊 40 頁，下冊 36 頁，24×14.5cm，毛邊紙木板印。

此為三教真傳之一，內容分二十章：如來真法，西天真教，沉心談性，戒欺心，戒欺人，戒貪妄，戒塵染，戒物誘，去凡心，明原性，種福果，清世緣，掃情根，除己性，去情欲，了前因，造諸因，駁後世誤傳，遵孔教修己，佛教全功。

（六十五）孚佑帝君醒心真經

　　無年代，呂祖著，無印刷處，丙類，1+5 頁，19×12.5cm，報紙鉛印。

　　封裏有呂祖繪像，呂祖親示奉行規條果報一篇，正文即孚佑帝君純陽呂祖醒心真經一篇，係錄自呂祖全書者。

（六十六）明真仙經

　　民國三十二年，吳延齡著，濟公乩解，崇華堂印，甲類 28 面，18.5×12.5cm，報紙鉛印。

　　定縣吳延齡，一虔心壇主也，以「挽世界，化大同」為己任。在唐縣悟德壇時，曾將其平素研究心得，著為三十八題。後經濟佛降壇，一一批解，遂蔚然成帙。濟佛復囑曰：「……今日裏再為重敘，將題目重作為文？匯成冊遺傳後世，此書即修道方針，可名曰明真仙經，而須要知行並臻。」其三十八條目如下：何謂孔孟聖道一貫金丹？天道因何此時降世？修天道要點。修天道應存之心理；求其放心功夫怎講？何謂得難成易，得易成難？氣天仙怎麼成的？怎麼能求天道？反躬自問，先後天娘慈悲兒女之心，能體會嗎？如何盡孝道，悌道？法天則地怎麼解？都是老母的兒女，為何有遠近呢？成為人的方法。修道為何有半聖半凡，輕凡重聖，拋凡入聖之說？超拔亡靈，應知亡靈升降，升到何處，降到何地？孽愆為何上身？魔鬼怎麼擺脫？反道敗德開齋破戒之人應當如何對待他？為何不現時現報？我們對天恩師德前人慚愧否？充任壇主，何等人合格？壇主目的。壇主須知。壇主功過。壇主地位。壇主責任。怎能領天命？領天命不了願行否？修道至何地步為止？壇主犯何病者多？認清個人真假。天福憨人

得，聰明反自誤。何為自修自得？認清道之真假，認清真天命，
認清天時，認清真魔真考，如何獻真心？前人成全為什麼？明理
返理知根歸根。

（六十七）明心指南

民國三十一年，濟公等乩訓，崇華堂印，甲類，22 面，18.5
×12.5cm，報紙鉛印。

民國三十一年九月呂祖序一篇，三十四年九月初二濟公訓一
篇，同年九月十二日濟公訓一篇，同年九月初九日濟公訓一篇，
同年十九日濟公訓一篇，最後兩篇訓皆散文，且甚長。按此種形
式訓文，在一貫道本道經典中尚屬少見。

（六十八）坤道須讀

無年代，觀音等乩訓，崇華堂重印，乙類，16 面，18×13cm，
報紙鉛印。

即一貫道必讀的另一版本，但最後無坤道梁貴全求訓一篇，
多山東老堂眾坤道求問未入道者可求神訓否一篇。

（六十九）指迷金箴

無年代，瑤仙金母等乩訓，崇華堂印，乙類，36 面，19×13cm，
報紙鉛印。

有民國四年三月二十日中州祝培行序一篇，主題指迷金箴一
篇，跋一篇（無名），韓仙判一篇，觀音判一篇，日遊神夜遊神
一篇，碎功規程一篇，彌勒佛問答文一篇。

（七十）皇母家書

無年代，無生老母乩訓，崇華堂重印，乙類，14 面，19×13cm，報紙鉛印。

主題一篇皇母家書，全篇分 12 段，每段為書信一封，係按一年十二月而寫，內容不外呼喚兒女之意。附一篇題為無生老母又訓，篇幅甚短。

（七十一）皇母訓子十誡

民國三十年，無生老母乩訓，崇華堂印，甲類，34 面，18.5×13cm，報紙鉛印。

全書僅無生老母訓一篇，前有陪壇神祇 26 位所降詩詞及訓文甚多，占全書三分之一。後為正文，計十言訓文 851 句，共分 11 段，每段用七言詩四句為間隔。按本訓文，係一次請壇扶出，但扶出時不可能連續不斷，故中間有許多休息處。每段向其皇胎兒女告誡一次，共有十次，故曰「訓子十誡」，各次內容很難得其要領，雖有幾次由她自己說出訓誡的綱領，內容也不見得甚合。例如：「四告誡原佛子修真為強」，「五告誡原佛子躬踐實修」，「六告誡原佛子金鐘速敲」。至於沒有說出綱領來的，內容更不容易分析了，例如：「八告誡原佛子心酸肉麻」，「九告誡原佛子血淚下滴」。總之，各段內容不外反復解釋道中基本教義，誠如無生老母自己所說：「為母我，言言真，毫無假語」而已。（第 29 面第 9 行）

（七十二）家鄉信書

無年代，無作者，天津崇華堂重印，乙類，30 面，18.5×13cm，

報紙鉛印。

有民國八年序一篇，主題家鄉信書一篇，據作者說：所謂「家鄉信書者」，乃歸家之路徑，而返本還原之秘旨。內容敘述世人不守佛規，因干天怒，老母派彌勒佛下世，並帶其血書，以渡賢良。又說彌勒將此信放於靈山頂上，得之者可得超生等。

（七十三）陳洪芝結緣訓

民國二十九年，陳洪芝乩訓，天津崇華堂印，丁類，4 頁，18×13cm 有光紙鉛印。

陳洪芝，河北寧河縣東塘爾坨人，故後臨壇，勸其父母歸入一貫道。

（七十四）般若婆羅密多心經

本係佛經，見《一貫道理問答》引。

（七十五）息戰

民國四年初版，民國七年再版，江希張著，萬國道德總會印，59 頁，23.5×14.5cm，毛邊紙鉛印。

江希張山東濟南人，著《息戰》一書時，年僅九歲，時人稱之為九齡神童。此書為萬國道德會印，當為該會所用經典，因內容與一貫道不衝突，故也被採用。

江氏見世界上戰爭的慘暴，故起而用「宗教的遺言來息止戰禍」。並且力言五教歸一之說，全文計分：孔救，道教，佛教，基督教，回教五章。通篇為文言，行文極成熟，說理也有獨到處。江氏自述其論說方法為：思於聖人之深言者，而淺言之；聖人之

隱言者，而顯言之；聖人之略言者，而詳言之。

（七十六）悟王承恩仙結緣訓

　　民國二十九年，王承恩乩訓，崇華堂印，丁類，8 面，19×13cm，報紙鉛印。

　　明王承恩乩訓兩篇，此書為一貫道超拔氣天仙佛示一良好例證。第一篇為庚辰年二月十二日，張樹蔭與大仙結緣訓，乩手為邢中昌，此訓係王承恩未得道時所降，內容與王承恩敘明其最初根源，及在世經過，死後情形，並說明與壇中張樹蔭有夙緣，應請其代受點傳，得升理天等。第二篇張樹蔭請王承恩大仙結緣訓，乩手為何九存，內容為王於得道後向張致謝，並允壇中數人，如出外開荒辦道可助其成功。

（七十七）通天神竅

　　民國三十年，無為祖師著，崇華堂印，乙類，10 頁，21.5×13cm，有光紙鉛印。

　　內容敘述一道士于五臺山前遇西天白衣老祖，受其傳授未來先天大道的故事。此道士實即無為祖師自擬，作者說理甚明白，所談諸問題可自跋中看出：「蓋自余歷諸書，而未曉有通天神竅一書，今閱斯卷，方知聖中來由。收圓網綸，立法與千秋後世，作一貫真傳之準繩，為萬法歸宗之要旨，建萬世太平之基業，誠亙古未洩之玄秘。以五盤四貴，而定優劣，按三乘九品，以昭宗秩。天心顯然，考道德於古東，地象成形，彰法榜於曲江。此乃乾坤鍾靈毓秀，山川聳翠英拔之地也。是故聖神從降，賢哲挺生，悉由斯處，以開萬古平疆，以固永久宏基，莫不一貫大道之真理

而貫通焉。」

（七十八）通俗集義金剛經

民國二十七年初版，民三十一年再版，濟佛注解，天津崇華堂印，丙類，60 頁，25.5×15cm，白紙鉛印。

民國二十五年三月九日，濟公在青島的張氏佛堂中降壇，命將通俗集義金剛經一種翻印，以廣流傳。濟公並將此書親閱一過，略加改定，更賜名曰濟佛注解通俗集義金剛經。

（七十九）理性釋疑

無年代，北海老人著理數叢書之一，崇華堂重印，16 面，21.5×14.5cm，報紙鉛印。

北海老人所著書甚多，內容多屬所謂「理性」一類，本篇即對問者將其所主張「理氣性命之說，無極太極之論」等加以深一層的解釋，其後半「論心」一節，曾載三教圓通一書。

（八十）理數合解

光緒二十一年，北海老人著，天津崇華堂重印，5 加 136 面，23×14.5cm，報紙鉛印。

即大學中庸解，三易探原，一貫探原，理性釋疑四書的合訂本。書的最後並有王覺一夫子十二歲牧牛時作歎五更五首。

（八十一）理性淺說

民國三十二年，伍博士著，崇華堂重印，甲類，14 面，18.5×12.5cm，報紙鉛印。

即《一貫淺說》的另一版本。

（八十二）理性新介紹

民國二十九年春，無線癡人著，崇華堂重印，16 面，18.5×13cm，報紙鉛印。

即《一貫道新介紹》的另一版本。

（八十三）婦女箴規

無年代，無作者，崇華堂重印，乙類，3 頁，10×13cm，有光紙鉛印。

內僅主題婦女箴規一篇，十言訓文，154 句。

（八十四）救劫壇訓

民國二十八年，南極祖師等乩訓，天津崇華堂印，甲類，32 頁，18×13cm，報紙鉛印。

內有乩訓十三篇，乙亥年十二月初一日，南極祖師垂訓齊坤乩；丁丑年八月初七日，鎮殿大將軍垂訓劉乩；八月十六日，天一壇大眾求指示訓齊乩；八月廿九日，師母率大眾求指示訓劉乩；九月初十日，師母請晤張曜仙到壇結緣訓辛乩；九月十二日，師母率大眾求指示訓劉乩；十月二十三日，王慧貞率大眾求指示訓齊乩；十二月十四日，鎮殿大將軍垂訓齊乩；十二月十七日，南極仙翁垂訓齊乩；戊寅年正月初三日，天一壇大眾求指示訓齊乩；正月初四日，阿修羅王垂訓齊乩；二月廿八日，師母請張曜仙到壇結緣訓楊乩；二月初九日，鎮殿大將軍醒世歌曾坤乩。

（八十五）混元布袋眞經

無年代，彌勒佛乩訓，北京中華善書局承印，乙類，3 頁，20×13cm，有光紙鉛印。

即布袋經的另一版本。

（八十六）清靜經

本係道經，見《一貫道理問答》引。

（八十七）紫光同樂班顯化記

見《一貫道秘史》書目引。

（八十八）道理淺言

無年代，無作者，崇華堂印，甲類，18 面，18.5×13.5cm，報紙鉛印。

此經並非壇訓，惟作法與訓文同。無定壇詩及報名等格式，亦無作者。前後有讚語，偈語，及圖解等。內容也係講解道義。

（八十九）道脈指南

民國三十一年張三豐著，崇華堂印，甲類，12 面，19×12.5cm，報紙鉛印。

包括張三豐壇訓一篇，路中一訓一篇，彌勒佛訓一篇，前者在山西太原降，後二者在山西汾陽降。前有山西太原靈空子序一篇。訓中除說明歷代道脈外，並說明批降此三篇訓文的原因。

（九十）道教真派

宣統三年，太上老君乩著，民國庚申天津觀禮堂重印，乙類，計二冊，上冊 94 頁，下冊 80 頁，24×14.5cm，毛邊紙木版印。

三教真傳之一。內容分 20 章：道教真法，太上真傳，定靜凝氣，分晰陰陽，相濟水火，掃除邪念，鎮壓邪魔，戒欺心，戒欺人，戒色誘，戒物遷，返求太極，靜造無極，溫養火候，降龍伏虎，積功累行，造德補愆，闡後世暗鄉，遵孔教養心，道教全功。

（九十一）道德經

本係道經，見《一貫道理問答》引。

（九十二）醒迷真言

無年代，無生老母乩訓，崇華堂印，甲類，66 面，18.5×13cm，報紙鉛印。

本經為無生老母在某聖典日所降，全書雖只訓文一篇，但為所有壇訓中最長的一篇，除陪壇神祇所降定壇詩詞及訓中夾雜詩句多首外，正式七言訓文為 2692 句，皆係一壇扶出，可謂巨制。按道中有所謂「爐」者，（參看第四節第五條）舉行時常有一人扶乩至數晝夜，此訓或係爐中產物，未知其詳。

又訓中無生老母及陪壇神祇的定壇詞多注出調寄何譜，計有長相思，更漏子，西江月，臨江仙，隔溪梅令等。

（九十三）達摩寶傳

無年代，無作者，北平崇華堂印，乙類，34 面，21.5×14.5cm，

報紙鉛印。

敘述達摩成道故事，文甚長。作法為散文一段之後，有十言韻文一段，此外尚有詩及偈語等甚多。

（九十四）雲姑大仙結緣訓

民國二十八年，雲姑大仙乩訓，天津崇華堂印，丁類，8頁，21.5×14cm，報紙鉛印。

有劉宗廉者，欲出外開道，而請在其佛堂得道之狐狸（雲姑大仙）降壇結緣，時在民國二十八年四月十五日，北平某佛堂。訓文內容除敘述其傳道經過外，並允於劉某出外時予以協助。

（九十五）楊玉山得道指示聖訓

民國三十年，觀音等乩訓，北京崇華堂印，丁類，28面，17×12.5cm，報紙鉛印。

有楊玉山者，入一貫道後，勇猛前進，深得降壇仙佛嘉許，屢次對其個人批訓，楊氏自以為是老母寵兒，於是有楊氏佛堂之創設，並將其歷次求訓的一部，刊印成冊，即本經也。有楊氏序一篇，訓文七篇。

（九十六）聖訓集成

無年代，呂祖等乩訓，崇華堂重印，甲類，33面，21.5×14cm，報紙鉛印。

即《一貫覺路》之另一版本。

（九十七）聖賢道徒請鑒慈天尊先天祖訓徒歸正訓

無年代，先天祖李廷玉乩訓，崇華堂印，甲類，8 面，24×15cm，報紙石印。

全書僅先天祖（即鑒慈天尊李廷玉）乩訓一篇，敘述其在清初傳先天道之經過，及勸導聖賢道徒速歸一貫道等。

（九十八）鳳山嘀道

無年代，無作者，崇華堂重印，乙類，22 面，19.5×13cm，報紙鉛印。

分兩卷，問答體，但全以十言歌詞為之，問者托為無為氏，答者托為修行人。上卷問答 16，下卷問答 32。示例如下：

> 我不免上前去問他幾件，或是真或是假便知根源。我問他坐蒲團所為何事？你用的什麼功快說底端？所學的什麼道可有門路？可在宮可在卦可在金丹？是青陽是紅陽你說一遍？是白陽是太陽是在渾元？修行人回言答聽我分辨，你聽我從頭訴說說根源。俺本是未來佛真法真道，名清靜號無為普渡聖賢。上尊著古彌陀一塵不染，下靠著時中聖一貫秘傳。（第 2 面）

（九十九）養眞集

清乾隆，養真子著，王士端注，上海大豐善書刊行所印行，丙類，4+26+20 頁，20×13cm，有光紙石印。

此為道教經典。上卷目錄：道、理、天、地、人、生、老、病、死、苦、性命，心、情、思、念、好、身、塵世、名利、色、

事、物、我、假、魔、境、識、過、善、夢、鬼、神。下卷目錄：
精、教、學、知、行、言、省察、敬、克治、觀、存養、戒、定、
慧、誠、孝、德、仁、靜、樂、太極、中、學聖、就正。

（一○○）綱常從德合解

無年代，無作者，悟性子校閱，北平崇華堂重印，乙類，60
面，18×13cm，報紙鉛印。

即《一貫綱常從德合解》另一版本。

（一○一）鄧廣教李殿臣結緣訓

民國二十九年，鄧廣教等乩訓，天津崇華堂印，丁類，8+4
頁，19×13cm，報紙鉛印。

乩訓兩篇，第一篇係鄧廣教於山東嘉祥鄧家樓所降壇訓，內
容將其生前罪惡說出，並懺悔前非而求陳祥雲者代為超拔，又囑
其全家歸道等。第二篇為二十八年李殿臣所降，述其在地獄之
苦，而請邱宗沂代為超拔。

（一○二）慈航問答記

無年代，無作者，崇華堂重印，乙類，12面，19×12.5cm，
報紙鉛印。

內容敘述彌勒佛在靈山會上開萬仙會議時，請求上帝普降大
道，當奉恩准，即差彌勒倒裝下凡。本文即係彌勒遇一世人，與
之問答的語錄。

（一〇三）慈航金鑒

見《一貫道秘史書目》引。

（一〇四）暫定佛規

無年代，張天然著，崇華堂印，甲類，8頁，白紙鉛印。

有張天然序一篇，內容為張氏所規定一貫道中禮節、稱呼、燒香、行禮、獻供、紀念日規程等。

（一〇五）談眞錄

無年代，北海老人著理數叢書之一，崇華堂印，乙類，18頁，20.5×13cm，有光紙鉛印。

有民國三十年九月陋室居士序一篇。內容為王覺一作品數篇，第一篇為心經，金剛經，丹經等之解釋；第二篇為勸大眾修行歌：第三篇為解釋「玄關」，「丹田」等名詞；第四篇為末後一著，按該篇曾見三教圓通。

（一〇六）儒道貫

民國戊辰九月，朱奉閑著，北平萬順成印刷局印，乙類，分上下兩冊，上冊192面，下冊222面，26×18cm，報紙鉛印。

計分十五章，係研究易經的著作，一貫道也借為經典。

（一〇七）醒世鐘

無年代，濟公等乩訓，崇華堂印，甲類，48面，18.5×13cm，報紙鉛印。

內容計濟公乩訓七篇，無生老母乩訓一篇，耶穌基督乩訓一

篇，彌勒佛乩訓一篇。

（一○八）醒世妙篇

民國三十年，濟公乩訓，杭州崇華堂印，甲類，16 頁，21
×13.5cm，有光紙鉛印。

濟公乩訓 4 篇，說明杭州市街地圖暗寓「醒世」兩字形狀，
故將杭州一貫道某佛堂命名為「醒世壇」之意。本訓文名為「醒
世妙篇」也係濟公所命，其六月十六日訓的定壇詩云：

星移斗換雞酉鳴，卅十年載巳辛逢，玄少至理人少識，竹溪
訪緣扁舟行。（第 1-2 頁）

其第一句中「星酉」二字合為「醒」，第二句「卅巳」二字
合為「世」，第三句「玄少」二字合為「妙」，「竹扁」二字合為
「篇」。篇後有壇中弟子李鈺堃及蔡了乙跋二篇。

（一○九）醒世週刊

亦係杭州醒世壇所出刊物，用報紙油印，裝訂成數頁小冊，
分發道親者。

（一一○）醒世指南

民國二十七年，濟公乩訓，天津文記印刷局印，甲類，8 頁，
20.5×13cm，有光紙鉛印。

內僅濟公乩訓 8 篇。

（一一一）歷代祖師源流道脈

民國三十年，無作者，天津李氏佛堂印，33 頁，25×17cm，

報紙油印。

前有序一篇。正文上中下三卷，列舉青、紅、白三期各位祖師姓名履歷，參看本章第三節之十二。

（一一二）歷年易理

見《一貫道理問答》引。

（一一三）機文神訓

見《一貫道理問答》引。

（一一四）還鄉覺路

民國三十一年，濟公乩訓，崇華堂印，甲類，30 面，19×12.5cm，報紙鉛印。

前有范從善，盧化民，張孝直序各一篇，正文為濟公乩訓十篇。

（一一五）彌勒真經

民國三十年，彌勒佛著，崇華堂重印，乙類，3 頁，19×12.5cm，有光紙鉛即。

內僅彌勒真經一篇，格式不同於一貫道本道經典。計七言經文 72 句。

（一一六）濟世佛航

無年代，關聖帝君等乩訓，崇華堂重印，乙類，20 面，19×13cm，報紙鉛印。

黃天道的經典《慈航寶訓》即此經。

（一一七）應劫經

見《一貫道疑問解答》卷上引。

（一一八）魏德順結緣訓

民國三十一年，韓修本等乩訓，崇華堂印，丁類，10 面，18.5×12.5cm，報紙鉛印。

內僅壬午年十一月二十四日，魏德順與亡父魏喜成前母韓修本生母田修心結緣訓一篇。

（一一九）羅狀元詩

無年代，羅洪先著，崇華堂印，乙類，8 面，19×13cm，報紙鉛印。

僅羅洪先醒世七言詩十九首，附錄狀元夫人和詩一首。

（一二〇）寶榮壽壇主到壇結緣訓

民國三十三年十月，寶榮壽乩訓，普一壇印，丁類，3 面，26×19cm，報紙油印。

此係普一壇壇主李若瑋女士請其亡夫前壇主寶榮壽之壇訓。按寶故後已由無生老母撥入天佛院宣講班為「習員」。此次降壇與其妻相會，一敘闊別，並對壇務有所指示。

（一二一）覺路指南

見《一貫道秘史》書目引。

（一二二）勸坤篇

民國二十七年，觀世音等乩訓，崇華堂印，甲類，3 頁，18.5
×13cm，報紙鉛印。

僅觀世音乩訓一篇，何仙姑乩訓一篇。

（一二三）勸世書

無年代，無作者，崇華堂重印，乙類，8 面，18.5×13cm，
報紙鉛印。

即黃天道經典《挽劫俚言》的節印本。

（一二四）勸各教徒歸正

無年代，西天接引佛等乩訓，崇華堂重印，甲類，20 面，18.5
×13cm，報紙鉛印。

即回耶教主聖訓及聖賢道徒請鑒慈天尊先天祖訓徒歸正訓
的合訂本，又加西天接引佛臨壇垂訓一篇。

（一二五）闡道要言

乾隆甲子年，中和山人著，溧陽同善社重印，乙類，2+26 頁，
19.5×13cm，有光紙石印。

此書於道中並不流行，因係《一貫闡道要言》原本，故附於
此。惟此本多後序一篇，為魏方洞敘述溧陽同善社翻印此經的緣
起。

（一二六）闡道文

見《一貫道理問答》引。

（一二七）釋教三字經

明天啟元年，萬廣真著，無印刷處，丙類，10 頁，25×15cm，毛邊紙，木版。

內容係佛教初學一類經典，如敘述釋迦牟尼誕生及達摩來中國等故事，計三字經文 590 句。

（一二八）灶君眞經

無年代，張子郭乩訓，崇華堂重印，乙類，8 頁，20×12.5cm，有光紙鉛印。

庚午年三月二十二日，灶君張子郭乩訓一篇；二十四日，灶君臨壇降灶君經一篇。

（一二九）觀音心經眞解

無年代，觀音菩薩等乩著，崇華堂重印，乙類，22 頁，19×13cm，報紙鉛印。

有雍正二年及道光二十年序 2 篇。正文為觀音呂祖眞武關帝文昌合降經文，覺眞子注。後有翻印時太原馬怡夢劉直治跋。

（一三〇）鸞語指迷金箴

見《一貫道秘史》書目引。

懷念「窮賈」

一

　　我是 1941 年從天津來輔仁社會系的，住在第一宿舍。有個洗衣房的掌櫃叫賈承富，因為家裏窮，有四個孩子，「一輩子一家人沒混上一人一條被子」（他的鄰居語），所以外號叫「窮賈」。他原是第一宿舍的工友，因為收入低微改了行，開了個家庭洗衣房，還是給第一宿舍的學生們洗衣服。由於他的手藝不佳，是用小搓板放在小盆裏洗，不如鑫泉洗衣房洗得乾淨，人家是用大搓板，在大筲裏洗，所以學生們都不願意找他，逐漸地洗衣房維持不下去了。

　　我一到第一宿舍就認識了他，他的家庭生活我很瞭解。跟他同院的是唱單弦的弦師叫程樹棠（抗美援朝時曾去慰問，犧牲在那裏，是位烈士），我找程樹棠學單弦，發現窮賈也在那院住，從此過從更密。窮賈既然生活無法維持，我就伸出了援助之手。

　　我會攤煎餅果子，想把這個手藝傳給他。第一宿舍的學生多半是天津人，喜歡吃這一口兒，如果在這兒開一個煎餅果子攤一定能利市三倍，於是我跟窮賈商量。他說我不會呀，北京沒有賣這個的，我都沒看見過。我說這不要緊，我教你。我叫他買一個小水磨，我利用假期從天津宮南大街全升鐵鋪給他買個鐵鉻子，

背著送到他家，又幫他做了幾件小工具。攤煎餅的原料是綠豆，把豆子在磨上禿嚕碎了，放在水裏泡幾個小時後皮子就都飄上來了，用籬笊漂出去，再上磨磨成綠豆漿，裏面放上鹽、蝦皮、蔥花就可以攤了。天津煎餅果子有兩種吃法，一種是現攤現賣，一種是頭一天攤好第二天賣。我讓他採用第二種方法，頭一天把煎餅攤好，卷上果子堆起來，第二天一套套地煎熱了賣，不加雞蛋，吃的就是綠豆那股香味，加蛋雞就光顯雞蛋味了——這是天津的傳統做法。窮賈的煎餅果子攤兒開張了，果然生意興隆，一天能賣一百多套。這一下生活維持住了，窮賈對我很感激。

二

1945 年我畢業了，畢業論文是《秘密道門之研究——附：一貫道實況調查》。由於我的論文被系主任雷冕賞識，他不讓我去應「高等文官考試」（那年剛勝利，我們一起畢業的許多都去應試），而是讓我繼續上研究院，繼續研究這個題目。我就這樣做了。

我到 1947 年才知道，敢情窮賈也是一貫道徒，從此我們的過從更密了，我從他那裏得到很多一貫道的材料。1948 年我又在寫碩士論文，研究的範圍擴大了，包括四種會道門，其中一貫道一章的材料許多都是窮賈給的。

我的論文受到出版獎勵。問題來了，當時北京一貫道勢力很盛，我的論文裏把一貫道的機密都給揭發了，倘被他們發現會惹出很大麻煩。雷冕想出個辦法，到成都去出，那裏的華西大學有個中國文化研究所，主任是聞在宥，找他試一試。我把書稿請陳垣校長題了簽寄給聞，聞看到後大為讚賞，決定由他出版。

問題又來了，成都的印刷條件太差，不能制銅版，也沒有銅版紙，我的書裏有許多插圖須要製版，這怎麼辦？我又找到雷冕。他說：「讓他把照片寄回來，咱自己有印刷廠，就在咱這裏印。」我要回了照片，交給雷冕，雷交給葉德禮神父，就在自己的印刷廠印了。哪知道，印刷廠的工人是個一貫道徒，叫他印 1500份，他多印了一份，拿著這一份交給了總佛堂（在興化寺街）。總佛堂一看大為吃驚，找到該管的警察局長（一貫道徒），局長一看，決定要「教訓教訓」我，馬上行動。窮賈是個忠實的信徒，常到總佛堂去，這事都讓他看見了。這是總佛堂的緊急會議，散會時快 12 點了。

窮賈顧不得回家，立刻趕到第一宿舍。當時宿舍由神父當舍監，管得很嚴，十點關大門，熄燈。幸而窮賈當年也是第一宿舍的工友，接他班的是胖王，他就住在宿舍的傳達室裏。傳達室有一個小窗戶，是瞭望用的，晚上落燈後萬一有事也可通過小窗戶接洽。窮賈叫醒了胖王，說你讓我進去，我有要緊的事要找李先生。怎麼進呢，只有從小窗戶往裏爬，窗戶太小，窮賈是先伸進一隻胳臂、鑽進腦袋，再伸另一隻胳臂，胖王從裏面拽，等到臀部時可費了勁了，「方枘圓鑿」，半天才塞了進去。窮賈跑到三樓我的宿舍，上氣不接下氣地說：「李先生，你快跑吧，不得了啦，您的事兒犯了！」我莫名其妙地問他是什麼事。他說：「一貫道的事，你印的師尊的像，三寶……都到了總佛堂了，他們請來了該管的警察分局長，也是一貫道親，剛開過會，馬上要逮您，您快跑吧！」

我也嚇壞了，怎麼辦？只好跑，往哪兒跑？回天津。我匆匆地收拾一下東西，跟他跑出第一宿舍。還是要從胖王屋裏那個小窗戶鑽出去。窮賈先鑽，先出一隻胳臂和腦袋，再出另一隻胳臂，

然後胖王和我從裏面往外推他，他兩隻手離地老遠，四面沒有抓手，我們使勁往外推，他身不由己地咕咚一下子摔了下去。我鑽的時候因為外面有窮買拽，裏面有胖王推，到臀部雖也有些卡殼，但還是比較順利就出去了。那時是 12 點多，街上很靜，沒有一輛車，電車也早就收了。我和窮買告別，告訴他到天津後再跟他聯絡。

我出了東官房，到了北海後門，鑽進北海夾道，這是一個很窄很黑的小胡同。我跟跟蹌蹌地走出了夾道，到了北池子、南池子、公安街這才見到路燈。我不停地往後面看，怕有人在追我。到了前門車站才兩點多，沒有車去天津，一直等到天亮，才坐上第一趟去天津的車。到了天津，跟家裏人說明我的遭遇。家裏人說在這裏也不安全，要到原英租界姑母家去躲避。我到了姑母家，首先給系裏寫信請假，因為當時我還擔任著「人類學概論」的課。然後給我的朋友趙克明寫信，叫他跟窮買聯絡。

都聯絡上了，趙克明來了信，說窮買每天都到總佛堂觀看動靜，警察局似乎還沒有逮捕我的消息。十多天了，還是如此。倒是趙克明告訴我不少北平局勢吃緊的情況，叫我趕快回去。我回去了。不敢住在第一宿舍，住在恭王府花園戲臺後面的方言地理學研究室。

三

1500 份印好的插圖照寄到成都，我的書到 1949 年才印出來（寫的還是 1948 年）。遺憾的是書出來後在國內根本沒有發行，來個「胎死腹中」，因為成都不久就解放了，只有一小部分運到國外。我的論文導師賀登崧（W. A. Grootaers）拿到了一本，他

去美國看他妹妹，順便在一所大學做了一個講演，題目是：「李世瑜著《現在華北秘密宗教》介紹。」

還有更巧的事，我的學士論文導師趙衛邦先生在解放前被雷冕派到四川彞區考察，北京解放時成都還沒解放，他回不來了，不得已也投靠在華西大學聞在宥那裏。解放後華西和四川大學合併，趙師調到川大圖書館任館長，他看到了我的書，在他主持下把它們賣給中國書店，該店作為「古籍」發行到各地。起初定價4元，後來漲到16元，60元，最近我從網上看到售價400元。這部書2001年由東京學習院大學武內房司教授主持，由他的幾位研究生譯為日文。

1984年我又到北京看望窮買。跟他住同院的人告訴我，他在取締反動會道門運動中挨了整，不知是哪年死去了。他的家屬早已不在這裏住，搬到哪裏不知道。

皈一道調查報告
（1945—1948 年）

一、皈一道的歷史

皈一道也是近代興起，現在還盛傳在河北、山東農村中的秘密宗教之一。雖然北平、天津一帶也有他們的壇場，只是為了少數住在鄉下的人們，來到都市後禮拜的方便而設。經過多日的與皈一道徒相處，相信他們並非有計劃地欲在都市裡發展；因為他們知道皈一道教規過於嚴格，是不容易被都市的人們接受的。當然在都市裡的壇場，也要勸道傳徒，但力量很是薄弱，並且所傳也不外是他們的同鄉。附圖就是皈一道第四代祖師張書林到天津視察教務時，與當地信徒的合影。

皈一道開創的年代大概是光緒（1875 年）以前。但卻有一段文字，似乎在說皈一道創始的年代還要早——在康熙（1662 年）以後，是《華北宗教年鑒》中記載先天道的史略時所說的：

> 先天道者，以儒釋道三者為基礎，而以道教為正宗。雖托始於上古羲皇之世，實則創自明末清初。時有李廷玉者，

天津皈一道眾弟子歡迎張老師攝影

河南河南府人，生於明崇禎（1628 至 1644 年）間，適逢國家變亂，人民流離失所，秩序蕩然。乃以濟世之心，遍遊各地，宏佈道法，勸人為善，以安眾生。所至從者甚多，如山東之曹州，河南之開封，歸德等地，莫不有其足跡。清順治（1644-1662 年）時出榜招賢，廷玉以率弟子姬、郭、張、王、陳、郜、柳、邱八姓，投效有功，授為先天道九宮真人，郭姬等八人，授為乾、坎、艮、震、巽、離、坤、兌八卦真人，並准李等到處傳佈先天道義，復擇地為之興建廟宇，恩禮有加，先天之名自此始，其道法亦以此而流布於燕、晉、魯、豫各省矣。

至清康熙間（1662-1723 年），李廷玉等為仇人所陷，徒眾多數殉道，公開佈道，遽以停止；然一線之延，尚餘南方離卦真人郜皇代一人。彼特先天道統，即由郜祖管理，因受此番挫折，公開佈道之事，隨即停止。嗣後會大人多，

各傳各道，各立支派，如白陽教，後天道，聖賢道，太上
門，八卦道，九宮道，一貫道，皈一道，其名雖殊，而其
派則一也。（第 493 頁）

由此可知皈一道是從清初的先天道傳衍而成，並且是創始於康熙
以後的。但這段材料很有問題，因為《華北宗教年鑒》一書，是
民國三十年日本興亞宗教協會所編。他們往往有意為那些不違背
他的統治野心的機構說法，所以這段記載，也許全無根據。不過
我們知道，李廷玉的故事確是流行在許多秘密宗教中。一貫道中
有一種經叫《聖賢道徒請鑒慈天尊先天祖訓徒歸正訓》的，有一
段說：

李廷玉提木筆痛淚下降，思想起我當初苦事一場。……至
後來又渡了弟子五位，我師徒九個人善化十方。後吳王造
了反北京而往，滿朝中武將軍難敵吳王。順治爺無奈何出
了皇榜，要有人退吳王封官朝綱。我師徒明天意才揭皇
榜，在城頭用法術退了吳王。順治爺龍心悅把我封獎，封
贈我先天祖位列朝綱。我為祖居中宮大權執掌，八弟子分
八脈位列八方。吉元春居西北乾天開上。郭玉樸居坎水開
道北方。張錫壽居東北艮山執掌。王承光居正東震雷之
鄉。陳宗聖居東南巽方開放。郜文生居正南離火放光。劉
善文居西南坤地以上。邱明月居正西兌澤之鄉。八弟子點
八方分列八卦，我師徒九個人九宮還鄉。宮與卦都是我一
人掌管，宮是宮卦是卦各立門方。後渡了惹禍的弟子宏
亮，他居的三品官位列朝綱。仗中正敵奸賊惹下禍黨，得
罪了蘇三賊與那八王。二奸賊才與我仇怨結上，起奸心謀
害我師徒命亡。二奸賊到金殿齊把本上，他參我是邪法謀

取朝綱。康熙爺就准了奸賊奏本，出聖旨選宮封齊進朝堂。用計謀設下了毒丹藥酒。……我師徒狠狠心皆把酒用，一個個脫苦海哭回天堂。我師徒九個人八個命喪，惟有那郜文生隱逃外鄉。（第1-5頁）

從這段訓文，我們至少知道先天道祖李廷玉生於明末，於順治時，為清廷出力，康熙時被害，位列八方的八個弟子除了離卦真人郜某脫逃外，餘皆死亡等等。這一段傳說是流行在一貫道，聖賢道及先天道幾個教門之中。至於它究竟是否事實，則只有離卦真人郜某一點，還略可找出一點證據。清勞乃宣《義和團教門源流考》云：

大乘教，金丹八卦教，義和門，如意門等教，凡有在教者，均稱為「南方離宮頭殿真人郜老爺門下」。郜老爺係首先傳教之河南商邱縣人郜生文。

這裏我們知道郜某確有其人，並且叫「離宮頭殿真人」。雖然勞氏著書是在光緒二十六年，事隔傳說中的先天道創始時代已有一百餘年，但民間秘密宗教向來是有托古的習慣，所以他們托上一位百餘年前的道祖也是可能的。總之由勞氏這段話，可知郜某與先天道確有關係，甚至承認郜某就是先天道的繼承者，也無不可。郜某以後的教門，勞氏只提出了大乘教、金丹八卦教、義和門、如意門四個，那麼白陽教、後天道、聖賢道、太上門、八卦門、九宮道、一貫道、皈一道，這些名稱何時出現的呢？它們究竟和郜某與先天道有什麼關係呢？這是不易解釋的了。如果除了勞氏所說的一點以外，其餘也屬事實，則皈一道確是來自清初的先天道。只是一切證據一時尚難查找，這裏只有暫予保留。

我們再從現在流行的皈一道本身去看。

皈一道中所用的經典很多，最常見的大約也有五六十種，我所搜集到的，只有三十七種（詳第五節）。在這些經典之中，年代最早的要算《修道真言》，它是民國九年重刊的，裏面有一篇序是同治元年（1862年）三月，太白金星的降乩。但這本經是一種道家的「語錄」，完全是講坐工和煉丹的秘訣。查皈一道教義，並無此種工夫，同時從文字和結構來看，與皈一道全無關係。所以它的年代雖早，而因襲自別教，故不足為據。已經證明確為皈一道本道經典，而年代最早者，要算《登仙梯》，裏面包括許多訓文，最早的一篇，是清光緒十三年所降。《登仙梯》以外的許多種經訓，降於光緒二十一年，二十三年，二十六年，三十二年等的，為數最多。

再看他們的「祖師」：現在接續道統的張書林，已有七十餘歲，在他以上據說還有三輩（詳第三節）。如果屬實，則皈一道的創始年代，可能是清代中葉（1776年左右）。只是秘密宗教中的傳說，往往是不可靠的，尤其說起年代或道統的問題，前面說過，他們總是要假託幾輩古人，以博信者的欽崇。拿皈一道來說，他們所說的第一代祖師趙萬秩，既或實有其人，而所傳習的，也不見得和皈一道完全一樣，名稱則更不相同。所以我們根據它最早的經典，再揆度其創教人的年代，可以假定皈一道的創始，可能是在光緒十三年以前，最早也不過同治以後（1862左右──1887年）。

從光緒的中期起（1887以後），到民國以來，皈一道的聲勢，一直沒有衰落。只是對於它的記載，稀少得幾乎沒有。餘生也晚，連民國初年皈一道的盛況，也未親見。還是聶崇岐先生在《二千年來迷信集團之變亂》一文的小引中，略記下一點，這是關於皈

一道的很珍貴的材料：

> 民國八年春，余方肄業中學，暑假旋里，戚党李君貽余黃
> 紙手鈔碑文一張，大意謂：南京應天府，落下一塊碑，上
> 書彌勒降世，大劫將臨，運會所趨，勢難回挽。惟有及時
> 修行，屏絕葷腥，方可逃此劫數。又謂：將碑文用黃紙恭
> 錄三份，分送於人，則功德無量，災難不侵。文末畫符三
> 道，下注：用黃紙朱筆，照錄兩份，一燒灰吞服，一隨身
> 佩帶，既可袪病，又能退邪云云。時鄉中方盛行皈一教，
> 信者頗眾。領袖為一喇嘛，一道士，茹素唪經，立壇說法，
> 午夜聚會，黎明乃散，男女雜遝，醜聲四溢。李君並非個
> 中信徒，但已有嚮往之念，碑文據謂即係得自該教者。餘
> 對碑文，因其別字連篇，語無倫次，不甚了了。第覺其滿
> 紙荒唐，殊難令人置信，故粗閱一過，即置之雜紙堆中，
> 歷久遂不知淪落何所矣。

又於第四節的最後及結論中說：

> 民國以來，政治不安，民生凋弊，種種神秘組織，並
> 未隨教育改進而減少。若神兵會，天門會，紅槍會，黑纓
> 會，大刀會，小刀會，大佛教，皈一教種種教會，報章雜
> 誌，不斷有其記載。而十餘年前山東皈一教首領馬某，且
> 曾私立朝廷，僭號皇帝，第登基未久，即遭蒙塵之禍，事
> 態未擴大耳。
>
> 自東漢初年妖巫李廣稱兵，至民國二十年左右，皈一
> 教首領擅登大寶，一千九百餘年中，左道倡亂。……（《大
> 中》1946 年第 3 期第 19-28 頁）

這段文字中，有一點還應當再商榷，就是十餘年前山東皈一教首領馬某擅登大寶一事，恐有錯誤。因為：

第一，皈一道自己承認的歷代祖師有趙、李、陳、王、龐、張、吳、周等姓（詳第三節），沒有馬姓。如果十餘年前有一個登了大寶的馬姓首領，今日的皈一道徒一定承認。

第二，聶先生在起頭所說的，是他在民國八年時所見的皈一道的印象，後一段所說，則是民國二十年左右的一件事實，它們可能不是一回事。

第三，十餘年前山東馬某擅登大寶的，有民國十八年二月山東長山縣丁王莊一心堂首領馬士偉。

所以聶先生所說的馬某，也許就是馬士偉了。還有一點，聶先生所說民國八年所見到的皈一道碑文，現已不知淪落何所，至為可惜。但我現在得到一種皈一道的經叫《救急文》的，裏面第一篇就是說天降碑文的事，故也許它正是聶先生所嘗見過的。請參閱第三節第五條。

二、皈一道道徒生活

皈一道道徒都有一種可佩的精神，就是刻苦耐勞，不慕榮利。他們的皈戒雖然嚴得一般人絕對受不了，他們卻能受。舉例來說，每個道徒每日必行工夫至少是四千個「響頭」。所謂響頭，就是叩頭時頭頂著地，並用力磕，使作出隆隆聲，且所著的地，還限於土地或磚地。所以每個道徒都帶有一個特殊的記號，就是前額上方有一個堅硬的隆起部分，甚至隆起部分的四周不長頭髮；如果沒有的，他一定不是忠實信徒。在皈一道的佛堂中或信徒的家中，神壇、佛龕前面跪拜的地面上都有一塊凹陷，那就是

信徒用頭砸出來的。有一個信徒家裏更就著這個凹陷嵌入一塊磚，磚也被砸得油光光的，可見其工夫之深。有一次我到天津西門外韓家店的一個佛堂去進行調查工作，剛一進到店的院裏就聽見從一間屋裏傳出隆隆的有節奏的響聲，那間屋子就是皈一道的佛堂，那天是個節日，幾十位道徒正在集體叩頭。

他們的衣著非常儉樸，都是最粗陋的農人衣服，也有的穿上道服，就是大領斜襟的衣服。頭髮有的上梳，挽成道士式髮髻，有的留辮，也有的光頭。手裏拿著一串念珠，隨時拈弄，口念「阿彌陀佛」。還有一兩次，我見到他們要出門的時候，身上掛了一個布袋，袋上寫著「皈一大道，敬惜字紙」。那是預備出門時，隨時拾取有字的爛紙用的，也有的專到販廢紙或舊書的攤子上，購買有關勸善的書籍，然後捨到廟裏或佛堂裏，或焚化了。

一個皈一道徒到了別人家裏，至多只找上一個座位坐下，此外連一杯白水都不許喝，這是他們的一貫精神：不擾人，不靠別人幫助。還有一層意思是他們永遠吃素，恐怕別人家是用煮了葷腥的鍋來燒的水，或吃過葷腥的人用過的碗。所以如果別人想向他們施捨，那是根本辦不到的。他們的吃素，也是一個非常嚴厲的教條，所謂「白齋」，就是只許吃粗糧和一點菜疏，可以用鹽，但不用油。標準皈一道徒的飯菜，就是玉米麵窩頭和鹽水煮白菜。

一個道徒向我說：「你看我們吃的飯很不好嗎？才不呢，你們的才不好，你們每天吃的都是生靈，這輩你吃他，下輩他吃你。魚生火，肉生痰，你們吃的就是毒藥。你看我的飯菜淡嗎？啊！這裏已經調好了五味！誰給調的？老母調的，我們吃白菜比雞鴨還香，吃窩頭比蜜還甜，可惜你不肯嘗，你嘗也不會嘗出味來。」

他們的日課，也重讀經，除了一些白衣神咒，大悲咒一類的佛教「咒語」之外，還念壇訓。這些訓文也是由扶乩而來，雖然

詞句有時不太雅馴，但以他們的教育程度來論，也還合於身份。
誦經時照例要做些腔調，又因訓文也多是十言（三三四句法），
故念起來很容易朗朗上口。調子相似私塾的老先生念古文詩詞的
咿唔聲，我們常可以在他們談道理時聽到，他們很喜歡引經據
典，有時談到一個階段，就要拿出一種壇訓搖頭幌腦的念一段。
更有一種極其動聽的調子，是他們每天要念的，就是在念「阿彌
陀佛」時應用。我曾聽到一個很老的皈一道徒親向我表演，他說：
「白日裏念阿彌陀佛是隨時隨地的，夜裏還要整套的念，念時要
『分五音』，必須等三更夜靜，雞不叫狗不咬，星相出齊了，全
神都下界的時候才能念。這個聲音從屋裏傳出去，凡是過往的神
靈，都要聚在屋子的四周來聽法，來合著念。李爺，你是有佛緣，
我今天念給你聽。」於是右手拿著念珠，左手擊著木魚念起來：
「阿彌……陀佛阿彌陀佛……阿彌陀佛……阿彌陀佛……阿彌
陀佛阿彌陀佛阿彌、阿彌陀佛……」。

　　當我剛聽過第一句以後，就知道了所謂「分五音」，就是近
數十年來民歌中的《蘇武牧羊》調子，現在被他們採用為「佛曲」
了。

　　皈一道徒都是「在家修行」，並非「出家人」，而且都有正當
職業，職業之中以自由的為多。在我認識的道徒之中，有幾個是
擺故物攤或「喝破爛」的（有的地方叫打鼓的或下方的），有幾
個是往來鄉下和都市間「跑生意」的，例如販賣雞蛋、棗、棉花、
土線、油等物，還有一家是開店的，有一家是專門熱補車帶的手
藝鋪子。這些職業者，都不是以發財致富為目的，他們只要求能
維持如像前述的生活標準即可，如果再有富裕，就是要買魚鳥等
來放生了。無論如何他們不希望有積蓄，也不希望呆在家裏，每
人所賺的錢，當天就要開銷出去。據一個道徒說：每天他只出門

做兩個小時的生意，不出三趟街，只消買一件東西，再把它賣出，神仙就叫他得到滿意的收穫，除了維持他的三頓窩頭和白菜外，還可以買一隻鳥或一條魚來放生。每天如此，終年如此。

關於放生一節，也是道中非常重要的教條之一，每個道徒雖不致每日必放生，也要隔數日即放生一次。放生時有儀式，舉例說：如果要放生一條魚，必須把魚買來在神位前面禱告一番，再拿到河邊，先念放生咒若干遍，然後送進水中。據一個很忠實的教徒說：有一次他到河邊去放一條魚，忽瞥見河裏一隻船正在打魚，當他想到這種罪孽的事，便傷心到了極點。於是他站在河邊狠命的念放生咒，求告老母，這樣一來，打魚的船就失去了能力，他們連打了三網，一隻魚也沒撈上來，他很榮幸地回來。

飯一道徒因為被一種很強的信心支撐著他們的精神，所以一切都唯「神命」「天命」是從。遇到順利那是老母的加福；遇到不幸，那是老母的考煉，或想方法解釋成吉祥。前述那個補車帶鋪的老掌櫃，已經是一個癱瘓者，他說這是老母叫他棄絕一切，洗心滌慮的只管念佛。又如有一次我和一個以喝破爛為職業的道徒，去拜望另一個道徒。走在街上的時候，速度很快，我幾乎不能趕上，我要求他慢一點。他說：「我是不自覺的，不論往什麼地方去，眨眼即到，一點不覺勞累，走的時候，像是腳下踏著什麼軟乎乎的東西，又像有人在推我。」──無疑的他是在想：他的修煉已到了爐火純青的地步，出入都是腳駕祥雲，神仙擁護了。又如一個道徒家中，曾遭到回祿之災，並且燒死了他雙目失明的老婆。他卻這樣說：「她死得好！修煉成了！她已到老母身邊做了隨侍的使者。他死的那天早晨，我們欣快的分別後，我就去上市，在市上，忽聽半空有人說：『你快回家吧！』於是我趕快回來，將近家門的時候，又聽半空有鼓樂之聲，抬頭一看，一

團黑煙從我的屋上冒出。啊！她被接走了！她被接走了！你看這是她降壇批示的訓」：

> 大清賬也不論公子侯王，細觀看富與貴更多遭殃。一因他老舊家暗藏珍寶，又再是金滿盈糧米盈倉。二因他好奢華多暴天物，為口腹又常常宰豬殺羊。雖然說今世福前生修積，那六畜論貪生與人同腸。而且是那六畜上天生長，天生的豈願意人把他傷。……

皈一道徒的生活既然如此，他們的居處自然也可以想像了。在我去過的許多道徒家中，大部都是極其簡陋的。屋裏的陳設除了炕、凳以外，至多還有一張桌子或椅子。關於信仰方面的陳設也很少，且不一致，如有的在桌上供著「天地君親師」的牌位，旁邊還有「藥王神位」。又有除了上述的牌位外，加設「灶王神位」「復陽帝君神位」及其「三代祖先神位」，又如某一位信徒家中，只有一個繪像的全神「馬張」，有的又只用黃紙寫「天地三界十方萬靈真宰之位」。當然在他們的佛堂（也是信徒自由在家中設立的）裏面，也照例陳設得雅潔一些。例如我去過一位姓盧的家中的佛堂，那是一間不大的南房，供案是靠著西牆，牆上是濟公乩書大「佛」字一幅，兩旁也是濟公所書的對聯：

> 東土不是好家鄉，爭名奪利晝夜忙；
> 西方極樂正相反，無有眾苦樂無疆。

佛案上的陳設也是香爐，蠟臺，香筒，佛燈及若干種供品。其餘的牆上，則是濟公及呂祖的空中顯像各一張及兩副對聯，一是李鐵拐仙乩賜盧壇主的：

學傻憨聰明有日，裝伶利糊塗無期。

另一副則是皈一道祖師張書林親筆寫給盧壇主的：

無教子才休治富，有刑妻德始成家。

這個佛堂中其餘的陳設，除了地上的蒲團及另一桌上擺著一些經典和茶具外，就沒有什麼特別的東西了。所以皈一道的佛堂陳設，遠不如一貫道的富麗。這也可以說明他們的根本精神，前者是絕對淳樸的平民宗教，後者則不盡是平民階級，並且傳在都市中的，專以中上階級為對像。

最後還要談一個異於一般皈一道徒家中情形：他的家中除了睡眠和做飯的最簡單設備外，只有一個很長的紅木製的禪杖（他叫「方尖鑱」）。我問他這是做什麼用的，他說：「我為修道，捨棄了妻子兒女和田產房屋，來到此地做小生理。靠老母的加福，我過得非常滿意。如果一旦環境不許可我在此地生活下去，我就拿起這個方尖鑱，四海為家了！」可知皈一道雖說在家修行，但它的極端，卻可能是出家。

三、皈一道教義概論

皈一道的基本教義，大致與一貫道相同。然因儀節方面較一貫道為嚴格，故一部分教義也隨之而異。我所作過的調查，只由於與幾個道徒的接近，和搜集得一些經典；所以對於教義的瞭解，不如一貫道的有系統。這裏只就幾種經典中抄出五篇訓文。第一篇並非乩訓，但內容是介紹皈一道道統的；以下各篇則是呂祖，無生老母，釋迦牟尼的降壇訓。從這些訓文裏，我們可以看

出飯一道教義的梗概來；至少由於許多術語，如「三期」，「喚男女」，「九二億」，「三教祖」，「十六字薪傳法」，「中庸一貫」，「八一劫」等，再參照一貫道的各條教義，也可想像其全豹了。

（一）雲城指向

天運乙酉年荷月下旬畢相魁錄：

第一世飯一道始祖諱趙萬秩，這是俗名：他的俗家在山東省平原縣城西南趙家灣居住。他為何在趙家灣住呢？是你不知，他老仙是位普渡佛，逐日在天盤快樂。現今人心不古，不知返回故家，淨造罪孽，不知修性煉命，儘是奸巧心一片，殺牲害命，造孽無邊，哄哄欺騙；所以人不知天賦真性一點，一味奸詐是為。才惹怒上天玉皇震怒，降下無數刀兵槍炮瘟疫種種劫苦，下來收人。無生老母一看悲哭不止。只哭的三天祖師，三教祖師，文武三帝俱都掩面，面面相觀，無法解老母之憂哭。惟有這普渡佛跪在丹墀下，哭口稟道，老母許我三件，我能下凡救人劫苦，創道收原救難。老母曰：「那三件呢」？普渡佛曰：「第一件是三教祖師幫我立下飯一大道，暗傳丹訣，明傳三綱五常八德。第二件立下道脈，設壇請祖，磬聲一響，千佛萬祖，三教祖師，三天祖師，諸大菩薩，都得臨壇幫忙垂訓。第三件三教立下往生金錢，能了結累世冤債。」普渡佛稟完。老母說：「莫說三件，十件也可。」老母應許。普渡佛辭了老母，辭眾佛祖。他到了南天門，往下方一看，遍地黑煞沖天，惟有山東省平原縣趙家灣，一股祥光透天。這趙家九世行善，所以祥光透天。普渡佛就到趙家，倒裝臨凡，

認母投胎，長大成人伶敏，詩書念好，補了廩生，以後不求上達，看破紅塵，但是還沒得著真訣修煉。這一日晚上，正在書房看經，達摩佛祖化一老者，前來點化，總是佛子，一點就醒。達摩祖佛給他九轉丹訣，又傳給他借機扶鸞垂訓。這普渡佛俗名趙萬秩，道號是統一子。以後把九轉修成，脫竅飛升無極宮。老母一見，滿面笑顏，封位仙品為復陽帝君，渡化元人，這是普渡佛大概宗旨。又下凡渡出本縣匡莊李連苑為徒，這李連苑是天盤太白金星下凡，一勸就醒。這李連苑是俗名，以後丹功煉好，玉皇封為慈濟真人，這是二世始祖根由。復陽帝君升天，復陽帝君把大道傳給李連苑傳道。李連苑後又渡出德州陳老師，俗名叫希賢，號省三。這希賢又誠心煉丹，婆心渡人，後來上天賜他道號是悟真子，家住德州城東距城三十裏王官莊。後來慈濟真人升天，把大道托于陳悟真，普渡元人。陳悟真又渡出山東省齊河縣王家樓王家父子入道：父名王疏源，子名王玉貞，後又跟大壇渡化元人，又領天命傳法。悟真又渡出本縣龐家莊龐中香，這中香又領天命傳法。悟真又渡出山東張書林，號是西園，前清廩生，也幫悟真辦壇，也領天命，化育緣人。悟真又渡出山東長清縣潘家店吳玉振為徒，這玉振也領法替天收元人。悟真又渡出山東歷城周家紙房莊周泮林為徒，孫周二人，又替母收元，婆心渡世，後又領天命，傳工為師。又渡山東省泰安州曲阜縣城南距城十八里路保寧莊王岫嶺為徒，也婆心渡世，誠心煉丹，以後也領天命渡人傳工。這悟真渡人無數，他屬聖門徒會參臨凡。民國三十年這悟真臨飛升的時節，把大道托於山東省夏津縣城北距城八里椅子張莊張書林渡人。掌天

命皈一大道。傳到如今，中國二十四省到處皆有，無論士農工商一齊全渡。只在有大根基，有仙根，佛根，仙緣，佛緣，有聞丹工，有志就成，修成避俗者，不計其數，男女老少抗魔煉成。信士弟子畢相魁求入皈一大道領工。[1]

（二）皈一根源

十一月十二日慈善壇乩訓

穩坐白雲握坤乾，采出碧石補漏天。無輪車動晝夜轉，巽風吹來龍虎眠。嬰兒南山採靈芝，不老不嫩正恰然。雙林樹前如猿臥，玉爐鼎內煮仙丹。——吾復陽帝君也。

今日不作詩詞歌賦，以白話而明道原。皈一者，三教合為，北領無極慈命，在於苦海設一慈舟，救入之急，濟入之難，收復皇胎佛子，反回原性，無極認母，脫離浩天之劫。大道之本，原在上天主持，而倡明者，俱在儒士善性者為之。夫道者，天之原法而實世界之寶筏也。現時苦海茫茫，劫運浩大，萬民悲哀，十家九痛，俱在倒懸之際，不知回首登船；其中非是不知善道，無有善性，而實在開導者不明

---

[1] 依本文所述，我們可以將皈一道的道統，列表如下：

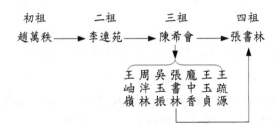

初祖	二祖	三祖	四祖
趙萬秋 →	李連苑 →	陳希會 →	張書林

王岫嶺　周泮林　吳玉振　張書林　龐中香　王玉貞　王疏源

矣。開導者，先正其心，心正而修其身，身修而後家齊，家齊而後國治，國治而後天下平。學道者亦如是也。聖言有，欲為君者盡君道，欲為臣者盡臣道，比作一中流砥柱，而反其世運倡明至理。現時三綱改為三民，五倫變作五權，八德竟為八損。擾亂世界，男女不知聖道，各失其尊卑，惹惱蒼天，降下劫苦；而皈一以反其意，而遵聖道，作一堅樑頂柱，上天不塌，下地不陷。既知皈一之情，當明其中之意，君子復回至理，如同砥柱，小人逐浪而下。欲作皈一之棟樑，作一砥柱之用，先得素其位焉，不素其位，難作出類拔萃至聖之事。天受其位，日月星輪流而轉，二十八宿各按其位，分出四時，春溫夏炎，秋和冬寒是也；地得其位，九江各有安排，八河俱有定位，分廿四時，春種而秋收，荒郊之境，以育萬民；人得其位而不守，真可恥也。夫人生世界，各有養命之糧，何必外貪？分出士農工商，各營職業，能混終身。現時聖道不振，各懷奸意，士儒不體聖傳，而習刀筆，害人多多矣。農者不按其分，種地而移桑，坑崩拐騙，虧人利己，貪取無義之財，不知富貴由命，不守其分，而貪心頻發。工者而瞞心昧己，與人修造房廈，或者器具，暗下鎮物，害其主人。作商者不以公平交易，假者當實，汙者當美，瞞哄童叟，而傷天心。天心傷，才降劫苦，掃平天下，清理乾坤。皈一領命，紅塵闡教，推倒此情，而反古風，其開道者，全在後學者也，皈一弟子當自穩重，外入必重之，自輕而外人必輕之。觀今後學多多讀訓，而不參其意，竟為孺子之言。佛仙之訓者即經也，經者回西指路境也。佛仙指明覺路，望人行之，不負三教血語，觀而不查，情難知透，身不體行，紙白墨

黑，多讀有何益哉！化世者，以言教，而人不服；以身教，
若人回首。聖賢之克己復禮，即是待人之厚，待己之薄，
凡事處以害己利人，即財產如糞土，視禮如同山嵩，後能
稱其大賢，萬世之師。後學皈一弟子亦當如是。昔日孔聖
勸教，三千弟子何人也？今時皈一普渡，亦何人也？總得
先寡其過，克己厚人，事事一理，學曾子一日三省，顏子
四勿，才能擔其皈一之名。皈一者，即昔日之杏壇也。初
時人不知醒，劫過方明心頭。即是爾等皈一，俱是想著脫
劫免難，修佛仙之望。欲學聖賢之才，總得先正其位，各
應其分。富者以財濟世，貧者以身化教，雖然辦善費資，
而實積財之庫也，明去暗來，自有天知。況末劫之運，兵
匪四起，攪鬧不安，再者貪財不厭，實貪其禍焉，君子隱
名匿姓，打開私囊，取其餘資，濟世培德，能脫劫運，方
能得其平安。小人心悟不透，竟以仙訓為虛，心不追究，
視財如命，用費一文，即如刮骨一般，積來積去，一旦禍
至，人亡財棄，在世難免訕謗，歿後難脫陰刑，實可歎也。
況今學道之士，俱有望心，入道未等三年二載，善未辦積，
即想處處平順，欲登仙佛之位，豈不徒勞心血！道者即路
也，有三乘之分：上道靈霄，中走平生，下墜陰曹。爾欲
上奔，即如登山，如走山谷，如臨深淵，如履薄冰，戰戰
兢兢，不能縱放心猿，心一忽略，即得墜落，方能奔至山
頂，得其歡樂。此言道者，不可須臾離也，離則即下墜也。
中路而處世界，事事莫違天命，在家能孝，居長能慈，為
兄能友，居弟能恭，出而能理，內而能正，取財有道，當
避汙名，避恥如避火，方能落一個人身，是為聖賢。下路
者俱是聖理不懂，雖有人身，而無人性，真是世上衣架飯

囊也，混了一世，拉下債帳多多，死後陰刑難逃，甚可歎也。夫辦善者，以備己身也，非是與人而為之，真者真報，假者假報，真心學道，視財物如水，視性命如寶，凡事當以公平而處之。或者設壇為主，或者化世倡道，莫以自恣而失其大業，用費之多寡，按品職而攤之，莫要畏逼而矣。捨財重者，獲利亦多，如商貿之業也。趁此三教普渡，莫過期限，後悔萬年。爾等本多有病，而不自看，竟與人治除病原。人之過也，知挽轉也，知勸人為善，實是與人積福也。自身之症，不知檢點，事事不知省查，竟將自己路程誤也。在今同志辦善者莫起爭恣兩傷，大義當先，你讓之，我遜之，事事莫以為真，心量寬大，蕩開船舟，方能得其重任，替天勸化，作一中流砥柱，頂天之樑柱，後之爵位，不能少矣。此訓敦化群真慈善，各位壇主當曉之，乩生錄生各位散眾聞之莫當兒戲，才能大道倡矣。眼前劫降浩大，眾不多加謹慎，一旦陷在深坑，恐負辦善一世齋戒一生，不能得其仙位，汝心冤哉！我心惜哉！遵我之言，身病除淨，後至仙品有望，你也幸哉！我也歡悅！此訓作一回西路徑，指開迷竅，回西天不難矣。爾等切記切記！我在仙山，亦仰望之，言此不必多敘，後生莫以俗習。斬開恩愛獄，跳出枷鎖籬，脫出混沌袋，升天陪無極，此言是爾之路程，我之望也。

（三）三教正宗教劫寶筏

己卯七月十二日寧津縣和莊慈善壇訓

七竅不開難脫塵，月日奔波為金銀，十願不足心血

碎，二性分張被罪侵。——吾純陽帝君也。

　　三期群魔鬥不休，教育不遵失原由，皈宗不知性不漏，一貫薪傳不知求。——吾復陽帝君也。

　　釋了萬相靜無塵，枷鎖斬斷煉真人，如明元靈無極性，來至東土忘回岑。——吾釋迦如來佛也。

　　天竺國雷音寺來了釋迦，在東土喚男女好脫劫殺。天運衰無寧日各行惡霸，這全是眾生靈來將人伐，三千年人的債結的浩大，自清末來討債焉有安暇。三教祖慈悲心飛鸞開化，明口訣一貫傳渡有根芽。九二億道真人性光失罷，聽不透佛仙訓視不省察。並不體看天運大劫降下，紅塵世那一處不遭劫煞。天降劫並非是一齊掃罷，留人種百一內一根生芽。男知遵倫常理聖道守罷，女知道守節義才能安暇。明大道即慈船苦海宣化。佛仙聖誰能以不將船拉。掌舵者三教祖血心用大，慈悲佛是觀音高聲宣化，中八仙同辦幫同將人化，開聖帝在船頭大繩苦拉。三十三眾佛祖誰能安暇，那一個也不能得閒學滑。怎耐是爾男女不遵天律，反說是皈一門不是正法。不二門開全球天下無兩，皈一外九轉丹未聽彈拉。迷俗子不回頭甘遭苦惱。挨一時是一時不知想法。大劫至人仍然不知駭怕，這真是真性失不知詳察。乾坤換焉能以不善即罷，善為小也不能逃了此煞。天運衰亂民生甚麼不怕，遭孽鬼天註定不能得暇。皈一外迷俗子謗善謗道，怕的是劫臨頭無法保家。性合命田合產一火焚化，墜在那地獄中得受天罰。此一時說皈一儘是迷信，後來的迷俗子不如傻瓜。前世裏根不種陰德不大，焉能以擔起了九轉丹法。先天訣佛仙術善根源大，無佛性無仙緣不得真法。三皈一是一體同心勸化，佛

家法仙家丹聖理根芽。佛守法學的是萬相皆假，無人相無
我相修煉妙葩。斬三妄合四相五蘊去罷，斷六欲拋七情能
返故家。仙家丹精氣神三寶非假，二六時呼吸運周天之
法。安鼎爐煉真藥文武煉罷，一粒丹烹煉成即登天槎。聖
道理處家庭孝悌要大，遵八德遵倫常即是真法。忠恕道心
率氣氣能潤大，知止靜靜則安安煉丹砂。真大道不外乎中
庸一貫，十六字薪傳法注的清華。後學們不知體三教共
意，在一旁謗聖訓又謗佛法，別看爾尚滯膠後得受怕，四
面圍八方起再逃無法。劫運苦這首起爾還不怕，怕的是九
九劫一掃光滑。屍如山血似水真真非假，屍骨體無人埋拋
落塵涯。闖過去八一劫即得安泰，熬過去天運數即是佛
芽。皈一子趁此際多多宣化，也皈是隨風俗走遍天涯。至
後來天開賞這非虛假，按功德定品位得享安暇。我釋迦後
邊話不必說道，爾眾等有誠心我有護法。訓不留回雷音後
日敘話，駕起雲清風吹回我寶塔。

（四）無生老母血心諭

為渡兒還立皈一，明傳大道洩天機，皇胎兒女速登
岸，免的老娘淚濕衣。

吾兒生離天宮親喚男女，速回首速立志紅塵看穿。莫
迷戀酒色財枷鎖羅網，莫墮在槍炮劫劍樹刀山，莫喪在瘟
斀劫火燒淹旱，苦中苦大傷情在這數年。因劫苦才設下皈
一大道，原為的救皇胎九六佛仙。即為人皆都是皇胎兒
女，因你們迷假相不能回還。迷假相用巧計明瞞暗騙，使
盡心傷天理獲罪於天。因此才降大劫甚是兇險，自古來卻

苦惱無甚這般。殺不絕燒不盡劫難回挽，上天爺怒惱極五魔臨凡。所以的無生我淚流點點，晝合夜哭兒女不能安眠，親臨壇親降訓理講明顯，恐兒女不明白不肯登船。趁此時明傳出先天大道，掃塵緣斬六賊靜煉汞鉛。不管是不管非枷鎖斬斷，不管那劫苦惱到處傷慘。外行善積功德培植道果，敦倫常盡孝悌分所當然。間煉爾精氣神丞養性命，調呼吸煉足了氣返先天。靜中樂妙無窮別有天地，煉成了牟尼珠一顆仙丹。飛升後三代祖同升仙界，在世的兒女們也把光沾。強其你迷紅塵財色迷戀，強其你用巧計墜在劫盤，強其你謀人財暗將人害，陽遭劫陰墜獄苦情更慘。愚迷人不肯信地獄受苦，現今來地獄刑擺在陽間。不信這陰果報教你經驗，說起來這苦情我淚漣漣。哭哭哭哭你們鐵心難挽，不細看世界事豈能平安。你也知苦中苦劫不能免，你為何不想法脫此凶年。脫劫苦也無有難行難辦，只有這皈了一名稟上天。皆因這皈了一戒葷殺念，敦倫常學忠厚不習奸貪。勸自己勸他人改惡向善，更煉好精氣神結龍虎丹，明傳出九轉工人好性返，能升仙能成佛也種福田。上盡忠正風化王法不犯，超三代拔九祖孝心感天。不教訓子與孫忠厚家遠，不惹是不惹非神人共歡。所以的有這些善事善念，皈了一才稟明上達天盤。如此的劫數降自有護佑，佛仙聖頻頻訓豈能虛言。我無生為救劫世上兒女，一行字一行淚血心明談。哭哭哭哭兒女良心速改，莫把這血心諭拋在一邊。

（五）天降救急文

序文

爾時京城順天府，南海普陀山，忽然雷震，從空中落下一碑，在鄭家莊前，現出丹經一卷。時有李參政，即將此經抄回，闔家虔誠諷誦，又將此經，送與馬知府家，彼家不信，過數日一門俱疫。時有彌勒佛在空中言白，善哉善哉！於今乃末劫之年，天下人民，十收八九，都是不敬天地，不孝父母，不敬長上，欺孤淩寡，以強壓弱，大秤小斗，欺害純良，貪財利己，騙人銀錢，拋散五穀，宰殺耕牛，應至於此。今將善惡著薄，付與大羅仙下界，查察有力行善者，並傳送此文，及供奉虔誦者，可免災厄。若有不信不敬者，但看兵燹之境，有田無人耕，有屋無人住，五六月惡蛇滿地出，八九月惡人滿地死。若人實力奉行此經，送傳頌者，不遭十難並十災：一災干戈動，二災煙火燃，三災日夜不安然，四災夫妻不團圓，五災兒女遭失散，六災惡人滿地攤，七災屍骨無人撿，八災有衣無人穿，九災有飯無人吃，十災不見太平年。

茲釋迦佛在山，觀見於末劫之年，又在山東降判此文，南海觀音大士法眼觀見眾生有難，彌勒佛令東嶽大帝關趙二將，糾察人間善惡。若有欺心魍魎，瞞心昧己，不忠不孝，遭此十災，先使米價大貴，降十難之外，還有十災，水災火災雷災風災虎災蛇災刀災瘟災饑災寒災。

釋迦佛掌天下，一萬二千年已滿，至此乃是彌勒佛接位。從庚申年起，天下人民多不向善，所以末甲子，五穀不登，人民饑餓死。若有不信者，難解此劫，果能奉行，方見清平，白銀二兩，

置米一石，積玉堆金，永享太平。有此經而不傳誦者，難逃此災。

　　周道台自京帶回此經，每逢清晨朔望，沐浴齋戒，焚香頂禮，虔誦此經。天師現在京城設醮，保求人民清吉，若有不信不敬者，兵燹之境，人民饑餓死病亡。若能刻送此經，或抄謄傳送者，自然天錫之福。每日虔誠敬誦三遍，能免水火之災，一人傳十，十人傳百，能免刀兵瘟疫疾病，枷鎖之災，造福無窮矣。

　　救急文

　　吾神不是別一個，乃是南海觀世音。只因凡人不好善，不敬天地與鬼神。開齋犯戒欺神像，拋散五穀壞良心。不孝父母侮長上，砍牛殺犬胡亂行。不信祖宗神明語，虛空過往糾察神。糾察神明察善惡，察明逐一奏天廷。玉帝見奏龍顏怒，即差雷部眾天兵。四海龍王接玉旨，要絕凡間這惡人。製就雷磚五百桶，要打奸民一樣平。要把人民饑餓死，放下五瘟收眾生。吾在南海荒忙了，西天去求如來尊。跪在天宮七日正，彌勒佛旨救凡民。吾在金闕玉皇殿，哀哀上告大天尊，上帝不肯發敕旨，吾苦跪了七日晨。當時發下洪誓願，苦渡眾生把善行。善惡二字說不盡，分斷明白與凡民。若還不信佛旨語，明年只管看假真。此文出在北京地，宛平所屬一地名。鄭家莊前李參政，所生一女李秀英。年僅二六十二歲，觀音洞內謝天恩。若有一人不向善，瘟疫收盡不留存。天降災厄將人收，天降水火收惡人。吾在空中施甘露，爾等務各施婆心，有行善者送一部，一家大小免災星。一人傳十十傳百，永世不墜地獄門。但願人民轉頭早，時刻朗頌觀世音，此經不准貼別處，要貼香火上面存。世上不知災難到，敬天敬地敬雙親。敬惜字紙免災厄，爾能向善天賜禎。十難十災俱消盡，同享清吉樂太平。

（六）附皈一道崇拜神靈一覽表

所見經典	神名	備注
傳家寶訓	無生老母	道中中心崇拜
	復陽帝君	即初祖趙萬秩，又名趙純一，亦稱普渡佛，復陽子。降壇次數最多，相當於一貫道的濟公。
	達摩老祖	
	觀音菩薩	
	淑德菩薩	
	鎮壇將軍	
	灶君	
	送生娘娘	
	土地	
登仙梯	太陽菩薩	道中重要崇拜之一，每日必須禮拜若干次。
	太陰菩薩	同前
	北斗星君	同前
	南斗星君	同前
	燃燈古佛	青陽期掌教祖師
	先天道祖	即李廷玉
	眼光聖母	
	朱熹	
	王天君	
三教正宗	釋迦牟尼	
	孔子	
	老子	又稱李老聃，太上仙，太上老君，元始天尊，降壇次數較前二教祖為多。
	純陽帝君	又稱呂祖，妙道天尊。
	鐵陽帝君	
	述聖	
	復聖	
救急文	彌勒古佛	白陽期掌教祖師。

	孚佑帝君	
	廣濟真人	
畈一寶訓	道濟老祖	即濟公，又稱道濟仙，濟公傻僧。
	慈濟真人	即第二代祖師李連苑。
	寬陽帝君	又稱孝一子。
	德濟真人	
	德真仙女	
	清貞仙女	
	仁貞仙女	
	堅貞仙女	
	志貞仙女	
	王靈官	
望家訓本	文昌帝君	
	李拐仙	於道中降壇次數甚多
	五殿閻羅	
	泰山聖母	
	明性古佛	
	養真菩薩	
	開濟真人	
	張飛	
	趙雲	
	張閣老	
	元陽仙	又稱元陽帝君，元陽子
	如迷子	
脫劫還元法	重陽真人	
	紫陽真人	
	永濟真人	
	普濟真人	
	宏教真君	
	崇教真君	
	勸善菩薩	
	柳仙	
	何仙姑	
	張仙子房	
	李仙道之	

	崔仙宗之	
	游仙康民	
	海蟾仙	
	白鶴仙童	
解人晨鐘	正陽帝君	
	渡世佛	
	轉極天尊	即鐘離
	接引天尊	即韓湘子
	金沙古佛	
	惺陽子	
	子思	
	劉拴姐	侍駕仙女
高王觀世音菩薩真經	地藏菩薩	
	除蓋障菩薩	
	妙吉祥菩薩	
	金剛手善菩薩	
	普賢菩薩	
	虛空藏菩薩	
聖眾佛訓	北斗紫英夫人	
觀音救劫仙方	關聖帝君	
太山娘娘新經	太山娘娘	

四、皈一道修持法則[2]

（一）煉氣

　　原人受生之初，在胞胎內，隨母呼吸受氣而成，與母聯屬，漸吹漸開，中空如管，通氣往來，前通於臍，後通於腎，上通夾脊泥丸，至山根而生雙竅，下至準頭而成鼻之兩孔，是以名曰鼻祖。

　　斯時我之氣，通母之氣；母之氣，通天地之氣；天地之氣，通太虛之氣，竅竅相通，無有隔閡。及乎氣數滿足，裂胞而出，剪斷臍帶，刓地一聲，一點元陽落於立命之處。自此後天用事，雖有呼吸往來，不得與元始祖氣相通，人生自幼至老，未有一息駐於其中。三界凡夫，塵生塵滅，萬死萬生，只為尋不著來時舊路耳。

　　太上之法，教人修煉而長生者，由其能奪天地之正氣。人之所以能奪天地之正氣者，由其有兩孔之呼吸也。所呼者，自己之元氣，從中而出；所吸者，天地之氣，從外而入。

　　人若根源牢固，呼吸之間，亦可以奪天地之正氣而壽綿長。若人根源不固，精竭氣弱，所吸天地之正氣，隨呼而出，身中之氣，不為己之所有，反為天地所奪，何也？蓋為呼吸不得其門而入耳。

　　一切常人呼吸，皆隨咽喉而下至中腕而回，不能與祖氣相

---

[2]　本節各條均係散見於各經中而實為各教徒所經常遵循的修持法則。前七條錄自《道法真傳》，第十一條錄自《指路西歸》，第十七條及第十三，十四兩條之乙項錄自《皂王經》，第十九條之乙項錄自《觀音救劫仙方》，其餘皆錄自《登仙梯》。

連。如遇飲水而口進腮出，即莊子所謂「眾人之息以喉」是也。

　　若是至人呼吸，直貫明堂而上，至夾脊流入命門，得與祖氣相連，如磁吸鐵，而同類相親，即莊子所謂「真人之息以踵」是也。踵者深深之義，既得深深，則我命在我，而不為大冶陶鑄矣。今之人有調息數息閉息，皆是隔靴搔癢，不得到於玄竅。此竅初凝，就生兩腎，次生其心，其腎如藕，其心如蓮，其梗中通如直，柱地撐地，心腎相去，八寸四分，中餘一寸二分，謂之腔子裏是也，乃心腎往來之路，水火即濟之鄉。欲固此竅，先要存想山根，則呼吸之氣，漸次通夾脊，透混元，而直達於命府，方為子母會合，破鏡重圓，漸漸擴充，則報本完固，救住命寶，始可言其修煉。

　　人之元氣逐日發生，子時到尾閭，丑時到腎堂，寅時到玄樞，卯時到夾脊，辰時到陶道，巳時到玉枕，午時到泥丸，未時到明堂，申時到膻中，酉時到中脘，戌時到神闕，亥時歸於氣海矣。

（二）調息

　　調息有四相：呼吸有聲者風也，守風則散；雖無聲而鼻中濇滯者喘也，守喘則結；不聲不滯而往來有形者氣也，守氣則勞；不聲不滯，出入綿綿，若存若亡，神氣相依，是息相也。息調則心定，真氣往來，自能奪天地之造化，息息歸根，命之蒂也。蘇子瞻養生頌曰：「已饑方食，未飽先止，散佈逍遙，務令腹空。當腹空時，即便入室，不拘晝夜，坐臥自便，惟在攝身，使如木偶，常自念言，我今此身，若少動搖，如毫髮許，便墜地獄，如商君法，如孫武令，事在必行，有死無犯。」又用佛語及老聃語：

「視鼻端自數出入息，綿綿若存。數至數百，此心寂然，此身兀然，與虛空等，不煩禁制，自然不動；數至數千，或不能數，則有一法，名之曰隨；與息俱出，復與俱入，隨之不已，一旦自住，不出不入，忽覺此息，從毛竅中，八萬四千，雲蒸雨散，無始以來，諸病自除，諸障自滅，自然明晝，定能生慧。譬如盲人，忽然有眼，此時何用，求人指路。」是故老人言盡於此。

　　調息之法，不拘時候，隨便而坐，平直其身，縱任其體，不倚不曲，解衣緩帶（腰帶不寬則上下氣不流通），務會調適。口中舌攪數遍，微微呵出濁氣（不得有聲），鼻中微微納之，或三五遍，或二三過，有津咽下，叩齒數遍，舌抵上齶，唇齒相看，兩目垂簾，令朧朧然，漸次調息，不喘不粗，或數息出，或數息入，從一至十，從十至百，攝心再數，勿令散亂。如心息相依，雜然不生，則止勿數，任其自然，坐久愈妙。若欲起身，須徐徐舒放手足，勿得遽起。能動行之，靜中光景，種種奇特，直可明心悟道，不但養身全生而已也。

（三）守祖竅

　　祖竅又名玄關，神寶，真土，黃庭，這個，總持門，希夷府，中黃宮，復命關，極樂國，虛空藏，西南鄉，戊己門，真一處，黃婆舍，守一壇，歸根竅，戊土己土，甚深法界，不二法門，先天主人，萬象主宰，太極之蒂，混沌之根，至善之地，凝結之所，玄牝之門，淨土西方，虛無之谷，黃中正位。

　　修丹之士，不明祖竅，則真息不住，而神化無基，藥物不全，而大丹不結。蓋此竅是總持之門，萬法之都，亦無邊傍，更無內外，不可以有心守，不可以無心求，以有心守之則著相，以無心

求之則落空，苦何可也？受師訣曰：「空洞無涯是玄竅，知而不守是工夫。」常將真我安止其中，如如不動，寂寂惺惺，內外兩忘，渾然無事，則神戀氣而凝，命戀性而住；不歸一而一自歸，不守中而中自守；中心之中既實，五行之心自虛。此老子抱一守中，虛心實腹之本旨也。

（四）採取工夫

盡人身真意，是為真土。真土之生有時，不由感觸，自然發生，雖輿中馬上，一切喧鬧之地，不能禁止，故曰真土。真土有二，戊己是也。土既有二，則意亦有二必矣。所謂二者，一陰一陽是也。

謂之真者，無一毫絲偽，若有一毫絲偽，即是用揆度謀慮，便屬虛假，非真意也。有此真意，真鉛方生。何謂有真意，真鉛方生？蓋動極而靜，真意一到，則入窈冥，此意屬陰，是為己土。陰陽相交媾，正當一陽爻動之時，自覺心中發現，暖氣沖融。陰陽相交，真精自生，其精即是真鉛，所謂水鄉鉛只一味是也。

陰陽交媾時，將判未判，恍恍惚惚，乃是靜極而動，此意屬陽，是為戊土。此時真鉛微露，藥苗新嫩，此乃有物有象之時，與平日幾希，一般撥動關捩，急忙用工採取，則窈冥所生真精，方無走失，所謂採取工夫。

（五）十少

一曰少思，二曰少念，三曰少笑，四曰少言，五曰少飲，六曰少怒，七曰少樂，八曰少愁，九曰少好，十曰少機。

夫多思則神散，多念則心勞，多笑則肝腑上翻，多言則氣血

虛耗，多飲則傷神損壽，多怒則傷腠理奔浮，多樂則心神邪蕩，多愁則頭面焦枯，多好則志氣遺散，多機則志慮沉迷。茲乃伐人之生，甚於斤斧；蝕人之性，猛於豺狼也。衛生者戒之哉。

（六）六害

一曰薄名利，二曰禁聲色，三曰廉貨財，四曰損滋味，五曰屏虛妄，六曰除嫉妒。六者有一，衛生之道遠，而未見其有得也。雖心希妙理，口念真經，咀嚼英華，呼吸景象，不能補其失也。

（七）三昧

三昧，梵語，其義為正定：正定者，屏絕諸緣，專一虛寂之謂。有四種：第一，於靜室結跏正坐；第二，專務行旋，皆九十日為一期；第三，半行半坐；第四，行坐任意。本釋教修養之法，今亦謂奧妙之處曰三昧。

（八）十惡

（甲）口四惡

惡罵第一造罪愆，罵人罵物皆惡端，天地神明懼記賬，來世斷不生人盤。

兩舌失迷性中誠，機巧辨詐誆愚蒙，口少實言無人信，空被人皮無真情。

妄言不管是與非，絕無敬心任口堆，不如先思後細問，出口動人能有為。

綺語談諧好戲言，不恭不重隨意玩，君子口中少戲語，詞和音雅悅塵寰。

（乙）身三惡

殺傷生靈心不仁，不順天理生物心，狠心傷命終喪德，報應來時斷本根。

盜賊之心愛相應，財帛時時掛在胸，黑夜白晝無他念，不知財帛由命中。

淫亂無知傷倫常，不顧體面喪天良，家敗身亡姓名醜，陰陽俱輕之子狂。

（丙）心三惡

貪得無厭苦追求，不論天良鎮日愁，那知天難隨人意，枉費心思速白頭。

嗔恨他人不隨心，挑是挑非自沉吟，不知處世時中妙，安能一視而同仁。

癡癡俗氣戀濁塵，恩愛牽纏名利真，忘卻輪回無盡苦，終是識淺認不忖。

以前十惡已講完，口有四惡當戒全，身有三惡斷別犯，心有三惡要細參。

（九）善基八則

一則誠意　意謂淫媒，至微至隱，人雖難知，神鬼早察，惟誠可止。

二則正心　心為身主，內正外自能方，凡所行之事，無論巨細，自歸至善。

三則慎言　言為心聲，仁人之言，藹然可聽，豪強之言，暴烈難聞，人能謹言，口過皆免。

四則敬事　事為身表，行合諸理，斯為善事，困不服眠，食

無求飽，方能抵得一敏字。

五則敬老　凡高年均屬長輩，要宜敬禮，如不能敬禮，則犯上之罪難逃矣。

六則慈幼　幼年無識，心花未開，皆為父兄之責，務加義方，誘歸正道，免致下流，其功莫大焉。

七則潔己　人之一身，祖宗所責望，子孫所觀法，一染穢行，畢生莫贖，潔而能貞，庶為完人。

八則勸人　為人為己，類同秉彝，人有差忒，如坐視不規，斯為忍人，焉能養其性天。

（十）壇規十誡

一戒壇室——凡設壇之地，務要整潔，不可令蜘網掛戶，穢柴滿池，雖不必高樓健瓦，總以潔淨為最。

二戒供饌——神非徒鋪，亦非徒啜，壇場諸供，每次不可不潔，即此小事，可知有無敬意，即宴賓客，尚有歡心，何得輕瀆如此。

三戒衣服——凡聽訓之際，不必夏羅冬皮，務須樸質為尚，浣潔為貴，所謂重內不重外，輕體不輕心。

四戒侍壇——凡聽訓主人，左右兩分，排若雁序，站如鵠立，方可內嚴外肅，聳然動心起畏。

五戒坐次——或合里，或同族，必以齒序，或以輩序。如有外客，始分賓主，庶免以少先長，以幼淩老之弊。

六戒覽訓——凡訓之所出，俱係仙佛聖神秘語，出苦登岸寶筏，不可滑口讀過，喧嚷一室，寶之珍之。

七戒喧嘩——凡聽訓之時，各宜平心靜氣。善男言論如豺狼

之聲，信女談笑如呢喃之音，均係不敬之過，皆當速改。

八戒出入──心靜自能體穩。仙佛賜訓未終時，不可心志懈怠，或有談論時事，或有假寐，自便細思，仙佛賜訓，果何為哉。

九戒眼界──眼為心賊，目之所注，心即動焉。以後避色，當如避箭，所謂大者未立，分者易奪也。

十戒煙葷──凡先天清淡之氣，最宜頤人。後天陰濁之質，實能害身，以後切忌。

（十一）念佛方便法門

每天早晨或晚上，洗了面，漱了口，燒了香，合了兩手，便向佛前，（若家中無佛就向西方）誠心念下面的佛號，香讚等偈。

香讚：

爐香乍熱，法界蒙熏。諸佛海會悉遙聞，隨處結祥雲。誠意方殷，諸佛現金身。

南無香雲蓋菩薩摩訶薩（三聲三拜叩）南無十方常住三寶（一聲三叩）南無本師釋迦牟尼佛（一聲三叩）。

讚佛偈：

阿彌陀佛身金色，相好光明無等論。白毫宛轉五須彌，紺目澄清四大海。光中化佛無數億，化菩薩來亦無邊。四十八願渡眾生，九品咸令登彼岸。

南無西方極樂世界大慈大悲接引導師阿彌陀佛（三聲三拜叩）南無阿彌陀佛（此號或念數百聲，數千萬聲，越多越好。）南無觀世音菩薩摩訶薩（三聲九叩）南無大勢至菩薩摩訶薩（三聲九叩）南無清淨大海眾菩薩摩訶薩（三聲九叩）。

懺悔偈：

我昔所造諸惡業，皆有無始貪嗔疾。從身語意之所生，一切我今皆懺悔。

發願偈：

稽首西方安樂國，接引眾生大道師。我今發願願往生，惟願慈悲哀攝受。

回向偈：

願以此功德，莊嚴佛淨土。上報四重恩，下濟三途苦。若有見聞者，悉發菩提心。盡此一報身，同生極樂國。（念此算完三拜九叩，再念三聲佛號退。）

如有極忙的人，或是有病的人，不能照上說的法子來念，便在早晨或夜間，把手洗淨，向了西方，或拜一拜，或作一個揖，把兩手合攏來，誠心念南無阿彌陀佛六個字，不要記遍數，並不限遍數，只要不快不慢的盡一口氣念下去，氣長一口氣十幾聲也好，氣短一口氣幾聲也好，連念十口氣，念畢再念上邊的觀世音大勢至清淨大海眾三位大菩薩的名號各一遍，再念上邊的回向發願偈一遍，再拜一拜或作一個揖，就算完事了。這就叫做十念法。照這個法子做起來，也一樣可以修到西方極樂世界去的，因為也是阿彌陀佛四十八個大願心裏的一個願。

又有一個隨時念佛的法子，無論在何時何地或在行止坐臥的時候，或在不淨的地方，均可隨時默念，以心念佛，以耳會音，使字字清楚，一心不亂，念到不念自念，自然有極妙的發見。當念時，須令鼻息極細，妄想不起，如起妄想，須隨起隨逐，此乃修淨土之最好方法也。拔一切業障根本，得生淨土陀羅尼。

南無阿彌多婆夜　哆他伽多夜　哆地夜他　阿彌利　都婆毗　阿彌利哆　悉耽婆毗　阿彌唎哆　毗迦蘭帝　阿彌唎哆毗伽蘭多　伽彌膩　伽伽那　枳多迦隸　娑婆訶

念佛雖能往生西方，超出三界，脫離輪回。但是孽重福輕，障深夙世，冤魔纏繞，怕難生西方。又特加一往生咒，能拔去夙世一切業障之根，冤不臨身，臨終時准能往生西方。此咒是很有利益的，在心淨的時候，應該要常常念的。

（十二）燃燈佛祖訓念佛法

汝性佛門來，課佛歸蓮台，西藏佛可念，此功記心懷。南無西方極樂世界，三十六萬億，一十一萬九千五百，同名同姓，渡世祖師，阿彌陀佛。

念藏佛一遍，勝念他佛百遍。面朝西南，一遍一叩，共念萬二千遍。印送此訓千二百張，永居蓮界。配智慧丹，自食人食，一料一功。

茯神–兩遠志–兩棗仁炒–兩龍骨+兩鹿角二十兩（蜜面為丸，如綠豆大，每服三十，開水送下。）

四字佛號，阿彌陀佛；六字佛號，南無阿彌陀佛；十字佛號，大慈大悲南無阿彌陀佛：或口念字字念真，或心念字字留心，或緩念一字一氣，或急念一氣數遍。或用佛光以調和氣，大字到臍，慈字到膝，次大字到足，悲字到腳跟，南字到腿灣，無字到腿跟，阿字到脊骨，彌字到玉枕，陀字到頭頂，稍停半刻，緩緩從鼻放出，名繞身佛。此工常用，氣順血活，百病不生。再能為善，名記天宮。

（十三）拜太陽[3]

（甲）禮拜太陽神咒（一遍一吸，借光取氣。）

東方結璘大帝君，仁同天地恩同春。大公無私能普照，去寒添暖養人身。我今朝拜添和氣，再學仁德如春溫。凡事多問多商議，不敢迷糊似雲陰。學的明德同日月，曾勸世界出迷津。功圓果滿心無蔽，永證無上純陽真。

（凡誦此咒一句一叩念三遍畢叩三十六。）

（乙）太陽星靈應經

太陽明明諸光佛，四大神洲鎮乾坤。太陽日出滿天紅，曉夜行來不住停。行得快來催人老，行得慢來不留停。天上無我無曉夜，地下無我少收成。家家門前都走過，倒惹眾生叫小名。惱了日神歸山去，餓死黎民苦眾生。個個神明有人敬，那個敬我太陽神。太陽冬月十九生，家家念佛敬香燈。有人傳我太陽經，闔家老少少災星。無人傳我太陽經，眼前就是地獄門。佛說明明諸光佛，傳與善男信女們。每日早晨念七遍，永世不走地獄門。臨終之時生淨土，九泉七祖盡超身。有福念我太陽經，世代兒孫福祿深。

（太陽星二月初一日升殿之期，十一月十九日聖誕之辰，香燭素供慶賀。）

---

[3] 第十三，十四，十五，十六各條所錄的拜太陽，拜太陰，拜北斗，拜南斗四項，是皈一道徒修持法則中最重要的幾條，也就是他們每日必行的工夫。禮拜時除拜所錄神咒外，拜太陽時另叩六六三十六個響頭，計叩六次；拜太陰時也如是；拜北斗時則叩七七四十九個響頭，計叩七次；拜南斗時也為六個三十六。總共禮拜一次為九百餘個響頭。每日分子午卯酉四個時辰禮拜四次，故道中號稱每日四千響頭。

（丙）先天道祖──細解頓首拜太陽

天晴好似冷衣綿，善友層層跪佛壇。今日開方增汝暖，加工練熟可當寒。

對太陽手舉拱一心志誠，心不雜氣不亂渾身安寧。先叩齒叩三叩咽津一遍，有咳痰吐淨了莫咽胸中。叩九叩咽三咽咽喉潤澤，再默念太陽咒切莫出聲。念一遍念完了雙膝齊跪，雙手落齊著地左右勻停。學頓首有發處方可著地，響一響挪一挪著地莫重。一連串十三叩聲聲要響，響完了鼻中哼氣出無聲。眼中火頭中火鼻中撒去，口中哈也能以治去耳聾。逢晴天晌午時方可習練，若陰天或寒冷不必用工。每三次共用了三十六遍，磕響頭除病氣免去頭疼。雙手落雙手起兩膀用力，磕完了晃雙膀哼哈皆通。雙膝跪一齊落一齊跕起，叩完了搖雙腿也去腿疼。此工夫能煉丹越用越好，不煉丹用長了筋骨輕鬆。壯身法多行善有神顯驗，若作惡神不佑魔鬼加刑。勸汝等勸煉此暖身妙法，添氣力減病災貌顯神容。

（十四）拜太陰

（甲）禮拜太陰神咒（念日月咒，起拜跪叩。）

光明世界夜中燈，照開煙霧亮洪濛。三界十方俱洞徹，八萬由旬鏡在空。我今叩拜求清氣，凡火消散二目中，桂花賜我香滿體，百骸清淨百脈通。供奉鬱儀仙君位，三十六叩廣寒宮。元氣出殼升天月，祈將昏濁盡掃清。

（學十惡解，習四聖經，改過遷善，自然靈通。）

（乙）太陰佛靈應真經

太陰菩薩向東來，天堂地獄九重開。十萬八千諸菩薩。諸佛

菩薩兩邊排。諸尊佛現無雲地，出水蓮花旱地開。頭帶七層珠寶塔，婆娑世界眼光明。一佛報答天地恩，二佛報答父母恩。在堂父母增福壽，過世父母早超生。若有善男信女者，虔試曉夜念七遍。抵得一卷太陰經，災殃病危不相侵。

（太陰菩薩八月十五日朝元之日，宜齋戒沐浴，潔淨香花，菜茶供奉。）

（十五）拜北斗

（甲）禮拜北斗真言

北斗解厄天尊　大聖北斗七元君　北斗第一魁星君　一跪七叩
北斗第二魁星君　一跪七叩　北斗第三魁星君　一跪七叩
北斗第四魁星君　一跪七叩　北斗第五魁星君　一跪七叩
北斗第六魁星君　一跪七叩　北斗第七魁星君　一跪七叩

淨面淨手口，焚香拜北斗，一句一叩拜，共念四十九。能解：三災厄，四殺厄，五行厄，六害厄，七傷厄，八難厄，九星厄，夫婦厄，產生厄，復連厄，疫癘厄，疾病厄，精邪厄，鹿狼厄，蟲蛇厄，劫賊厄，枷棒厄，橫死厄，咒誓厄，天羅厄，地網厄，刀兵厄，水火厄。

（乙）拜本命北斗法

子日生人拜貪狼。丑亥生人拜巨門。寅戌生人拜祿存。卯酉生人拜文曲。辰申生人拜廉貢。巳未生人拜武曲。午日生人拜破軍。

（十六）拜南斗

南斗第一魁星君　一跪六叩　南斗第二魁星君　一跪六叩

南斗第三魁星君　一跪六叩　南斗第四魁星君　一跪六叩
南斗第五魁星君　一跪六叩　南斗第六魁星君　一跪六叩

（十七）灶王經

進廚房常存恭敬，敬灶王口念真經。遵十戒諸惡莫作，持佛法眾善奉行。東廚司命，九皇灶君，居台前，顯威靈。善惡奏天廷，賜福宅中，家家保安寧。南無灶君王菩薩摩阿薩。

這一部灶王經何人留下，有西天有佛爺自古創成。唐三藏去取經帶來東土，傳流到普天下苦勸眾生。灶王爺司東廚一家之主，一家人凡作事有的分明。誰行善誰作惡件件同記，每個月三十日上奏天廷。只要你肯行善存心正道，常言說積善家吉慶多增。你若是心裏壞行了惡事，老天爺降災殃決不留情。家家有灶王爺不知尊敬，他掌著善惡本記得更清。灶王爺聖誕日人不祭祀，坐東廚太冷淡禮上不通。秋八月初三日聖誕節期，說與你普天下大眾齊聽。有善男合信女燒香上供，一家家各戶戶同點明燈。又增福又增壽無災無害，只要你秉真心口念真經。若有人把真經傳流世界，保佑你光景好子貴孫榮。讀書人敬灶王名登金榜，種田人敬灶王五穀豐登。手藝人敬灶王諸般順利，生意人敬灶王買賣興隆。在家人敬灶王身體康健，出外人敬灶王到處身安。老年人敬灶王眼明腳快，少年人敬灶王積下陰功。世間人往往的捨近求遠，遠燒香多趕廟千里路程。灶王前你若是誠心禱告，無論你什麼事都敢應承。只要你存好心多行方便，能與你一件件轉奏天廷。為名的管保你功名顯達，為利的管保你財發萬金。有病的管保你疾病全好，求壽的管保你年過幾旬。求兒的管保你生育貴子，有子孫管保你連科高升。見玉皇能給你多說好

話，禱必靈求必應有事如心。只要你孝父母恭敬兄長，只要你親宗族和睦鄉鄰。行仁義顯廉恥各按生理，守本份學良善忍辱讓人。灶王下秉真心奏知上帝，玉皇爺慈悲發永不屈人。有一等歹婦人心腸毒狠，惹是非招口舌罵斷四鄰。說人長道人短欺大壓小，氣翁姑罵妯娌坐踐男人。有一等奸詐人口善心惡，對著人說好話背地黑心。說真話賣偽藥彌陀枉念，這等人天不饒鬼神難容。心不好莫說你吃素行善，做好人行好事方得安寧。眾善人你要想諸事順利，廚房裏要乾淨朔望明燈。我與你傳流下廚房十戒，眾善人一個個牢記在心。一不許到灶前刮鍋響碗，敲鍋鏟刀板響家破人窮。二不許到灶前赤身露體，不像人沒廉恥腦怒神明。三不許到灶前大解小便，尿屎盆臭氣物遠離廚中。四不許到灶前涕唾吵鬧，頡葫蘆摔馬勺神不安寧。五不許到灶前指豬罵狗，數黃瓜道茄子任嘴胡云。六不許牛馬糞破鞋亂底，雞毛骨葱蒜皮推入灶門。七不許烤破衣烤鞋烤腳，小衣兒婦女衫烤在灶門。八不許輕五穀拋米撒麵，有剩茶合剩飯施與饑人。九不許無故的殺雞宰鴨，吃齋人要行善戒殺放生。十不許吃牛肉並吃狗肉，牛耕田狗守夜大有功能。眾善人記準這廚房十戒，又消災又免難福祿多增。若再能聽我勸敬惜字紙，生貴子作高官到處揚名。到八月初三日果知尊命，我保你一家人有顯有靈。若把我灶王經敬念一遍，闔家人保平安百病不生。常念我灶王經幾千萬遍，多增福多增壽輩輩高封。若有人將此經廣傳遠送，登天堂免地獄不老長生。倘有人不遵信不傳不說，管叫他受貧窮孤苦伶仃。倘有人見真經不恭不敬，管叫他女有病男受官刑。倘有人毀謗我坐踐經典，暗地裏使陰兵斬你靈魂。行善的作惡的由你自造，該降福該降禍任我施行。

　　（凡見此經者，須要誠心多念，可免刀兵水火，盜賊之苦，

能除諸病瘟疫之災。至於求名，求利，求子，求壽，無不靈驗。若告鄰里親友，讓他八月初三日，誠心禮拜，焚香念經，增福增壽。抄寫傳人，功德無量。若不念，轉送他人。）

（十八）咒語

（甲）放生咒

領命放生靈，過往神明聽。本地靈官護，護佑眾生靈，放去一切命，不准人傷生。急急如皈一道律令。

（乙）淨生咒（又名淨身咒）

以日洗身，以月煉形。仙人助力，玉女修容。二十八宿，贊吾成能。千邪萬崇，遠離身中。靈寶天尊，安寓身形。弟子魂魄，五臟宣明。青龍白虎，墜障紛紜。朱雀玄武，侍為我真。急急如皈一道律令。

（丙）六字穩心咒

唵嘛呢叭迷吽──（唵字到臍，嘛字到右肋，呢字到心，叭字到左肋，迷字聚氣在丹田，吽字放出，五吸一放。）

（丁）聰明咒

唵摩囉摩囉　三摩囉因他利醯　尾秫利耶　尾秫拖耶　唵摩囉摩囉室哩耶　娑婆訶（每念此咒先焚香，叩拜觀音下天堂，將我愚魯變智慧，情願伺候不嫌忙。）

（戊）燃燈佛祖解冤咒

供養皈一門，佛仙與聖神。三天眾道祖，萬古諸真人。三界宗三教，萬法開萬門。賞善罰惡品，勸善戒惡魂。同心辦普渡，弟子供養心。南斗注生，北斗注死。三皈一門急急如律令。

（解冤一共十八咒，惟有吾傳最靈應。弟子誰求誰跪懇，細

聽佛祖將咒明。凡誦此念，須要正幹，戒葷戒色，淨口淨面，焚
香焚表，叩拜細念。一次一百零八遍，共念一萬零二千。印送一
千二百頁，能解已往將來冤。）

（己）往生神咒

囊謨（念那木）　阿彌多　婆夜多　他伽哆（念托家多）　夜
哆夜他　阿彌利　都婆毗　阿彌利哆　悉耽婆毗　阿彌利哆
毗伽蘭帝　阿彌利哆　毗伽蘭哆　伽彌膩　伽伽那（念家拿）
枳多迦隸　娑婆訶

（庚）護身經

佛說護身經，念給山神土地聽。上有青天佛靈寺，下有波羅
偈地神。東獄天齊龍霄殿，南有觀音在江心。西有西天佛靈寺，
北有真武諸煞神。一條大路朝前行；左邊觀世音，右邊觀世音，
南無八戒佛，哼哈阿彌陀佛，八大金剛，四面韋陀，後邊靈官，
南無阿彌陀佛。

（辛）眼明經

眼光聖母，慈悲救人。弟子眼病，求先添神。戒去燥心，心
清頭新。善貫一體，普照乾坤。

（凡有眼病者，面向東北方，焚香焚表，行三跪九叩禮，念
三遍立刻見效。每日三次，求之無不靈應。齋戒十日。）

（壬）彌勒降魔歌

魔來磨我我磨魔，靡得眾魔沒奈何。志堅磨得魔束手，全在
心存彌陀佛。

（十九）符錄

（凡書符時，淨手淨面，漱口焚香，然後依次念以下咒語。）

（一）紙咒：楮玉之精，天靈地靈。皈一法語，萬古遵行。急急如三皈道祖律令。（念三遍，吹氣一口於紙上。）

（二）水咒：情靈清空，潤物發生。滌淨塵垢，濕透朱精，急急如三皈道祖律令。（念三遍，吹氣一口于水中。）

（三）朱砂咒：丹石鎮凶，魔滅鬼崩。研書靈符，三界通行。急急如三皈道祖律令。（念三遍，吹氣一口於朱砂上。）

（四）硯咒：天圓地方，石精吉昌。磨來朱細，潤透筆芒。急急如三皈道祖律令。（念三遍，吹氣一口於硯上。）

（五）筆咒：管圓毫尖，揮寫通天。書畫靈符，吞帶悟仙。急急如三皈道祖律令。（念三遍，吹氣一口於筆上。）

至於所書的符，通常有二種：

（一）先天道祖賜符

用刷黃表，面向外，朱砂新筆書寫。日誦十惡解一遍，回聖經一遍，符佩心間，諸魔皆去，吉星照臨。

两日日魑　两月朋魁　两明明魑

（二）觀音菩薩賜符

硃書貼神龕上面，朝夕供奉虔誠禮拜，可保清吉平安。

五、飯一道經典提要

（一）了凡訓子書

明萬曆袁了凡著，民間流行的勸善書。

（二）三教正宗

民國三十一年，釋迦牟尼等乩訓，無印刷處，8 頁，20×13.5cm，有光紙鉛印。

包括己卯七月十二日寧津縣和莊慈善壇釋迦牟尼訓，己卯九月十二日同地老子訓，庚辰四月十二日同地孔子訓，戊辰三月十九日樂陵縣官道劉莊述聖復聖合降壇訓等共四篇。

前有贊一道：

飯一闡教，應運宣化。挽回劫運，普渡皇芽。有根有緣，速登寶筏。誤入旁左，難脫劫煞。飯一大道通天地，不二法門冠古今。

後有鐵陽帝君，復陽帝君，純陽帝君詩六首，下舉二詩為例：

鐵陽帝君詩訓

皈一明渡慈船撑，皇胎得道反本宗，先天一貫中庸理，口訣明洩渡蒼生。

純陽帝君詩訓

飛鸞開化數十秋，設立壇場遍九洲。濟濟往來多善士，有根還數皈一流。

（三）三教普渡

民國三十三年，清真仙女等乩訓，37頁，22.5×15cm，毛邊紙抄本。

計有乩訓十六篇：壬午年十月十二日清真仙女訓一篇，十二月十二日李鐵拐訓一篇，癸未二月十八日敦化壇請李鐵拐訓一篇，又尚德風求曾祖父母訓一篇，三月二十三日劉貴榮了冤乩訓一篇，四月十四日復陽子訓一篇，及侯鄭氏求母家訓一篇，六月十四日復陽子訓一篇，六月十九日泰山聖母訓一篇，癸未六月二十四日堤下王莊訓一篇，又土地灶君訓一篇，七月十二日求雨訓一篇，又開濟真人訓一篇，又蘇楊氏求塋家訓一篇，又七月十三日求雨訓一篇，七月十四日天德壇請城隍訓一篇。

其中第二篇的內容，最饒意味，為秘密宗教中所有壇訓別開一生面。茲錄前半段於後：

心不於其鏡中花，水餅難餐難安暇。鳥雀木啄空勞力，何如意篤超塵沙。

吾如迷子也

瘋痰壇主愚魯乩，傻仙又來乩筆提。呆人難說聰明話，顛三倒四化塵俗。

吾拐仙也

　　傻李仙臨壇來提乩心愁，說甚麼精巧語沙盤遺留。說天盤講地理幾人知透，說五倫合五常人亦扔丟。作詩詞並歌賦幾人悟有，說淺言並俗理笑破咽喉。想想想想不起何言談吐，難難難難壞我傻仙迷頭。無言論雨淚落濕了袍袖，哭哭哭兩眼紅無方言留。如迷子觀李仙言難論吐，上壇來勸勸他莫要悲愁。

　　咳呀，李仙莫過於悲。空有救世之心，無遇挽瀾之時，天運不及耳。一時龍跳三江外，鳳鳴百雀山，祥瑞發明而有定世之人，但等時耳。咱今世情不論，借佳期與眾會面，作一酒令，神人以消悶倦，我說爾對。

　　田字不透風，十字在當中，十字推上去，古字贏三盅。

　　對來對來。李仙聞言答而不能，三盅而盡。又曰：

　　回字不透風，口字在當中，口字推上去，呂字贏三盅。李仙心中楞，一氣又三盅，范仙哈哈笑，又將酒令行。困字不透風，木字在當中，木字推上去，杏字贏三盅。李仙無言對，任其飲酒醉。范仙又講論，酒令說出唇。囹字不透風，令字在當中，令字推上去，含字贏三盅。李仙無言答，低頭想妙法。一時即得之，說我能回答。曰字不透風，一字在當中，一字推上去，一口三大盅。

　　酒令已畢，李仙飲醉，不論是非，亂云一堆。

（四）太山娘娘新經

　　光緒三十三年，碧霞元君乩訓，陵縣城東郭家莊止善壇印，5頁，20×12cm，毛邊紙木板。

　　全書僅碧霞元君（天仙聖母），攜王靈官於德州城東王官莊壇訓一篇。

（五）白衣神咒靈驗記

民國二十五年，北平中央刻經院印，12 頁，20×14cm.，有光紙鉛印。

共有觀音大士聖像四幅，白衣觀音大士神咒一篇，靈異紀十三則，及念佛方便法門一篇。此書坊間極流行。

（六）乩著大王經

見民國三十六年 6 月 25 日天津民國日報「邪教皈一道被查抄」消息中所載。

（七）呂祖救劫文

無年代，呂祖乩訓，民國十四年，濟南同善書局重印，12 頁，16×13cm，有光紙鉛印。

計呂祖十言乩訓兩篇。後附治癲狗咬傷經驗救急神效方。

（八）灶王經

民國三十二年，趙各莊畢興石印局印，14 頁，18×12cm，報紙石印。

計灶王經一篇，太陽星靈應經一篇，太陰佛靈應真經一篇。

（九）佛教理源

民國三十一年，釋文靜輯，天津河東金家窰震東善書局印，10 頁，18.5×13cm，報紙石印。

此經為天津李家嘴萬善朝陽禪寺住持文靜所輯。內容為乩訓三篇，第三篇有詩曰：「萬法歸一佛如來，抱元守一仙道胎，執

中貫一聖賢理，三教同源普渡開。」觀此則此書似亦屬皈一道。然此後則純係佛家道理，並有受戒儀式等。

（十）佛仙聖訓

見「邪教皈一道被查抄」消息中所載。

（十一）皈一寶訓

民國三十一年，寬陽帝君等乩訓，27 頁 24.5×14cm，毛邊紙抄本。

本書抄寫至為雜亂，想係一降壇時隨壇抄錄之本。計乩訓十三篇：辛巳年六月十一日寬陽帝君一篇，六月五日又一篇，六月二十九日天津西門里王宅請德貞，清真，仁真，堅貞，志貞等仙乩訓一篇，又王宅楊氏望家訓一篇，七月十五日純陽呂祖訓一篇，七月二十九日道濟仙訓一篇，八月十五日眾真壇請呂祖訓一篇，八月十七日梁王氏求望家訓一篇，郭楊氏求父親望家訓一篇，八月十九日復陽子訓十位新來信婦訓一篇，八月二十八日楊氏望家訓一篇，八月初九日張家口南菜園子李宅請復陽子訓一篇，前六月二十四日不二壇請復陽子訓一篇。

（十二）皈一化迷真言

民國三十一年，呂祖等乩訓，16 頁，22×14cm，毛邊紙抄本。

計有辛巳年九月呂祖降安中信問冤了清否訓一篇，戊寅年正月十九日正陽帝君降甯津縣尚家集訓一篇，無極老母二十四哭一篇，辛巳年三月十二日晚復陽帝君帶領安忠信三代祖光降安忠信

求望家訓一篇，道濟仙訓一篇。

（十三）皈一逢母經

見「邪教皈一道被查抄」消息中所載。

（十四）苦海收元

民國三十年，呂祖等乩訓，32 頁，24×15cm，抄本。

內容為辛巳年七月十五日山東陵縣東皈一殿大壇訓一篇，純陽降。庚辰年七月二十日惠民宋家集訓壇主宋登緒一篇，灶君降。已未年二月初一日清河縣台頭村結太陽會請乩訓一篇，太陽大帝降，前有降壇詩曰：

我是珠光佛一尊，照臨萬戶與千門。扶桑出候十方亮，崑崙入時五夜昏。

自古及今明宇宙，從高而下傳乾坤。善男信女將吾敬，添暖去寒沛大恩。

其餘亦係三三四句法，敘述太陽威力，及行為善惡得太陽之多寡，又拜太陽之方。

（十五）指路西歸

民國三十五年，呂祖等乩訓，保定中新街皈一佛教社新印，42 頁，18×13cm，報紙石印。

內容：甲申年正月十一日山東德州圈劉莊皈一佛社乩訓一篇，純陽仙降。民國三十五年八月初一日保定皈一佛社乩訓一篇，純陽仙降。三十五年二日初一日保定皈一念佛社乩訓一篇，純陽仙降。附念佛方便法門。

（十六）高王觀世音菩薩眞經

光緒元年，觀世音說，北平文錦齋刻字鋪印，9 頁，16.5×10cm，毛邊紙木板。

內容：主題為佛說高王觀世音經一篇，及誦此經時的開經偈，淨身真言，淨口業真言等。後並附有誦此經的感應六條。

（十七）修道眞言

宋白玉蟾著，上海宏大善書局印，32 頁 20×13cm，有光紙鉛印。

前有同治元年三月十三日「太白金星李」降筆於秣陵至善壇序一篇。內容為道教之語錄。

（十八）孫眞人慈航丹方

無年代，孫真人著，抱朴草堂錄，36 頁，19×14cm，毛頭紙抄本。

內係藥方一種，及換用一百種藥引方法。此一百種藥引，可治一百種不同病症，皆關婦女者，非講道經典。

（十九）望家訓本

民國二十九年，太上老君等乩訓，慈善壇存，34 頁，23×16cm，有光紙抄本。

內乩訓計 9 篇：民國十七年六月十五日和莊設壇請太上老君乩訓，同日觀音大士乩訓，六月十九日李氏望家訓，丁丑年五月二十二日李漢之請三代宗親臨壇乩訓，己卯年四月二十五日和莊望家訓，己卯年四月二十五日下午乩訓問各大碼頭有何大劫否，

二十八年三月十三日李氏望家訓，二十八年四月二十一日上午李
氏望家訓，十一月十二日慈善壇乩訓飯一根源。

（二十）脫劫還元法

　　民國元年，復陽帝君等乩訓，德州城東王官莊存板，44 頁，
22×14.5cm，有光紙木板。

　　內容計乩訓 24 篇：前二月二十四日王官莊訓，二十六日吳
橋城西北水坡街復陽帝君訓，二十六日宋莊呂祖訓，二十九日大
曹家莊何仙姑訓，三十日德州城東北南金莊呂祖訓，觀音菩薩樂
源頭，呂祖學忍積福訓，如來佛祖金丹秘訣（三月初五日黑龍潭
乩訓），三月初六日大封街總壇訓，呂祖仙師脫劫敦倫訓，呂祖
固本源，復陽帝君壯身延壽丹訓，六月十三日泰安上馬莊呂祖乩
訓，八月二十四日不二壇呂祖訓，初六日徽王莊呂祖乩訓，初十
日紅廟張莊無生老母乩訓，十一日魏家寨復陽帝君乩訓，十三日
五都庵莊復陽帝君乩訓，十四日解家河口呂純陽乩訓，十五日王
家樓無生老母乩訓，十七日鞍子馬莊無生老母乩訓，十八日抽絲
劉莊觀音菩薩乩訓，十九日禹邑城西南任莊復陽帝君乩訓，二十
一日宋莊純陽子乩訓，九月二十三日劉家橋純陽子乩訓。

（二十一）救急文

　　無年代，彌勒佛等降文，無印刷處，9 頁，23×14cm，毛邊
紙木板。

　　有天降救急文（代序）一篇，救急文一篇，純陽祖師救急文
一篇。

（二十二）渡世聖訓

見「邪教叛一道被查抄」消息中所載。

（二十三）善惡明言

民國三十二年，無作者，天津河北金家窰震東印刷局附設三教善書印經院重印，34 頁，18×12cm，報紙石印。

開書第一面說：「世事人情莫法說，也有善來也有惡，行善只嫌行善少，作惡不怕作惡多，人有善惡天有報，吉凶禍福在人作，陽世王法親眼見，陰司地獄不必說，酒色財氣四大害，誰肯捨了念彌陀。」以下轉「言前轍」共七言歌詩 258 句。

（二十四）雲城指向

民國三十五年，無作者，畢相魁錄，4 頁，22×15cm，毛邊紙抄本。

僅雲城指向一篇，係敘述叛一道道統者。

（二十五）登仙梯

光緒三十三年，復陽帝君等乩訓，無印刷處（尚有民國廿八年天津金家窰震東印刷局翻印本一種），24 頁，20×13.5cm，有光紙木板。

計光緒三十二年正月十五日復陽帝君趙仙乩訓壇規一篇，光緒二十六年六月初八日孚佑帝君訓八則十戒一篇，王天君立壇場規矩，光緒二十二年夏四月朱熹夫子十惡解乩訓，光緒二十一年冬月燃燈佛祖訓，及各種經咒等。

（二十六）道法眞傳

無年代，無作者，11 頁，24.5×14cm，抄本。

內容皆修持之法，非仙佛降乩，不知錄自何書。

（二十七）萬勸合宗

光緒三十四年禹城正北紅廟張莊飯一壇印，無作者，18 頁，22×13cm。

計十不爭一篇，賈桂莫勸夫到五更一篇，及親恩十條，勸化歌，又勸化歌，節儉十富歌，敗蕩十窮歌，戒刁說等共八篇。

（二十八）聖眾佛訓

光緒三十二年，觀世音乩訓，北平四寶齊刻字鋪印，15 頁，19×12.5cm，毛邊紙木板。

內容為觀世音所著訓文 13 篇，計各盡其道，兒子盡道，婆母盡道，媳婦盡道，丈夫盡道，婦人盡道，兄弟盡道，妯娌盡道，女婿盡道，寡婦盡道，勸女賢，勸家道，十歡歌等各一篇。

（二十九）傳家寶訓

民國三十一年，無生老母及王蘭亭等乩訓，天津篤善壇印，83 頁，26×15cm，有光紙石印。

除無生老母，呂祖，達摩，觀音乩訓各一篇，復陽帝君乩訓兩篇外，其餘八篇皆為王氏望家訓。

（三十）經本日誦

民國三十六年，趙光壁訂，3 頁，24×15cm，毛邊紙抄本。

內容係教徒每日念佛儀規，係錄自指路西歸最後一節者。

（三十一）醒孝歌

民國三十二年，無作者，天津震東印刷局印，12 頁，18×13cm，報紙石印。

內容計醒孝歌一篇，除西江月一首外，共十言歌詞 296 句。

（三十二）醒人晨鐘

民國二十七年，正陽帝君等乩訓，尚家集敦化壇印，62 面，19×13cm，報紙石印。

皈一子序文一篇，太上仙，元陽仙，呂祖乩訓各兩篇，正陽帝君，鐵陽帝君，柳春峰，觀音，金沙古佛乩訓各一篇，呂祖，韓湘，鐘離合降乩訓一篇，本篇訓文全文及定壇詩皆用貫頂方法。按此法於皈一道或一貫道等秘密宗教中平日降壇時皆甚常見，但因只顧貫頂，訓文多不成句，故印出者少。本篇尚為較佳者，全文較長，未能錄附於此。

（三十三）孽鏡辨心錄

民國三十五年，關公等乩訓，慈光社校訂，中華印書館印，38 頁，19×12cm，毛邊紙鉛印。

內容為輔法帝君，關公，濟公等降壇，搁來孽鬼 16 人，令各作一訓，述其生前作孽經過，死後地獄受苦情形。此十數人皆影射近代人物，惟未提其名。

（三十四）魔王經

見「邪教飯一道被查抄」消息中所載。

（三十五）觀音救劫仙方

民國十五年，觀音等乩訓，普化壇重印，21 頁，18×13cm，有光紙鉛印。

即黃天道經典慈航寶訓的另一版本。

（三十六）觀音夢授經

光緒二十一年，觀音授，無印刷處，28 頁，21×12.5cm，毛邊紙木版。

係一佛教信徒夜夢觀音所授訓文一段，並附解說。

（三十七）靈應救苦了言經

無年代，如來我佛乩著，9 頁，25×13cm，毛邊紙抄本。

此經包括乩文一篇及神咒一篇，皆不似近年所著。從紙質及抄寫墨蹟推定，至晚亦為三十年前的遺物，其詞句也較通順，或係襲自別教者。如：

有人持誦了言經，相伴教主不下生。有人不誦了言經，永遠四生墜定根。有人聽誦了言經，免他不入地獄門。一切諸佛都掌教，觀音老母度苦行。立下當陽花世界，修造白陽寶殿宮。龍宮海藏天主定，海現無生舊原身。凡聖造化托世界，無極當來道不行。子丑運行乾坤滿，號起一聲大地驚。

全篇共訓文 188 句，前有短序似謂本訓係太上老君所降。但訓之開端，又有「我佛留下經一本」，及「古佛救苦了言經」等

句，故可斷定為如來我佛所著。後有咒文一篇，多係梵文譯音，亦教徒所持誦者。

天津在理教調查報告
（1940─1963 年）

　　在理教又稱理教、理門，歷史上曾稱在禮教、白衣道，某些地方還稱為理道、八方道、理善會。本也屬民間秘密宗教之一，清中葉後已變為公開宗教團體，清末即已被官方承認。准其活動，民國十七年正式在政府立案，民國二十二年組織了全國性的領導機構「中華全國理教聯合會」，地點在上海，委員長為張一塵。天津、北京旋也成立。天津理教聯合會委員長蔡俊元，北京理教聯合會委員長李毓如。以後各地也相繼組織，教名也統一為「理教」，而民間仍多以在理教、理門稱之。雖然如此，但其內容一直還保有一定程度的秘密性質。

　　很多人把「在家裏」誤會為在理教，不知「在家裏」本是青幫的一個支派，後來「青幫」與「在家裏」兩種名稱混而為一，它與在理教根本無關。青幫或在家裏是秘密結社，在理教是秘密宗教。或者由於在理教在東北的一支曾傳於「馬賊」之中（見平山周：《中國秘密社會史》第一章，商務印書館 1927 年版；金老佛：《江湖秘密規矩‧變相之白蓮教》，上海大通圖書社 1937 年

版），而在天津的一支曾流傳於「腳行」之中。「馬賊」、「腳行」是經常鬧事的，於是也有人把在理教與歷史上策動農民起義的秘密宗教相提並論，其實在理教從未有過起義性質的活動。

在理教有了全國性的領導機構，並不意味著一切都統一了，相反的，各地所傳除基本道理外，仍是各有其宗派的，甚至就在一個地區之內，也會有許多差異（如天津的就分成「五方派」與「六方派」），這在談到他們的道統時表現更為突出。宗派繁多各不相屬，也說明在理教傳播之盛。據王韜：《天津市概要》（1934年版）的統計，僅天津一地「每年入教者平均約四千人，全體教徒則不下十餘萬人」。天津是在理教的發源地，全市在理教的公所當時共有 112 個，確是全國在理教最盛的城市。北京，上海的在理教徒也不少，分居第二位、第三位；以省份論，也是河北第一，江蘇第二。此外山東、河南、安徽、江西以及東北各地，數量也不少。其他省份中，許多也都有在理教的傳播，其勢力並不如上述為大。李恩溥：《理教答問憶錄・經憑總論》中說：「至今四萬萬同胞，至少也有一萬萬在理的。」這是無稽之談。末光高義：《中國的秘密結社與慈善結社》第二十一章中說：「現在中國全國各地創立的在理教公所約有三千多個，全國信徒約有三十萬，也許是三千萬。」這也是靠不住的。但從這類資料也多少可以看出在理教盛傳的情況。

這個報告以在理教發源地──天津為主。初稿成於 1948 年，現加補充修改。

一、在理教的源流

在理教是什麼人、什麼時候，為什麼創立的？據我所知各地

在理教中至少有下列幾種說法，第一種是說創教人為羊來如，時代是清初，創教是為了潛隱，勸人戒煙酒。後來傳至尹來鳳，於乾隆三十年在天津正式成立了在理教。

> 始祖姓羊名宰字廷賢，在儒學名羊宰，道號來如，生於明天啟元年正月十三日，籍隸山東即墨縣，崇禎進士。甲申闖亂，帝縊煤山，公因母老丁單，未殉國難。侍母潛隱，母終守墓三載。清室定鼎，抱不二之念，遂隱薊北岐山瀾水洞。具不僧不道之莊嚴，不易服，不薙髮；遂以八德之細則，折衷三教之精微。以五字佛法為心傳，設道曰在理，謂明道理，通世理，守天理之義。因預言將來煙酒為人之大害，共設八宗戒律，並發明黃芩草熬茶膏，治除煙酒之積毒。門內諸眾以平等待遇，並無階級之分，凡主任皆以來字為道號，道侶如之。康熙四十一年至四十五年遊歷直魯，宣傳戒律。在天津渡二人，一李奎，一張吾山。張吾山渡尹來鳳，為興道之先師。祖於乾隆十八年派毛來遲齎法訪緣，之先祖於是年六月二十四日了凡，壽一百三十三歲。乾隆二十八年來鳳遇毛來遲於津西福壽宮，遂受法焉。乾隆三十年來鳳創立公所於津西梁家嘴村，道傳至今，幾遍寰宇。（《理教答問憶錄‧經憑總論》）

岐山瀾水洞圖

　　第二種說法較前一種有些積極意義，是說羊來如創教不是潛隱，而是借禁煙酒為名進行反清復明活動。

> 吾理教始祖羊來如先生，為明季進士。因見當道之
> 儔，壓迫民族，淪若牛馬奴隸，目擊情形，不忍坐視；故
> 假勸戒煙酒為名，乃展舒其救國救民計畫，而不辭勞碌，
> 奔走天涯，喚醒海內義士，得登慈航而達彼岸，誓意拯民，
> 揭竿崛起。乃竟事與願違，卒被洪錢二逆獻媚求榮。先生
> 迫不得已，暫避岐山瀾水洞，以靜修參禪之功，圖普濟世
> 人之舉。功到垂成，竟脫凡而化證果。迨後理門信士，以
> 先生之志在民族，抱負非常，事蹟昭著，厥功甚偉，遂崇
> 奉為教祖。（《理教究真錄·張一塵序》）
> 　　理門發生於明末清初，明遺老組織斯會為排清興漢一
> 種秘密之結合也。不吸煙者，煙為滿人所用品，故不吸也；

酒為宴會品，且易亂性，大仇未報，故不忍飲也；其腰束白帶者，穿國孝也。（中國地學會：《地學雜誌》，《清河縣誌》卷 13 有轉載。）

第三種說法是創教人為楊萊如，乃龍門派道士邱處機弟子勞山程楊旺的弟子，創於清初。

（在理教）蔓延河南、直隸、山東、滿洲各地。其教之起在清初，其祖曰楊萊如，字佐臣，初名存仁，後世誤為羊誠證。明萬曆進士，山東萊州府即墨縣蕭何村人。明亡後從勞山程楊旺學道。楊旺號道義，別號合元子，道學龍門派。相傳龍門派第十二代弟子，即邱真人派。萊如既學道，居雲莫山三年，似有所悟，返家修行。一日，自言見聖宗下降渡化，遂稱得道。龍門派以老子為教祖，是為第一代。聖宗為尹禧，即關尹子，為第二代。邱處機號長春真人，字通密，山東棲霞人，生於金熙宗時，得道崑崙山，為第三代。後萊如傳道燕齊間，得大弟子八人，遂立在理教。（金老佛：《江湖秘密規矩‧變相之白蓮教》）

第四種說法是在理教是白蓮教的演化，或說是與清嘉慶間天理教（八卦教）為一事。

白蓮教、八卦教、神拳教、在禮教、齋教、安慶道友皆教門也，均發源自白蓮教。

八卦教為白蓮教之分系，神拳教又為八卦教之分系，在理教則直接改良白蓮之教而起。

於是八卦教之勢潛，有志者復改白蓮教之組織而在理教之興也。（陶成章：《教會源流考》，《中山大學叢刊》本。）

天理教俗呼為在理，當清之中葉，河南李文成、山東林清以善觀天文預知人事為人所尊信，後遣其黨羽入宮禁，約河南、山東起事，戰未得利，相率入各行省，借傳教以聯絡信徒，其教旨皆無可考。既以戒煙酒為第一要事，固甚善也。(《滄縣誌》卷 10，《事實志·宗教》)

這只是幾種有代表性也都有幾分可取之處的說法，除了這些，大同小異的傳說還有很多，舉個例子即可說明：在理教各種書籍中對羊來如的名字就是言人人殊的。以我見自多種在理教經卷及印刷品中的來說，就有下面這些，羊來如、羊萊茹、羊萊如、羊萊儒、羊宰、羊宏仁、羊誠證、羊成正、羊丹仙、羊再仙、羊純仁、羊存仁、羊靖山、羊佐臣、羊學禮、羊廷鑒、羊廷賢、羊冰如，而這個羊字又都可能改為楊字，觀此可見一斑。

究竟在理教的源流如何，上述諸說的可取處在那裏？

首先，我認為羊來如是明末清初人，在清初創教是很可能的。明末清初是秘密宗教最發達的時期，各種派系的產生勢如雨後春筍，這個時候出現一個以戒煙酒為特點的在理教自然沒有什麼奇怪。

戒酒除葷在宗教裏不是新鮮事，而戒「煙酒」並稱卻有著它的時代特點，查清了這個問題，可以佐證在理教的創教年代。按煙草最初傳入中國是在明末。

王訢：《青煙錄·食煙考》：「食煙始於明末，相傳自呂宋入中國。」

葉夢珠：《閱世編》：「邑城（福州）有彭姓者，不知從何處得（煙）種，種之於本地。……後奉上臺頒示嚴禁，謂流寇食之用避寒濕，民間不許種植，商賈不得販賣，違

者與通番等罪。……順治初軍中莫不用煙，一時販者輻
湊，種者復廣。」

　　楊士聰：《玉堂薈記》：「吃煙自天啟年中始，二十年
來北土亦多種之。懷宗以煙為燕而惡之，乃傳諭禁吸，後
為洪（承疇）督所請而開其禁。」

可見吸煙風氣是明末開始的，崇禎年間，上臺既然曾頒示嚴禁，
而清初又開了禁例，民間遂在宗教內容裏加入了這一條以為抗
衡，這就是在理教發生的社會背景，也可說是在理教創立年代的
上限。還有，從在理教的禁煙活動上看，除了禁食煙葉外，更重
要的是禁食鴉片煙，他們不論是宣講禁煙道理時還是配製施捨的
戒煙藥都主要是針對戒鴉片煙的。考鴉片煙在康熙時即已通過印
度運進我國。

　　魏源：《聖武記》卷 10《道光洋艘征撫記》：「鴉片煙
在康熙初以藥材納稅，乾隆三十年以前，每年多不過二百
箱。」

　　「及嘉慶元年，因嗜者日眾，始禁其入口，嘉慶末年
私鬻至三四千箱。」

　　雷瑨：《蓉城閒話》：「其時民間吸者實尚居少數。閱
雍正七年硃批諭旨……可知彼時吸者絕少，尚不識鴉片為
何物。」

人民對於鴉片煙是深惡痛絕的，道光年林則徐的禁煙雖然主
要是從「禦敵之兵」和「充餉之銀」等事考慮的，但客觀上卻符
合了人民的利益。在理教先於林的倡禁而創教，這是民間的這種
自發要求的表現。在理教徒盛傳尹祖於乾隆年間創立在理教，

嘉、道以後大盛，正與上述各種記載鴉片煙的傳入時代相符。又，李恩溥：《理教究真錄》第十章《理教歷代之波折》中曾記錄了嘉慶十三年、道光二十九年、光緒九年、民國十六年等次的「查教」經過，其中引錄了許多官方檔案，如嘉慶十三年直隸總督尹昌阿，天津縣令丁攀龍的奏摺，光緒九年李鴻章的奏摺等。從所記情況來看，如說當時正有「白蓮邪教作亂」，在理教徒「曾將公所自行拆毀」，丁攀龍並曾「啟視尹老先師棺木」等情，均似不無根據。

這裏再補充一段資料，即嘉慶十八年，十九年廣惠的奏摺（參見本文《附錄》），在這個奏摺裏具體介紹了在理教（白衣道）在天津梁家嘴等地的流行情況，並說尹來鳳在那裏開創公所，傳教收徒，其中之一是趙明（名）山（後來承接尹的衣缽），他與尹特別接近，尹於嘉慶十一年去世等等，除個別地方稍有出入都與教內傳說相符。

其次，我認為說在理教是白蓮教的轉化是對的，但不是白蓮教的直接轉化，而是由其一個支派無為教（即羅祖教）過渡而來的。

按佛教戒酒除葷的戒律，明末清初的各種秘密宗教中一般說並沒有很好地吸收進來，但無為教卻比較重視這一條。在他們的著名經典「羅祖五部經」中即有明文規定。如在《歎世無為卷》中說：

> 參大道，明真性，十方照徹，永無生，永無死，永無輪回；
> 得大道，無慈悲，癡呆大膽，食酒肉，擋住人，不得來參。
> 食酒肉，引領人，入了生死，背師願，截住法、擋住人天。
> 三千佛，惱怒了，驚天動地，把你家，宗和祖，送在刀

山。……食長齋，引領人，齊出苦海，食酒肉，引領人，永墮沉淪。……

《正信除疑無修證自在寶卷》也說：

> 有一等人，吃酒吃肉，指稱師父，外邊哄人，假稱師傅徒弟，說法度人，哄得錢物，買酒買肉吃。有朝一日拿住你，休怪，休怪！

與無為教關係最為密切的紅陽教（紅陽教將無為教祖師列入道統作為他們的祖師之一），也曾繼承了這個戒酒肉的傳統。在他們仿照「羅祖五部經」所寫的「紅陽五部經」之一的「弘陽歎世經」中也曾將戒酒提到很重要的地位。在這部經中，它舉出很多古人因貪酒誤事的例證警戒信徒，例如：

> 李白醉寫黑（嚇）蠻書，朝廷展唾汙龍衣，楊妃捧硯鱉尿汙，力士脫鞋挾舊仇，君王面前貪戀酒，水底撈月不見跡。再把李白推在後，又說平王戀酒杯，酒醉收了吳祥女，猛然酒醒悔不及，平王戀酒失大事，晉王貪酒喪親人。……那個貪酒得長久，酒醉迷人不認親。

在理教專以戒煙酒為務，顯係繼續和發展了這個傳統。這是在理教來自無為教的第一個證明。第二，從在理教的經典中也可看出一些它與無為教的關聯。如在《八德化講錄》中即稱羊來如為「理教始祖無為真君羊公」；《聖參道理》中多處都稱在理教為「清靜無為道」或「無為大道」；《悟道錄》中《八報恩》條也稱在理教為「清靜無為大道」，《先天古道》條則稱在理教為「無為真空之道」；《楊祖史略》（載《鹽城理報》第 84 期）也說，「以

煙酒為戒律，以正靜為歸念，以無為立大道。」《尹祖事蹟》中說：「尹師說道：清靜無為，三教之正道，玄妙之真理，戒除煙酒，無為之大法。」又同書敘述尹祖在天津梁家嘴建立公所之後所作詩句說：「聖宗傳授渡迷津，般若波羅救浮生，弟子今得養性所，無為大道從此興。」《理門五山寶卷・領眾法》（袁樹田抄本）中有一首詩：「大慈五印陀羅呢，普渡群迷皈正一。本色遠塵光明教，靜坐無為道白衣。」等等。這些「無為」字樣都與在理教的名稱直接聯繫著，此外在一般地講述道理時提出「無為」兩字之例子尚很多，這裏無需枚舉。第三個證明是無為教的祖師羅祖在他自己寫的簡單傳略裏說他是山東萊州府即墨縣人，而在理教的祖師羊祖傳說（絕無兩樣的傳說）也是山東萊州府即墨縣人。即墨在歷史上也是民間秘密宗教的淵藪之一，羅祖與羊祖是同鄉，兩人的時代相距不過一百餘年，他們有著師承關係也是很可能的。

最後，我以為在理教與天理教有關也是不無道理的。理由是：嘉慶間以東黃村為基地的林清起義時，所傳的教即天理教，又稱八卦教。《靖逆記》卷1《平定林逆》：「天理教按列八卦為八股，又名八卦教。」卷5《林清》：「龍華會一名天理會，會黨分列八卦。」天理教或八卦教是怎麼來的呢？在道光十二年五月二十九日的上諭裏有這樣一段話：

> 嘉慶十六年間直隸審辦大乘教（按：教首為尹老須、蕭老尤等），將悔改免罪之犯果能認真查辦，何至有十八年林逆之事？無如該地方官並不實心查辦，有名無實，至今釀成巨案。（轉引自《大清律例增修統纂集成》卷16《禁止師巫邪術》）。

《嘯亭雜錄》卷6《癸酉之變》條：

> 其教自京畿迤南學習者眾。乾隆中傳文忠任九門提督時，曾捕獲黃村（按：指東黃村）妖婦某氏，伏法，其黨懲辦有差，其風稍熄。……其傳習京畿者久而益熾，又復為八卦，榮華、紅陽、白陽諸名。

可見在林清起義之前，（東）黃村地方早就流傳著這樣那樣名目的秘密宗教，而道光上諭裏更指出了天理教或八卦教的前身即是大乘教。按大乘教實係無為教的一個支派（參閱拙著《順天保明寺考》，載《北京史苑》第3期）。紅陽教經典《混元弘陽臨凡飄高經》第24品更明確指出：「三番羅祖大乘教，五部經書天下曉。」或謂「羅孟洪（按：即羅祖）之子名佛廣及伊婿王善人另派流傳，又謂之大乘教。」（見彰寶的奏摺《史料旬刊》第15期輯。）由此看來，無為教、大乘教、天理教它們是有著密切的師承關係的。前文所述在理教是來自無為教的，於此又可以進一步得到證明。

然而在理教與天理教之間還有什麼具體事實可以說明它們的關係呢？有的。按在理教的經典或書刊中都無例外地將在理的「理」字解釋為「天理」。如《悟道錄・先天古道》條即說：「欽聖號為法，傳天理為教。」《十六句真言》條；說：「理者天理之理也。」《聖參道理・聖祖原來》中也說：「聖宗因度世人，念一部無為大道，以聖號為法，傳天理為道，所以稱為在理。」化非子：《理教問答・理字解》條說：「我們理教始祖………設教傳徒，接引後學，不為僧道，自成一家，以天理為教，以煙酒為戒。」豫叟：《論天下人應奉天理》（載《理報》第168期）更是一篇專論天理的文章。又在理教有所謂「十戒」，其第一條即係「尊天理」，等等。這些當然都是「在理」、「天理」不分家的證明。

如果上述三個方面的論證都靠得住，那麼在理教的源流就是這樣的：明中葉的無為教有一支曾傳至（西）黃村，名大乘教。嘉慶年間（東）黃村的林清承襲了這個教派更名天理教或八卦教。另一支，由羊來如承襲，名為在理教，流傳在東西黃村的臨近許多地區內，它的時代較林清早些，在乾隆年間。羊來如比無為教的羅祖晚一百多年，他們是同鄉，可能有師弟關係，說他是道士沒有實證。在理教以戒煙酒為戒律這是因為當時吸煙、吸鴉片的風氣極盛，群眾對之深惡痛絕，以神的名義去禁斷，在當時是一種有效的辦法。天理教起義失敗後，其徒眾並於在理教，天理、在理遂合而為一。在理教最初是含有反清復明意圖的，因為無為教、大乘教、天理教一類秘密宗教都是民間的群眾組織，它們都是有著策動起義的可能的。

二、在理教的活動

在理教除了不許吸煙飲酒之外，對信徒的其他要求是十分鬆弛的，可以到「公所」來「捧齋「（即禮拜），也可不來，可以勸其他人信教，也可不勸，在家裏可以供牌位，也可以不供，可以念些經咒、真言，也可不念，可以佈施，也可不佈施……甚至在「點理」儀式上由「領眾」傳給禁煙酒的大戒時，告訴那個「新理」（即新入教的）說：「如果忌不住煙酒，其罪一人擔！」意思就是動不動煙酒完全憑你自覺，「皈理」（即入教）以後如果再「開理」（即叛道）那是誰也管不了的。所以一個在理教的信徒常常只有一個標誌，即當別人向他讓煙酒時他會說「我有理」或「我有門檻兒」，此外就什麼也沒有了，連最基本的，上不傳父母、下不傳妻子、據說可以解脫大災大難的五字真言「觀世音菩薩」，

也有許多人是不記得的。因此介紹在理教的活動，如果單從信徒
方面，是沒有什麼內容的。以下以他們的「公所」為線索談談他
們的活動情況。

尹祖行樂圖及像前陳列的「八寶」

　　公所是在理教的活動中心，是公開的場所。各地有在理教信
徒的地方，公所的設立是很普遍的。公所的建築沒有例外地都是
普通磚瓦房舍，但也都有一個特殊記號，即除門前的匾額外，還
在一定地方設上一座木牌坊，胡同裏的公所，牌坊設在胡同口，
大街上的設在附近衝要地方，牌坊上即寫著某個公所的名稱。公

所不是私產，一律為信徒的施捨興建。一個公所大概至少要三五間房子，多的到兩三進院子，二三十間房子。實際上房子多的公所大半要附設許多別的機構，歸在理教所用的並不很多。如天津最大的也是較早的公所之一，「先遺老公所」就是這樣。它本來有三進院子二十多間房子，後來由警察局派出所占了一道院子；請了一位中醫在那裏看病，又算是添上個診療所；又後來「藍卍字會道院」也占了一道院子設了個「鸞壇」；一度附近小學還用了兩間房子當做教室（解放後全部讓給小學）。就是這樣，它還有兩間空閒房屋，常被別處臨時借用，而公所所用不過十間，即南北兩排各五間。南房五間為正殿，三明兩暗，大佛龕在明間正中，供的是聖宗（觀音菩薩）泥金銅像，龕西另一個佛案供著羊來如的牌位和畫像，龕東還有一個佛案供著尹祖繪像。在理教的特點是不燒香（線香），不點蠟，因此各佛案上並沒有這種設備，而是放上一些他們獨有的法器：檀香爐（他們點檀香木），葫蘆、椰瓢、核桃、套環、念珠等等。西套間名叫「壇屋」，即設壇擺齋的地方，屋裏有一個炕，炕上放一個小桌，擺著與上述大同小異的法物，只是當中多了三個帶托的小方木牌，中間一個刻著「聖佛」兩字，兩旁的刻著「止靜」兩字。圍著桌子是一些坐墊，桌後正中牆上釘著一片圓形飛邊的棕墊，這也是在理教的特殊陳設。東套間是為了紀念民國十五年左右曾經為先遺老公所「領眾」的李本元特設的牌位。紀念李本元是因為在他任內做了不少功德，死的時候自己預先知道，並且是坐在椅子上擺好姿勢死去的，死後三天屍體不倒，以後就設了這個牌位，而別的公所是不供他的。這五間正殿蓋得很講究，「磨磚對縫」，高臺階，房前帶一排廊子，屋裏的「落地罩」、「格扇」都有雕刻，還都鑲入一些名人字畫。佛案、龕罩、法器等收拾得也很雅潔，有的法器是相

當貴重的，一般的葫蘆、椰瓢……都是經那些當家的摩挲過幾十年，被擦得錫亮的。各屋地上一律沒有拜墊，只是用磚在地上嵌成一個個正菱形，菱形內不論何時都不許用腳踐踏，只許「下參」時雙手、雙腿、頭部可以接觸。但是這座正殿除了每天當家的進去禮拜一番之外，平日是不許人進去的。平日的一切活動都在北屋裏，北屋是三明一暗，屋裏的陳設內容大體如正殿，但沒有那樣講究。裏間歸當家的住宿，外間好像是個辦公室，由於在理教除了節日外又沒有什麼「公」可辦，因此倒很像專供當地閒雜人等的聚會之所。這些人的成分很複雜，有地方「紳董」，沒事情做的老年人，水會、白抬白埋會、恤嫠會一類社會公益事業分子，幫會分子，腳行，茶房（專在紅白事時充雜役的人），遊手等等。這些人經常在公所出入，其實並沒有什麼事情好做，不過是隨便聊天而已。但也偶然可能有這些事情要做：如舍藥，有的公所配製一些成方，不外是戒煙藥，小兒風寒藥等，有人來尋就送給他；調解糾紛，群眾吵架有時不到法院、派出所，公所裏也能解決，如民國八年天津河東有兩個「腳行」組織為爭「把口」而進行流血群毆，這件事轟動一時，就是由靖義堂公所調解的（因為其中有在理教信徒）；組織公益事業，地方上要組織賽會或賑濟，修橋補路一類的事有時也找公所，等等。倒是那些老年人還有一些固定的事情，就是喝茶、下棋、擦葫蘆等法器和餵鳥。他們很講喝茶，那些老年人大多有一把「宜興壺」，整天的喝；有的不喝茶而喝「茶膏」，即用黃芩草熬製的一種膏子，也可代茶喝，還據說可以戒煙。他們很講下棋，下得很慢，有時一盤要下半天、一天，甚至明天接著下。葫蘆等法器是他們非常寶貴的東西，遇上長得比較周正的葫蘆就一定要買下，認為這是「有神」的葫蘆，買來後用竹片刮去皮之後就用一塊粗布來磨擦，終年的磨擦，擦

到由青變褐，由烏變亮，擦到幾十年後的葫蘆就像上過多少道金漆一樣，這時就不再擦了，要擺在佛案上受香火了。這些老年人終日葫蘆、核桃、套環、⋯⋯不離手、喝茶、下棋的時候自然也是擦這些東西的最好機會。餵鳥並不是餵籠子裏的鳥，而是隨便飛來的麻雀等野鳥。他們似乎也認為這是一種功德。日子長了，野鳥竟然也像與那些老年人有了感情，他們用手托著一捧小米，麻雀就會毫無畏懼地站在手上吃。

公所的當家一律是「年高德重」「道行高深」的人，一個公所的領眾「了凡」（即死了）後就由當地公所另選一個人代替，接替之前要經過一個「放法」儀式，將前任的「法底」接受過來。領眾是「出家人」，做了領眾即不准回家了，每日三餐都由虔誠的信徒輪流供養，即在家做好飯送到公所。實際上這種人多半是家裏沒人管的，公所就等於他的「養老院」了。領眾就有一位，是一個公所的最高神職人員。

領眾和其他神職人員都有一個特殊標記，即光頭，經常剃得很亮，在腦後上方的一側都要留上一小撮頭髮，有的在前面將兩鬢也蓄起來，有的也蓄鬍鬚。據說這樣是仿效羊祖的形象，表示哀悼國亡而蓬頭跣足。他們的服裝並不特殊，只是長袍馬褂，據說過去他們也穿斜領的道服，近年則

天津倉門口福聚堂公所領眾嶽福廷像

只有「二眾」（女信徒）的領眾等偶爾穿著道服。

　　一年之中各公所有三個日子是最熱鬧的，他們叫做「齋口」。最重要的齋口是陰曆十二月初八日，還有二月十九日、九月十九日，即觀音菩薩的生日和死日。但各公所並不統一，也有做三月初三日和「頭伏」的，也有做三月十一日，十月初三日的。這一天的主要活動內容有：擺齋、捧齋、點理、放法、坐席、壁燈會、捨結緣豆等等。擺齋就是請壇升座，捧齋是信徒朝拜求順，點理是吸收新信徒，放法是吸收新的神職人員。在擺齋的日子裏，公所要搭設天棚，請來飯莊立小灶，租來許多桌子板凳，準備給來公所捧齋的信徒聚餐，這就是坐席。十二月初八即臘八，這一天除搭大棚外，還要舉行壁燈會，即在公所附近的胡同或大街的牆上掛上許多壁燈，隔一段距離掛一個，一般公所都有幾十個、上百個，可以綿延幾里地遠。壁燈是用木框鑲上玻璃做的，約寬三尺，高二尺，厚半尺許，靠牆的一面還有一幅彩色畫，畫的題材大都是三國、西遊一類故事，燈內下方放著一個蠟臺，晚上點上燈，一夜不許斷。捨結緣豆就是在晚上由公所裏煮一鍋黃豆捨給附近一些窮人（臘八以外的齋口不捨）。豆子也是信徒的捐獻，據說幾天以前這些豆子都是經過領眾及其他神職人員一顆一顆的祝聖過的，即由這些人將豆子從袋子裏一顆一顆地捏到另外的器皿裏，每拿一顆口裏要念一句真言。人們吃了這種豆子就是與神結緣了。窮人們到了臘八晚上都紛紛聚到公所門前等著分豆子，口裏都在喊「緣兒嘍！緣兒嘍！」這個風氣，天津尤盛，至今天津土語裏有一個表示「分了」、「搶了」意思的詞就是「緣兒嘍」，來源即本於此。

　　到公所來捧齋的信徒有男也有女，男的稱「大眾」，女的稱「二眾」。有一種公所是專為女信徒設的，裏面的一切人員都是

女的，連領眾也是女的，這種公所即叫「二眾公所」。

天津悟善堂二眾公所五座等人合影

主持擺齋全盤事務的人叫承辦，這個人必是地方上有聲望的、能事的「紳董」一類人物，幫同他辦事的還有許多人。他們沒有組織，都是臨時湊集的，名義上都是義務職，實際上自然還有他們的「內幕」。因為這一天的收入和開支都很複雜。一次擺齋至少要接待三四百人，多至千餘人，每人都要佈施，收入常在千元左右。飯食、茶水、搭棚、租桌椅、點壁燈、捨豆子等都需很多開銷。因此營私舞弊是很容易的事。特別是那些承辦的人們，很多都是素來專門吃這一行的，所謂「吃紅白飯的」或「吃會的」，實際情況就更不難想像了。

公所裏的這群人也有幾種出外活動的機會。第一種是被大戶人家請去擺齋，其活動內容大體與在公所擺齋的情況仿佛。第二種是人家辦喪事的時候，他們要去為人超度，形式很簡單，就是

由幾個神職人員齊集在靈前念一段《往生咒》，出殯的時候他們
也跟著去「送路」。第三種是遇到「出會」的機會，如天后宮娘
娘出巡時的「皇會」，城隍廟城隍出巡時的「鬼會」等，他們也
一起跟著列隊遊行，但比死人時送路的隊伍多些花樣，即前面有
兩個人打著兩面小旗子，上寫××公所，四個小孩背著棕墊，隊
後有兩個人各挑一副「茶炊」，即兩個木製上黑漆的「圓籠」上
面放著帶裝飾的壺碗之類，這些人都穿著藍色白邊的衫褲，公所
的神職人員則穿長袍馬褂，手裏都拿著葫蘆、念珠、套環等法器。

　　第四種出外的機會叫「朝公地」，這是一種大的行動，下面
特別介紹一下。所謂公地即各公所領眾的公墓，領眾「了凡」之
後都要集中埋在一個墓地裏。天津有好幾個公地，最大的一個在
舊城西門外四五里遠的一片開窪，名為西大地。朝公地的舉動自
然是對歷代公所領眾的一種祭掃，另外也包含一個重要意義，即
對現任各公所領眾的一種考驗。他們在盛夏時選擇一個日子，事
先發出通知，屆時除陰雨要延期外都要來參加。各公所都要聚集
幾十人、上百人，打著各種儀仗從全市各處列隊到公地來。一般
隨行人員到了公地便分向各墳頭下參獻供然後即行休息，而各領
眾則須赤背光頭在烈日下盤膝打坐曝曬一整日，不食不飲不許走
動，直到太陽落下（參見本文《附錄》）。有人接受不了這種考驗，
昏倒或走動了就認為是工夫不純、道行不高，或有私心雜念，做
了虧心事；能堅持下來的則在教中立刻身價十倍。這種朝公地的
活動並非年年舉行，而是隔一兩年一次。每到舉行的時候不只各
公所事前要做充分準備，事後還要有許多傳聞評說，因此可以說
是全市在理教信徒一種騷動性的活動。

　　第五種外出的活動規模更大，叫做「朝聖」。在理教的聖地
有兩個，一是浙江普陀山，那是觀音菩薩的「老家」，一是薊縣

岐山瀾水洞，那是羊祖修煉得道的地方。到這兩地朝聖不是經常舉行的，因為要花很多錢，而由信徒們募集是很不容易的；還要花很多時間，尤其是沒有鐵路的時代，朝普陀山或瀾水洞一次要一兩個月。因此選拔去朝聖的人一是必須道行高深，二是必須身體健康。這項活動是全國在理教組織的頭等大事，就兩個聖地來說，每年必須有各地信徒來朝聖，而就各地公所和信徒來說，則不知多少年才能輪上一次。哪個地方、哪個（些）公所能組織一班人去朝聖，那將是一種殊榮，去之前和回來後都要大事宣傳，以至印刷一些揭帖或小冊子，詳載朝聖經過，哪個公所、哪些人去的，哪些人捐了款等等，分贈信徒。

再附帶提一個問題，即各公所的「講道」活動。在一種宗教寺院、教堂、禮拜寺講道本是很習見的，但在理教公所裏的講道則不同一般。首先不是各公所定期舉行，而是大部分都不舉行，能舉行的必是具備特殊條件的，如有一位能說會道，通些教內道理的人；其次是組織比較好，能有一些聽眾，這些人多是婦女、兒童（多是失學的），他們會定期到公所聽講。講的什麼內容，全看講者的知識水準，有的與在理教道理有關，有的不過是一般仁義道德的說教，以至民間傳聞的勸懲故事。為了吸引聽眾，有時講話中會增加一些情趣、噱頭。據我所知，這類活動只是個別公所偶一為之，不能算做一般公所的經常性活動。

解放後在理教公所都自動消聲斂跡，房屋都捐獻給公家或改歸別用。只是有些年老的積習難改的信徒則仍在家裏對觀音、羊祖等頂禮膜拜，有的則自我解嘲地對於他們的不能再從事活動做著種種解釋。如我的一位老相識曾任天津先遣公所承辦達四十年之久的劉子久就是這樣的。1963 年時他已 70 多歲，由於他掌握了一些專治「中風」的秘方，曾一度被天津第一中心醫院請去當

大夫。有一次我和他攀談起來，他說：「那年有位幹部找我去了，問我在理教是不是反動會道門。我就問他了：你們共產黨是幹什麼的？他說是幹革命的。我說：對呀！我們在理教也是個黨，也是幹革命的。不過比你們早得多，我們在二百多年前就搞革命了。你們革命是推翻蔣介石，在理教是推翻清朝。我們在理教有五字真言，上不傳父母，下不傳妻子，哪五個字呢？就是『反清保大明』。在理的當時都繫白腰帶、穿白口鞋、紮白辮繩，這是給大明朝穿國孝。清廷和蔣介石到處開煙館，把人們都害得成了煙鬼；我們到處開公所，叫人們戒煙戒酒。你們共產黨搞革命也離不開我們，要都是煙鬼你們還能搞革命嗎？那位幹部又說了：既然你們的教這麼好，為什麼解放後你們都不再傳教了呢？我說：是呀！解放了，革命就成功了，毛主席來了，把煙館都抄了，這還用我們幹什麼呢！……」

三、在理教的信仰、修煉和軌範

　　一般知道在理教的人，都認為它只是一個勸人戒煙酒的群眾團體，談不到什麼教義儀節，如王韜：《天津市概要》中即說：「津市理門極盛，雖無其他宗教之包涵重大意義，然宗旨純正，……」造成這種現象的原因，不外是：「吾理教傳渡迄今三百餘載，……教中儀節根派實跡皆賴口傳，年淹代遠，傳聞失實。」（《理教究真錄‧李琴庵序》）「先師少有書籍可傳，全以口傳心授」（《聖參道理》）之故。其實一種宗教如果沒有教義儀節，那是不可思議的。在理教創行了大約二百餘年，自然也會有它的一套足以吸引群眾的內容。舉一些事實來看，在理教的領眾很多都是粗通文墨的分子，他們在公所裏整天沒事情做，除了品茶、下棋、擦葫蘆、

餵鳥一類的事情外，有些心思的，就都來附庸風雅地「著書立說」。雖然他們的這些作品都不外是輾轉抄襲湊合成篇，從內容上看是千篇一律的，如江蘇鹽城在理教領眾張金山就說：「鄙人自入理至今所閱之抄本、開示約有數百冊，均係大同小異，或各說各是。」（《理教》週刊第 108 期張金山文）但搜剔一下，也多少還能有些東西。還有，在民國二十年以後，北京、鹽城、無錫等地的在理教還出版了一些期刊，專門登載各地在理教信徒談論教義的文章、講稿、來信。有的發行達一百六十幾期，由此也可說明他們並非是個沒有教義、儀節的宗教。這裏就是根據我所掌握的一些在理教書刊並結合許多訪問資料，將他們的主要教義、儀節綜合為下列諸條。

（一）神靈

在理教所崇拜的神靈只有一個是主要的，即觀音。由於在理教的「上不傳父母，下不傳妻子」的五字真言是「觀世音菩薩」，所以他們諱言「觀音」兩字，而稱之為聖宗，或聖佛，或聖宗佛。此外也還有幾位，但只是徒具虛名，沒有什麼實際的號召力，甚至多數信徒還不知道，即文殊、普賢、地藏、準提四位。其他神靈就沒有了。在理教創興之初還崇拜過關帝，後來不知怎麼被淘汰了，晚近的在理教中從不見有崇拜關帝的跡象。

一種宗教，不論是秘密的還是正規的，都要弄上一個或一些主要神靈來支持他們的一切活動。為了增加它（們）的威儀，還必定要儘量把它（們）誇飾得成為至尊至聖，因此許多神話或荒誕不經的故事就要隨之捏造出來。在理教也逃不開這個一般宗教的規律，他們對於觀音的崇拜，除了供上佛教的那個觀音像（塑

像或繪像）、把它的名字編入真言、念佛教的《白衣神咒》、以至
假借上一兩種別的秘密宗教中有關觀音的經卷如《香山寶卷》等
之外，關於觀音的傳說，還借用了《仙史》和《普陀山志》裏的
一些記載。如在《理教究真錄》和《聖參道理》中就都轉錄過上
述兩書中的以下這段話：

> 聖宗佛降世在上古三皇以後，伏羲以前，有太一化為皇
> 人。開圖挺紀，正位神明。能治天下大同之制，調宇宙大
> 鴻之氣。操法攬而長存者，為政四百餘歲。頗厭煩囂，與
> 長子都、次子章隱於天中山。其弟鎮元子，自在西土萬壽
> 山修真。後在神農治世時，神農因人民活不及百，常有因
> 病而死者，往峨嵋山訪太一皇人求醫。嗣後軒轅皇帝亦往
> 峨嵋訪太一皇人求醫書，回都與岐伯天師作《內經》、《素
> 問》傳世，以為醫書之祖。於商武丁二十四年庚辰二月十
> 五日，老君全神降世，稱老子。至聖母臨回歸天位時囑曰：
> 當有太乙元君語汝丹方。後游於勞山，果遇一位高真，正
> 是太乙元君，授其丹法。
>
> 周宣王時，長桑公子謂老君曰：我至南海，聞普陀洛迦岩
> 潮音洞中有一女真，相傳商王時修道於此，已得神通三
> 昧，發願欲普渡世間男女，嘗以丹藥及甘露水濟人，南海
> 人稱之曰慈航大士，因往訪之，教我飲甘露水法，復稱我
> 號，言桑能療疾，凡園中牆下之桑，皆短而可摘，惟山野
> 之桑，不受採折，任其長大，並喻我之無拘束也。老君歎
> 曰：皇人之婆心可嘉也。
>
> 皇人尋聲救苦，世之大慈悲文，乃現身為元君，復分身為
> 大士，隨感而應。

聖宗佛累劫隨時顯化，早成佛位。因誓願宏深，渡盡世間
眾生，故遜就聖宗之稱。西域稱阿那婆羅吉低輸聖，西天
為第二尊佛，普門大士，為蓮花部主，現諸神變，忿怒則
稱馬首明王，救度則稱聖多羅尊，滿諸願則大準提尊及如
意輪王。不容羂索；乃獅子吼，並俱胝一髻青項白衣葉衣
千手千臂，皆有儀軌。(《理教究真錄》第二章《事蹟》)

(二) 羊祖、尹祖

　　上節考證在理教源流時曾引錄一段關於羊祖的記載。因為羊
祖是在理教唯一重要的創教祖師，這裏有必要更全面地介紹一下
羊祖的創教經過。尹祖是羊祖再傳弟子。羊祖在教內稱為「開荒
道祖」，尹祖則稱為「興道師」，意思是說在理教為羊祖所創，但
他並未「普渡」，只是渡了一些個別弟子。而尹祖則開始創立「公
所」廣收門徒，在理教由此昌隆。尹祖在在理教中地位也很重要，
因此一併也介紹一下他的歷史。在羊祖和尹祖之間還有許多位祖
師，其中比較重要的是張吾山，也附帶多做一些介紹。由於各書
原始資料很瑣碎，牴牾之處也很多，以下所記都是經過整理的。

　　羊祖又稱楊祖，名宰，號來如（還有宏仁、誠證等別名），
山東萊州即墨人。明天啟元年正月十三日生。幼而穎慧，崇禎十
六年癸未科登進士，因公事梗阻留京。翌年值甲申之變，羊祖離
京間道寶坻、遵化返里。不久老母病故，守孝三年，清朝定鼎，
詔天下遺才逸士，羊祖忠貞不二，遂隱姓埋名，立志避世。順治
三年二十六歲棄家出遊。沿途隨處作息，宣傳反清復明思想，有：
「棄俗離鄉脫塵勞，行也逍遙，住也逍遙；終朝每日持艾瓢，渴
也用著，餓也用著。……清朝剃頭觸律條，生髮不削，死也不削；

忠孝保守發際牢，今人當學，後人當學」之句。雲遊共計六年，
至三十二歲時至薊州岐山瀾水洞開始修煉，日行「五十三參」（參
閱本節第六條），誦《陀羅尼經》，採人參、紫草、黃芩、遠志等
藥草至城內販賣，又發明用黃芩草熬成藥膏名「茶膏」謂飲之可
忌煙酒（後來在理教施捨的戒煙酒主要藥物即係茶膏）。在瀾水
洞修煉共計四十九年，屢蒙觀音、如來佛等顯化指點，羊祖乃「得
道」。至八十一歲時羊祖開始下山渡人。在五年之中計在：正定
府渡張四姑、古北口外口角稍渡朱安寧，大荒山石片嶺渡張天
錫，武清老米店渡王來成，天津永豐屯渡張吾山，楊柳青碾垞嘴
渡董來真、劉來純、達來鼎，靜海縣上八里莊渡尚文炳，東安縣
桃河頭渡于棟樑、吳來靜。以上教中稱為「羊祖八渡」。後來又
回岐山，在山中又渡了高來准、趙來彰、牛來仁、周來清、朱來
信、毛來遲、王來永、劉來景、王來普（拐子）、喬來通，教中
稱為「十位坐山師」。乾隆十九年六月二十四日羊祖一百三十四
歲壽終。

　　羊祖的第五渡弟子張吾山在天津被羊祖收做弟子之後虔心
修煉，後又到岐山朝祖。羊祖非常嘉悅張吾山的道行，遂決定將
自己的一個「鎖心猿拴意馬有道有靈的」葫蘆送給他，「以便後
來以此葫蘆可以通大道」，意即憑此物即可以傳徒。此外又傳給
他許多收徒時的儀式和理門戒律。張下山後回到天津梁家嘴果然
開始傳徒，但仍不是大開普渡。在所傳的幾個徒弟中有一個是他
所經營的「麩房」的夥計名尹岩，鹽山縣人，見他為人樸實，且
性好道，因此對他特別培養，將羊祖所傳的戒律等全部傳給他。
因為張吾山是羊祖的五渡弟子，尹岩後來又是興道師開始建立公
所（西老公所又稱西根），因此道中稱張吾山傳尹岩為「五渡正
西根」。不過羊祖傳給張吾山的道法尚非全部，還保留了一部分

重要內容，即「十六句真言」和一個羊祖的印記。他早已算就將來繼承他的道業的不是張吾山而是尹岩，於是又命「十位坐山師」之一的毛來遲下山尋訪這位尹岩。毛下山後經過十年工夫才在天津福壽宮地方邂逅尹岩，二人攀道後遂將羊祖的「法包」（即用布包著的法底）交給他，從此羊祖的全部「大法」即由尹岩繼承，毛又為尹岩取名來鳳，意思是與羊祖（來如）及其第二代各位祖師均為「平輩」（以後所傳弟子取法名亦均排來字）。這個過程在理教中稱之為「毛來遲送法」。

尹祖得到「大法」後，即在天津梁家嘴迤西邵公莊訾家菜園的兩間草房內成立了「公所」，時在乾隆三十年四月初八日。尹祖「升座」後，皈理之人，接踵不斷，在理教由是大為興隆。乾隆三十二年又將公所移至梁家嘴，即後來所謂西老公所。三年之後在理教傳播益盛，尹祖遂又命弟子楊淨如在河東另立公所，即東老公所，道中稱為「西根放東派」。嘉慶十一年十二月（一說八月，參閱本文《附錄》）初八日尹祖逝世。年七十八歲。道光三年楊淨如再傳弟子王德順又於天津城裏立公所一處是為中老公所，道中稱為「東派放中派」。楊淨如在河東傳道的憑據是羊祖當初傳給張吾山，張吾山又傳給尹祖的葫蘆，尹祖在西老公所傳道的憑據則是羊祖派毛來遲傳給尹祖的「法包」，王德順在中老公所傳道的憑據沒有什麼實物，只有他的師父黃寶善（楊淨如弟子）傳給的「法包」內的「十六字真言」，因此後來在理教內就有這樣兩句傳說：「東憑葫蘆西憑法，中公所全憑一句話。」這三個公所都是尹祖的嫡傳，也是天津在理教的三個發源地和傳播中心，甚至可以說是全國在理教的發源地和中心。

尹祖故去後天津公所林立，天津以外也有許多地方設立了公所，主要是東北各地和津浦沿線的江蘇等地。據說這也都是尹祖

所開創。教內傳說尹祖於乾隆三十二年在天津梁家嘴成立公所後，曾於乾隆四十八年至五十一年至東北傳道，後又返回天津。又說嘉慶十一年尹祖逝世後，翌年又有人在江南發現尹祖傳道的蹤跡，並且有一個水手從江南帶來尹祖的一隻鞋，另一隻則是他死前留在西老公所內的，兩者曾配在一起在西老公所一直作為「聖跡」保存著。此外尚有尹祖的須囊、胡梳、小褂以及前述的「法包」，都在西老公所及八方公地得瑞堂公所內保存。

天津的另一個聲望較大的公所即上節談過的先遺老公所。這個公所成立於同治三年，由於當時公所成立過多，他們各立宗派，彼此「爭老」（即都說自己的公所最老、最真）。一位叫羅志安的來了個異軍突起，說是他得到了尹祖的啟示，即尹祖曾留下一首詩，其中有這樣的話：「樂善好施在河邊。」於是在梁家嘴的河邊成立了這個公所，取名「開山啟教樂善堂公所」又稱「五方開荒先遺老公所」用以符合「樂善好施在河邊」這句話和表示它是尹祖的直接遺留。成立後影響果然很大，儼然與東、西、中三個公所並立，形成天津在理教的第四個中心。特別是民國十四年間，由於當時的領眾李本元死之前預知自己要死，遂在蒲團上打坐，死後三天屍首不倒。這個消息立刻傳遍天津市，連當時警察局長楊翼德都親自來朝拜，先遺公所的聲望由此更駕乎其他之上。

羊祖和尹祖是在理教中除聖宗（觀音）之外所供奉的兩位神靈（祖師），各公所內都設有他們的牌位。根據在理教的規定，他們不許供偶像，包括塑像、畫像，但有的公所則供羊祖、尹祖的畫像，他們的解釋是這並非偶像，而是一種「行樂圖」，即由畫師摹繪的生活小照。而真正受信徒頂禮膜拜的則是兩塊木牌位。羊祖的牌位上寫：

開山啟教慈渡八方闡理教於元始傳心法於後世大仁大孝
德懋功成來如羊祖之神位。

尹祖的牌位上寫：

興隆理教普照萬方救劫渡厄無量功者來鳳尹大祖師之神
位。

（三）道統

尹祖臨終之前弟子們曾詢問他「後來理道如何？」尹祖說：
「尹去明來是道山，明陽二氣在兩邊，理道周回半甲子，十多年
後亂點傳。」弟子們又問：「後來還該如何？」尹祖又說：「一堆
亂麻！」果然尹祖的預言不錯，僅就天津一地而論，在幾十年內
公所就建立了一百多個。並且從天津帶到了東北和江南以及其他
地方（上條所說尹祖到東北和江南傳道自然是靠不住的）。因此
我們今天看到的在理教的經典和宣傳品在談到道統時，就不可能
有一種統一的說法。例如北京派姜昌鏞著的《理教正宗》即與上
海派張寶山著的《理教正宗》截然有別；北京派的《理道法系圖
說》即與上海派的《中華全國理教領眾統系全圖》及《中華全國
理教領眾統系總譜》也有差異。而它們又與天津所傳矛盾很大，
甚至羊祖的姓都出了兩種說法，即一說姓楊。他們為了弄清這個
問題，曾於民國二十四年至二十六年在江蘇鹽城出版的《理報》
（週刊）上打了兩年筆墨官司。最後到實不可解的時候，天津主
張姓羊的一派開了個大會表決，用多數票的辦法通過了姓羊；江
蘇方面主張姓楊的用扶乩的辦法把羊祖請下壇來，叫他自己決
定：本來姓楊，因避清方搜捕遂改姓羊！但雖說是「各說各是」，

然也有其一定規律即他們都是從羊祖或尹祖那些親傳弟子中找上一個人當做開創的祖師。按羊祖「八渡弟子」又稱「八方弟子」，一向稱為正宗的天津在理教由於是羊祖五渡弟子張吾山傳給尹來鳳的，因此又稱「五方派」。而楊柳青地方的在理教並不將尹來鳳的地位看得很高，即因他們是標榜由羊祖六渡弟子董來真所傳，而稱「六方派」。又如北京地方在理教的一支則稱為羊祖八渡弟子所傳，故稱「八方派」，而且把「在理教」即稱做「八方道」。甚至還有的派別竟超越了「八渡」的範圍，又出來了「九渡」，「十渡」。為了弄清這個問題，江蘇鹽城在理教的頭領們于1935 年還成立了一個「理教領眾研究會」，由張金山領銜，專門來研究在理教的「法線」。由上述情況可見他們確是「一堆亂麻」的。因為如此，這就難為了今天要為在理教整理道統的人！

所幸的是，以我所見的在理教書籍來說，他們對於在理教為羊（楊）祖所創，後來由尹祖在天津設立公所大開普渡以及西、東、中三個公所的歷代祖師等（也即上面第一、二條的基本內容）還是大體一致的。由此也可證明，天津以外各地公所的開創都是在天津西、東、中三個公所之後建立的。因此這裏就據這一部分資料將他們的道統列為一表。（人名下方括號內為開始傳道年代）。

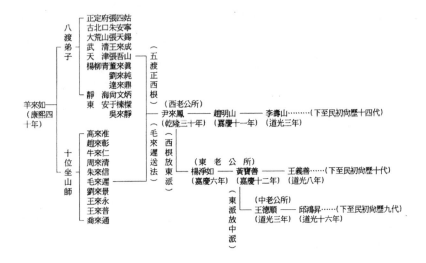

（四）皈戒

　　許多種在理教經卷中都提到「四規八戒」，顯然這是仿照佛教的「三皈五戒」來的。但「四皈八戒」的具體內容是什麼，則沒有統一的說法。「八戒」又稱「道情」，即「不吃煙、不喝酒、不燒香紙像、不養雞貓狗」。但這只有「四戒」，可能是將香、紙、像、雞、貓、狗分成六條就整合八戒之數。另一種說法是將上述四條中的香、紙、像拆為香、紙、偶像做為五條，下面多了「祈禳、畫符、吹唱」。還有一說是「十戒」，即尊天理、重人倫、持心經、宗聖教、嚴規戒、破迷信、勤修養、勉功行、廣造化、遵誓約，到底不知何者為是。「四皈」又稱「宗旨」即「孝順父母、和睦鄉里、愛國修身、破除固習」。

　　四皈八戒，並非並重，其中以「不吸煙、不喝酒」為第一要義，也是在理教的最大特點和主要職任。在理教的各種經卷和宣

傳品沒有不對這兩條大事渲染的。茲舉《悟道錄》中的《酒能亂性說》、《煙乃耗散說》為例,因為這兩條所述迷信成分尚少,可以代表在理教戒煙酒這條教義的精神。

《酒能亂性說》:

> 孟子曰:「禹惡旨酒,而好善言。」呂祖曰:「酒色財氣四堵牆,人人俱在裏邊藏,有人跳出牆而外,便是長生不老方。」此皆教人不可貪酒而壞正事也。蓋因酒為四害之首,一醉於酒,酒醉性迷,色心於此而起,財念於此而生,氣性於此而發。色財與氣,皆因酒起,喪德敗行,亦因於酒。甚至任性亂行,蹈於水火而不知,陷於刀兵而不曉。古來多少聰明良才英雄豪傑,往往皆遭此難,自喪性命。亦有性本良善,自能把持,貪酒不至亂,色財與氣不能染者,雖然不亂不染,神昏氣促,濕熱薰蒸,津液涸而氣血傷,無益有損。故佛家以酒為首戒,蓋因為害最大也。」

《煙乃耗散說》:

> 耗散者,乃耗散元神也,亦是最大之戒。不料為今之際,開荒道祖,功德浩大,普渡迷津,皈理之人皆感大德,恩同再造。又戒外洋鴉片之煙也,乃當時之洋藥,居官者食此不能治國,為僕者食此不能侍主,員弁者食此不能報效上司,庶民更不可用,如受此毒,其罪非輕,上難報主,孝順父母,下不能修身治家,損軀廢命,耗氣亡神,皆因受此毒之大害也。

除戒煙酒之外,其他各皈戒大多是些官樣文章,只有不燒香紙像還有些實際意義,即公所中的儀節中的確不燒香(只限線

香，檀香還是燒的），也不燒「黃錢」、「紙鋦」一類東西，也不供奉神像，然而這也只是在公所之內，信徒在家裏供奉什麼是不禁忌的。

（五）眞言

在理教信徒謹守的信條除了「四皈八戒」中的戒煙酒之外，還有「五字真言」，即「觀世音菩薩」五字。這五個字在入道時由「領眾」傳給，聲稱得道之後經常轉念可以「諸事順遂」，惟不許出口，並且「上不傳父母，下不傳妻子」。遇到大災大難則面向東南出口念誦三聲，可以「逢凶化吉遇難呈祥」。

另有一說較前者有些積極意義，流傳也較普遍，即說五字真言為「一心滅滿清」或「努力滅滿清」，「反清保大明」，這仍是與羊祖創教是為了反清復明的說法一致的。後來由於在理教隨著清朝對他們的壓力緩和以及其內部的蛻化，革命精神逐漸消亡，真言也就由「一心滅滿清」而改為「觀世音菩薩」（這頗與義和團的由「反清滅洋」變為「扶清滅洋」相類）。《地學雜誌》中有一段記載，敘述較詳：

> 其教中有上不傳父母下不傳妻子之五字真經，如違犯賭以雷殛之要誓，此五字即「努力滅滿清」。故初入者雖賭以重誓猶不敢卒然授之，恐一洩而遭剿家滅族之奇禍，不得不以『觀世音菩薩』代之耳。其初入理者「領正」並囑以如遇大災大難向東南焚香叩頭，直向東南行，自有救星云。大災大難，指清廷如查覺後而言；向東南行有救星者，是時鄭成功據臺灣，投鄭麾下即免清之株連而得救。觀此可知當時因禁令森嚴故用秘密隱語，先民用心固良苦矣。

自後康熙平臺，順、康、雍、乾皆英明，排滿之念已過去，
遺老凋謝，隱語愈晦。

作為一種民間的以秘密宗教為聯繫紐帶的革命團體來說，這種轉
變原是可以理解的，因此這第二種說法也是可信的。

在理教中的真言尚不只「五字真言」一種，還有一種「十六
句真言」，相傳是羊祖親傳。上述「毛來遲送法」的「法」主要
就是指的這「十六句真言」（還有羊祖印記等）。這十六句真言是：

靜守持念觀自身。耳目隨心聽潮音。四海澄清光明現。當
人居坐五行中。蓮台上面持真語。法輪常轉運乾坤。普照
世境隨心變。貫滿崑崙三界明。一切萬物皆有性。氣是玄
妙性中根。身裏陰陽誰識破。識破還得養性人。大道不離
方寸地。若要外尋枉勞神。人能醒悟師父理。晝夜殷勤念
在心。

這十六句話玄虛怪誕，其略具文理處，也殊與傳說中羊祖創教是
為了反清復明的宗旨絕不相侔，顯係後人參照其他教派的說教所
編造。有幾種書中對這十六句話有些注解，例如《理教弘明集》
就做了較詳細的解釋，但多任意發揮，故不再多徵引。

上文提過，在理教創興之初還崇拜過關聖帝君，當時他們的
真言除「觀世音菩薩」之外，還有一句「聖賢關老爺」。隨著關
帝崇拜的被淘汰，這句真言也就跟著消滅了。

（六）下參

下參是在理教的特殊叩頭方式，也是信徒在入教後必須學會
的唯一的儀節。其方法比一般叩頭禮節為複雜，即先立於壇前（或

佛案前，其他禮拜的物件前），略低頭，雙足並齊，垂手（手貼兩腿）眼觀鼻準，靜默片時，然後雙足不動迅速曲膝伏下，兩手著地（著地位置應儘量向膝部靠近），再靜默片時，然後頭頂徐徐著地，復原，起立，靜默，抬頭，參畢。這種下參的名字叫「斤斗報母參」，是一般信徒行的。還有一種是極少數人使用的，即公所內得過「法」的人，包括領眾、幫眾、催眾……那一類人。方式與上述大同小異，差別只在於開始時兩手不下垂，而是抱在胸前（兩手面均朝下），左手大指掐「子訣」（無名指最下一節紋），右手大指掐左手的「午訣」（中指頂），其他手指均伸直，左壓右上。這叫做「子午抱心參」。對於這種下參姿勢有如下解釋：

> 吾道所行之參名曰「斤斗報母」。大凡吾人降生之時，轉胎之際，手托天頂腳登北海，斤斗而下，性歸北海命見天，啼聲一震，後天厥成，故吾道之用斤斗報母參者，正是因斤斗而有命，行斤斗而念母恩也。……斤斗報母參微奧玄妙，可謂放之則彌六合，卷之則退藏於秘，其味無窮，皆妙理也。以表面觀之，求佛慈悲，念母大恩，而求福祈壽；其實包括一部正心修身，抽坎填離，壯筋益氣，善運呼吸之大道也。……朝夕遵訓下參，初則一次十二參，參畢神水滿口，如法分咽，如法運用，施運後，但覺遍體汗潤，骨節靈活，百髓菡澤……自一功十二參益二十四參、三十六參、四十八參至五十三參，可謂苟日新，日日新，又日新，行之半年，身體健全，非筋斗報母參之奇功妙術乎？按在理行斤斗報母參，求福得福，求壽得壽，求命得命，求聖成真，為身體健康而行之，勝似「八段錦」功多多。（《理教答問憶錄·斤斗報母參之記載》）

可見斥斗報母參並非只是一種禮拜的儀式，還是與氣功和體育鍛煉結合著的。我認識一位元天津著名的在理教當家李琴庵，他還是一位老中醫，也是書法家，但腿跛。他曾對我說，他因行動不便，不能做一般體育活動，只靠每日三次行斥斗報母參，每次完了都是一身汗，他能維持健康很少生病端賴於此工夫。在下參的過程中計有三次「靜默」，如果這次參只下一次，靜默時即簡單地轉念五字真言三次，如果像上面說的連續下多次，則靜默時即要成套地轉念一些經文，這套經文據說是羊祖所留。其文如下：

第一參，參老母，慈心無量。

第二參，參勢至，大悲深恩。

第三參，參我佛，慈悲普渡。

第四參，參聖宗，父母高升。

第五參，參大悲，逢苦救難。

第六參，參聖宗，拔渡超生。

第七參，參如來，親到接引。

第八參，參超脫，九祖高升。

第九參，恩德大，慈悲無量。

第十參，宿世緣，今日相逢。

第十一參，仗我佛，超凡入聖。

第十二參，普救渡，十項脫生。

第十三參，傳路線，得有歸宿。

第十四參，明去路，相伴金仙。

第十五參，又重圓，歸原返本。

第十六參，脫凡身，定入涅槃。

第十七參，謝我佛，親蒙教旨。

第十八參，都歸正，了死不難。

第十九參，指雙林，為媒作保。

第二十參，龍虎伏，得見西天。

第二十一參，參南海，古剎寺院。

第二十二參，參洛迦，東駕法船。

第二十三參，參心田，抱元守一。

第二十四參，參空中，靈光顯現。

第二十五參，參十字，安身立命。

第二十六參，參理教，佛照不宣。

第二十七參，參智慧，降伏心地。

第二十八參，參思慮，鎖住心猿。

第二十九參，參來龍，普澤聖水。

第三十參，參甘露，沐浴金身。

第三十一參，參壇光，真如自在。

第三十二參，參雲宮，定走金門。

第三十三參，參奇門，輾轉開放。

第三十四參，參玄妙，傳留經文。

第三十五參，參六通，神通廣大。

第三十六參，參圓通，大慈洪恩。

第三十七參，參鸚鵡，祥光普照。

第三十八參，參如意，眾寶隨身。

第三十九參，參九重，界外顯現。

第四十參，參諸佛，誓願洪深。

第四十一參，參來訪，釋迦大意。

第四十二參，參大道，妙語真經。

第四十三參，參方寸，靈山救主。

第四十四參，參彌陀，接引往生。

第四十五參，參禪機，佛法不差。

第四十六參，參靈鷲，如來法親。

第四十七參，參未來，無極聖主。

第四十八參，參諸佛，願普渡群。

第四十九參，參淨土，佛親臨教。

第五十參，參般若，妙法微深。

第五十一參，參韋馱，護法恩大。

第五十二參，參潮音，一心印心。

第五十三參，參父母，普天造化。

（《理教究真錄・羊祖世系及成道紀》）

（七）坐功

在理教是很重視坐功的，坐功即氣功，除上述下參外，還有一些坐功方法，但這項功夫主要是在公所內的一些年老成員行之，某些特別虔誠的信徒由於常與公所接近，也有會的，一般信徒則不懂。

在一般經卷或宣傳品中講到坐功的也很多，下面先錄出幾段關於打坐的理論方面的文字。然後再講他們的實際打坐時的情況。

《拐子王爺（王來善）論精氣神》：

胎從腹氣中生，氣從胎中息。氣長則生，氣短則死。氣聚則生，氣散則死，氣入身謂之生，氣去離形謂之死。知神氣可以長生，因受虛無以養神氣。神行即氣行，神住則氣住。若欲長生，神氣相住。心不動念，不出不入，無來無

去，自然常住，勤而行之，是真道路。道乃神之主，神乃氣之主，氣乃形之主。形乃生之主。無生形之主，形乃氣之主，氣乃神之主。則性珠明矣，命寶凝矣，性命雙修畢矣。

《修真內功》：

丹田一部分，俗云臍下是。然而其中有所分別。丹田者，臍之下小腹之上相平均之地，偏左者為丹田，偏右者為關元，兩穴相平，中間相隔一寸七分者是。用丹功者，先認明此穴為立命之總機點，必須勤取華池玉液，頻頻而灌之，此之謂聚精也。其氣托心念之訣，切莫囫圇讀過，須要詳悟。俗云大道不離方寸地，多有以方寸誤解為心者，差矣。方寸即是氣托心念之地位，在丹經即謂之曰黃庭中宮，此謂之丹功第二機關亦謂之養神處。順逆之法，全憑呼吸之力。呼吸者，不過以意運氣而已。妙在功夫綿秘，以閉呼吸養成胎呼吸，至斯時方能得其真詮。世人切莫謂材料不足，成丹者亦不過點滴之真精。上乘之法，必須先從調動氣血為入手之地。終日行動，或坐或臥，以意運動，上至泥丸，下達湧泉。平時將周身氣血調動活潑，百日後以閉呼吸，用意運動丹田之力，直攻尾閭。初攻之時，毫無效力，迫至日久，每一動念，運用丹田氣力攻尾閭穴，一陣覺熱，其竅通矣。此為第一關。由於再運氣力，連攻夾脊，中關通時亦有明證。其關作癢，氣自貫通。至玉枕之第三關通時，其關無知覺之力，其人面如流水，似汗其實無汗，乃玉枕之關透矣。如此按部就班，而試習之，將三關打破，再用綿秘功夫，運用丹田之精氣，直達泥丸，

結成聖胎，自然增長智慧，能悟已往未來之先覺。中乘之
法，黃庭結胎者亦如是。不過於上乘知覺力稍鈍而已。丹
功法不過指點，空摸無益，若能詳悟詳言，自必一旦豁然。
（《理教弘明集》頁 16）

坐功在子、午、卯、酉四個時辰行四次，行的時候大致是這種情
況：

> 參禪打坐入靜功，心中秘念五字經。真吸如如無間斷，一
> 派清音透虛空。……六門關鎖牢封閉，拿住六賊莫放鬆。
> 眼不視物耳不聞，鼻不嗅味舌似弓。身穩蒲團意長在，內
> 裏神氣要守中。有朝一日真靈現，一法通來萬法通。……
> 坐在蒲團六門關，憂愁思慮都除斷。清靜堂前鎖心猿，無
> 影樹下意馬拴。七返九還丹砂現，三花聚頂運周天。採得
> 黃芽五氣元，朝朝夜夜時時煉。（《悟道錄》頁 19、23）

除了心中默念五字經之外，還有一種是念《普門大士神咒》的，
即「俺嘛彌叭迷吽」六字。念的時候與呼吸結合，即念「俺」時
氣在心窩，念「嘛」時氣到左肋，念「彌」時氣到喉，含「叭」
時氣到右肋，念「迷」時氣到丹田，念「吽」時氣到頭頂，如此
叫做一個「周天」。念的時候還有手裏掐著念珠的。念珠有 108
個珠的，有 36 個珠的，也有 18 個珠的。不論是念五字真言還是
觀音咒，都用它記數。念到規定的數字後，坐功即算完畢。這種
方法是北較簡單的一種，在《悟道錄》中，還有一種《十二段錦》
也是講坐功的，較此複雜些。這個《十二段錦》並非在理教所獨
有，而是襲自其他講氣功的書籍，在別的書上叫做《矐仙歌》或
《按摩導引法》。《悟道錄》中講《十二段錦》時占了較多篇幅，

插圖詳解，看來他們是很重視這種方法的。下面只將它的綱領錄出：

> 閉目穩心坐，握固靜思神。叩齒三十六，兩手抱崑崙。左右鳴天鼓，二十四度聞。微擺撼天柱，赤龍攪水津。鼓漱三十六，神水滿口勻。一口分三咽，龍行虎自奔。閉氣搓手熱，背摩後精門。盡此一口氣，相火燒臍輪。左右轆轤轉，兩腳放舒申。叉手雙虛托，低頭攀足頻。以候神水生，再漱再吞津。如此三度畢，神水九次吞。咽下汩汩響，百脈自調勻。河車搬運畢，想發火燒身。舊名八段錦，子後午前行。勤行無間斷，萬疾化為塵。

在《聖參道理》中還有一段叫做《十步功》的，文字也很長，不能全錄，其綱目如下：

> 第一步功踵息煉氣，第二步功積氣開關，第三步功三花聚頂，第四步功四象盤桓，第五步功五氣朝元，第六步功築基煉己，第七步功沐浴抽添，第八步功默守玄關，第九步功神通三昧，第十步功棄塵歸山。

（八）八寶

在理教中講究擺弄和供奉一些小型的法器，即葫蘆、椰瓢（又稱艾瓢）、念珠（桃核或木雕的）、核桃、套環（檀香木雕的）、木梳（棗木的）、尺（花梨木的）、鏡子（古銅的）、合稱八寶。其實各公所並不統一，有的還有剪子、跨袋、拂塵、缽、靈芝、奇形怪狀的塊根塊莖類的中藥、老樹根等。由這些東西做法器是別的宗教和道門裏沒有的。他們把這些東西陳列在佛案上、供桌

上，列隊外出參加什麼活動時各人手裏也常要拿上一件。為了增加這些東西的神秘性，他們編造了很多傳說，也寫了一些歌詞來歌頌它們。

這些法器都是平日公所當家和其他神職人員閒著沒事用布或手打磨出來的，有的公所在繼承神職時不只傳「法底」，還要繼承八寶，猶之繼承「衣缽」。如前文講過的「東憑葫蘆西憑法」，那個「葫蘆」傳說就是尹祖當家時用過的法器，尹祖之後代代相傳的領眾們就是以它為憑證的。

（九）尚白

尚白是在理教早期的重要教義和儀節之一，近數十年則不再奉行而將白改為灰色。張燾：《津門雜記》卷中《有門檻》條載：

> 在禮者又名白衣道教，原異端之流也，直隸、山東、奉省皆有之，惟天津尤盛。入教之人身上皆帶有白色衣飾，夏則辮繩、褲帶，冬則軟領、腰巾，如有服者然。此在禮之名所由起也。

為什麼要這樣？有幾種說法：一種是說這是羊祖開教時所訂，用這種服飾是「為明朝穿國孝」；一種是說白色代表「佛光」，代表「正大光明」；一種是說在理教的大開普渡應在「白陽三期」，因此一切尚白；一種是說在理教的中心崇拜是觀音菩薩，即白衣大士，因而其教亦稱白衣教，並以白來做標誌。這四種說法都有些道理，也可說是在理教的尚白是兼含這四層意義的，但其中的第一說最重要，也是很近於情理的。後來的在理教由於反清復明的意識完全取消了，因此這一層意義也就隨之為許多迷信色彩所玷

污。近幾十年在理教經卷中，只是向著更為背離其本旨的方面去解釋。如他們認為白腰帶是代表白衣大道的戒律，繫在腰間是為了「銷心猿」。

《白腰帶歌》

> 一根白帶腰中纏，師父戒律不非凡，白衣大道是道理，自作引童好登山。在理身帶白一點，好比鐵鎖鎖心猿，盤膝打坐起邪念，遭了罪孽禍於天。

他們還認為穿著白色鞋口的鞋是代表「足踏白蓮」穿上它就應拋下七情六欲去「雲遊訪道」。

《白口鞋歌》

> 白口雲鞋腳下登，雲遊訪道不非輕，清靜即是無為主，看破世界總是空。七情六欲全除去，拋了妻子各西東，足踏白蓮超凡世，心起邪念五雷轟。

他們還把頭上繫的白辮繩規定為一尺三寸，用來代表人剛生下來時，身長一尺三寸（一說代表臍帶）。繫在頭上是不忘父母養育之恩。

《白辮繩歌》

> 一根辮繩髮上拴，生身之時一尺三，至今你把門檻進，撥雲見日透青天。父母恩情實難報，師傳點傳報母參，行動住坐參聖理，不准東瞅與西看。（《羊祖聖道書》）

這種尚白的習慣沿襲很久，後來逐漸由灰色代白色，但領眾在擺齋等場合還是要守這條規定。傳說曾有兩句順口溜描寫這種現象：「白衣道，瞎胡鬧，不死爹娘穿重孝。」以灰代白之後，

公所的領眾以下各等人員的服裝不論衣褲袍褂鞋襪都一律是深灰或淺灰。

（十）道德與修養

在理教特別突出的教義之一是「孝」，但又不能只講孝，因此又加上許多別的東西作為陪襯，如說「五倫八德」。下面節錄羊祖和其弟子張天錫的一段談話，可以看出他們的這條教義的精神。

> （羊祖）遂又囑道：「自今以後，緊守五倫八德。」天錫問何為五倫，祖道：「五倫者，乃君臣父母兄弟夫婦朋友。」又問道：「何為八德？」祖答道：「八德者，孝悌忠信禮義廉恥是也。」天錫道：「請師傅將此八字詳細教之。」祖道：「孝字乃半老半子，言說親已老半入土矣。為人子者，頭頂半老，宜體親心，父母年老，兒子就是手足。細看孝字形象，老執拐杖子捧扶之行，是以立教首孝，教猶『孝文』之明本也。百行孝先，一先為天，指歸根也。如其不孝，即失根本，根本既失，雖生如死，還想如何？人能回心，天即轉意。為人子者，和顏養志，順親為孝，能孝其親，即是妙道，此孝之解也。」

這段話的下文對其他各點的解釋都是一帶而過，沒有講「孝」這樣突出。在理教講究待人按物要和睦、吃虧、忍氣，如下引這段文字：

> 理門主張說理，因此羊來如叫人要處處合理，做事要吃虧不佔便宜。他又叫人忍氣，他說酒色財氣四關最難做到好

處的莫如氣字。他強調勸人不生氣，不生氣就不著急，不
著急就不上火，不上火就不生病，不生病就不死人。他還
編有不氣歌道：不氣不氣偏不氣，氣出病就無人替，偏偏
不上你的牢籠計。他人都有孽障眼，分辨心，是非嘴。孽
障眼是專看別人的不是，分辨心專分辨別人的不對，是非
嘴專說別人的不是。他號召理門中人都反過來用，要看自
己的不是，分辨自己的不對，說自己的是非，這樣反躬自
省，就可使人以分自守，以命自安。（畢文楨等：《舊天津
的理門》）

（十一）傳統教義

在理教本也是白蓮教派的民間宗教之一，儘管後來它的教義
不斷經過改造而大為變異，但仍然有一些殘留隱藏在他們的《理
門五山寶卷》之類的在理教經卷和書籍之中。當然，這些殘留並
非廣泛流傳，只是為少數當家和神職人員作為獨得之秘而已。略
舉數例以說明。如「三（五）教合一」，這是一條典型的傳統白
蓮教派教義。《羊祖世系及其成道》中即說：「羊祖云：吾教乃從
三教化出之大道也。俗云『紅蓮白藕綠荷葉，三教原來是一家。』」
《理教究真錄》第一章《五教概略》全章都是講的這個問題，開
宗明義即說：「理教者，明乎天人鬼三界，法乎釋道儒耶回五教，
所謂天下之達道也。故欲研究理教，於五教之概要不可不知焉。」

又如「五盤四貴」，這也是白蓮教的傳統教義。在一種《理
門五山寶卷》中說：

> 三佛在世，先天過去天盤，燃燈古佛，獸面人心。三
> 十歲為花甲子，九十天一個月，共十二節氣，一年六個月。

現在中天天盤，釋迦佛，人面獸心，六十歲為花甲子，三十天一個月，二十四節氣。

後來未來天盤，彌勒佛，佛面佛心，九十歲為花甲子，十八月為一年，每月四十五天，三十六個節氣。

治就星宿一天盤，彌勒古佛渡人緣，壽活一萬八千歲，出南入北轉金丹。

再引一段《理門五山寶卷》中關於「一年十八個月，三十六個節氣」的文字：

正月，立水、紅雨，二月，雨水、春過，三月，驚蟄、春水，四月，春分、萌發，五月，清明，穀雨，六月，小滿、大滿，七月，立夏、芒種，八月，夏至、小暑，九月，水土、水寒，十月，大暑、行雨，十一月，火炎、立秋，十二月，處暑、秋涼，十三月，白露、秋分，十四月，寒露、冰寒，十五月，霜降、立冬，十六月，小雪、大雪，十七月，冬至、陽回，十八月，小寒、大寒。

四、在理教的齋口

在理教的齋口相當其他宗教的佛事、法會、建醮、開壇等活動。本文第二節已講過一些齋口的情況，這裏再著重介紹一下齋口中的宗教性儀禮。「齋口」的意思就是擺齋的日子，內容很多，先從擺齋說起。擺齋的第一個儀式是升座，也叫請壇。在公所的正殿的套間裏（或在其他配殿）常是設壇的地方，裏面有一鋪炕，上面放一個方炕桌，桌上擺著香爐、止靜牌、八寶，當中是當家又稱領眾的坐位，兩旁各有兩個坐位，分別由四位幫眾即護座、

監座、陪座、幫座來坐，合稱五座，還有幾位不坐在炕上而站在地上的人，人數不定，叫做催眾。

升座儀式開始時五座和各催眾都面向炕桌站在地上，五座在前排，其他在後排。當家第一個下參，跪讀《交願詞》，內容是當家的個人立誓。再獻請聖香，讀《請聖香贊》，其詞如下：

> 弟子領眾身非輕，聖法頭頂佛頂心，行參本是聖宗授，陀羅俺唎護吾身。一部真經滿展開，奉請聖佛升蓮台。聖字救苦又救難，慈悲弟子受眾參。混元金令抱滿懷，金剛護法兩邊排，韋陀天尊背後站，陀羅阿彌護我來。
> 請中央俺字乃以呼吾身，毗盧遮那佛，迎參受拜。

念畢二次獻香，再念《升壇朝聖詞》，其詞如下：

> 南無過去正法明如來，現前誠請南海聖宗佛。成妙功德，具大慈悲於一身心。現於手眼，照見法界，護持眾生，令發廣大道心。
> 永離惡道，得生佛前，無間重愆，纏身惡疾，莫能救濟，悉使消除。三昧辯才，現生求願，皆令果遂。決定無疑，能使速護三乘，早登佛地。威神之力，歎莫能窮。故吾弟子，一心皈命頂禮。

念畢三獻香，再念《朝座升壇詞》，其詞如下：

> 弟子朝壇萬盞燈，萬朵蓮花護照身。弟子替佛朝寶座，佛法慈悲弟子行。聖佛慈悲，護壇仙花慈悲。

念畢下參，然後即至炕桌正位後盤膝坐下，從此他就代表觀音菩薩執行一切職務並接受信徒們的禮拜了。以下是護、監、陪、幫

四座依次獻香、下參、誦《請聖詞》，就位，誦各座的「法」，其詞如下：

護座請聖詞

弟子×××志心頂理皈命禮。誠請安徽九華山寶蓮寺地陰宮水簾洞豐都府南無大願地藏聖佛，護法城隍土地，北方彌字乃以呼吾身不空成就佛，迎參受拜。玄靈元老祖、救苦教主、幽冥教主。

護座法

俺吽吽均達利地藏佛娑婆訶目犍連菩薩。

監座請聖詞

弟子×××志心頂理皈命禮，誠請浙江寶華山靜慈寺太陰宮雲霞洞司命府南無大聖准提聖佛，護法青獅白象，西方叭字乃以呼吾身，無量壽佛，迎參受拜、丹靈真老祖，太乙教主、接引教主。

監座法

叭嘛俺准提佛哆陀呢羅嚴峻菩薩。

陪座請聖詞

弟子×××志心頂理皈命禮，誠請四川峨嵋山慈雲寺文治宮白鶴洞朱陵府南無大行能仁普賢聖佛，護法五靈官，南方呢字乃以呼吾身，寶生佛迎參受拜。鶴靈玄老祖、提燈教主、靈寶天尊。

陪座法

俺嘛呢叭彌郊輸跋陀佛陀吽。

幫座請聖詞

弟子×××志心頂理皈命禮，誠請山西五臺山靈音寺月華

> 宮元覺洞泉曲府南無大智師利文殊聖佛，護法黑虎玄壇，
> 東方嘛字乃以呼吾身，不動尊佛迎參受拜。青靈師老祖、
> 正乙教主、廣法教主。
>
> 幫座法
>
> 吽俺嘛彌文殊佛婆羅哆陀婆羅吉帝。

五座坐齊之後再由幫眾以下各位依次獻香、下參、念各種「法」，
詞句與五座的「法」大體一致，都是些靈文咒語，然後由領眾念：

> 四大催眾隨佛走，度嚕哆俺身自有。有願升壇赴真界，叭
> 嘛哆哪准提守。
>
> 頭頂玉皇，腳踏火龍，前有文殊，後有普賢，左有青龍，
> 右有白虎。手使寶劍，英雄威武。化為血水，神不能侵，
> 鬼不能害，見著喜慶，好人相逢。吾坐北屋，見見亨通。
> 吾奉北斗天罡星臨壇鎮法。弟子領眾×××志心頂禮皈命
> 禮，誠請頭頂十方佛，兩旁日月佛，手捧彌勒佛，心轉聖
> 宗佛，身披阿彌陀佛。志心頂禮皈命禮，誠請韋陀金剛護
> 法王，降魔寶杵放毫光，威鎮法壇三千里，保護壇場渡八
> 方。三軸靈文隨光轉，七世童子世無雙。南海聖佛杵魔客，
> 靈光保護降吉祥。南無摩訶般若婆羅密多娑婆訶。

到這裏，升座儀式就結束了。這個儀式在理教是十分重視的，他
們把這些詞句看得十分神秘，當了領眾、幫眾、催眾的都背得爛
熟，準備做這些神職的也要努力背誦，原因是不敢貿然升座，坐
在那裏接受千百人的下參跪拜。

傳說這個儀式是羊祖親定的，各公所都有一種抄本的冊子，
紀錄這些靈文、咒語、歌詞及其他秘密的儀節和圖解等等，名字

都叫《理門五山寶卷》或《鎮壇法寶牒文》，也就是「法」或「法底」、「法根」，因為常是用紅布包裹，又稱「法包」。冊子的封皮上大都寫著：「始祖遺訓，不准私看，若是暗閱，必受雷擊」，「不是領眾，不准傳授。秘之寶之，私閱雷殛」，「此法至為重要，不准輕傳。若是輕傳，世代子孫均受雷殛」一類字樣。正是因為他們過於保守秘密的關係，這一套言詞連各公所領眾之間也是「不輕傳」的，因此反而弄得一家一套了。以我所見的多種《五山寶卷》來看，就沒有一種是與別家相同的，甚至出入很大。上錄各種歌詞、靈文、咒語是比較有代表性的幾段，都是出自天津的著名公所中權威性的當家所使用的。它們是天津倉門口福聚堂公所蔡俊元和沈家台理緣堂公所李本元。

當然這種「法底」不統一的現象是不應該的。我曾問過幾位領眾，他們大半都解釋不了。有的說不統一是允許的，根本大法不變就可以，小節可以不拘。有的說「經都是好經，叫歪嘴的和尚念走了板兒了」。有的則排斥別家而說自己的法底才是真傳。由此可見在理教組織的「無政府」狀態。

在請壇升座之後就可以開始擺齋的中心活動了，就是捧齋。來公所的道親們都要依次到那個壇場上去下參禮拜，目的是個人求順和家宅人口平安，這和一般宗教信徒到寺觀去朝拜的意義是一樣的。但在理教的捧齋又與一般宗教有不同處，就是它也有固定儀式。

《鎮壇法寶牒文》封面

要捧齋的道親進了壇場先站在炕前的拜位後面，說：「弟子×××
×，家住×××，在××公所得理，給師父下一恭參，求師父慈
悲！」領眾這時要說：「聖佛慈悲！」各座及催眾等齊聲說：「多
慈悲！」道親說：「問師父好！」領眾答：「師弟好！」道親下參，
參後壇場的全體人員齊聲說：「多順序！」捧齋的禮成。大齋口
時人很多，來不及一個個地捧齋，就三三五五集體到壇場行禮。
捧齋之後道親可以退出壇場到各屋裏有聖宗和羊祖、尹祖像的殿
堂裏下參，參畢可到休息的地方閒坐或到「承辦」的桌子前交佈
施，一般還要等到吃了齋飯才離開公所。所謂齋飯，早年都是素
席，後來改為雞鴨魚肉。當然不許飲酒，連料酒也不准放進菜裏。
大齋口時人多，吃飯時要幾十桌上百桌，公所屋裏地方不夠要在
院裏搭席棚，或是另借寬敞地方。在齋口日凡來捧齋的道親彼此
見面都要說：多慈悲、多順序、多虔誠、多公德！所以當日在公
所裏特別是坐席時氣氛十分熱烈。

　　在齋口日子裏如果有人要「歸理」即入教，也要在捧齋的過
程中交插舉行儀式，叫做「點理」（不是齋口有人要歸理也可隨
時點理）。新歸理的人叫「新理」，點理時新理先站在壇場外等候，
先有一位催眾作為「求師」進到壇場，向領眾下了參然後跪誦：
「弟子×××求×××爺（也是催眾）做一引師，引一位新師弟
×××，情願壇前歸理求順，求師父慈悲！」這時做引師的即到
壇外向那位新理坐個揖，說：「我跟你先行個俗禮！」新理也答
一揖。引師說：「你今日歸理是別人相勸，還是發於本心？」新
理答：「我是發於本心。」引師說：「歸理之事別看輕了，一輩子
大事，不是三天吃齋，五天還願。」新理答：「我看重了。」引
師說：「你在這裏等著，我給你問問師父去。」說完進入壇場向
領眾下參，跪誦：「×××爺求的我弟子做一引師，引一位新師

弟×××，情願壇前歸理求順，求師父慈悲！」領眾說：「聖佛慈悲！叫他進來！」引師退出門外去領新理。領的時候用他的右手拉著新理的左腕，叫新理先邁左腿跨過門檻。這時他說：「邁左腿，進道門，天下在理一家人！師弟，從今往後你就是理門裏的人了。我先給你道個喜！」作揖，新理也坐一揖答禮。引師又說：「來，我教給你下參，你看我怎麼做你就怎麼做。」引師表演下參，口中還說：「兩足並齊，十指不露風，雙手不離膝，出手不過肩，方圓不過一尺三。頭心點地，起後身，上身不動，這叫斤斗報母參，報父母養育之恩。下好一參，一輩子順序。聞土得生、緊記得法。」新理依樣下參後即跪在壇前。領眾問：「你今年多大年紀？」新理答。又問：「你煙酒忌得住？」新理答。領眾說：「如果忌不住煙酒，其罪一人擔，不與求、引、點傳、帶道師相干！」新理答：「知道了。」領眾令新理將左手伸出，領眾用右手拉住新理左手腕說：「我右手拉你左手腕，將你救上菩提岸，五字真經點傳你，叫聲師弟隨我念。」然後就是傳五字真言：「觀世音菩薩。」領眾逐字念。叫新理逐字重複，計三遍，然後叫新理自己念三遍，問：「記住了嗎？」新理答：「記住了。」領眾說：「聖佛慈悲！師弟你多順序！」新理起來連下四個參。站立的催眾之一（帶道師）充做贊禮，說：「謝師父！」「謝求師！」「謝引師！」「謝謝各位道長、師兄！」下參後大家一齊向新理作揖祝賀，進理的儀式完成。這時有人將新理帶到另一個屋裏的「承辦」桌前，叫他隨自己的心願佈施一些錢，再領取一張證書。就算一位在理教徒了。

　　還有一種更為隆重的儀式也要在大齋口時舉行，叫做放法。即由現任領眾遴選接班人作為下任領眾或遴選幫眾、催眾等神職人員。這種儀式比升座、點理自然更為繁複，其靈文、咒語也都

載在法底《五山寶卷》，這是其尤為機密之處。放法不常舉行，隔若干年有一次。遇到領眾來不及親自放法給下任就「了凡」了，那就要請別的公所領眾代行，這種領眾應是道行極高，威望極隆的。

在擺齋開始行升座儀式後的那五位坐在壇場炕上的「五座」，是不許走動的，有時要坐上一整天，大齋口（如臘八）要坐上一天一夜，不許吃喝，如廁。等到道親們都散了之後才許「下座」。下座也有儀式，意思是請那些附在他們身上的神靈仍然退回天宮，這叫「送聖」。這個儀式和升座差不多，就是那「五座」依次下來下參。各念一段謝座送聖詞。茲舉最後一位下座的領眾所念的靈文如下：

> 弟子領眾×××謝座送法。一卷真經用完功，弟子送聖請
> 回宮，佛回落伽法入龍宮，諸佛諸聖上天宮。護法護壇歸
> 本位，羊祖尹祖回山中。弟子無事不敢請聖駕，慈悲弟子
> 福壽增。弟子有事常請常送，無事不敢勞動。我弟子送佛
> 回宮，以離我弟子。南無摩訶般若婆羅密多娑婆訶，南無
> 阿彌陀佛悉旦哆缽達羅薩婆訶。

結束一次擺齋還有最後一項，即將一天的收入開支結算後開出帳單，在聖宗佛案前做個交代。這個儀式只由領眾一人行之，還有若干有關人員站在一旁監視。領眾下參後跪在地上向神一筆一筆地報賬，報後還要念上一大套話，其中心意思是說這個賬目「無私無弊」、「神目如電」、「天理良心」等等。第二天還要將帳單用黃紙大字抄列，貼在大門外面向群眾公佈。

以上說的是正常情況下每年定期的擺齋活動，還有一種特殊的擺齋，即到人家裏去擺齋。這種擺齋不經常遇到，必是有個大

戶人家許下什麼願，或遇到什麼事（多半是好事），想要做些功德，酬答神靈，才把公所各位神職人員連同各種法器一齊搬到家裏舉行擺齋儀式。情況與在公所擺齋一樣，只是人少些，只限本家及親友，多不過百人上下。擺齋後必要捐一大筆錢或是立個牌坊，修繕彩畫殿堂等等。

1963 年 5 月 16 日修訂

1996 年 12 月重校

附　錄

嘉慶十九年（1814）正月初六日廣惠審辦
張暉吉等傳習白衣道一案奏摺所附案犯供詞

　　張暉吉即張八供。小的是天津縣人，在大寺後住，今年七十一歲，行八，所以有人叫小的張八爺。小的並沒有兄弟妻子，雙目失明有八年了。從前梁家嘴子有個尹來鳳，是白衣道，他蓋有三間房子，裏面掛著一幅關老爺，一幅觀音菩薩。嘉慶九年六月間，尹來鳳說習白衣道可以求福延壽，叫小的拜他為師傅，小的允從，就搬到尹來鳳房子內住了。那年七月裏，尹來鳳又收了趙名山一個徒弟，和小的一同住著。尹來鳳就只教小的們忌吃煙酒，常念「觀世音菩薩，聖賢關老爺」這兩句，並沒有經卷圖像，也沒有三伏光著脊樑，三九光著頭顱在曠野念經的事。

　　十一年八月裏，尹來鳳故了，他並沒有兒子，十二、十三、十五等年小的陸續收了徒弟，是魏均魁、魏雙鳳、李福來、高聯科、張雲霄、陳均樂、朱鳴亮、沈萬興、王九如、韓大王、大周、九如、李士海、趙起山、張九如、王四、李洪如、梁得山、李雙全、安來儀、劉六、尹大、馬九、王鳴九、張六、石大等二十六人，也有本村的，也有鄰村的人。他們就只送些燒餅果子，並沒錢文。小的教他們和尹來鳳是一樣傳授的，趙名山也收有十幾個徒弟。每年二月十九、四月初八、臘月初八三次，凡習白衣道的人都到尹來鳳遺下這三間房子內吃一頓飯，每次每人有給小的和

趙名山二百小錢或三百小錢。

十八年九月底，小的到侯得山茶鋪內吃茶，侯得山原對小的說過，聽得梁家嘴子的人搬了幾家的話。九月二十五日，趙名山的徒弟李滄海勸小的和趙名山說，現在因邪教滋事，出了告示禁止，你們快改過開煙酒罷，小的們就開了煙酒，不習白衣道了，並將尹來鳳遺下房子安設上水桶，改為救火公所。到十月二十日李滄海又勸小的和趙名山，就把房子也拆毀了。趙名山搬回永豐屯住，小的一身，隨便在熟識人家居住，所傳徒弟們也都改悔了，因害怕，沒有到官自首。

小的和羅幅素不認識，想因小的常到侯得山茶鋪喝茶，羅幅在侯得山家住，所以告上小的，只求恩典是實。

趙名山供：小的是永豐屯雙廟街人，今年六十歲，兒子趙詠安今年三十歲，一向駕船為生。於嘉慶九年七月裏，小的拜尹來鳳為師傅，習白衣道，就搬到尹來鳳房子裏和張暉吉一同居住。小的陸續傳了十四個徒弟是：李滄海、羅自有、張元善、李均喜、盧明山、王惠豐、高復臣、楊廣生、李得公、王天升、高老、張明山、田喜如、黃二，都是梁家嘴子和鄰近村莊的人。十八年九月二十五日李滄海去對小的和張暉吉說，現在因邪教滋事，出了告示禁止，我已開了煙酒了，你們快些改悔。小的就開了煙酒，不習白衣道了。又因這三間房子是尹來鳳遺下的，就安設上水桶，改為救火公所。到十月二十日，李滄海又勸小的和張暉吉，就把那房子也拆毀了，可以查驗。徒弟們聞知，也就改悔，開了煙酒了。小的實在久已真心改過，因害怕，沒有到衙門自首，只求恩典是實。余供與張暉吉所供相同。

侯玉山即侯得山供：小的是天津縣人，在侯家後住。今年三十五歲，有母親劉氏，兄弟侯瑞，女人蔡氏，兩個兒子，大兒叫

倍兒，十四歲，小兒子元兒，九歲。我向開茶鋪生理，並不識字。張暉吉是個瞽目，有七十來年紀了，他本行八，所以年紀輕的都叫他張八爺，也是白衣道。嘉慶十三年三月間，已故的劉德說，習白衣道的可以求福延壽，叫小的拜他為師傅，忌吃煙酒，常念「觀世音菩薩，聖賢關老爺」兩句，並沒另有經咒圖像，也沒有三伏光著脊樑，三九光著頭顱在曠野念經的事。小的自己並沒傳過徒弟。到十八年九月十三日，羅幅到小的茶鋪裏住下，他把鼻煙給小的聞，小的原說我是白衣道，向忌煙酒，不聞鼻煙。那王老八、小老樂、王啟元三人並不是白衣道，他們常到小的茶鋪來，羅幅也常見面，所以他一併告上了。羅幅與王老八三人素無嫌隙，小的也知道的。到九月底，聽說梁家嘴子的人搬了幾家，十月初頭又聽傳說都回來了。張暉吉到小的鋪裏喝茶，對他說過是有的。那時羅幅是否在旁，小的記不清了。搬的是那幾家，也並不曉得。到十二月二十間，小的聞知貼了告示，凡習教者改悔自首免罪，小的就開了煙酒改過了，因怕見官府，所以沒有赴縣自首。小的和羅幅並沒嫌隙，羅幅並不是白衣道。他是十一月十五日回京的，想是他不知道小的已經改悔，所以在京首告的。小的師傅劉德已於十五年上故了，他並沒子侄，至小的兄弟侯瑞並不在裏頭是實。

羅幅供：我是內務府鑲黃旗人，從前在京當過學藝人，十四年上因病革退。十六年七月初二日到天津搭松壽班唱戲，十月因散班回京。十八年三月又到天津搭義和班，七月裏散班，我又回京。九月十三日仍到天津，在侯家後侯玉山即侯得山茶鋪借住。十一月十五日從天津起身，十七日到京。十二月十八日我因想起九月內在天津曾給侯得山鼻煙聞，他說是白衣道，忌吃煙酒，不聞鼻煙。又見這張暉吉常到茶鋪內喝茶，旁人都叫他八爺，見他

也忌煙酒。我問過侯得山，說他也是白衣道。那王老八、小老樂、王啟元也常到侯得山茶鋪裏去，我疑心他們也是白衣道，就一併告上的。我因在侯得山家住過，恐怕連累，所以首告的。至於張暉吉、侯得山已經改悔，我實不知道。我和王老八們三人均無嫌隙，也並無來往，如今蒙傳訊，王老八們三人的鄰地都願具保，自然不是白衣道了。至梁家嘴子搬了幾家的話，是九月底聽見侯得山向張暉吉說的。到十月初十邊，又聽說搬回來了。至於我在京所供光著脊樑在曠野地內念經，也是聽說的，並沒眼見。我原是十一月十五日動身回京的，在京所供日期並稱張暉吉止五十餘歲，都是供錯的，我因革退差使，無錢養活，是以擅自出京搭班，是我錯了是實。（中國第一歷史檔案館錄副奏摺「秘密結社」第2853 號）

天津紅陽教調查報告
（1957—1962 年）

　　紅陽教又稱弘陽教、洪陽教、紅陽會、混元教、混元門、元沌教，又訛稱紅衣門，教中的全稱是「混元門元沌教紅陽法」。興起於明萬曆年間，它是當時直至清初的民間最有勢力的一種民間秘密宗教，本也應屬元明時代白蓮教的一個派系，但並非由白蓮教直接演化而成，乃由中經無為教（羅祖教）過渡而來。

　　民間秘密宗教原是秘密流行於民間的宗教，一般的創教宗旨除了吸攬下層人民，維繫他們的精神生活，並且與所謂正規宗教的佛、道等教進行爭奪之外，還時常形成與統治政權對立的勢力，因此統治者視民間秘密宗教每如心腹大患。然而萬曆、崇禎等年的紅陽教則不然。這是因為紅陽教在民間發生之後不久就在統治階級內部的中下層分子中間找到一些靠山；雖仍是沒有改變其秘密流播的形式，無形中也算是取得了合法地位。

　　也正是由於這樣，紅陽教確實得到許多方便，對於當時和以後的民間秘密宗教的傳佈（自然包括策動農民起義的秘密宗教）以及系統地保存了民間秘密宗教的一套教義等方面，都是有著很

大功績的。因此搞清了紅陽教的源流，和它與以後各種秘密宗教
的宗支聯繫，特別是利用它們那些經典對它們的宗教思想進行系
統地研究，不論對於民間秘密宗教史還是對於農民起義史的關係
都是十分重大的。

這個事實，很久以前我就注意到了。外國學者對於紅陽教會
做過一些考證，但結果並不能令人十分滿意。1957 年，我在天津
北郊區宜興埠村中發現了一個叫做普蔭堂的地方，原來它就是至
今仍然活著的紅陽教；這是繼我在 1947 年於萬全縣發現黃天道
之後，第二次發現由明代直線流傳下來連名稱都沒改變的民間秘
密宗教。在普蔭堂裏我獲得了大量的有用資料，這篇報告較多地
利用了它們，另外又就文獻鉤稽一些，以資參考。

一、紅陽教源流考略

（一）明代民間秘密宗教概述

由於在元代白蓮教屢次遭到越來越厲害的禁毀（個別情形
下，政府也曾明令保護），到了明代，秘密宗教的傳教者就沒有
再用白蓮教的名字公開活動的了，而是改頭換面地趨於更為隱秘
的方式，錯綜複雜地標立著各種名目。史書上雖仍不斷見到白蓮
教字樣，也只是如黃育楩所說的：「（張角）以後邪教，旋興旋滅，
然總名白蓮。」（《續破邪詳辯》，下引黃文俱同）也就是說白蓮
教這個名字後來完全是統治階級的官吏和史家籠統地加上的。明
太祖朱元璋以秘密宗教起，但不以秘密宗教成。相反地他由於深
知秘密宗教在策動農民起義方面的強大作用，因之也繼續了元代
的一套辦法，採取嚴厲禁止和兇殘鎮壓的政策。但是秘密宗教的

徒眾是不聽這一套的，從明代建國以後，他們一直是前仆後繼地
與明政權進行著鬥爭。以我見自一些正史、檔案和筆記中的資料
來說，自洪武初陝西河縣的王金剛奴、田九成、高福興開始中經
永樂十八年山東益都的唐賽兒，天啟初年山東的徐鴻儒、王好賢
等直至崇禎六年山東金鄉縣徐鴻儒弟子王倫益夫婦，以秘密宗教
為組織工具的大大小小的農民起義，即有四十餘起之多。這些次
起義僅僅是明代秘密宗教活動的一部分，並且僅僅是曾經鬧過事
的被官方鎮壓過的，有條件被記錄下來的一部分，不屬於這個涵
義之內的事實尚不知凡幾。例如萬曆二十五年（1597 年）呂坤的
一次上疏說：「三曰邪說之民，白蓮結社，遍及四方。『教主』、『傳
頭』，所在成聚。倘有招呼之首，此其歸附之人。」（《明史》卷
226，《呂坤傳》）由此可見一斑。另外，這些記錄大多只是些起
義和鎮壓的過程，關於其宗教方面的內容則是非常瑣碎支離的。
偶有比較詳細一些的，也多是某一個側面。例如明朱國禎《湧幢
小品》卷 32（並見明余繼登《典故紀聞》卷 15）所記成化中山
西崞縣王良及忻州封越（《明史》卷 206，《馬錄傳》作李鉞，疑
為一人）起義被鎮壓後的情況時，就曾將所獲的「妖書、圖本」
共計 83 種的名目全部記出，但並不及其他。不過從這些不完整
的資料中，我們也完全可以看出當時民間秘密宗教的活動確是很
盛的，他們的威力確是很大的，統治階級也確是被鬧得手忙腳亂
的。

　　在另一方面，我們也曾發現一些不能不令人感到遺憾的事
實，那就是在當時的民間秘密宗教中有些支派因為懾於統治階級
所施加的壓力和他們本身具有的弱點，也出現了不少背叛民間宗
教創教的初衷而投靠統治階級的。舉幾個著名的例子。如成化、
正德間無為教祖師萊州即墨的羅清，教內傳說，他為了投靠統治

者，曾經為朝廷出過力。但是統治者反將他逮捕入獄。他在獄中寫下了著名的《羅祖五部經》，經過與太監一類人物的再三周旋，不僅釋免，還將他所著的「五部經」刊行問世。第二次是萬曆年間東大乘教（聞香教）祖師灤州石佛口的王森，他本來是一個組織過起義的領袖，起義勢力蔓延於畿輔、山東、山西、河南、陝西、四川等省，萬曆二十三年（1595 年）他曾被捕，後來用賄得釋，史稱他「入京師結外戚中官，行教自如」。但他並不能因此邀得統治者的諒解，萬曆四十二年（1614 年）他再一次被捕，在獄中關了五年死掉了（見《明史》卷 257，《趙彥傳》）。第三次也是最大的一個投靠統治者的創教人就是萬曆年間興起的紅陽教祖師永平曲周的韓太湖。他懾於明政府對徐鴻儒起義等等的瘋狂屠殺，不但再也不敢策動什麼起義，而且從創教一開始，就想像他的前一輩的無為教祖師羅清一樣把他的教取得合法，因而與統治階級進行了無原則的妥協。他將一些太監之流尊為天主、佛祖、護法，打入了朝廷內部，向一些統治階級的中下層分子（主要是王侯、太監、妃子、公主一類，個別的也有上層分子，如皇太后）廣事傳播，他的經卷也得到資助而廣為印行。明代自天啟年間徐鴻儒之後即不見利用秘密宗教組織的較大規模的起義，而紅陽教等獨獨風靡一時，與韓太湖的這些行動是不無關聯的。然而韓太湖的下場則是他所逆料不到的，就是在入清以後，他的教被明令查禁，「凡習紅陽教以聚眾斂錢者，無不斬決淩遲」；道光十九年據廣平府稟報，韓太湖竟被「掘墓焚骨」了。

除上述外，一直投靠統治階級而沒策動過什麼起義的民間宗教還有一些，如西大乘教、黃天道等，有的從一開始就是在朝廷中的一些中下層分子支持下倡興的。

這些秘密宗教的投靠統治者是壞事，但客觀上也有它好的一

面，那就是他們自從打入朝廷之後，就秘密宗教的宗教性活動來說，卻有了極大的發展。這主要指的是他們有條件自己刊印經卷了。按秘密宗教由於是流傳在下層社會中的，一般說很少有什麼經卷，有的話也多是抄本，流傳不廣，也不易保存。有了印本，不但可以更便於流傳、保存，同時也可促使他們將自己的教義整理得更系統些，完整些，更其重要的是留給後代。黃育楩說得好，「邪經為邪教根源，即謂今日無邪教，而邪經不盡，能保後來匪類不據邪經仍復傳徒乎」？有清一代所破獲的民間秘密宗教大都起出過經卷，正好證明了這個事實，今天我們能窺知明清等代秘密宗教的傳播內容，也端賴這些經卷的遺留。前述羅清的「五部經」對於秘密宗教的刊經風氣起了很大推動作用。紅陽教等教的大量刊印，更是蔚為大觀。從這個意義上講，羅清與韓太湖之類的人物，還是功不可沒的。

（二）紅陽教的創興與刊經

紅陽教興起於萬曆年間，它是從成化、正德時羅清的無為教（羅祖教）分下來的支派之一。創教祖師為韓太湖，教內稱飄高老祖或飄高尊師。它與無為教的關係可從它們的經典《混元弘陽臨凡飄高經》第 24 品所述看出（詳見第四節第 10 種）：

> 《弘陽臨凡經》中又請栴檀老祖作證：臨凡頭遭轉化為荷擔僧，將五千四十八卷一攬大藏真經盡情擔上雷音寺，東土無經，懺悔亡靈；二遭又轉唐僧，取經一十二載，受盡苦楚，還源東土，須菩提無有倚靠；三番又轉為羅祖，留五部真經，受苦一十三年，悟徹真性，心花發朗，取得是無字真經；至到末劫也，臨凡三回九轉，遇著混元門源沌

　　教弘陽法，普渡眾生。

　　這就是他們的「道統」：荷擔僧——唐僧——羅祖——飄高。
可以看出紅陽教是把羅祖當做飄高前一世的祖師了。除此之外，
紅陽教還仿照無為教的《羅祖五部經》也編造了兩套「五部經」，
一套是「小五部」：《銷釋混元無上大道玄妙真經》、《銷釋混元無
上普化慈悲真經》、《銷釋混元無上拔罪救苦真經》、《銷釋混元弘
陽拔罪地獄寶懺》、《銷釋混元弘陽救苦生天寶懺》。另一套是「大
五部」：《弘陽苦功悟道經》（仿羅祖的《苦功悟道經》）、《弘陽歎
世經》（仿羅祖的《歎世無為卷》）、《弘陽顯性結果深根寶卷》（仿
羅祖的《巍巍不動泰山深根結果寶卷》）；另外兩部應仿羅祖的《正
信除疑無修證自在寶卷》及《破邪顯證鑰匙卷》，則不知是紅陽
教中的哪兩種寶卷。按這兩套「五部經」都傳說是韓太湖所作。
「大五部」缺了兩部，這可能是他根本沒寫，因為他很年輕就死
了，另一可能是寫過但散佚了，也可能就是存世紅陽教寶卷中的
某兩部，但我們認不出來。我曾試圖辨認，與羅祖的《正信》及
《破邪》對證，也曾遍訪紅陽教的老道爺，他們也說不上來，有
說上來的也不統一。有說是「臨凡」的（《混元弘陽臨凡飄高經》），
有說是「祖經」的（《混元弘陽悟道明心經》）。但與羅祖的《正
信》、《破邪》對證，不只沒有什麼摹擬的跡象，而且內容、體例
相去甚遠，有許多處更可證明並非出自韓太湖之手而是後人所
作。再有，在紅陽教的經典中還時常見到注明係引用羅祖經中言
詞的地方，如《弘陽秘妙顯性結果寶卷‧體如如品第五》中即說：
「羅祖云：元明殿內一蓮台……」「羅祖經作證：顛來倒倒來顛
縱橫自在……」等，這些都可說明紅陽教確是祖承無為教的。
　　韓太湖的簡歷見於紅陽教經典《弘陽妙道玉華真經隨堂寶

卷》（詳見第四節第 2 種）：

> 祖居廣平府曲州縣東北第二搏人氏。俗姓韓，祖父韓公，祖母張氏。祖生於隆慶庚午（1570 年）五月十六落凡，年方一十九歲，出家參拜明師，在臨城縣太虎山修悟，漕溪洞打坐，三年得道。乃祖因緣相遇，感動聖中老祖，弘陽寶敕透，凡籠有惺，留出五部真經，京都開造。多蒙定府國公護持，佛教通行天下，普渡僧尼道俗四眾群生，同出苦淪入滅。祖於萬曆戊戌（1599 年）十一月十六日皈西還元。大眾皈依弘陽大道，同證菩提，諷誦經咒，參拜家鄉聖意。

此外，《弘陽苦功悟道經》全部都是敘述他得道經過的（詳見第四節第 8 種）下節所引《中華序》中的片斷與有涉及韓太湖創教的：這些文字都是以「人」的名義所做記敘，不是神靈所降，內容基本上也是人事活動，這些記敘彼此的矛盾也不大，因此大致可以信據。但為了尊大其身分，他與一切宗教一樣，也捏出一套荒誕的神話來宣揚他的來歷不凡。上述《混元弘揚臨凡飄高經》就都講的是這些。

他的教徒一開始好像就不是以廣大人民為對象，而是向統治階級攀附的。在他們的經典中，大多在開頭都有一篇同樣言詞的所謂《中華序》，其中有幾段讚語，可以說明他們是怎樣謅事那些統治階級人物的情況。

> 《混元老祖又讚》：
> 大明一國天下通，開闢元勳定國公，護持混元如來教，般若門中早超生。定府護持，祖教興隆，護法保太平。

《安文序・贊》：

上祝皇王聖壽，下祈萬民納福。聖主洪福齊天，才有出世
明師。恐有小人欺害，傳與天下人知。

《西寧侯贊》：

自從萬曆年中，初立混元祖教，二十六歲上京城，也是佛
法有應。

先投奶子府內，轉送石宅府中，定府護持大興隆，天下春
雷響動。

《禦馬監程公、內經廠石公、盔甲廠張公三位護法同贊》：

修行世間稀有，博覽三教全真。……

據黃育楩的考證。所謂定國公就是魏忠賢，程公蓋指陳矩（程
係音訛），石公指石亨，張公指張忠。教中將這些人物的地位抬
得很高，除這裏將他們尊為護法之外，這些名字又屢見其他經
文，並且封給更高的徽號。如：

《混元弘陽臨凡飄高經・飄高到雲城吃茶品》：

飄高離了靈山，前至雲城，中八天主石亨領定金童，邀接
金城。

《混元紅陽悟道明心經・排祖到十杆品》：

無極老祖北天坐，紫微大帝顯神通。西靈黃祖多少後，又
說金知共金靈，傳與南方什麼祖，南嶽府君石彥名。石青
仁聖老大帝，東八天裏去縱橫。又說中央誰人坐，中嶽玉
帝老石亨。

除了這些，我在一本黃天道的經典《孔聖寶卷》（光緒廿七

年刊本，民國十六年石印本，分五卷 24 品）《忠經古人聖傳第十
四》裏還發現了一段材料，也可以作為參考：

> 大明時，文武忠，徐達、劉基，胡大海、李文忠、周姓遇
> 吉。常遇春，康茂才，郭英、馮勝，老千歲，徐彥昭，為
> 國正直。他也曾，入道門，混元領袖，原留下，五部典，
> 十冊經集。

這段話既是出自寶卷，自然不一定能當做信史，不過它所提到的
幾個人物中的徐彥昭，至今卻仍然在天津的紅陽教信徒中流傳著
他的故事。故事大意是說：徐彥昭罷官歸家，在祖塋內居住守墳，
一天遇到韓太湖，為他看了祖塋的風水，並說出許多後來果然靈
驗的讖語，彥昭驚為神人。當時太湖辭別彥昭揚長而去，其背影
飄飄然越來越高，因即以飄高老祖呼之。後來彥昭把他推薦給奶
子府，果然訪得他，奶子府又將他轉送石亨府，最後遂得到定國
公護持，紅陽教乃得昌盛。可見《孔聖寶卷》的這段記載也是不
無根據的。另外，從「原留下，五部典，十冊經集」來推測，飄
高刊印的大、小五部經與徐彥昭的曾經「入道門，混元領袖」也
可能有關。

　　查萬歷朝中的某些人物，當時確是篤信秘密宗教的。這可能
與明代歷朝皇帝一會兒奉佛滅道，一會兒又毀佛崇道的事實有
關。皇帝尚且如此變化無常，中下層份子更是莫衷一是了。而秘
密宗教的教義則是一種調和派的三教歸一論者，恰好迎合了這種
心理，於是他們也就拜倒在秘密宗教的門下，希圖從這裏尋求某
些慰藉。我們僅從《明史》裏就可以見到在宮內確實有著許多傳
播秘密宗教的事。在后妃中的如：

九蓮菩薩者神宗母孝定李太后也。太后好佛，宮中像作九蓮座故云。(萬曆)帝念(悼靈)王靈異，封為孺孝悼靈王元機慈應真君。命禮臣議孝和皇太后、莊妃、懿妃道號，禮科給事中李焻言：諸后妃祀奉先殿，不可崇邪教以亂徽稱！不聽。(《明史》)卷120，《悼靈王傳》)

在諸王中的如：

(平陽王濟熿)使寺人代臨幕中廣致妖巫為詛咒不輟。(《明史》卷116，《晉恭王棡傳》)

(齊王榑)招異人術士為詛咒。(同上，《齊王榑傳》。)

在太監中的如：

王敬好左道信妖人。王臣使南方，挾臣同行。偽為詔，括書畫古玩，聚白金十萬餘兩，至蘇州召諸生使錄妖書。(《明史》卷304，《梁芳傳》)

(汪直)遷御馬監太監。成化十二年黑眚見，宮中妖人李子龍以符術結太監韋舍，私入大內。(同上，《汪直傳》)

瑾好招致術士。有俞日明者，妄言瑾從孫二漢當大貴。(同上，《劉瑾傳》)

紅陽教經卷的前面經常帶上的那篇《中華序》裏所提到的幾個人物：魏忠賢、石亨、陳矩、張忠，我也找到了一點材料。首先是石亨，他果然是一個信秘密宗教的，《明史》卷173《石亨傳》裏就記載著他有一次被人彈劾時揭出了他「與術士鄒叔彝等私講天文、妄談休咎」，他的從孫石後也曾「造妖言」，出自他門下的都督杜清也曾「造妖言」，這就是紅陽教尊他為中八天主的原因。

陳矩，本來他的傳裏（《明史》卷 305）並沒有他直接信教的記載，但由一些資料也可看出些蛛絲馬跡。如有一次「帝大怒，敕矩及錦衣衛大索，必得造妖書者。時大獄猝發，緝校交錯，都下以風影捕系，株連甚眾」。但是由於陳矩「為人平恕、識大體」，因此除處決了一個有重大嫌疑的人之外，其他都「賴矩得全」、「以矩諫而止」、「以矩言獲免」、「竟得釋，餘亦多所平反」了。像這樣「平恕」的一個「好人」，紅陽教尊他為護法神亦自是沒有什麼奇怪的了。至於魏忠賢，雖然在他的傳裏也沒有他信什麼教的記載，但這個連到處建立生祠的事都做得出來的人，紅陽教借借他的名字當個佛祖，他還會有什麼反對的呢？（張忠無考）

從這些資料裏可以看出當時的宮中陰陽怪氣到了什麼程度，甚至連神宗本人也在那裏加以贊助。神宗的母親李太后更是一位陰陽怪氣到極點的老太婆，她什麼教都信，誰找到她她都會贊助，修廟、建塔、刊經、鑄鐘，浪費國帑之巨十分驚人。上引記載裏說她自稱「九蓮菩薩」，這就是她發明的，即「觀音菩薩」，開始用於紅陽教的兄弟教派西大乘教和東大乘教，這段考證請參閱拙著《順天保明寺考》（《北京史苑》1985 年第 3 期）。

以下再談紅陽教的刊經問題。黃育楩說：「明朝萬曆以後，有飄高、淨空、無為……等匪相續並出，皆諂事太監，誆騙銀錢，遂各捏造邪經，互相爭勝。」又說：「經係刻板大字，印造成帙，經之首尾各繪圖像，經皮卷套錦緞裝飾，原係明末太監所刻。」這個說法是可信的。今日所能見到的寶卷（大多沒有刊刻人姓字）尚有一種為嘉靖二十二年（1543）由德妃張氏同五公主（嘉善公主）刊刻的《藥師如來本願寶卷》也可以作為黃說的佐證。

紅陽教在萬曆崇禎等年刊刻的經卷為當時各教刻經之冠，其形制都如黃育楩文所述。現在已發現的存世寶卷及存目中即有下

開這些是屬於紅陽教的。（帶*者為普蔭堂藏本）。

　　*混元紅陽悟道明心經　2 卷　明刊本、清同治抄本

　　*混元紅陽苦功悟道經（別題《弘陽苦功悟道經》）　2 卷　明萬曆刊本

　　*混元紅陽大法祖明經　1 卷　明刊本

　　*混元紅陽臨凡飄高經（別題《混元紅陽如來無極飄高祖臨凡寶卷》）　2 卷　1608 年刊本、明刊本、清抄本

　　*混元弘陽寶燈　1 卷　清抄本

　　*混元弘陽歎世經（別題《混元教弘陽中華寶經》）　2 卷　1608 年刊本、明萬曆刊本、明刊本

　　混元弘陽教佛韻全冊　1 卷　1948 年蘇長林抄本

　　混元弘陽表文全冊　1 卷　清抄本

　　混元寶燈起止規範　1 卷　抄本

　　混元布袋經　1 卷　明刊本、1940 年崇華堂印本

　　混元點化經　卷數版本不詳（已佚）

　　混元紅陽明心寶懺　3 卷　明刊本（已佚）

　　混元紅陽血湖寶懺　1 卷　明刊本、清抄本

　　混元紅陽救苦觀燈　1 卷　清同治抄本

　　*弘陽至理歸宗思鄉寶卷　2 卷　1881 年抄本

　　*弘陽妙道玉華真經隨堂寶卷　1 卷　明刊本、1847 年抄本、清抄本

　　*弘陽秘妙顯性結果經（別題《混元紅陽顯性結果經》）　2 卷　明刊本清抄本

　　弘陽顯性結果深根寶卷　2 卷　1610 年刊本

　　弘陽寶懺中華序　1 卷　明刊本

　　銷釋混元無上大道玄妙真經　1 卷　明刊本

銷釋混元無上普化慈悲真經　1卷　明刊本

銷釋混元無上拔罪救苦真經　1卷　明刊本

銷釋混元弘陽拔罪地獄寶懺　1卷　明刊本

銷釋混元弘陽救苦生天寶懺　1卷　明刊本

銷釋混元弘陽隨堂經咒　1卷　清抄本

佛說弘陽慈悲明心救苦寶懺　3卷　明刊本

心王寶卷　卷數版本不詳（已佚）

佛根源治天寶卷　卷數版本不詳（已佚）

（三）清代的紅陽教

紅陽教傳到了清代，景況大變。清統治者鑒於明代的失國，閹禍是其重要原因之一；為了防止變生肘腋，對於宮廷內部的控制是很嚴的，甚至及於宗教信仰。如《大清律例・禮律・祭祀・禁止師巫邪術》的第一條就是：

> 一切左道異端，……或稱燒煉丹藥，出入內外官家或擅入皇城，寅緣作弊，希求進用者……並皇城內各門守衛官軍不行關防搜拿者，各照違制律治罪。

自此紅陽教遭到了空前的打擊，傳播被迫離開了統治階級，重返民間，朝廷明令申禁。《禁止師巫邪術》中有著這樣的條款：

> 凡傳習白蓮、白陽、八卦等邪教，習念荒誕不經咒語，拜師傳徒惑眾者，為首擬絞立決。
>
> 至紅陽教，及各項教會名目，並無傳習咒語，但供飄高老祖及拜師授徒者，發往烏魯木齊分別旗民當差為奴。其雖未傳徒或曾供奉飄高老祖及收藏經卷者，俱發邊遠充

軍……

　　然而紅陽教回到民間以後，由於它與生俱來的軟弱性，也仍然表現得無甚力量，這也就是《律例》裏紅陽教徒被載在「但書」減等治罪的原因。此外在順治三年（1646 年）和十三年（1656 年）還曾兩次下過詔令嚴禁白蓮、大成，混元（按即紅陽教）、無為、聞香等教（見《清實錄》世祖朝卷 26、104），乾隆十一年還由提督衙門特別公佈了一次嚴禁紅陽教的命令（見《直隸總督楊廷璋奏審擬紅陽教餘孽摺》，《史料旬刊》第 16 期）。雖然，紅陽教的流傳仍是生生不息的。這從清代的一些文獻裏即可看出。如《順治東華錄》卷 96 裏就說：「近日風俗大壞，異端蜂起，有白蓮、混元、無為等教，種種名色，以燒香禮懺扇惑人心。」《嘯亭雜錄》卷 6 記載著：「白蓮邪教起自元末紅巾之亂……其傳習京畿者，又變名八卦、榮華、紅陽、白陽諸名。」《那文毅公奏議》卷 32 也說：「束鹿馬楊氏傳習紅陽教，搜獲《飄高老祖經》。」《大清律例增修統纂集成》卷 4，《名例律上・常赦所不原》載道光二十四年二月初二刑部為酌定章程的奏摺中說：「（順天府）孟六先經拜郭老為師，入紅陽會，燒香念經治病傳徒，迨郭老病故後，復敢在家供奉飄高老祖圖像，聚眾拜會，實屬目無法紀。」從這類記載中也可知道紅陽教確是以一種相當安善的姿態存在著的。

　　但在個別情形下，多少也可能帶著些起義的味道。如《清實錄》仁宗朝卷 277 就有這樣的記載：「（林清）當日曾借白洋（陽）教為名，傳徒惑眾，後又勾引紅陽教之人，一同謀反。」又《大清律例增修統纂集成》卷 16，《禮律、祭祀・禁止師巫邪術》載嘉慶二十年十一月二十三日刑部奏議：「嗣後除林請（清）案內

傳習白陽教擬發厄魯特為奴，及案內紅陽教從重擬發厄魯特為奴
之郎三各犯……」可見紅陽教的某些會眾還是參加過林清起義
的。由於紅陽教在退入民間以後還在繼續發展，因此紅陽教的經
典也有許多是清初編寫的。在這類經典裏有的內容也不盡同於它
在宮廷時代，如《弘陽秘妙顯性結果經·孩兒俗語顯性品》中就
有這樣的文字：

> 忽的陰來須彌紅，火燒西京洛陽城，神氣干戈來相鬥，當
> 時天明月朦朧。掃盡世事無隔礙，不掛絲毫是雲空，纖塵
> 不染明珠顯，一輪明月正當空，照破乾坤無隔礙，降得魔
> 王不見蹤。忽的天晴明亮亮，穩坐圓明念真經。

又如《鏡中見性品》也有：

> 西來一老僧，落在俗愚中。時人剃髮不剃心，真僧連髮念
> 真經。

又如《銷釋混元無上普化慈悲真經》中所列的佛號曾連續列
出「遮地顯空太明菩薩、包天總照玄聖菩薩、括地通明二越菩薩、
當空大顯光明菩薩、清陽沖滿淨光菩薩、月天明正普照菩薩……」
向來秘密宗教宣傳起義時是慣用隱語的，上錄這幾段文字都帶有
很濃厚的隱語色彩，如第一段中的洛陽城可能就是影射的北京，
魔王可能就是清統治者，那些「明」字，自然又是指的明朝了。
第二段的剃髮云云更是非常明顯地在反剃髮。第三段那些佛號裏
的太明、通明、光明、明正……以及沖滿淨光等等也顯然是有所
指的。當然，這不是紅陽教活動的主流，更多的事例都並非這樣
性質的，也就是說紅陽教在一定程度上曾經將它固有的一套糟粕
性的東西在民間復又擴散開來。下錄這段記載代表了紅陽教在清

代直到晚近流傳在天津一支的活動情況。

《直隸總督楊廷璋奏審擬紅陽教餘孽摺》：「茲據布政使觀音保、按察使周元理審擬，招解前來，臣提犯親審。緣通州桑文之祖父桑自雷，係正黃旗包衣投充壯丁漢軍正身，向入紅陽教，其子桑進魁亦曾入教。後因奉禁散會，旋經身故。乾隆二十二年間桑文之因家中均不平安，憶及祖父在日供佛念經，並無災侵，遂同祖父向日同會人之子孫正黃旗投充壯丁吳成順，民人趙九正、張文德，焦七，並鄰近民人王文魁、田吉祥、李守敬、焦二、馬成瑞，暨正黃旗投充壯丁周騰玉，一共十人，仿照舊規，每年五月十六日、十一月十六日為紅陽生故日期，各出小錢一百文，上供念經，輪流做會，祈保平安。

又涿州包義宗，因伊故父包文玉與同村鄭起龍、鮑三向入紅陽教，乾隆十一年奉禁後，鄭起龍等先後物故，乾隆十九年間包義宗因母董氏患病，憶及紅陽教內有將茶葉供佛祈祝治病之說，遂將茶葉於家內觀音佛前供奉祈祝，給與母服，病適痊癒；遂將奉禁時送歸本村大寺內之經卷取回念誦，並代人治病行善。旋有良鄉縣民霍振山之母董氏患病，包義宗給與茶葉，亦適痊癒。霍振山隨拜包義宗為師，分授經卷，每年五月十六、十一月十六即在霍振山家上供念經。二十九年、三十一年、三十二年良鄉民人李士勤、姚林並正白旗漢軍張三、涿州民王老，亦均因治病偶驗先後入會，希圖消災降福。詰其治病茶葉用何邪術惑眾，據供相傳將茶葉供於佛前，焚香叩頭祈禱，給病人服食，並無別項邪術。病人服後不驗者多，是以數年來止此

數人入會，詰問同會之人，所供亦屬相同。

又大興縣李國聘之祖李文茂在日曾入紅陽教，存有經卷，李文茂之子李尚珍亦隨吃齋。乾隆十一年奉禁之時，李文茂已先身故，李尚珍亦即開葷，但未將經卷銷毀。嗣復與子侄李國聘、李國用及街鄰翟仲銀、翟仲庫學習念誦。旋值李尚珍雙目俱瞽，翟仲銀患病身故，遂行停止，並未復會。

又良鄉縣已故張天佑及子張生培曾以紅陽教改名龍天會，供奉至正菩薩，每年四季擺供念經。張生培之子張二及李德茂、焦仲林俱曾入會。乾隆十一年奉禁之後，當即散去。李德茂、焦仲林均已開葷，張二仍行吃素。

又有房山縣已故齊如信之子齊四亦係紅陽教內之人，並於乾隆十一年奉禁散會。該犯等遇有附近貧民喪葬之事，無力延請僧道，邀請伊等念經發送，該犯等得錢分用。

以上各犯逐加研訊，各供前情不諱。恐有邪術聚眾，並另有為匪不法情事，反覆研究，矢供如一。查驗起出經卷圖像，除僧道常用之外，餘皆舊存刻本，多係勸善俚鄙之詞，並無邪悖語句。（《史料旬刊》第 16 期）

二、天津的紅陽教

在天津市的北郊區宜興埠、大畢莊、三河頭，西郊區楊柳青、青光，紅橋區西沽、丁字沽、邵公莊、梁家嘴以及南郊區婁莊子一帶的農村裏，世代流傳著紅陽教。直到今天仍然殘留著一些年老的信徒。他們的活動中心叫做「佛堂」或「經堂」，各佛堂都

另有名字。如宜興埠的即叫做普蔭堂。解放後佛堂大都改歸別用，只有普蔭堂還保留著三間大殿。1957 年我發現了這個地方，此後我曾結識了一些該教信徒，不斷過往，本節所述資料就是這樣得來的。

（一）流傳的年代

宜興埠距市區 8 公里。在村裏流傳著這樣一句話：「先有的佛堂後有的廟。」所謂廟，是指的位於該村正中的一座碧霞宮，普蔭堂即在廟的西南角不遠地方，由於後來在它的前面起了一排房子，因此被隔入胡同裏去了。碧霞宮現已改為機關，只是殘留了一些佛像等文物，其中有

天津宜興埠普蔭堂道爺們（中坐者為掌門人常有智）

款識可辨的是康熙三十二年（1693 年）所鑄的一口鐘，可知廟的建立不會晚於這個時候。而村人既傳說「先有的佛堂後有的廟」，可知佛堂的設立又是在康熙以前，很可能就在順治時代，（「文革」期間廟前桅杆被拉倒，在杆的銅頂裏發現有明代寶鈔若干張。這是 1989 年再去宜興埠訪問時獲知的）。

另外據普蔭堂內一座「家廟」龕內的牌位來推算，這個估計也是差不多的。這個龕裏陳列著他們歷代祖師牌位的次第如下式：

（8）先師鈞育趙六爺之神位

（6）先師雲章翁爺之神位

（4）先師種田王大爺之神位

（2）先師新堂趙二爺之神位

（1）眾護法之神位

（3）先師俊卿聖名了善之神位

（5）先師太安范爺之神位

（7）先師愛敷趙大爺之神位

按該村紅陽教現一代祖師常有智（76 歲）稱，他們的歷代祖師都有「聖名」，是按「蓮如妙了普光照五蘊皆空法道長」十四字為輩次的，但實際上仍多以本名行，因此在牌位上大多看不出各為第幾代。尤其是近代，道統很混亂，更排不上來了。他自己本是最後一代，也記不清當初師父給他的聖名是什麼了。然而如按這個輩次表和牌位對照一下，可知其第三位排行在「了」，即應屬第四代。其第八位的趙鈞育還有另外有一點資料，即在普蔭堂大殿正門上方的一塊匾額是「道光十年十一月」（1830 年）鄉人送給他的。故如（馬）了善是第四代，趙鈞育應是第九代，即「蘊」字輩。如果其開教祖師韓太湖算第一代，那麼從萬曆年間傳到第九代時是在道光年間也是可能的（共約 250 年左右，以平均 30 年為一代計算）。因此如果（馬）了善前一代的趙新堂確是屬於「妙」字輩的，則可以推知紅陽教的來到天津即是在韓太湖以後的兩傳，即約 60 年左右之後，其時恰在清初紅陽教自朝廷轉入農村的階段，也就是前引順治皇帝所說的，「近日風俗大壞」，以及許多奏摺裏所說的京畿（順天府）一帶的通州、大興、

房山、良鄉、涿州、安次、束鹿等地遍佈紅陽教的時代。村人還傳說：「溫、蘇、楊立的村子，趙、王、馬立的佛堂」，與上述牌位印證，這個傳說也是可靠的（按牌位次第應是「趙、馬、王」，可能由於「趙、王、馬」與「灶王碼」諧音關係而訛傳，否則可能是牌位錯放）。

　　紅陽教自這個時候傳到天津以來，直到新中國成立前，就在一個點兒上三百多年綿延不絕、顛撲不破——清代歷朝的瘋狂查禁，它既沒有損及毫末，陳長捷的「火燒宜興埠」它也仍是安然無恙（天津解放前夕，國民黨駐軍司令陳長捷曾放火燒掉宜興埠全村，碧霞宮及普蔭堂等處獨能倖存）。這真可說是宗教史上一個值得稱道的例子，由此也可說明秘密宗教的生命力的頑強和群眾基礎的深厚。

（二）普蔭堂及其藏經

　　普蔭堂並不是一座廟宇式的殿堂，而是個普通規模的木結構磚坯混用的建築，全部為一個四合院，北房三間作為大殿，其他三面當初也屬佛堂所有，現在則歸該教信徒馬得弟（馬了善後人）等居住。三間大殿為兩明一暗，除東間暫歸生產隊辦公安放一個辦公桌外，其他一切照舊。兩個明間是普蔭堂的主要部分。共有四個佛龕，最東面的是主龕—全神龕，裏面陳設銅製、木製小型泥金佛像

天津宜興埠普蔭堂

共 30 餘尊，外面有精細木雕垂華式龕罩。其佛位和安放次序很值得介紹一下，即他們包括了儒佛道三教的主要代表在內，看去像是很亂，其實是有秩序地分成三欄：中間一欄是釋迦牟尼系統的，右面是太上老君系統的，左面是孔子系統的；各欄間再分成不等的若干排；全部陳設的正中間（即釋迦像下面隔一排）則是飄高老祖的像。類似這樣的陳列形式在許多種明末清初刊本寶卷的經首都可以看到，過去我還在一些人家裏見過供養這樣的畫像的，民間春節時臨時供奉的「全神馬」也與此相仿。但那些都是畫像，立體的塑像這是第一次見到。這種佛像陳列是明清等代秘密宗教的重要教義之一——「三教歸一」的精神體現。從這個佛龕也可知道，普蔭堂確是繼承了紅陽教開教以來的最基本的內容，保留了三四百年以前的原始形式的一個秘密宗教的佛堂，今天我們還可以看到這樣的東西是很珍貴的。在這個龕的前面是一個木櫃，櫃上放著香爐、蠟臺、香筒、花筒、磬等物，有的很古舊，有的似是近年的添置。

緊靠全神龕的是另一個較小的神龕，龕的形制大體同前，裏面供的是三個普通形狀的銅佛像，像前還有一些更小的放置很雜亂的佛像，可能這是村人隨便從家中拿來的（民間有這種習慣，即自己不願供奉的佛像或不願誦讀的經卷不許毀掉，一般是送到廟裏或佛堂裏）。

第三個佛龕即前節所述的「家廟」。

第四個佛龕形狀與一二個相似，裏面是一張被煙熏得焦黑的繪像，將龕罩摘去，依稀可以辨出畫的下方是一個健陀羅式佛像，兩邊各伴一位女像；上方正中是一堆梵文，兩邊是一副對聯：「拔一切業障根本，得生淨土陀羅尼。」這大約是一幅純粹的佛教繪像，可能也是信徒拿來供養的。

在全神龕的東側放著一摞箱子，箱子上是許多「水路」，這是教徒們做佛事時懸掛的。箱子裏大多是普通的佛教經卷，如《金剛經》、《法華經》等還有少數幾種寶卷，此外是一些誦經時的法器，如鐃、鈸、雲鑼、鐘、鐺子、星子、木魚等。屋裏的牆上還懸著許多方匾額，大都是鄉人們奉獻的。里間的北側是一個土炕，炕上有一張炕桌，靠牆是一條「炕琴」（條桌），炕琴上陳列著一些「天地君親師」、「當今皇帝萬歲萬萬歲」等牌位及一些葫蘆、蠟臺等物。這個地方是該堂當家的「道爺」們打坐、念經的地方。

在這間屋裏地上還放著一個長條式的大地櫃——這是普蔭堂的一個寶庫，裏面滿放著寶卷，共有 50 多部（實有 26 種，不同版本是 32 種，還有一些有副本）。據說當年所藏共 200 多部，近年散失很多；有些是佛事時常用的，則保存在某些道爺家中。這些寶卷純粹是白蓮教派的秘密宗教自己的經典，其中一部分是紅陽教的，一部分是別教的。大多是明刊本，也有幾種是清初刊本和更後來的抄本。這些寶卷和道光年間黃育楩在清河、鉅鹿、滄州等地抄出的寶卷完全一樣，也是「刻版大字，印造成帙，經之首尾各繪圖像，經皮卷套錦緞裝飾」的，每部經都為長方形，長度都在 30-40cm，寬約 15cm 以內，厚紙摺裝。由於大多有卷套，且是樟木箱，他們每年還要在重要節日舉行「晾經會」，因此有些還很新，看去真是金碧輝煌！以我所見的寶卷來說，這是最完整，最精美的一批。幸而道光年間那個專門借著抄拿秘密宗教而升官的黃育楩沒在天津做過什麼知府、知縣，不然今天我們也就不會看到這些東西了！

本文第一章第二節所列明代紅陽教經典的目錄中凡帶有*記號的就是普蔭堂的藏本，除那些之外，屬於別教的計有下面這些：

苦功悟道卷　1 卷　明刊本

破邪顯證鑰匙卷　2 卷　1597 年刊本

歎世無為卷　2 卷　1595 年刊本明萬曆刊本

巍巍不動泰山深根結果寶卷　2 卷　1597 年刊本

正信除疑無修證自在寶卷　2 卷　1619 年刊本

地藏菩薩執掌幽冥寶卷　2 卷　1628 年刊本

護國佑民伏魔寶卷　2 卷

泰山東嶽十王寶卷　2 卷　抄本

古佛天真考證龍華寶經　4 卷　明刊本

大藏般若通明寶卷　2 卷　1597 年刊本

佛說西祖單傳明真顯性寶卷　2 卷　明刊本

佛說如如老祖寶卷　1 卷　明刊本

救苦忠孝藥王寶卷　2 卷　明刊本

靈應泰山娘娘寶卷　2 卷　明刊本

普度新聲救苦寶卷　1 卷　明刊本

銷釋圓通寶卷　2 卷　1584 年刊本

三昧水懺法　3 卷　1584 年刊本

（三）普蔭堂的信徒及活動

　　普蔭堂的信徒自己都承認是「佛教徒」，然而自己又承認是「在道門的」（他們似乎並不知道佛教與秘密宗教的區別），他們所念的經，自然也認為是「佛經」（他們並不知道佛經與寶卷的區別）：但他們的一些法事和佛堂陳設以及所用法物，確有襲自佛教、道教或受其影響之處。因此如果不知道他們的根派的人，乍一接觸這些信徒，對於他們的宗教信仰真會有非驢非馬的感

覺。

真正取得普蔭堂的信徒身分的人，數量是不多的，過去現在都是如此，現在共有十四五位。取得信徒身份的人稱做「道爺」，道爺就能夠參與堂內事務，為首的就是這一輩的當家的，即祖師：上面介紹過的常有智就是近三十多年的當家的，常的師父姓白，三十多年前從他「得道」。這些道爺都不是脫產的，多數是農民，少數是船戶和小商販。但是普蔭堂還擁有一種廣義的信徒，可以說，宜興埠全村人都是它的信徒。這頗類佛、道教一樣，和尚、道士人數不多，在家裏供佛念經的卻不少，在節日來廟裏隨喜佈施的更多，他們不見得受過什麼戒，經過什麼洗禮，也不見得是通曉多少宗教道理的。

為什麼形成這種現象，這與他們的實際活動內容有關。

普蔭堂專以「念佛、行善」為號召。念佛就是做佛事（或道場）。佛事還分三種，一種是在一年中的重大節日做的佛事，這種佛事的規模很大，一年中共有五次：

八月初八——如來佛出家日，

五月十六——飄高祖生日，

七月三十一——地藏王生日，

九月初九——觀音菩薩生日，

十一月十六——飄高祖忌日。

在這些日子裏，普蔭堂要在院裏搭上席棚，掛上「水路」（即描寫十殿閻君及十八層地獄的畫軸），舉行「晾經會」，展覽所藏寶卷，道爺們誦經一晝夜，全村人都來朝拜、佈施，堂裏還要準備齋飯，如果要收道爺時也在這種日子裏，但不經常有。一種是村人辦喪事時的佛事，這種佛事是在人家裏舉行，天津管這種佛事叫「師父經」，以區別於僧（和尚）、道（道士）、尼（尼姑）、

番（喇嘛）經。按：天津念師父經的除紅陽教的之外，太上門、天地門兩種道門也為人念這種經。第三種佛事叫做喜事佛，這種佛事多是大戶人家，在一年「三大節」的日子裏，為了祈禱事業順遂，或酬答神佛賜給豐收、船運平安、生子等，而將道爺們延至家中舉行的。

第一種和第三種佛事還統稱為吉祥道場，第二種也稱超拔道場。這些佛事都是只為村裏人做，並不出村。幾年前曾有一次到天津市內的小劉莊做過喪事道場，那個人家也是原在宜興埠，後來遷到小劉莊的。

這三種佛事的儀式都相同，即由十四五位道爺，坐在幾張八仙桌拼起來的長條案的周圍，展開經卷，有說有唱地照本宣科。念到一定階段，還有許多較繁複的儀節，如上香、獻供、焚表、讀祭文、撒米、撒銅錢、撒饅頭等等，特別是讀祭文一項，他們是很講究的，不同道場有不同詞句，將這些詞句抄在一張黃表紙上（俗稱「疏瓤子」），蓋上「弘陽法門」印，宣讀後放進一個用黃紙疊的「疏封」裏燒掉。所謂「疏封」就是用黃紙疊成一個長方體的東西，在正面從上至下用圖案隔成四個方格，格裏分別寫「南無釋迦文佛」、「混元法門」、「圓沌教門」、「治德教下」字樣。

過去紅陽教的佛事並不帶音樂，只是敲打木魚、鐘、鼓、磬之類，這叫做「禪念」。在二三十年前為了仿照和尚、道士的念經方法，從市內北極寺請來了一位和尚，傳給他們配用笙、管、笛、鐃、鈸、雲鑼、鐺子、星子等樂器，從此以後，他們的佛事在形式上就與

僧、道一樣了。在做佛事的晚上，儀式與白天不同，就是要高搭法台，道爺們穿著法衣，為首的還要戴上五佛冠（毗盧冠）來登壇演法，但音樂則仍在台下。喜事佛時則沒有這一項。

做各種佛事時，念經的內容也各不同，節日的佛事由於時間較長，多念《五部經》，或《地藏卷》、《明心經》；喪事則念《苦功經》、《十王卷》；喜事佛念《臨凡經》、《伏魔卷》；不論什麼佛事，晚上登壇所念的經一律是《混元寶燈》，二三十年前北極寺和尚常圓還教給了念《瑜伽焰口》，但念《焰口》時的起、贊還是用的《弘陽妙道玉華真經隨堂寶卷》或《銷釋混元弘陽隨堂經咒》裏的部分經文，還有一種經叫《混元弘陽教佛韻全冊》，其中一部分經文也與《焰口》同時念誦。由於各種寶卷的篇幅都很長，念的時候「白文」部分尚較快，「韻文」部分則很慢，因為大多要唱曲牌，許多唱腔又都是很委婉的，再加上一些音樂、儀節，因此除了在五大節日時間較長，能念全了幾種經外，其他佛事時很少念完一部經的，總是半截就打住了。有位道爺跟我說：「佛堂這些經都沒有用，也就是晾經會時擺擺樣子，其實有上半部《苦功經》、半部《伏魔卷》、半部《十王卷》就能念一輩子！」

以下介紹普蔭堂的「行善」。行善的主要內容就是為人治病，這是紅陽教的傳統，前章所介紹的楊廷璋的奏摺內所記，與普蔭堂的情況絕無二致。據常有智說，普蔭堂的前些代祖師大多是會為人治病的，上述家廟龕內牌位上的趙鈞育與王種田就是一時的名醫，多少里地遠的人都曾來此就醫。普蔭堂大殿上懸著的送給趙鈞育的匾額就題著「杏林春暖」。他們為人治病完全是盡義務，不索分文。有力量時還要施藥。藥物之不足，則輔以「參茶」（即將茶葉放在神案上焚香、祈禱一番，拿去喝了，就說是能治病）。但近年來則不再在佛堂行這種善功了，有一位道爺尚通些醫道，

也只是在家中偶爾給人看看病。其他的行善事業尚有「討簽」，再有就是那種為人超度亡靈一類的佛事，由於這也是純盡義務的，也都算是行善。這些是經常性的行善，有時還有個別的事情，如荒年的賑濟，組織一些迎神賽會活動等，也常以普蔭堂的名義（宜興埠有一個群眾娛樂組織，名「清音法鼓會」，他們的活動，即與普蔭堂有聯繫，至今該會的一些樂器、道具仍堆在佛堂內）。

再談一些普蔭堂的其他活動。道爺和一般信徒並沒有什麼固定的日課，只是當家的或道行較高的道爺有時在屋裏「打打坐」，一般道爺們在一定時間要來佛堂學習唱念吹打，平日只是早午晚在佛位前燒香時「暗轉」「阿彌陀佛」或「南無阿彌陀佛」而已。所謂佛位，佛堂裏的不必再說了，信徒家庭裏則是隨意安設，一般信徒既很不統一，連道爺的家裏也是一樣。我到過的幾個道爺家裏，就有的供全神像，有的供「天地君親師」，有的供「天地十方萬靈真宰」，有的供「大仙爺」，有的只供自己的祖先。

普蔭堂招收道爺時，也有一個簡單的儀式，即在一年大節日裏在當家的主持下，打算做道爺的人在佛堂前焚香跪拜，當家的焚一張「表」，問那個人幾句話，大約是問他你是否願意「護佛護道」，再由他念一段誓言之類的言詞，再傳給「南無阿彌陀佛」六字真言，就算做道爺了，以後則須經常在佛堂裏學習經文，佛事時就可一道參與。在做道爺的初期因為一切都不熟悉，念經時只是隨聲附和，教中稱之為「黃棃」，熟悉後才被人稱為道爺。收道爺的事解放後很久沒有舉行了。去年因為幾位主事的看到後繼無人，甚至由於原有的道爺有的已供職他鄉，在做佛事時幾乎湊不上一台人，這才又招了幾個年輕的新徒弟。雖然如此，普蔭堂的前途也是奄奄一息了！

普蔭堂的活動大約只有這些，至於像一般宗教作為經常職任

的傳教工作，他們可說是沒有的。招徠信徒全憑那些念佛行善等
實際行動的感召，絕不拉人信教。也許這只是近年來的情況，但
從三百年來紅陽教始終不出村子的事實以及宜興埠的紅陽教徒
與附近村子（大畢莊、西沽、丁字沽等地）都絕無聯繫，甚至說
不出哪裡還有紅陽教的佛堂，再參照前引楊廷璋的奏摺所記情況
來揣度，前此各代也可能是不會與現在有什麼兩樣的。

（四）普蔭堂持誦的經卷敘錄

　　普蔭堂所藏寶卷過去有 200 餘冊，現在有 50 餘冊。上面說
過，這些經卷他們並不都念，所念的只是各種佛事時的那幾種。
而且他們的藏經並非都是紅陽教的，都介紹了沒有必要。還有一
點，就是普蔭堂信徒雖然在佛事時持誦一些經卷，甚至某些經的
一些部分都可以背得爛熟，但限於他們的文化程度和平常並不鑽
研教理的關係，絕大多數人對這些經卷究竟講的些什麼是並不清
楚的。他們只知道這些經是祖輩留傳下來的，是創教的祖師們寫
出來的，甚至認為是神佛所降的；只要照本誦讀就是功德，至於
內容則是肉眼凡胎的「人」所莫測高深的。

　　由於上述這些原因，本節就將確為普蔭堂信徒佛事時持誦的
寶卷和確屬紅陽教的傳統寶卷，各做一個敘錄。從這些敘錄裡，
我們可以更詳細地窺見上節介紹的各種佛事時的具體內容。為了
揭示各種寶卷的面貌和估計到可能對研究一些相關問題時還會
用得著，每種寶卷還都選擇一品有代表性的經文或重要的片斷照
錄出來。順序即按其三種佛事所排列，即：節日、喪事、喜事佛
及各種佛事公用的，共是 17 種。

　　(1)《銷釋混元無上大道玄妙真經》

　　紅陽教的《五部經》之一，「五部經」傳說均為韓太湖所著（實際恐未必）。「五部經」皆不分卷，內容仿照佛經的成分很大。卷前有飄高老祖及眾天神像，舉香贊。正文分兩部分，第一部分只有一大段，內容與《混元弘陽臨凡飄高經》完全相同，可以說就是那本經的縮寫。第二部分是一段《混元西方號》，卷末是《無上大道經回向科偈》。茲錄《混元西方號》全文如下：

混元聖號淨土宮　　阿羅世界玉金容　　紫霄鄉　最上乘
安養極樂無相風　　三乘轉　九品官　　七寶池內現金身
四相演　五澄清　　六甘美味蜜多成　　七珍寶　貫其中
八功德聖煉佛尊　　九還動　轉當空　　至真老祖顯神通
當陽主　掌金城　　毗盧古佛正圓成　　金霄殿　紫花宮
燃燈過去古佛尊　　釋迦主　億化身　　金光祖氣顯當尊
傳妙法　化釋門　　普化十萬眾群蒙　　彌勒轉　妙花林
當來未過等沖陽　　毗盧主　號當陽　　九轉成千造法輪
因大地　眾源根　　靈山失散在塵中　　造經典　度愚蒙
無始復轉至如今　　拋根本　達正宗　　超凡入聖受苦心
金蓮母　顯神通　　同行凡聖認年尊　　娑婆轉　苦海中千
辛萬苦為靈根　　捨身命把心來煉　　同協性命道圓成　　隨
父轉　找原根　　同登彼岸出苦淪　　聰明子　智慧人　　四
眾人等悟心明　　三宗了　九祖生　　早出地獄鐵圍城　　升
佛界　救宗親　　父母年尊早超升　　多虧聖理玄妙法　　朝
朝當報四重恩　　仰帷老祖大慈愍　　拔濟眾等離彼岸　　願
滅三業諸罪消　　願得智慧　真明瞭　　普願萬罪悉消除
世世常行無上道

　　(2)《銷釋混元無上普化慈悲真經》

「五部經」之二。卷前有舉香讚、開經偈。正文之後為《混元慈悲號》，也與前錄《混元西方號》的性質是一樣的。卷末是《回向科》。因為這種經的正文內容比較豐富，全部錄出如下：

爾時無上最乘至品子暑金仙，號乃玄真老母，在於阿羅天上自在宮中，同集諸大菩薩，俱稱名號，而謂演曰：

無蘊	歡天	輝光	菩薩
合同	抱元	發現	菩薩
沖陽	光顯	太真	菩薩
番天	萬壽	太空	菩薩
遮地	顯空	太明	菩薩
包天	總照	玄聖	菩薩
括地	通明	二越	菩薩
當空	大顯	光明	菩薩
清陽	沖滿	淨光	菩薩
月天	明正	普照	菩薩
飛天	高上	太玄	菩薩
三陽	開泰	二寶	菩薩
四聖	顯真	七寶	菩薩
清淨	元空	悟性	菩薩
發雲	圓滿	一切	菩薩
諸佛	諸祖	諸大	菩薩
折天	紫綬	大聖	觀音
后土	蘊空	慈力	觀音
總收	顯法	性海	觀音
智空	超越	慧光	觀音

大慈	托恩	雛鳳	觀音
大悲	救苦	金蓮	觀音
青蓮	三寶	紫月	觀音
無蘊	顯相	透寶	觀音
九蓮	太頂	離垢	觀音
八寶	托化	顯光	觀音
離山	寶頂	延壽	觀音
沖音	法慧	保命	觀音
黃天	大德	藥王	觀音
普化	總耀	藥王	觀音
普明	三聖	垂露	觀音
輝天	高照	不動	觀音
開山	演法	拔苦	觀音
亮天	救苦	達聖	觀音
玄珠	灑露	智慧	觀音
大智	文殊	妙覺	觀音
大行	普現	等覺	觀音
觀明	普照	圓覺	觀音
開明	風水	火雲	觀音
清淨	大海	普光	觀音
藥性	通光	自在	觀音
法光	普照	諸大	觀音
南無	二百	五十	菩薩
一千	二百	菩薩	
萬二	五千	俱菩薩	
十萬	八千	菩薩	

百萬　　億諸　　菩薩

過去　　未來　　見在　　菩薩

普光　　如來　　無數　　菩薩

無量恒河沙諸尊菩薩

菩薩同集，各展金光，俯伏縱橫殿內，合掌上告，無蘊縱橫，子暑無生老母，令諸菩薩同集金宮，有何者故？老母言曰：今性同臨苦海，住世俱不惺悟，何劫回程，因見在世，已不投東，昔有諸光，今居住世，顯道其明，誰從認實？飄祖昔臨住於浮世，本光早惺，生而有智，長而發明，聰慧靈機，心明有解，投訪明人，有明非曉，有暗不通，智慧觀照，背暗尋明，投明背暗，參拜真宗，所得妙意，普度元人。自昔演下，到今流通，替佛說法，廣度眾生，留傳在世，早去歸宗。諸菩薩答曰：苦哉苦哉，聖光同世，何惺回宮？老母言曰：哉善哉，雖居苦地，運限周流，昔中有性，今世塵中，有惺有悟，有癡有愚，有沖性世，同領眷屬，墜落在世，普度迷蒙，托祖聖光，替演傳經，有多不惺，棠棣其身，全仗西來，托天大意，憑性多論，守本耐行，忍辱存心，普照原根。即說咒曰：

虛無混沌空，普化沖陽清，

沖清分二氣，氣化妙三宗。

宗金花爛祖，祖分四下明，

明四難聖相，相相祖光生，

太立達渾祖，無形有相宗。

一顆明珠寶，照滿太虛空，

九混沌裏取，無極共混停，

梧桐太停祖，混沌有旃檀。

根道根邦祖，根聖九混中。

枯林提綱領，六十共三成，

三百六十位，圓覺仗佛行，

三千諸佛降，八萬護法神，

十萬金剛將，八萬護法神，

十萬金剛將，哪吒揭諦神。

天王都下界，憶兆菩薩臨。

報事靈童走，催功下天宮，

巡壇護法師，怒氣站壇中，

降魔縛鬼魅，妖邪化灰塵，

轉來座中看，救度苦眾生。老母同諸菩薩咒畢，言曰：善
有善男子、善女人，誠心轉念，念念不空，求佛懺悔，解
削冤根，修齋設醮，祖母遙聞，上供獻茶，供佛及僧，香
花淨水，三界同聞，稽首上請，三世諸佛，諸大菩薩，諸
大天尊，三界諸教主，一切諸龍神，雷公電母，霹靂風神，
諸天列聖，河漢群真，幽冥地府，地藏慈尊，十位閻羅，
三曹六刑，慈悲普照，救度群蒙，削除重罪，解冤業根，
瘟瘴不染，拔去怨龍，四時無病，八節康寧，見世安樂，
過去縱橫，皆大歡喜，作禮而退，信受奉行。

(3)《銷釋混元無上拔罪救苦真經》

「五部經」之三。卷前有舉香贊，開經偈。正文敘述「無上
混元至真老祖在於寂靜宮中，無礙殿內，同集諸尊聖祖。演說東
土浮塵一切眾生。俱是本宗真性。曠劫沉淪，復來轉化，久迷不
惺，仗貪四色，惡染虛華，遮埋深厚，非有回程，一一多漂，沉
入惡道，四生為樂，無趣逍遙，看看迷性，何劫回宮？」等道理

以及諸菩薩的辯道情況，精神略與前錄五部經之二的內容相似。
以下有《救苦報恩號》、《十戒禮懺文》、《救苦回向科文》。《十戒
禮懺文》代表了紅陽教的戒律，全錄如下：

> 諸佛萬祖發慈悲，放道家書盼兒回。
> 有惺鄉男共信女，迴光返照早歸依。
> 觀家祖母家盡信，火速親來早是遲。
> 歸佛歸法歸師長，歸依三寶免輪回。
> 一戒不犯殺生命，二戒不舉盜人心。
> 三戒不犯邪淫病，四戒真實不妄行。
> 五戒除心不飲酒，六戒清淨不食葷。
> 七戒五辛皆掃盡，八戒琴棋歌舞箏。
> 九戒香熏衣不掛，十戒忍辱要遵人。
> 先把十戒牢遵守，後歸凡身二五心。
> 一懺拱高二懺意，三懺惡慢四懺心。
> 五懺無明多不起，六懺煩惱永不生。
> 七懺貪嗔須要滅，八懺嫉妒不消行。
> 九懺奸狡都改過，十懺斗秤休哄人。
> 諸心雜意皆除掃，三災八難永不生。
> 乃至虛空世間盡，眾生及業煩惱盡。
> 如是四法廣無邊，今番回向亦如是。

(4)《銷釋混元弘陽拔罪地獄寶懺》

「五部經」之四。「寶懺」的體制與「寶卷」、「經」略有不
同，它像是一種表文，但又比一般表文為長（參閱第 16 種），也
不像表文那樣有固定的格式。懺文的前面也有《舉香贊》、《開懺
偈》、《志心皈命頂禮》各一段，文後有《懺華禮贊》一段。懺文

甚長，截錄一部分如下：

> 菩薩擎拳拱手，合掌來迎，接待真文。家鄉命令，誰敢違
> 行。弟子某處某人等，泊領合會眾善，鄉男信女，各發虔
> 心。每念自從無始以來，至於今生，所造重罪，猶如須彌，
> 以無懺過。今逢弘陽正法，志心歸命頂禮，救拔合會男女，
> 天下善人。生生世世，在在處處。盡得超升。再念各人，
> 本來自性，當與閻君。今逢弘陽妙法，普度原根。而明天
> 榜掛號，地府除名。或在各家堂內，會領當行。合會眾等，
> 都到壇中。修齋設醮，上供獻茶。普請家鄉名號，志心信
> 禮。

南無　太上　混元　治世佛

南無　太上　歟天　混沌佛

南無　太上　混天　威音佛

南無　太上　沖陽　毗盧佛

南無　太上　青陽　燃燈佛

南無　太上　清天　不動佛

南無　太上　輝天　至極佛

南無　太上　亮天　不壞佛

南無　太上　革天　無蘊佛

南無　太上　釋迦　牟尼佛

南無　太上　花林　彌勒佛

南無　太上　旃檀　莊嚴佛

南無　太上　蘊空　普化佛

南無　太上　玉喜　青花佛

南無　太上　廣行　慈藏佛

南無　太上　普住　力王佛

南無　太上　九玄　智光佛

南無　太上　托相　賢善佛

南無　太上　五蘊　金明佛

南無　太上　清真　寶光佛

南無　太上　顯相　寶日佛

南無　太上　圓通　自在佛

南無　太上　圓覺　妙果佛

南無　太上　妙覺　力光佛

南無　太上　等光　多寶佛

南無　太上　娑羅　樹王佛

南無　太上　高皇　諸大佛

南無　太上　諸天　三際佛

諸佛諸祖，諸大菩薩。掌教文佛，普領諸聖，同降凡塵。

飄祖提領，先降壇中。查考大地，善男信女。

(5)《銷釋混元弘陽救苦生天寶懺》

「五部經」之五。前有《舉香贊》、《開懺偈》，後有《懺畢回向文》及圖像五幅。懺文內佛名占了很大篇幅，文字敘述部分除一般紅陽教道理之外，又多了一段目蓮救母故事（按一般紅陽教經典是很少提起目蓮的）。茲錄《開懺偈》如下：

稽首皈依救苦尊，懺悔一切業孤魂。

救苦王佛慈悲意，托心聖寶照獄中。

超度三宗歸無上，虧得弘陽法出塵。

今辰立壇佛光定，懺悔九代早超升。

昔日尊者從救母，今朝孝子懺宗親。

因為昔母汾中住，超凡入聖救母身。

多虧聖中飄高祖，掌法師尊進一程。

三心為一靈根生，因光在獄不番身。

凡聖交參尋父母，父在紅塵母在冥。

三番五次幽冥去，十殿冥官合掌迎。

血海救母超佛界，願留寶懺救亡靈。

眾等今懺蒙佛力，慈悲救苦入金宮。

南無開懺王菩薩摩訶薩（三聲）。

(6)《地藏菩薩執掌幽冥寶卷》

原係明刊本，今佚，此係清抄本。分 2 卷 24 品。原屬大乘教經典，也被紅陽教借用。

前有舉香贊及一段介紹文字說明這部寶卷的根源。另有一段開經偈。以下是正文。前兩品敘述目連救母故事大致與一般目連故事相同。但結尾處說目連因救出母親被封為地藏王菩薩。第三品是談地藏菩薩協助黃村創道（大乘教）的呂祖講述「六句經」的事。從第四品起都是敘述一些行善得福的事例，計有定州的修福孝母感動太白仙人送仙桃故事，嘉興鎮戴文不孝氣死生母，死後下至地獄受苦，因他生前曾欠鄰居富貴及其妻白氏的債，後來變為一個牛犢投胎在富貴家，它的腿上還帶有戴文二字。一日戴文給妻葉氏托夢說明道理，葉氏變賣家產還清債務將牛犢領至家中，牛犢到家後一頭碰死，戴文乃得還魂。還魂後將地獄所見向大眾宣傳，自己決定回心向善，因而感動地藏老母，在他夫妻埋藏牛屍時掘地得金一窖。自此夫妻念佛行善帶動了鄰里、全村及嘉興鎮全鎮都能信奉大乘教。後來在七月十五放河燈的機會無生老母將他們一同接往天堂。

　　這部寶卷的文字比較通順，故事也較有條理，原因是它不是傳道人直接寫的。在《西方勝境品第二十二》裏作者說了這樣一段非常謙遜的話：

> 我留下，地藏卷，多有差錯，
> 不從讀，聖人書，文字不通。
> 多虧了，代書人，寫下字樣，
> 多有白，少了真，擔待從容。

　　這部寶卷成於崇禎戊辰年（1628 年），同一作者還寫了兩部寶卷，一是《銷釋白衣觀音送嬰兒下生寶卷》，一是《三義伏魔功案寶卷》，下面錄出第三品的全文。

〈駐馬廳〉

十王聽言，訴說修行這一番。想我參禪打坐，仔細盤桓，禪中三昧，才把生死煉。棄捨家緣，棄捨家緣，與佛為子，救出娘生本面。

菩薩明心，告訴地府十閻君。我也曾修行，十第證了金身，成了正果超凡聖。孝養雙親，孝養雙親，尊敬長上，我把六親親近。

表說地藏王菩薩對十王訴說修行一番，方才證了此身地位，無得無言，暫且放下。又提起南贍部洲大地眾生開山呂祖，親口正教，不要胡行。因大地眾生亂世如麻，親口留下六句言語。請問念佛道人哪六句言語？一者孝順父母，二者尊敬長上，三者和睦鄉里，四者教詒子孫，五者各安生理，六者毋作非為。六句言語，此乃是聖諭也。

菩薩證了丈六身，老祖本是觀世音。

親口留下六句話，說與世人記在心。
菩薩說，我成果，足意滿心，
又觀看，南贍洲，大地眾生。
普天下，男共女，不惺不悟。
有老祖，住黃村，普度眾生。
因男女，不學好，親口說下，
經六句，此言語，眾勸多人。
頭一件，叫世人，孝順父母。
第二件，有年高，長上為尊。
第三件，要公平，和睦鄉里，
第四件，整家法，教誨子孫，
第五件，守本分，各安生理，
六毋作，莫非為，各守窮心。
要依著，六句話，不犯王法，
要不依，此言語，受罪無窮。
祖諭話，勸世人，持齋學好，
以正直，無私曲，念佛看經。
總不如，念彌陀，尋條出路，
不知南，不知北，去處不通。
每日家，想生死，憂愁不盡，
遇不著，明師傅，怎躲閻君。
前世裏，燒好香，齋僧佈施，
今世裏，得人身，遇著明人。
告師傅，把我來，分明指點，
萬萬年，忘不了，師傅恩情。
呂祖真傳，不是非輕，多虧大眾們喜捨資財，多有功成。

甫寶翻經，才得完成，甫坤駕定法舡在北京。

妙光虔心志，妙如緊隨跟，

妙慧成一片，凡世得全成。

(7)《護國佑民伏魔寶卷》

這部寶卷分 2 卷 24 品，它的流傳很廣，不但普陰堂的道爺們在為人做喪事的佛事時誦讀它，許多其他教門也在誦讀它。它不是紅陽教的經，而是黃天道的。在《伏魔寶卷品第一》的開頭第一句話就說這部寶卷是「專講論皇（黃）天聖道」的。它的版本很多，我所知道的計有明刊本、清初刊本、1894 年萃一堂刊本、1896 年學善堂刊本、民初石印本還有幾種抄本。其中萃一堂、學善堂等都是專印「三教經典」的善書局，由它們出版的東西大多是一般勸善書。我所知道的這兩種版本在卷首、卷末還都載有關帝等的乩訓許多篇，這是原卷所沒有的，因為明末清初的秘密宗教還沒有使用扶乩的把戲。

這部寶卷全部都是借著伏魔大帝——關公的名義來宣講各種道理，沒有故事。據作者說：「夫伏魔寶卷者，不是虛假浮言，儘是真實功德。老爺顯聖，正月初一景（警）我三遍，著我遺集寶卷，弟子不敢應承。至二月初三日，弟子在京都，老爺提名叫應，著我造經，醒來不敢善（擅）專，香燭紙馬，午門求籤（按：北京前門旁確有一座關帝廟地當午門外），三籤上上，弟子應承。」全卷結構很混亂重三複四，每品差不多都是講些類似的道理，講得最多的是刻經的功德和供養《伏魔寶卷》的妙用，再有就是練氣功的方法等，然而也很不系統，多數的品裏都散見一些，因此對這種寶卷沒有必要做它的提要。但有些地方卻頗有舞弄文墨的色彩，看來作者還是一個知識份子。它的所以流傳較廣，除了因

為關老爺的深入人心之外，可能與此有關。下面錄出《關老爺聖心喜悅品》為例：

〔耍孩兒〕

關老爺，心內歡，見大眾，把卷宣。又救苦，又救難，增上福來延上壽，福也全來祿也全，大家同把佛來念。大眾們虔心用意，宣寶卷伽藍巡壇。聖賢爺，心內明，太虛空，顯神通。觀見大眾把真經誦。手搭涼棚往下看，垂下一段大光明。拖拔大眾超凡聖，超凡聖，一個個皈家認祖，靈山會對上合同。聖賢爺，慧眼瞧，見大眾，把好學，人心舉意天知道。未展真經先淨手，爐中才把好香燒，吃穿只問龍天要，龍天要，命有時天佛加護，自然的自在逍遙。女得女，男得男，論生死，都一般，大眾同把佛來念。加功進步往前找，捨死忘生把道參。要救咱的娘生面，娘生面，忽然間本地發朗，才得入聖超凡。

〔明心見性了道歌〕

勸合堂大眾賓朋，聽我從頭說分明，
大道不離先天氣，攬盡清風往裏沖，
開了六葉連肝肺，七孔開條大胡同，
血心反奏蓮花藏，當人返奏主人公。
上有金龍蟠金頂，下有白虎入黃庭，
崑崙頂上鐘鼓響，笙琴細樂不住聲。
當人坐在蓮花藏，靈隱寺裏造真經，
舍衛國裏常說法，一處通來萬處通，
金公黃婆答查號，嬰兒姹女架天平，
四四對上十六兩，四家均平不相爭。

死了心來忘了意，拔了鎖來抽了釘。
上下開通無阻隔，腳躧崑崙打晃晃。
手打涼棚往下看，觀見大地諸眾生，
貧的貧來富的富，貧富貴賤不相同。
富者榮華受安樂，貧者叫街可為生，
大眾不怨天和地，各人因果不相同。
明心見性世間稀，就是萬中也無一。
經念真心真念經，行道下苦下道行。
了道皈家皈道了，成就果位果就成。
心開心開心開心，人參人參人參人。
道德道德道德道，針對針對針對針。
合合道道道合合，那那剎剎剎那那。
就就德德德就就，佛佛成成成佛佛。
綿綿默默默綿綿，關關門門門關關。
了了淨淨淨了了，圓圓就就就圓圓。
說裏說外說玄妙，秉佛秉祖秉龍天。
求福求祿求吉慶，保裏保外保平安。
贊嗟生死好傷悲，翻來覆去幾千回。
來時不知誰是我，去時不知我是誰。
來時父母生歡喜，去時闔家痛傷悲。
修得無來也無去，也無煩惱也無悲。
還源大道，滾出雲門，證了紫金身。
撒手皈家，赴命歸根，了道還元，證了金身。
諸塵不染，靈山伴世尊。
抽骨換了胎，一去再不來，
到了靈山會，坐定寶蓮台。

(8)《弘陽苦功悟道經》

這部寶卷分 2 卷 24 品。這是紅陽教自己的經典，在辦喪事時持誦。按無為教著名的「羅祖五部經」之一，原有《苦功悟道卷》一種，內容係敘述羅祖苦修十三年得道經過的，這部經名為《弘陽苦功悟道經》則是敘述韓太湖（飄高祖）得道經過的。內容比羅祖的經故事性要強些，文字也較通順。羅祖是個文理不通的人，他的五部經文字都很詰屈。這部經雖係仿羅著而作，實可說是青出於藍。

《弘陽苦功悟道品第一》總述要想得道非要下苦功的道理；第二品以下大意是說：韓太湖一家五輩都是修行人，「每日恭敬三寶，每日燒香念佛，打齋送供，齋僧佈施」，但是「臨老都沒有見性明心」。韓太湖從五七歲大就知道生死的道理，於是下定決心要訪明師。由於荒旱父母曾經留攔，直到十四五上，荒旱太甚，「家中難把光陰過，棄捨家緣逃性命」，最後帶了母親到「良南楚地」住了三個月。韓母在外患目疾，又因思念親人、道友，因此太湖把她送回家中。「到家又是難度日，差使糧草誑死人」，因此他許下大願，在家念佛燒香行孝。一天，太湖到街上去買香，遇到一位八十歲的老人，見到老人那副形容，頗感人生的恓惶。「正是憂慮愁悶中間，忽聽人說有位老師父在南觀度人，又說有二十三分口缺（訣）修行，能了生死，能解輪回之苦，歡喜不盡，不敢怠慢，急急奔上南觀去投拜師父」。師父果然收下他，傳與口訣和行功的方法，太湖照行二年，並且熟讀「五千四十八卷一覽大藏」，但無甚效果。他遂背著家人「獨自孤身尋茶討飯各州府縣天下去訪明師」。

他又到了「良南楚地」訪道，但也沒有結果。最後在河南孫姓家中遇到了一位王師父，說是釋迦佛轉世。於是投在王師父門

下，按王師父所傳即係混元門元沌教弘陽法，太湖此次才算遇到
了明師。過了一個時期，太湖想起家中的母親，要求師父許他回
家。師父允准之後即便起行，一路頗受辛苦，特別是過黃河時，
多虧金龍大王五百壽龍護佑始得渡過。到家中度了母親，並收了
其他原人九十位，但有些家鄉人不理解他的行徑，稱他是妖人。
他回到河南後，師父也說他的工作做得不好，說他「無功」。幸
虧他的師兄黃某說情，師父才指點出：「今朝該他身受苦，該他
游方去為尊」。於是他辭別了師父獨自奔走他鄉根找原人去了。
經過了許多周折，曾在一個龍王廟內安身一個時期，最後過了黃
河在白雲洞中住下苦修。

　　一天，混元老祖顯聖，叫他離開此地，說「這裏不是安身地，
教我奔上自家門。眾位原人無功勞，催趕原人去行功」。他立刻
離開這裏決定再回家。路上曾在一個仙廟裏因化齋飯而作歌詞，
將大道顯示一番，後又來到一座山寺，寺內有一個秦王洞，乃是
秦始皇避暑的處所，遂在洞內淨坐，忽然看見他的家鄉無數寶
殿，萬道霞光，說不盡的美好，醒了之後就寫了一部《無字真經》，
即《苦功經》。故事就截止到這裏，下面連用幾個曲牌，似是對
全卷的總結，最後一個曲牌說出他的修煉過程。

> 苦功悟道經。修行要知道諸佛根元，萬物根基，要參透家
> 鄉景界，安養極樂佛世。不知大道根源，不得明心見性。
> 四大分張怎躲輪回之苦，每日訪道修真，懼怕生死，不肯
> 放參，苦進一步。
> 這步行腳整三春，撥草尋蹤達本根。
> 苦中下苦把命捨，忽然參透五蘊空。
> 五蘊空外都參透，安養極樂任縱橫。

若無聖道來顯化，誰從離相去泡宗。

修行百個無一個，若倚文字心不明。

還要西來真實意，才得明心認無生。

若無西來真實意，修到老來撲頑空。

等到老來無處躲，個個陰曹見閻君。

都是幾句實情話，那討虛言去包籠。

憂愁不得明真性，煩煩惱惱留苦功。

苦功悟道苦苦修行，愁我心不明，

要知大道參透虛空，虛空參透才得縱橫。

若無聖道，怎得離相去泡宗。

苦功仔細參，下苦整三年。

不得明真性，每日淚漣漣。

(9)《泰山東嶽十王寶卷》

這部寶卷的流傳很廣，本屬大乘教的經典，其他秘密宗教如天地門、太上門等也有誦讀的，紅陽教也是借用的。

這部寶卷分 2 卷 24 品，前有舉香贊、開經偈，下面還有十言韻文 24 句，說明這部寶卷是「外說凡內說聖」、「奧妙無窮」的，又介紹了這部寶卷是衲子遊地獄所見。以下是正文。

全卷結構異常混亂，大致是衲子在地獄見到一些事物之後夾上許多講道理的文字，有時連續好幾品見不到衲子出場。所謂「十王」即十殿閻君，但只敘述了五六個。衲子在地獄先見到三條大路，中間的沖金橋，左邊叫沖銅橋，右邊沖奈河。在奈河見到許多受罪的女人，這是因為她們在陽間生育時玷污淨水的關係，因此衲子慨歎為人必須孝敬父母。又到金橋，見到第一殿閻君秦廣王，那裏都是吃齋念佛的行善人；二殿楚江王，他掌管聚魂亭，

那裏也有許多人受罪，都是十惡不赦的人。又見到一座金城，裏
面全是「腳踏蓮花」、「幢幡寶蓋」、「細樂笙琴」、「縱橫自在」的
人，原來這些人都是信奉大乘教的。此外又插敘一段呂祖在黃村
倡教的經過，毀佛滅道人在地獄的情況及修煉的法則，再下回是
衲子在三殿宋帝王那裏見到一些打公罵婆的女人，兩頭搬舌的男
人在受苦，又講一些修行和彌勒佛收元的道理，這部寶卷的功用
以及兩段因行善得善終的事例。下面又是敘述「三殿宋帝王、四
殿五官王、五殿閻羅王三王同聚一處，五殿王有業鏡當空，十方
照徹，善惡不差，善人增福，惡人有罰，普勸大眾信受」的事。
衲子又看見一座晾經台有一座玲瓏寶塔，太上老君等一群人在這
裏誦《言經》，衲子見了他們知道了彌勒佛將來掌教的事。衲子
於是演述了「斷葷戒酒、早辦前程」以及供養《十王寶卷》不墮
幽冥，「開關展露、調命脈運呼吸」可以歸家認祖，超出三界，
掃淨紅塵、破開地獄、答查對號等道理。下面又是衲子在十殿閻
君前詢問陽間善惡幽冥怎得知聞的事，原來是這樣的：「灶王報
與土地，土地報與城隍，城隍報與天齊，天齊申喚幽冥地府地藏
菩薩，這菩薩批與十王，有閻羅王業鏡照得分明，平等王有天平
秤，秤人善惡，善多惡少轉來高遷，惡多善少轉來六根不足，純
善無惡轉在天宮，光惡無善闖在四生六道」。最後又再三重復行
善作惡的因果，十王卷的功德等。卷末附有濟南府清河縣儒學生
員李清於景泰元年死而復生代閻君傳與世人躲避地獄受苦的方
法的事例。下面錄出一段曲牌的全文。

〔寄生草〕

　　行善的做功德，念佛人更不差，時時刻刻休放下。好心把
　　佛常牽掛，採取先天破塵沙，了達了把生死全不掛。

念佛人做功德，打坐苦參禪，綿綿密密成一片，一聲叫惺娘生面，達的本來還的元，萬兩黃金也不換。

夫衲子抬頭觀看，見一金城。一會善男信女，腳踏蓮花，口稱佛號自在縱橫，幢幡寶蓋，細樂笙琴，縱橫自在。衲子上前動問，你在世做何功德，這等逍遙？有一長者，慌忙答應，我在世同居一處，同做功德。萬善奉行，仗憑護國保明寺大力，眾善人等，聚少成多。一年兩季，進供錢糧，仗祖大力，申文答表，答天謝地，我今功完果滿，竟赴蓮池大會。

合會善人樂滔滔，西南大路恁逍遙。

有衲子，抬起頭，慧眼遙觀；眾善人，一個個，腳躧白蓮。
有幢幡，共寶蓋，前邊引路；有笙琴，和細樂，震地驚天。
眾善人，口念佛，歡天喜地；一個個，稱聖號，徑奔西南。
我衲子，問善人，做何功德；眾善人，聽我問，慌忙答言。
俺眾人，在世間。修行辦道；同念佛，同喜捨，同結良緣。
仗護國，保明寺，呂祖大力；往黃村，進錢糧，種的根元。
一般的，俺也有，參禪打坐；采清風，換濁氣，運徹三關。
往上升，只升的，三華聚頂；給孤園，按陰陽，五氣朝元。
雷音寺，諷真經，無窮無盡；舍衛國，談妙法，無量無邊。
保明宮，觀大地，有貴有賤；靈海生，運甘露，徑到湧泉。
往上升，透五蘊，超出三界；遍十方，無隔礙，一體同觀。
正了果，朝了元，答查對號；赴龍華，大聚會，永不臨凡。
開山呂祖，立下地基，天下善知識，普化善人，同把齋吃，積攢錢糧，交與知識。一年四季，交代福壽齊。
黃村呂祖立，至今得興隆，
天下眾善人，掛號對合同。

⑽《混元紅陽臨凡飄高經》

2 卷 24 品，分裝兩冊。全經演述飄高老祖臨凡的經過。緣混元老祖坐在無礙大殿，有三千祖師朝拜，向老祖稟告東土苦海，看看末劫至近，該差哪祖臨凡跟找原人還鄉。老祖決定派釋迦佛臨凡，釋迦請求再派兩位祖師一道「證教」，老祖又答應派無極老祖等下凡，無極又請求再派若干「護教」祖師，老祖答應派其親子十四人，祖師二百六十人為護教。但其第五子飄高不肯去，經過無生老母、釋迦、彌勒等諸佛菩薩的敦促，特別是無生老母對飄高的斥責和向混元老祖求情，他才勉強答應。行前飄高還依依不捨，最後在「中八天主石亨」帶領天兵天神及仙童的護送下才離開天宮。以下錄出第一品全文。

無天無地說混沌虛空品第一

「佛如來無極飄高臨凡寶卷」說是什麼教門出世修行了道？門是混元門，教是元沌教，法是弘陽法。祖曰：蓋聞無天無地，虛空在前，先有不動虛空，後有一祖出世。審察云：什麼祖？曰：祖是混元祖，宗是老祖宗，佛是治世老大佛。過去天佛，又是無極老祖。想無天無地，一祖治世，指身配道。先有鴻濛化現，後有滋濛，混沌滋濛長大，結為一個軟卵，又喚做天地玄黃。玄黃蚌破，才現出治世老天佛。宗祖出世，清氣為天，濁氣為地，一生兩儀，二生三，三生萬物，諸般都是老祖留下。怎麼不是老無極？前文以盡，後偈重宣。

無天無地一虛空，

混元老祖立人根。

臨凡寶卷初展開，諸佛菩薩降臨來，

天龍八部生歡喜，降福延生又消災。

混沌初分霧騰騰，無天無地一虛空，

無有一物一泓水，先有鴻濛後滋濛。

南無阿彌陀出世，阿彌陀佛是小名，

軟卵蚌出混元祖，天地玄黃正當空。

清氣為天安星斗，濁氣為地長山林，

立就世界歸空去，天外立下古今城。

無天無地，一個虛空，鴻濛後滋濛，混元老祖，來治乾坤。

混元初分，不計年春，天地玄黃，蚌出老世尊。

〔駐雲飛〕

霧氣騰騰，無天無地一虛空，那祖來下世，安天治乾坤，

佛鴻濛，後滋濛，混沌虛空，來把乾坤定，玄黃蚌出老祖

宗。

混元坐虛空，

治下紫金城，

敲天來做事，

那祖去投東？

⑾《混元寶燈》

不分卷。這是紅陽教中一部主要經典。紅陽教道場中有一種
「獻金燈」的儀式，這部經的主要部分就是行這種儀式時所應念
的經文。這種儀式現在紅陽教做道場時已不全部舉行了，只是代
表性地做一點（多在晚間的佛事時與其他經典並用，做為佛事的
開頭），因為過於繁複。如獻金燈的全部過程除前面的一些經咒
和獻供等之外，獻燈計分十次，各次數目不同，計是 396 盞，其
他可想而知。由於近年宜興埠紅陽教徒吸收了佛教的《瑜伽焰

口》，但又沒有完全放棄《混元寶燈》，因此又為它起了一個對待的名稱叫「燈科焰口」。以下將現在紅陽教道場中所經常用的這一部分經文錄出：

> 弘陽海會，混元如來，治德文佛座蓮台，接引上金階。大法弘開，普度離塵埃。南無燃燈會菩薩摩訶薩（眾和三聲）。
>
> 清淨真香獻上蒼，金爐放光瑞千祥，
> 上請三城諸佛祖，下請十方眾諸神。
> 混元寶燈妙難量，一句安康二吉祥，
> 仗憑佛祖真法語，金鈴搖動鎮十方。
> 真言秘密明彰顯，法語朗朗舉讚揚，
> 善言焚香求佛祖，至德文佛降道場。
> （空宗真言三遍，諸佛臨壇。）
> 牙齒空論封，無蘊太上老真空，混沖南無燃釋尼，栴太利達摩，混無極，混相庭，混沌栴根邦聖。
> 無汨尼陀南無娑婆訶。
> 志心奉請，三金城諸佛祖母，靈山教主，釋迦文佛，大悲觀世音菩薩，本師飄高治德文佛，惟願暫離家鄉，此夜今時，來臨法會，同受供養。
> 獻五供
> 秘密神咒不可量，總供三城法中王，
> 正座諷誦香滿地，諸佛祖母聽讚揚。
> 弘陽妙法天下傳，道場會上祖臨壇，
> 普求男女同出苦，明心見性早還源。
> 南無釋迦牟尼佛。

南無大悲觀世音菩薩。

南無本師飄高治德文佛。

南無歸依祖。

南無歸依法。

南無歸依師。

法輪常轉度眾生，光明滿月能仁相。

祖寶明無量，聞讚揚，牟尼之中演靈章，度眾生，轉化上金城。

龍章鳳篆，能仁相法，寶明無量聞讚揚，

大慈大悲法中王，度眾生，轉化上天堂。

降龍伏虎，能仁相師，寶明無量聞讚揚。

句句能消萬劫殃，度大眾，轉化上西方。

南無香雲蓋菩薩摩訶薩（眾合三聲）。

混元寶燈，普供三城，諸佛祖母下天宮，

三界赴堂庭，請受金燈，消災福壽增。

南無燈光王菩薩摩訶薩（眾合三聲）。

蓋聞混元一氣所化，威音那半家風。起初時，無天無地，開天光，設道教，將牟尼寶珍，身覺團一處，玄爐鍛煉，煉成陰陽二氣，玄爐照耀，旋繞周天，故明日月兩輪，日照於晝，月照於夜，燈照於暗。

言三光接續夜常明，東極扶桑太陽星君，西極廣寒太陰星君，中極日月燈明如來，言三光接續晝常明。

混元初分立天地，燃燈釋迦治乾坤，

日月燈三光接續，照破了天宮地府。

京都順天府□□地方居住，奉祖修齋保安，信士□□啟建弘陽道場。

畫夜命請本門道眾，看念五部尊經，拜禮寶懺，依科奉行，請行法事，此夜今時觀禮。

(12)《弘陽妙道玉華真經隨堂寶卷》

這部經以咒語占主要篇幅。各種佛事時誦念其中一小部分經文。卷前有飄高老祖及諸天神像，以下是八個佛號及《混元教主提綱序》。開經後先有三段神咒：《鎖心神咒》、《提山神咒》、《淨空神咒》；然後是這部經的主體：《上元一品弘陽妙道真經》、《中元二品弘陽妙道真經》、《下元三品妙道真經》；這三段之後又是四種神咒：《悉魔神咒》、《聖禮分土水懺》，以下還有兩段未題名神咒；再下面是《飄高聖傳新報恩》、《後續報恩》，按《十報恩》在許多寶卷中都有，但大多都只有十句話，這部經中的十報恩不同一般，文字較長；再下面即韓太湖的簡歷（本文第一章第二節已錄出）；最後是一段回向偈式的詩句。茲錄《下元三品妙道真經》及《三報恩》如下：

> 太上元始赦罪天尊開闢寶卷，上表源根，混元獨坐六欲，諸天諸佛菩薩左右排班，老祖命令飄高祖臨凡，化現東土，出細收源。弘陽教主，老祖法傳，天佛寶號，十萬佛兵，霞光圍繞，瑞氣騰騰，法船上下，眾位無生，金童玉女，先去前行，萬天之主，金闕升天，千真萬聖，一切神兵，天地水府三元，祈恩保本，去處分明，三關口上，聖真君，答查對號，去對合同，歸依大道，混元門中。吾師聖號，上表分明，弘陽老祖，口訣真言，通天一字，傳與兒孫，家鄉接引，普領大眾合會男女，天下原人，哀告聖祖，放過關門，善男信女，去認無生，五祖接引，一記飛升，四祖寶劍，斬碎鬼魂。千佛寶號，玉帝敕文，下行

地府幽冥，五門教主，十帝閻君，三曹對案，快去銷名，
一十六祖，各顯神通。眾祖接引，送上金城，六欲諸天參
拜，尊我祖聖意，無礙縱橫，拜罷祖母，才得長生，逍遙
自在，續上長生。家鄉聖境，快樂無窮，萬教之主，千變
化身。平收萬祖，源沌教中，玲瓏寶塔，鎮住天神，降龍
伏虎，老祖神通。

《三報恩》

五帝為君平地生。累代帝王到如今，君主有福龍床坐，當
住六國眾煙塵。國公王侯護祖教，報答皇王水土恩，得遇
中華佛國土，行時大覺聖明君，四海風浪息，八方罷戰征，
天下民安樂，五穀盡豐登。皇王水土恩難報，吃齋念佛報
重恩。

⒀《銷釋混元弘陽隨堂經咒》

不分卷。內容全係紅陽教佛事時所誦經咒，以各佛祖的名稱
為主體。從這些名稱可以知道紅陽教所供奉的主要神靈，對考證
紅陽教源流上，它也提供了一些有用的參考資料，如飄高「五部
經」、九蓮菩薩、石亨、依附統治階級等，因此錄出這部經的主
要部分。

弘陽教主，釋迦能仁，傳與阿難太極尊。混元大法，二祖
靈文，七寶金庫細搜尋，展開驗看上造分明。字字行行不
錯真，家書五部，傳子童。末劫收元要回宮，西域阿羅錦
翠天宮。瑞氣祥光照玲瓏，黃金街道，耀眼精明，樓臺殿
閣紫蓮生，白玉欄杆四氣朗清，七寶池下長蓮心，花開四
色，瑞氣騰騰，行青綻綠又白紅，九品蓮台，上坐世尊，
無礙寶殿放光明。混元老祖，穩坐玲瓏，元始無極太天尊，

楚地老母，端坐圓明，子暑奶奶太真空，沖天老祖，聖仙古尊，翻天折地顯神通。青陽老祖，古佛燃燈，包天八母顯威靈。金光老祖，釋迦世尊，文殊普賢掌乾坤。華林老祖，彌勒玄尊，總收三母立源根。電空老祖，玄奘唐僧，十二圓覺眾觀音。太極老祖，領下靈文，勢至三母度兒孫。立極老祖，迦業禪僧，無盡意母演法音。達摩老祖，西域胡僧，清源聖母掌光陰。渾金老祖，管事仙生，桃天聖母定死生。無極老祖，大覺禪宗，無遮坤天掌法門。九佛九祖，羅漢聖僧，九蓮菩薩各顯能，四輦祖母，駕定法輪，攸攸只在半玄空。姑林善林總領天尊，六十三祖下天宮。五輦祖母各顯神通，八十八祖赴叢林，排定鑾駕點就天兵，七千菩薩進壇中，元沌教主護法靈尊，搜壇巡會鬼神驚。飄高祖師治德世尊，開法演教度眾生。二祖顯化各有神通，破邪顯正蕩魔君，十六圓覺都至虛空，紫霧毫光顯神通。韋馱天將元帥都尊，七十二師兩邊分。金剛揭諦哪叱天神，馬趙溫岳緊隨跟。金童玉女怎敢消停，幢幡寶蓋打頭行。鸚鵡唱道孔雀念經，白鶴彎轉舞空中，笙琴細樂響亮清明，九天仙女唱歌聲。西方聖境妙用無窮，珍饈百味奉虛空，各會弟子跪在埃塵，迎接祖母進壇中。上來獻供疏儀美新，鮮桃鮮果在盤中。供養佛祖諸大無生，志心明禮拜世尊。三城祖母坐在壇廳，五色祥光顯金身。催功巡會報奏虛空，會首虔誠費心勳。倚托聖祖所靠真空，消除災障赦罪名。哀憐攝授護佑兒孫，疾病凶禍化無蹤。惡事消散吉星臨門，增福延壽保安寧。中城祖母五家世尊，三元騰鶴下天宮。石亨老祖玉皇主尊，腳踏七星八卦輪。東嶽大帝仁聖天尊，穩坐鳳輦赴壇中。五老上帝南極壽

星，西方石能二郎君。玄天上帝金闕化身，北方壬癸至靈
神。協天大帝關聖帝君，六丁六甲進宅中，二十八宿九曜
星君，三十六師下天宮。三官大帝四聖真人，五斗星君照
壇門。三界持符十二元辰，蓬萊三島眾仙真。十真萬聖河
漢群真，雷聲普化大天尊。九江八河四瀆靈神，五湖四海
眾靈神，五嶽八極四維神君，地藏教主掌幽冥。森羅寶殿
十帝閻君，三十六按顯分明。七十二司獄主尊神，十萬鬼
王不消停。四值功曹二十天君，洞府神仙早知聞。三皇聖
祖十代真人，救濟男女萬病根。滿空聖眾一切諸神，依咒
持誦萬靈神。解厄救苦保命護身，願求弟子出苦輪。罪業
消除災難離身，證果朝元赴天宮。九玄七祖三代宗親，得
聞正法早歸空。四生六道，一切含靈，脫苦離塵早超生。
過去父母，一切先靈，幢幡接引上天宮。易得快樂，永續
長生，再不臨凡奔紅塵。添淨水把香焚，答報家鄉祖母恩，
天地蓋載日月照臨，祝贊皇王萬萬春，現在父母福壽康
寧。酬天地謝神靈，凡所生意萬事亨通。在家出外永福臻，
闔家歡樂人口安寧。圓滿功德永無窮，四恩三宥報恩情，
三塗八難具離苦，道場光顯妙法興通，傳留宇宙救眾生，
持誦一遍神鬼皆驚，勝轉萬卷大藏經。在身佩帶魔宗不
侵，諸邪消滅化為塵。飄祖親口聖留真文，與諸聖眾盡聽
聞。作禮而去，信受奉行。

⒁《混元弘陽教佛韻全冊》

不分卷。這是紅陽教另一部重要經典，內容全系佛事時應頌
經文、咒語及應行儀禮。

全經大致分成三個部分。第一部分是 73 個菩薩的名字，各

名字後都附有若干句咒語式的韻文，有些並注出所用曲牌名，這大概就是這部經稱為「佛韻」的由來。這一部分是吉祥道場及薦拔道場通用的。第二部分是「奠茶」的儀禮及應頌咒文。奠茶儀式共是四番，每番三奠，共十二奠，這一部分是薦拔道場專用的。第三部分是一些襲用佛教的咒文，計有：《大悲無礙神咒》、《大乘摩訶般若波羅密多心經》、《消災吉祥神咒》、《佛滅罪真言》、《銷釋解冤神咒》、《報恩經》等。

以下先錄出第一部分中注明曲牌的幾段韻文及菩薩名，再錄出奠茶儀式中的一番示例。

> 南無引路王菩薩摩訶娑。
>
> 〔柳含煙〕經過三界路，惟願大慈大悲，宣揚秘密語。拔濟興亡靈，脫離三途苦。人生百歲，如在夢中游，一旦無常歸何處？亡靈魂從今一去往西方，稽首皈依佛法僧無上，薦拔亡靈，惟願亡靈早超升。
>
> 南無求懺悔菩薩摩訶娑。
>
> 〔南翠黃花〕皈命頂禮佛陀，端坐蓮臺上，紫墨金容，巍巍黃金現，雪嶺修因，蘆芽穿膝上，佛保慈尊，接引生安養。
>
> 南無超樂土菩薩摩訶娑。
>
> 〔鋪地錦〕海真潮音說普門，九蓮花裏現童真，楊枝一滴真甘露，散作山河大地春。南海普陀山一座，一座白寶古峰，古峰頂上碧珀中，碧珀中現出水晶宮，水晶宮內端然坐，坐定金容，金容體卦玉玲瓏，玉玲瓏，珠翠滿桃紅，滿身瓔珞難描畫，畫就無盡無窮自在，自在觀音，觀音瓶內楊枝水，楊枝水灑潤，灑潤乾坤，惟願慈悲臨法會救度，

救度眾生，眾生上望，上望天宮。

戶唵部部帝唎伽唎哆唎怛他耶多耶。

〔梅花引〕稽首皈依蘇悉帝，頭面頂禮七俱胝，我今稱讚大准提，惟願慈悲垂加護。

《奠茶》

孝眷擎杯茶斟初奠

茶斟初奠，彌陀如來，八德池中寶蓮升，勢至觀自在，導引魂來，高登寶蓮台。

上報四重恩，下濟三途苦，

若有見聞者，悉發菩提心。

孝眷擎杯茶斟二奠

茶斟二奠，地藏能仁寶珠，晃耀放光明，賑濟幽靈魂，任意遊行，自在寶蓮生。

一盞智慧燈，普照各幽冥，

地獄聞燈到，靈魂早超升。

孝眷擎杯茶斟三奠

茶斟三奠，彌勒下生，龍華三會願相逢，惟願度眾生，不二法門，花開悟無生。

⒂《混元弘陽表文全冊》

這部經是一個普通裝幀的抄本，並非如其他寶卷的摺裝，是普蔭堂信徒在民國初年所抄。內容全系佛事時所用表文，計九種。現錄三種如下：

《佛誕日表文》

本壇民國直隸天津縣居住某城某村人氏，混元法門弘陽教下信心弟子某人謹疏。為恭祝聖誕良辰，慶賀無疆，並祈

超薦幽冥事。竊以戴高履厚，本上帝覆載之恩，樂業安居，實洪造生成之德。身等荷蒙天麻，忝居人末，矢如左如右之敬，屋漏加虔，凜愚夫愚婦之誠，帝天可格。茲者，恭逢我佛聖誕良辰，身暨領合會眾善人等，諷經禮懺，虔備素供一圍，信香成束，金銀數具，紙燭全事，沐手焚香，聊盡一念之誠。上獻鴻濛三金城，諸佛諸祖諸大菩薩，治德文佛之位下。伏冀聖慈垂鑒，來格來馨，庶幾消愆賜福，俾眾生等，同沾化育，共慶升平。家給人足，衢歌大有之年，海晏河清，巷祝安瀾之頌。此翹企之愚衷，實神天之感應。時維中華民國年月日叩。

《薦拔表文》

南贍部洲，民國直隸天津府（縣）居住某城某村人氏，奉混元法門弘陽教下，信心弟子某人暨領合會人等，諷經禮懺，施食懺燈，度亡升天。是日哀千，上叩幽冥教主，地藏王菩薩，超度薦拔，先亡靈魂早升天界。齋信孝男某人合眾人等叩。慈造伏為追度顯考妣例贈某太公（君）享年某壽歲原命某年某月某日某時生，大限乃於民國某年某月某日某時告終。今居人間修經之辰，奉供幽冥十殿慈王，度亡淨醮一宗，望西方極樂世界脫化，早離苦海。上叩本壇具此，依教奉行。中華民國年月日叩。

《元旦表文》

南贍部洲，民國直隸天津府（縣）居住，城北宜興埠村人。混元法門源沌教下，信心弟子，暨領闔家善眷人等，虔備燈燭紙馬，素供金銀，是日沐手焚香，一心叩千。上獻當陽教主，治德文佛諸聖之位下。洪造意者，伏為身等，幸生中國，忝居人倫，無物可酬，常懷報答。今月初一日，

正逢天臘良辰,乃是人間求福之日。潔具錢糧,升實上叩,天地三界十方萬靈真宰。聖慈消愆賜福,家門清泰,人口平安,財源茂盛,五穀豐登。右千三寶印正,元旦文疏。中華民國年月日叩。

⒃《銷釋混元弘陽大法祖明經》

分上中下三卷。弘陽教主要經典之一,但普蔭堂的弘陽教徒並不諷誦它,而丁字沽的信徒卻在諷誦。由於丁字沽的弘陽教已全行消滅,因此其具體用法不得其詳,僅知他們非常重視這部寶卷,並且簡稱之為「祖經」,有一種說法是它是韓太湖所著。

這部經在卷的前後和上中下三卷之間插有很多圖像:卷前是飄高老祖及二執幡童子像,「皇帝萬歲萬萬歲」龍牌一個;上卷末有四大天王及太上老君、青龍星、白虎星像;中卷末有四執降魔杵天王像、飄高老祖及二執幡童子像;全卷末有楊戩、李靖及二靈官像,最後是韋陀像。全經內容以咒語式的文字及佛號為主。開經後有一段介紹文字:

> 太上混元弘陽大法祖明經,懺悔回向,一經二咒一部三卷。初開乃是弘陽道人心宗頭卷,先開《雷咒篇》、《香贊》、《禮佛文》;中卷《明經》初展,《正身十號》,奉請祖《懺悔回向》;(下卷)前後迷中罪願,變亂修行,護法護持,同世出苦,因功贊咒。

這部經不論是咒語、佛號部分,還是白文部分都沒有什麼意義,而且文理都很不通,觀上引一段已可概見,故不再照前例迻錄其部分原文。

⒄《混元弘陽悟道明心經》

18品，分上下冊。品目如下：《無上甚深品》、《皇明聖諭品》、《請祖宗祝明香品》、《行功巡會品》、《昏沉打盹瞌睡捉魔王品》、《無生老母排鸞駕品》、《大道明心得惺品》、《排祖順十杆品》、《現家鄉聖景留紫金城品》、《先請老母祝香文品》、《報恩懺悔品》、《討無字真經品》、《指金燈金爐作偈品》、《老母臨凡順十杆品》、《排祖到十杆品》、《談天宮劈魔品》、《論地府品》、《講一身大道譬如天地品》。

此經內容首先講述「皇明聖諭」（即孝順父母、尊敬長上、和睦鄉里等六條）以宣傳儒家倫理道德。又請到混元老祖，無生老母等數十百位佛祖。描繪家鄉聖景：有十萬里紫金城，三十六紫金門、三十三天王門、七十二紫金街、十萬間紫金殿、三千六諸佛殿、三千六菩薩殿、三十二天王殿、三十六金剛殿、二百四托天殿、又有混元祖以下三百九十餘祖、三千諸佛、十萬菩薩、三千六萬金剛將、五千四百阿羅漢、八十四揭諦神、又十二萬童男女、二百四十護法神、三千六百教門主、三千六百班頭們。以下又演述天宮地獄情況，最後是將人身各部位比附為天地陰陽五行及諸天神聖。如：「脖項骨，攢九節，元始天尊；有對嘴，合舌頭，釋迦掌教。」「有大腿，合小腿，擎天玉柱，左為陽，右為陰，護住天王。腳趾頭，譬為他，閻羅地府，腳骨節，做金公，又帶黃婆。」

總觀這部寶卷，多屬牽強附會，拉合成篇，並非能代表演述紅陽教道理的經卷。有一種說法是此卷為韓太湖所著，但與韓著其他寶卷比較，恐非事實。

1958 年 8 月 25 日初稿
1962 年 10 月 25 日修訂
1996 年 12 月重校

附　錄

我在天津北辰區發現明清刊本寶卷的經過

1956 年秋，我在天津北郊區（現北辰區）調查民間宗教紅陽教和天地門，在宜興埠地方發現了一座十分古老的紅陽教佛堂名叫普蔭堂。宜興埠村的正中是一座很大的碧霞元君廟，普蔭堂在它的西南。村人說，「先有的佛堂後有的廟」，廟建於康熙初年，佛堂則建於明萬曆年間。由於村人中的約半數是信奉紅陽教的，所以對於佛堂的崇拜尤盛於廟。

所以如此，不只是由於它建築早，還因為裏面收藏了明代至清初的刊本寶卷 28 部（據說當年有二百多部），連同重複的不同版本共計 32 部。佛龕三座，佛像都是木雕的，除三教祖師外還有紅陽教教祖飄高老祖以及諸天神聖等等，另外還有一些牌位、家廟、畫像。我第一次進到這個佛堂時立刻想起《破邪詳辯》一書的作者黃育楩所描寫的他查剿滄州、清河的「邪教」佛堂時的情景，這種描寫也多見於清代檔案中。但那只是文字記載，我則是身臨其境。佛堂裏靠西側的一座佛龕前的案上就擺著好幾部寶卷，那是佛堂的「道爺」們日常念誦的，還有一大部分放在內間地上的一個樟木「躺箱」裏。

普蔭堂及其紅陽教從萬曆年間傳進村後一直不衰，歷經不知多少次劫難都能倖免，連解放初的「取締反動會道門運動」它也能安然度過。我從發現他們起直到 20 世紀 60 年代初一直不斷過

往。他們視寶卷如性命，能夠讓我看那是我能做到他們把我不當外人。我更進而要求他們允許我把那些寶卷帶回抄寫，每次帶一部，抄畢送還，再換另一部。在三四年中，我抄了十多部，在《寶卷綜錄》中注明《穿月齋藏本》者，有一部分在「版本」欄中注有「據明刊本迻錄」字樣，那多半是我抄自普蔭堂藏本的。

　　1963 年秋的一天早晨我去上班，在將到單位門前時，忽然有兩位老人向我走來，他們是普蔭堂的當家道爺常有智和張渭，他們都已 70 多歲，他們見了我後號啕大哭，原來當時是「四清運動」，頭一天下午北郊區公安局把普蔭堂查抄了，所有的東西都拉到北郊公安局。他們兩人也跟了去，據理力爭，說這是他們祖宗遺留的產業，已經四百多年。他們是普蔭堂現在掌門人，不能從他們手裏把這份產業丟掉，因此要求發還，但未能獲准。他們回來後並未休息，從夜裏十點多開始步行由宜興埠到營口道（約 20 公里）來找我，請我說明與北郊公安局交涉。他們在淩晨三點多就到了，一直等在道旁，而且是從頭一天中午就沒吃飯。我答應了他們的要求。

　　我先找到婁凝先副市長，說明情況，重點是要求保護這批寶卷。他介紹我到宗教事務處找楊大辛先生洽辦。大辛幾經聯繫，很快就把那批寶卷從北郊公安局調到處裏。他要我去鑒定一下。出乎我的預料，普蔭堂的 32 部寶卷不只一部不少反而多出 20 幾部，原來那是公安局又從劉安莊、小淀、大畢莊等村的紅陽教佛堂中剿出來的。大辛要我拿個處理意見，我提出交給人民圖書館（現天津圖書館）。向婁請示，婁同意。先由文化局接收，然後撥交人圖。人圖指定由劉尚恒先生接收。他並要文化局開給我一個特殊借閱證明：如果我去借閱這批寶卷，可以不受借閱時間的限制。

但是那段時間，正是極左路線十分倡狂時期，運動接二連三，日益接近「文革」了。我雖多次拿著特殊借閱證明去借閱，都以尚未整理上架而被拒絕。經辦接收事宜的劉尚恒先生一直關心這件事，但迫於形勢，他也愛莫能助。「文革」中他回到原籍，在安徽師範大學圖書館工作，仍給我來信詢問此事。我當是已是牛鬼蛇神，被關在「牛棚」裏，還搞什麼寶卷？「文革」過後我又多次去查找，結果如前。有一次我「投訴」到前館長、近九十高齡的黃鈺生先生，他立即叫了車子親自領我到館查詢，不意接待人員竟說「文革」中有一大批反動、迷信、黃色書刊裝成麻袋送走銷毀，這批寶卷本來就是公安局從「反動會道門」中查剿的，很可能也在其中。至此，我對這批寶卷的下落像我自己所藏也被抄走的四百多種寶卷一樣，已經完全灰心。

1988 年，在一次會議上我遇到天津圖書館館長董長旭先生，我向他談及此事，他十分震動，回館後立即責成謝忠岳先生進行查找。幾天後，董館長親自給我來了信，告訴我找到了。原來在「文革」期間，這批寶卷被送到館外一個倉庫，那裏沒有採光通風設備，竟然放了近二十年，幸而這批寶卷的紙質堅固，裱背精細，既耐掀翻，又耐陰濕，完全沒有損壞。它們已經上了架，董館長和謝先生陪我到書庫去鑒定。

我想到宜興埠，應該有個交待。1988 年秋，我帶著兩摞普蔭堂原藏寶卷的複印本到宜興埠去看望這兩位老人。常有智早已去世了，張渭還健在，已經九十多歲，下肢已癱瘓。我告訴他你們的東西現在都藏在天津圖書館，我拿給他複印本看，他說：「這很好，不是你們收藏起來，『文革』時不定怎麼樣。」他非常欣慰。

明明聖道調查報告
（1948 年）

導言

　　大約自民國以後，直到新中國成立以前，由於我國各地民間秘密宗教之風極盛，在社會上，特別是都市社會中，就出現了一種職業的秘密宗教者，即那種懂得些秘密宗教道理的傳道師，和一些乩手之類的人。他們湊在一起，和社會上某些有權勢的人士拉攏一下當做後臺或給上個名義，選擇幾個神靈當做祖師或護法，找個適當地點，起上個教名，訂上幾條「佛規」，編上幾句「真言」，創造一些燒香、行禮的儀式，錢多的話再印上幾種宣傳品，這就可以借著神佛的名義「代天宣化」、「救渡原靈」了。碰巧這種秘密宗教提倡得力，也許就盛傳幾年，否則很快就會消聲斂跡。但是這些職業者又會用同樣方式「顧而之他」，另立門戶。因此一個傳道者常是傳了幾年這個道，又去傳那個道，甚至同時傳幾種道，兼有多個秘密宗教的成員身份。尤其是那些乩手，顯得更為忙碌，一天不知要為幾種秘密宗教開幾種壇，代替

多少個神聖仙佛來「垂訓」，但是這種人到了解放的前夕卻大有
「生意蕭條」之感了。

　　1948 年 5 月，我曾到北京宣武門內石駙馬大街一個叫佛教研
究院（成立於 1937 年 9 月）的地方去調查，院中還附設一個叫
宗教協會的機構。到院之後立刻知道它非但沒有什麼「研究」，
連「佛教」也沒有，裏面供奉的乃是無生老母以下幾百位神聖仙
佛的牌位。倒是宗教協會還名副其實，但這個「宗教」指的卻是
「民間秘密宗教」。它的會員都是上述的那種職業宗教者。院長
兼會長名袁仲安，過去是個舊官僚，曾做過湖北宜昌榷運局局
長。他們定期在該院聚會，請壇扶乩。我去的那天（舊曆四月初
一日）正是會期，所見即有一貫道、八方道、十方道、呂祖道、
混元門、太上門、太極神教、玄玄真壇、世界紅卍字會、正字慈
善會等教的首腦人物以及乩手、信徒等數十人。他們彼此間都很
融洽，這種融洽自然是建立在「魔考重重」「天道不顯」也就是
其技不得售的基礎上的。他們正好像一個商人沒領好有錢的東家
一樣，只好在這裏「慘澹經營」，等機會領東之後，他們就要開
起鋪面，大做生意了！至於所謂「天道不顯」的原因也很容易理
解，那就是在解放前夕，蔣政權朝不保夕，對人民加緊鎮壓，社
會秩序紊亂；有錢有閑的階級，囤積物資，變賣捲逃之不遑，誰
還肯再找這些職業宗教者來做他們的領東掌櫃呢？

　　下文介紹的明明聖道，就是上述這種類型的民間秘密宗教中
的一種，但它不是在這個蕭條時代流傳的，而是比較活躍在「七
七」事變前後。地點在北京，沒鬧騰起來，四五年後就淹沒無聞
了。我獲得的資料，就是從佛教研究院裏，那是明明聖道當初「收
市」時存在這裏的一部分「檔案」。很不完整，除了一本叫《明
明概要》的小冊子之外，還有 56 篇手抄的壇訓。幸而還遇到了

明明聖道的一位乩手李相成,他當時已經轉為玄玄真壇服務了,但每逢初一、十五也到這裏來裝神弄鬼。我們結識了,此後還有過許多接觸。可惜他在明明聖道做乩手時只有十幾歲,正在練習扶乩階段,個中詳情,大多語焉不詳,因此下文大部分是就那些書面資料整理的。

一、明明聖道的起源、組織

1939 年明明聖道所發的那本小冊子《明明概要》裏所載的文件、圖片,都是編制於 1936 年至 1937 年的,那些壇訓也沒有早於這兩年的。壇訓中有一篇是丁丑年二月初二日(1937 年 3 月 14 日)無生老母所降,其中有兩句是:「老母到壇本非凡,只為到了一周年。……道始丙子龍抬頭,解爾煩惱消爾憂。」可以知道明明聖道的創始即是在 1936 年的 3 月。

它的創始者就是幾個職業宗教者。他們原來是搞其他秘密宗教的,可能是因為那一種傳不通了,於是才又改弦更張。與上述壇訓同日所降的濟公的乩訓裏有一段話說:「以道收緣,殊難奏效;變往昔之陳規,更現定之新名。」可以知道明明聖道的前身也是由這群人所組織的另外一種什麼「道」。

他們的壇場最初在北京西四無量寺,名「老壇」。後來又遷到羊皮市普恩寺裏,佔用了一間佛殿,懸上無生老母及其他佛祖的牌位,把它改扮成壇場,定名叫「總壇」。又後來在一個較有力量的傳道者家中增設一壇,名叫「基本壇」。此外並不再有別的壇場。

這些職業宗教者聯絡了當時北京一位有勢力的人士叫程希聖的做靠山,給他以董事長的名義。據那位乩手說,這個程希聖

就是敵偽時期北京警察局局長程希賢的胞兄。

明明聖道的成員是不很多的。上引無生老母的乩訓中還有這樣一段話：「道倡明明，共渡數百，遵吾訓諭，僅十餘人也。既肯投於門下，就得渡之。」可知開辦一年以來，信徒共有幾百人，而中堅分子卻只有十幾個。據我所瞭解的類似組織的成員，大多是由這種中堅分子在他們的親友或能接近的人中宣傳一番，然後全以情面關係拉他入道：叫他捐款式地交上幾元入道費，開壇日把他拉到壇中，叩幾個頭，仙佛就會降乩批准，發給一個證件、徽章就算入道了。甚至根本不到壇中，只由那個傳道者在中間「跑合」，也照樣會取得道徒身分。明明聖道所謂的「共渡數百」，大約也不會外此。

但這十幾個中堅分子的勢派卻不小，竟還有一個什麼董事會的組織，又有什麼「組織大綱」、「會議簡則」等等。以下將各有關章則分別錄出。

（一）明明聖道董事會宗旨

查本道自遵奉佛訓創立以來，純以宣示母慈，振興天理，匡正人心，挽救末劫為任。因是入道之人日眾，致事務日繁，設無人從事整理，必至紊亂無章。當奉佛訓組成董事會，設股份職，各司其事。故本會執事人員負有領導全體辦理全會一切事務之使命，職責重大。互宜開誠相見，和衷共濟，代天宣化，闡揚聖教，期挽世風於既倒，引群眾於正軌。務使道如泰山之隆，會似磐石之固。努力前驅，日臻完善。有突飛猛進之像，無敗退衰落之勢。一切進行順適，毫無阻礙，前途發展可期而待。以冀上不負佛祖之

宏慈，下可應公眾之期望。是為本會所抱之宗旨。

（二）北京明明聖道董事會組織大綱

第一條　本會以本道事務日益紛繁，需人辦理，故奉佛訓
　　　　組設之。

第二條　本會以襄助渡人向善，養成人類崇高道德為宗
　　　　旨。

第三條　本會為本道辦事最高組織，一切辦事人員皆由諸
　　　　董事選擇之（即會員）。

第四條　本會之進行，悉從會議席上諸辦事人員及諸會員
　　　　之提議通過，並經佛訓允許實行之（會議簡則另
　　　　詳）。

第五條　本會設會監一人，綜理一切要務，設董事長一
　　　　人，副董事長二人，常務委員三人，統轄各股事
　　　　務。總幹事一人，指揮監察協助各股一切事務。

第六條　本會下設總務、文牘、交際、會計、壇務、庶務、
　　　　慈善七股。講演一組，社會仗義鋤奸團一組。

第七條　各股、組、團設股、組、團長一人，幹事、組員、
　　　　團員若干人。總幹事一人，掌理各股、組、團一
　　　　切事務。

第八條　本會各股、組、團辦事職掌細則：

（一）總務股掌理商承董事長之命，指揮各股、組、團辦
　　　理一切事務。

（二）各股、組、團應商由總務股秉承董事長意旨，管理
　　　各股、組、團一切事宜。

（三）文牘股管理收發文件、擬稿繕寫，印刷校對，保管
卷宗，開會紀錄等項。

（四）交際股管理對外一切聯絡事宜。

（五）會計股管理編造收支各款，統計保管，收入出納各
款及收據等項。

（六）壇務股秉本道一切規則，指揮各壇所辦各事及各壇
禮節等事。

（七）庶務股管理購買物品，保管器具什物，指揮傭工，
注意清潔等項。

（八）慈善股管理調查一切慈善事項之報告，經會中決定
後，隨時施行救濟之事。

（九）講演組管理宣揚道義等事項。

（十）社會仗義鋤奸團管理維持本會會員有紛爭事件出為
調解，越理逾分出為制止等事項。

第九條　董事長如因故不能出席時，應由會監、副董事長
或總務股長代理之。

第十條　本會各辦事人員按每一年更迭複選（前任者仍有
被選權）。

第十一條　會中辦事人員有違背法則事項，如查屬實，應
隨時提議罷免之。

第十二條　各股組團工作人員應由董事長按事務之繁簡
隨時支配之。

第十三條　本會自會監、董事長及全體各職員均係名譽
職，盡純粹義務，概不支薪。

第十四條　本組織法有不合宜處隨時修正之。

（三）明明聖道董事會會員入會簡章

一、凡屬本道道親贊成本會宗旨，且願襄助本道進行，具
　　有意願欲入本會者，經本會會員二人以上之介紹，並
　　須恪遵本會一切規章，由會發給證書徽章，得為本會
　　會員。

二、會員有為本道勸化同志入會及出己願輸款捐助之義務
　　者，提交董事會會議獎勵之。

三、本會會員對於本會均享有選舉、罷免、貢獻及建議意
　　見等權。

四、本會會員除享有本會前項權益外，應謹守本道規法。
　　對於政治事項，不准涉及。如有藉故招搖及其他不法
　　行為，經本會查明，即宣告除名。倘涉及法律範圍，
　　其刑事責任應由個人負擔。

五、本會會費由各會員擔負之，均按夏曆每月初一日繳
　　納，以利辦公。

六、關於會費之收支，由本會會計股專任管理，於每月月
　　終清結公佈，俾眾周知。

（四）明明聖道會議簡則

——本會於每月開定期常會二次，以備討論會中應行決定
進行慈善事項。

——若有不能待於常會之事件，可隨時開會議決定之。

——一切會議辦事人員必須有過半數方可實行，如人數不
足時可改為談話會。

——提議人於每一提議必須將理由及詳細辦法說明後才可

提出。

——會議人如自己意見不能成立時，不可徒執己見，當服從多數。

二、明明聖道的教義

一般秘密宗教的教義歸納起來都不外是無生老母，三期末劫，彌勒掌教等那一套東西，但為了標奇立異，各教又常是將其中某些點特別突出一下，再加上一些不同於一般的真言、咒文、叩頭、焚香禮節等等，這種宗教就可說是「奉天承運」、「平收萬教」、「總辦收圓」的「至尊至聖」的「天道」了。明明聖道的教義也是這樣。在條分縷析之前，先錄出一段《明明聖道宗旨》，這段文字可視為他們的教義的總綱：

明明聖道宗旨

查晚近世風日下，人心敗壞，倫常莫講，道德淪亡，倒行逆施，日甚一日，本來天良道德，喪失殆盡，以致罪盈乾坤，上干天怒，災劫連綿，特示警戒。賞善罰惡之說，世所公認，奈眾生執迷不悟，不惟不知悛改，反詆仙佛為荒誕，因果為虛無，甘受天譴，曚然不覺，悲夫。白陽末劫，現降於世，大劫臨頭，人力何能挽救，幸蒙老母以眾生乃老母之原子，痛癢所關，不忍目睹眾生之將沉淪浩劫而不救；是以大發慈悲，處處示警，廣事救渡，期挽危劫於目前，用救人心於萬世，庶幾家鄉有路，萬劫雲消也。本道自遵佛訓成立以來，仰承慈旨，本諸天理，宣導仁義禮智信五常之道。鑒其刻薄者箴以仁，奸狡者箴以義，放蕩者

箴以禮，昏昧者箴以智，欺詐者箴以信。首宣母慈，繼振
五常，在在示人以正道，範人以準繩，努力宣化，冀感冥
頑。既不偏重於道，復不輕於倫常，雙管齊下，對症施鍼。
務使人民畏神服教，咸導於正軌之中。既可為有益國家社
會之良民，復可能脫免末劫而得尋求家鄉之正路。伏冀收
效之神速，用副老母之仁慈，為是創立本道之宗旨。

（一）無生老母

　　無生老母是明明聖道的最高崇拜，創立世界和人類的全能的
神。簡稱為「老母」，「母」。此母字寫為「㐃」，謂是先天寫法。
又稱為「無上至尊雙林真宰」，降壇時常用此稱呼。佛堂內所懸
老母佛位則稱為「明明上帝無量清虛至尊至聖三界十方萬靈真
宰」，這是她的全稱。明明聖道的命名即由此而來。因此道中對
「明明」兩字的解釋也作為重要教義之一。如有一篇降於丁丑年
五月初一日（1937 年 6 月 9 日）的彌勒佛的壇訓就是專門解釋這
一詞的：

> 明何以言？至大至公無不察也。明何以形？視之莫見，聽
> 之無聲，探之而虛，呼之而空。蓋以天命之性，清明無私，
> 純善無瑕，皎然潔然，若秋波之靜澄，皎月之照霜也。乾
> 坤本混，得明而後明天地；人性習濁，悟明而後明厥性。
> 聖人之所以為聖人，仙佛之所以為仙佛，要皆明其明也。
> 孔子云：「誰能出不由戶？何莫由斯道也！」意蓋並歟，
> 意蓋並歟！

　　無生老母的崇拜情況，下述各節尚有涉及，此處不再多敘。

（二）三期末歲、道劫並降

明明聖道也宣傳三期末歲的道理。三期即青陽、紅陽、白陽三期，末歲即白陽時期。每期道劫並降，賞善罰惡。道中壇訓宣演這個道理的很多，茲錄數節如下：

戊寅年三月初六日（1938年4月6日），彌勒佛壇訓：

> 「青陽初世，道在玄門，修正靜坐，寡慮疏玩，可成正果，得返九天。紅陽二代，以空收圓，禪徑修性，始悟天源，得瞻母惠，可回胎前。三期末歲，號為白陽，九六原子，各結短長，善適善果，惡赴惡方，如速返悔，母諭臨場，能守舊禮，免孽消殃。」

戊寅年三月初一日（1938年4月1日）呂祖壇訓：

> 天定三陽傳後世，層層迭迭論五行，青紅轉過白陽至，堪收孽鬼與邪徑。

丁丑年九月十五日（1937年10月18日）彌勒佛壇訓：

> 天定三期善惡分，青紅二陽現轉春，惟臨白陽末劫至，為結孽障在此旬。

白陽三期時，劫煞是很嚴重的，降劫的原因，主要是人心險詐，悖禮顛常。為了挽救這個劫煞，無生老母才降下明明聖道來，入道的自然可以得救。下錄幾段訓文再加說明：

丁丑年二月初一日（1937年3月13日）無生老母壇訓：

> 奈至今，人心險，悖禮顛常。因此間，自造下，惡孽罪愆；只惹得，遍地裏，起了狼煙。眾原子，皆遭於，劫煞之內；

我骨肉，豈能夠，袖手旁觀。……如萬億，只看那，災劫
臨頭；方曉得，守明明，自新悔懺。

翌日濟公壇訓：

> 垂今之世，人心險詐，世道衰微，遂不顧其本來之天良道
> 德矣。……故天降劫，四海鼎沸，風依之而卑下，俗因之
> 而移薄。罪盈乾坤，惡迷天日，故白陽末劫之期現降於世。
> 因諸原子均為母之愛子，有關痛癢，斯乃開慈悲，廣事救
> 渡，拯斯民於塗炭，導賢良於佛船。

丁丑年九月十五日（1937 年 10 月 18 日）彌勒佛壇訓：

> 降斯末劫惡數，以濾善惡之分，別賢愚之化；但母不忍不
> 教而誅，特降斯道於東土。

丁丑年十月初八日（1937 年 11 月 10 日）濟公壇訓：

> 從西飄來一隻船，不見櫓槳不見帆，飄然大字桅上縛，明
> 明二字寫上邊。早登一日，逃得苦海，晚走一步，受罪千
> 年。

（三）九六原子、普渡收圓

　　「九六原子」為「九十六億原佛子」的簡稱。又稱「原人」、
「原胎子」、「皇原」、「原靈」，人類中的賢良，無生老母要挽救
的兒女就是這些原子。開天以來即經青、紅二期，故已經兩次降
劫降道，但九十六億原子並未渡盡，下餘的則應在白陽時期渡
完，因此大開普渡，辦理收圓。這條教義，上文已可概見，這裏

再補充幾點。如：

丁丑年九月十五日（1937 年 10 月 18 日）彌勒佛壇訓：

> 天定三陽，為別善惡，青陽二度，只數億人耳。

丁丑年二月初一日（1937 年 3 月 13 日）彌勒佛壇訓：

> 天開三陽定盛衰，世過青陽轉白來，敕令收盡原胎子，悟
> 得明明遠禍災。

普渡收圓也並非人人可以入道，而是要經過嚴格的鑒別和考驗，目的就是要分出賢惡，渡進真正的原人。

丁丑年二月初一日（1937 年 3 月 13 日）無生老母壇訓：

> 傳明明，本為是，收圓正道；又誰知，在半途，起了波瀾。
> 你們想，修得道，成佛作仙；須知曉，層層在，魔考萬千。
> 進一步，祖上德，己身善良；還有那，前世裏，根本佛緣。
> 設道場，傳明明，希早收圓；特變法，興禮教，普救大千。
> 前數日，彌勒佛，道濟訓言；那本是，沙鍊金，特考賢良。
> 只考得，氣盛者，忿聲呼天；心虛者，與滑頭，快跑二三。
> 將真假，與誠偽，完全考就；評功果，定賞罰，分別後先。

普渡收圓的範圍也即要渡的九六原子只限在「東土」，所謂「東土」並非「西方極樂世界」的對待詞，而是狹義地指著中國。歷來秘密宗教裏常說的「中華難生，大道難逢」，稱原子為「東土失鄉兒女」等等，也是這個意思。明明聖道中這樣說：

丁丑年二月初一日（1937 年 3 月 13 日）道德真君到壇：

> 道降東土南贍地，德施西秦北域中，真如清虛藏玄妙，君

欲長生坎離通。

戊寅年七月十九日（1938 年 8 月 14 日）彌勒佛壇訓：

> 道傳東土舊制興，仁義宏展拯殘靈，通達斯意慈舟放，懺悔夙罪始超生。

（四）彌勒掌盤

白陽三期的掌盤祖師是彌勒佛，明明聖道中稱為「白陽教主彌勒祖師」。他在道中降壇次數較多，我所掌握的 56 篇壇訓中即有 7 篇為他所降。他自己也常常這樣講：

丁丑年九月十五日（1937 年 10 月 18 日）彌勒佛壇訓：

> 腹大腰圓鎮百川，三期末劫吾掌槃，非為貧僧手術狠，只為職責在身邊。

戊寅年正月初一日（1938 年 1 月 31 日）彌勒佛壇訓：

> 壇中冠冕堂皇，人是衣冠齊楚，喜結佛緣我與汝，千萬莫忘老母。若問我是誰？我乃掌槃之祖。
>
> 貧僧臨降在新春，三曹掌教垂訓文，渡得原靈超塵去，以交敕旨面吾尊。

戊寅年三月初六日（1938 年 4 月 6 日）彌勒佛壇訓：

> 白霧參差塵凡界，陽陰顛覆全世間，教化群生習禮義，主宰恩垂去靈山。敬侍兩班，恭軀聞言，末劫三會，貧僧掌槃。

彌勒掌槃（盤）的事是有悠久根源的，現代各秘密宗教也莫不有此說法，明明聖道中以彌勒佛為掌槃祖師也是當然的。但有一個問題，即明明聖道中又和一貫道一樣，多了一位濟公。按一貫道的說法是彌勒佛掌「天槃」，濟公掌「道槃」，於是又捏出道首張天然是濟公倒裝下凡的事。明明聖道中彌、濟的分工則很不明確，然而也可以看出濟公是較彌勒尤為活躍的。如 56 篇壇訓中計有 14 篇為濟公所降。在《明明概要》的序言中也說：

> 諸聖仙佛兩年來隨時臨壇，不憚堅煩，尤以濟祖活佛為甚。苦口婆心，種種慈悲，為歷來鸞乩所罕見，足證救世之心。

很可能，明明聖道的董事長之輩也有說是濟公化身的，但這一點沒有具體資料。

（五）三教（萬教）歸一

三教（萬教）歸一的精神也充分體現在明明聖道的教義中。在各篇壇訓中三教往往並提，如：

丁丑年三月初一日（1937 年 4 月 11 日）彌勒佛壇訓：

> 儒言浩然，道曰舍利，釋云明性，三教聖人所稱雖異，而意則皆同。

丁丑年二月初一日（1937 年 3 月 13 日）彌勒佛壇訓：

> 彌漫六合孽怨多，勒迫決難離婆娑，僧尼番道皈明道，人人方得吟樂歌。

　　三教聖人也常常親自臨壇降訓，有時還聯名降訓，如戊寅年四月十六日（1938 年 5 月 15 日）的一篇壇訓即為老子、如來、孔子同降。但三教並非等量齊觀，其次第大約是儒先道後。

　　丁丑年二月初一日（1937 年 3 月 13 日）無生老母壇訓：

> 　　無中生有變化繁，上古及今數百傳，至此風移世俗改，尊卑長上錯倫常。
>
> 　　自太古，到春秋，道學大倡；出諸子，與百家，各展其長。惟儒禮，適天道，保守明明，因賴他，數千年，造就賢良。……大致意，先傳儒，而後傳道；再把那，新舊法，秘傳原皇。

　　翌日彌勒佛壇訓：

> 　　春秋之際，文化倡興，諸子百家，各展其長。儒以禮治，道講無為，墨子兼愛，法家嚴責，各具其理，互作辯護。惟禮合於法制，故延數千年而莫之更也。

　　不但是三教歸一，為了使原信別教的信徒也能進到明明聖道中來，他們也提倡「萬教歸一」。如有一篇戊寅年五月二十二日（1938 年 6 月 19 日）的壇訓即係在理教的祖師楊萊如所降，降壇的內容是說他已經入了明明聖道了，又做了一番自我批判，承認自己曾創立過在理教是誤入歧途。他說：

> 　　孰知半途改轍轅，竟以戒除煙與酒，不解其內確奧泉。打坐全違真實法，面貌卻作其正賢。

然後又諄諄囑咐他的弟子趕快改邪歸正，像他一樣，也能進入明明聖道。他說：

各位門人須切記，無再惡習將身纏。切記切記別遲滯，悟
真道理用真言。我本岐山一修士，得逢聖道為心虔。你等
若能遵斯意，未嘗不可論齊肩。借道明明稱上道，詳訓門
人幾數言。

請楊萊如降壇的原因，大約是明明聖道的周圍原來在理教的
不少吧！

（六）飛乩顯化

駕乩扶鸞是明明聖道代天宣化的唯一法事。一切人事活動，
莫不稟承乩訓的指示。無生老母也在說她的降道也必須通過扶乩
方式。如她在丁丑年二月初一日（1937 年 3 月 13 日）的壇訓裏
即說：「故飛乩，特顯化，普放慈船。」

明明聖道扶乩的方式以及扶乩時所用法器（沙盤、羅圈等）
完全與一貫道相同，即由三人合作，叫做「三才」，天才扶乩，
人才報字兼平理沙盤，地才抄寫（見附圖）。

明明聖道的乩手（三才）

據我見過的那位乩手李相成說，
三才起初多是選擇十幾歲的幼童，經
過長期訓練，才能達到能扶出字來的
地步，但仍不能扶出通順的訓文。而
能頂些事的還是那種年歲較大的通曉
宗教道理、詩文、書畫乃至醫卜星象
之學的才成。因為明明聖道方在草創
階段，開壇時不能只是乾巴巴地講
道，而必須要給道徒一些小恩小惠，
如治病、問事、賜贈書畫、符籙、道

號以及頌揚其根基、佛緣等等，這樣才能達到引人入勝，以廣招徠的目的。我所見過的壇訓中，一部分就是仙佛賜給個別信者的這樣性質的東西，其中優劣懸殊，大約就是乩手程度有別之故。

壇訓的體制與現代一般的秘密宗教也多雷同，即開頭有定壇詩四句，常常是「冠頂式」，將降壇者的名字嵌入。下面是正式訓文。訓文多是七言或十言韻文，散文也不少。所不同於一般的是於定壇詩後少見有自報名字以及「哈哈」兩字的，再有就是訓文都是三十句上下的短文，沒有很長的。

訓練乩手是道中非常重要的任務之一。被選入的乩手完全由道中供給食宿衣著以及若干生活費用。訓練的方法除坐功、養神外，主要是大量背誦較好的「溜口轍」式的訓文，張口就背，提筆就寫，並且還能隨機應變，想現編個什麼就編個什麼。甚至他們在生活中，與人談話時都用押韻的詞句，乩手李相成就是這樣的人。上面說過道中一切人事活動，莫不稟承乩訓的指示，其實應該說是乩手的指示。而乩手又是稟承那些道中首腦人物的指示。他們通同作弊，肆行其欺騙伎倆。因此乩手在道中實際上起到主宰的作用。無生老母在戊寅年四月十六日（1938 年 5 月 15 日）的壇訓中即說：「三才以後多閱卷，道之興亡在汝身！」

但那個曾做過明明聖道的天才的李相成也曾被我戲弄過一次。即我第二次到佛教研究院時，帶了一位輔仁大學社會學系的同學周振錚，我正在幫他寫論文，也是秘密宗教調查的題目。去之前我講給他一些乩手作偽的方法，我們想當場做個實驗。我叫他不說真實姓名，他臨時改用了另一個同學的名字：黃作孚。到院後，還沒到升壇時間，我們先與來院的人寒暄一番，我謊稱這位「黃作孚」十分好道，打算常來院中請各位師父「指點」。不一會兒，李相成匆匆從玄玄真壇裏趕來，裝模作樣地看都不看我

們，進門就洗手、焚香、叩頭，拿起乩圈就請壇。降壇的是呂祖，乩文大書：

> 黃粱夢醒登雲程，子會以來道難逢；作為顯赫原基厚，孚佑禮賢到壇中！
>
> 吾乃純陽真人到壇，特來會晤外來緣人黃子作孚。哈哈。

我立刻知道了他是寫的一首「冠頂詩」，果然把「黃作孚」的名字編了進去。於是我決定讓他們把這場戲演下去。我按照他們的習慣，拉過周振鏵，按倒在拜墊上。結果他又寫了一首詩：

> 研求真道是天機，不二法門共相攜，住也有緣觀實際，通權晚果壯新梯。
>
> 貧道嘉悅爾志，誠以助爾福相云云。

退壇後李相成才向我招呼，並且假惶惶地指著周振鏵問我：這位貴姓？我們只有暗自好笑！過了許多天又見了他，他還在問我：怎麼「黃」先生沒來？看來那位法力無邊的孚佑帝君，還經不起我這一介凡夫的略施小技呢！

過了一些天，我又和周振鏵去佛教研究院，又趕上李相成扶乩，這次是由接引、燃燈、準提三位古佛同降，乩文的原件我至今保留著，請看，這三位古佛也被我戲弄了。

（七）五常、無為

五常即指儒家的仁義禮智信，教義中突出這些道理，是明明聖道最異於一般的地方。

上文所說：「儒先道後」也是這個精神的體現。在他們的「宗旨」中明確地說到這一點，許多篇壇訓中也屢見述及。但他們所傳的五常，一點也沒有新的內容，只不過是搬出這套舊「箱底兒」來標榜其道的源遠流長而已。以下錄出兩段比較完整的宣講五常道理的詞句：

無年月濟公壇訓：

> 大道之產，因於母慈，招以仁義禮智信，克行者得於免，亦足於所期，仍歸原性，並謂化於原之術，亦為其一也。仁者，不欲以己不悅者加諸他，且欲慈其使他，以免於不仁之過，為斯則奸狡避於無地也。義者，絕不取於無理之途，更不使無理存於世，為斯則強惡者悉退難遺矣。禮者，遵於重，孝於親，和於朋友。則在上不驕，在下不負，成於正軌，昏盲越軌者自消自滅矣。智者，擇徑光路，勤儉齊家，不留後生，騎於窘難，且實以仁義，行之不致為人神所妒，為斯則荒弊出軌者減其源矣。信字行來言如釘木，則無所猜疑，無所詭禍，仁義禮智不拘而構，一切背於天理，有怍良衷之念，確難再出於胸也。為斯全以仁義禮智信，親薄你我，胡為再別？尤潛於原之靈性，復其天地之造。劫也，數也。曷由其言哉？斯道可免凶頑之道，斯道可復其原之道，更何有其存顧盼疑問之念也？

戊寅年七月十九日（1938 年 8 月 14 日）彌勒佛壇訓：

仁者之人無欺詐，大義行來去不公，禮雖繁束當選就，智
者勤勞奔後生。四字全仰信來補，言來無定事怎成。區區
為解玄妙法，五常雖如意不通。應將此訓清謄錄，誦及閒
人知細情。

與五常緊密相聯的一項教義就是清靜無為、知足常樂等人生觀的
宣傳。這項教義在他們的「宗旨」裏沒有提得很高，但在壇訓中
卻十之七八都有與此相關的詞句。以下也錄出幾段以示一斑：

戊寅年四月十六日（1938 年 5 月 5 日）老子壇訓：

清心寡欲樂淘淘，靜意寬胸憂定消，無我無人無思慮，為
名為利難怎逃。

同年二月二十三日（3 月 24 日）呂祖壇訓：

煩惱自取最難纏，多事討辱怎相安，只要知足心常樂，慮
念不已何清閒！

同年三月初六日（4 月 6 日）濟公壇訓：

南瞻之地劫數與，屏利消名樂安康，濟窘周難積陰德，公
行天道免災殃。

同年二月初六日（3 月 7 日）濟公壇訓：

偏游世間諸境地，指望迷人實可憐。有為名聲下世去，有
為利心染黃泉。爭得家財成萬貫，還思增加數億千。嗚呼
怎能全己願，臨終尚念不完全。瞞心昧己雖然樂，但亦只
快在眼前。如有一夕天時至，看他結果難不難。

（八）神靈

明明聖道所崇拜的神靈未能盡詳，僅以 56 篇壇訓中歸納如下：

無上至尊雙林真宰（無生老母）　降壇 5 次

白陽教主彌勒祖師（彌勒佛）　降壇 7 次

南屏道濟禪師（濟公）　降壇 14 次

孚佑帝君純陽祖師（呂祖）　降壇 7 次

昊天伏魔大帝（關公）　降壇 2 次

南海紫竹林主觀世音菩薩（觀音）　降壇 1 次

大成至聖先師仲尼孔丘（孔子）　降壇 1 次

西天如來釋教始祖（如來佛）　降壇 2 次

清靜無為道教之主老聃（老子）　降壇 2 次

巡天都御史法律主張桓侯（張飛）　降壇 5 次

鎮壇元帥岳武穆（岳飛）　降壇 2 次

燃燈古佛　降壇 1 次

旃檀古佛　降壇 1 次

准提古佛　降壇 1 次

鐵拐李大仙　降壇 1 次

北極玄天真武大帝　降壇 1 次

雷部大帥　降壇 2 次

宣詔使者　降壇 3 次

理門始祖楊萊如　降壇 1 次

三、明明聖道的儀規

明明聖道由於年限較淺，聲勢不大，在儀規方面也就沒有發

明出什麼繁複的花樣。尤其是那些規章，大約只憑主觀願望制定，沒有什麼實踐基礎。當然也可能是以我沒能在他們流傳期間「躬與其盛」的關係，只是根據一部分資料，主要是那本《明明概要》來整理的，很多東西是被遺漏了。然而在他們的《入道手續》中卻特別把《明明概要》提出，並說：「《概要》之內能使道親明晰道中玄妙……」可見道中對這個小冊子的重視，據它來整理，其「玄妙」或者都在裏面了。

（一）壇場

明明聖道的活動中心是「壇」，迄至 1939 年，知道它共有三個壇（前已述及）。但他們的雄心很大，頗鼓勵道親在家中設壇，為此還特別制定了一套《明明聖道設壇規則》，原文錄下：

第一條　立壇者須身家清白，品行端正，以表率諸道親，同臻佳境。

第二條　立壇者須有廣敞清潔之房屋以設佛位，及容納多人聽講。

第三條　立壇者須竭誠恭敬，按規侍奉佛祖。

第四條　立壇者須遵守壇規，使佛堂整潔有律。

第五條　立壇者須為本道道親，並須遵守本道一切規法。

第六條　立壇者須自行籌墊壇內焚香、上供及招待道親茶水等，一切用資不得提用道親捐助各款。

第七條　立壇者須負傳道之責，及宣揚本道宗旨，並內部一切情形之使命。

第八條　立壇者須領取佛牌、香參文及道規等，以便發給入道人供奉及遵守實行。

第九條　立壇者須領用本道交給之掛號簿、掛號條等物，
　　　　以昭劃一而資手續清白。

第十條　立壇者須負責實行本道宗旨，以各法式勸導諸道
　　　　親咸入正軌。

第十一條　立壇者須有隨時監視調查各道親是否有假借
　　　　　名義致犯規法，及時升報本道，消其名號之義
　　　　　務。

第十二條　立壇者須按簿彙報本道入道人之姓名、籍貫、
　　　　　性別、年歲、職業、入道年月日及引保之人並
　　　　　通訊處，以便發給證書、徽章及註冊存根。

第十三條　立壇者須負代收轉交本道徽章費、會費及他人
　　　　　情願捐助之慈善一切等費，以便措施。其慈善
　　　　　等費，應由該立壇人隨時張單，並於月終升表。

第十四條　立壇者須服從本道一切指揮。

第十五條　立壇者須來本道董事會壇務股聲明地址及姓
　　　　　氏，以便調查是否合法。

第十六條　立壇者須填寫志願書及在佛前宣誓（志願書另
　　　　　定）。

　　壇中的陳設，據李相成說，屋子的當中牆上懸著無生老母的
巨幅牌位，彌勒、濟公、觀音、關公、呂祖等的牌位較小，都擺
在一個靠牆的條案上，牌位前面是佛燈，條案前面是八仙桌，上
面陳列著供品、爐、燭臺、油燈碗、紙花、香筒等物。桌前是三
個拜墊，再前面是另一張八仙桌，上面即是沙盤、乩圈等扶乩的
設備。在這個主案之外，屋子的四周靠牆還圍著一圈案子，案上
也並列著各種聖賢仙佛的牌位，但他已記不清都是誰了。屋子裏

尚在適當地方設有講臺、條凳等，那是準備講道、開會時用的。

壇的主人是壇主，「總壇」的壇主即是明明聖道的傳道師，入道的即由他「點傳」。那個「基本壇」的主人自然也叫壇主，但他沒有這種神權，只是一個普通道親，兼有董事的名義。大約依上錄設壇規則設壇的都應屬後者，可惜除「基本壇」之外他處還沒有設立的，明明聖道就散攤了！

（二）入道

明明聖道的入道手續載在明文《入道手續》：

一　凡志願贊成本道宗旨，銳意自新，誠實懺悔，品行純良，恪能遵守本道一切規法者，得入本道。

二　須由本道道親二人以上之介紹及保證，引保到壇應將姓名、性別、年歲、籍貫、職業、通訊處等項一一開列，以便註冊以備考察。

三　須於壇中佛前敬謹宣誓，恭受壇示傳其五字法，以便遵行。

四　誠領老母牌位及《明明概要》等，應於晨昏供養叩拜，《概要》之內能使道親明晰道中玄妙，而利渡人。

五　本道徽章證書由已入道者領取，每份規定收費二角，章上敬鐫仁義禮智信，以備道親隨身佩掛，永遠照此五字意義奉行。（不領者聽）。

六　本道查有與規法不符之道親可隨時銷其名號。

七　如有借事招搖致違國法，由其個人負責。

在這項規章內特別值得注意的就是它的第二、三、四條，這是他

們的「傳道儀式」。從這三條所述，參照其他秘密宗教的入道儀式，可以知道，明明聖道也是有一套固定的禮節的，即：傳道前先請壇，請壇的儀式不外焚香、點蠟、獻供、焚表、念請壇經、叩頭等；然後是引師保師宣誓，宣誓時一定是讀誓文；再由求道人跪在壇前叩頭，宣誓之後，才由壇主進行「點傳」（參閱下錄《董事會講演組規則》第八章）。所謂點傳，這裏只說了傳給「五字法」（也即「五字真言」，哪五個字不詳），但一定還會有別的，如傳給一種指訣等，還會有「點」的儀式，即由壇主做出一些特別的手勢用手向求道人的頭部（大多是前額、眉間、囟門等處）或胸部、背部一指或一拍，點傳的儀式就結束了。下面一定還有仙佛降壇批訓，訓的內容多半是道賀或訓勉，我所見的 56 篇壇訓中即有很多是這個時候降的。明明聖道還有一個異於一般的手續是求道之後「誠領老母牌位」，可知他們的牌位是有統一規格的。至於入道須交納入道費用一點，各種秘密宗教沒有例外，明明聖道不見規定，可能是表示它的清高，但上錄《設壇規則》第六條中又有「道親樂助各款」，第 1 條有「徽章費（連證書費共三角）、會費（不知何所指，可能係董事會會費）及其他人情願捐助之慈善一切等費」字樣，可知他們的索取方式也是自有巧變的。

（三）道規

《明明聖道道規》：

一　入道者須得立志報本，努力孝養雙親。

二　謹守道規，晨昏必參母駕，以示報答天恩。

三　內直外恭，出入常維斯道，須知頭上有青天。

四　有過面勸不可陰入竊議。

五　路逢壇集必先禮而後寒暄。

六　和平處事，不宜貧富兩遇。

七　推誠和協，不宜各挾私見。

八　立志悔過，須效禹由，努力自新。

九　尊重長上，不得自驕，有所藐慢。

十　重義輕財，提攜互助，凡事必求盡己。

十一　入道者應於每月朔望及星期日可抽暇到壇一次，以
　　　聽講而勵身心。

十二　入道者無論士農工賈，須嚴守國律，謹做良民，有
　　　礙於種族國家社會之利益者，努力改正，否則消名
　　　出道。

（四）修持

明明聖道的修持可分下述各事：

首先是他們的日課。前錄各種規章屢有「晨昏供養叩拜」、「晨
昏必參母駕」等等，他們如何叩拜、參駕呢？也不很繁複。在《明
明概要》裏有這樣一條規定：

> 入道者不分性別，一律各懸母位於正中諸佛之上。須置佛
> 簾，以障塵埃。晨昏叩拜。通常用白雲香一炷，朔望三炷，
> 焚之，敬誦《香參文》。按規禮敬。倘環境有不許可者，
> 只要秉心奉道，足表虔誠，決不加責。

什麼是《香參文》？是這樣的：

> 明明大道，巍巍隆隆。展吾聖教，啟我瞀懵。晨昏叩拜，

三省吾躬。養我天地（五叩），生我雙親（三叩）遵道守法，迄爾自新。欺人昧己，災殃交攻。威靈顯赫，寔鑒吾衷（三叩）。

其次是他們規定有「三清五戒」。其內容未全詳，顧名思義可能也是清心寡欲、戒絕葷腥煙酒一類。下錄一段壇訓可能與此有關：

戊寅年二月六日（1938 年 3 月 7 日）濟公壇訓：

> 不作妄想不嗔貪，只用素食得安全，成佛成祖身先苦，拋棄肉體返樂園。

此外從上錄《道規》等條文來看，可知他們的修持法則尚有：孝親、敬上、直恭、懺悔、施財、傳道、設壇、渡人以及定期到壇聆訓、聽講等等。同樣由於明明聖道傳播未廣，這些也不過是具文而已。

（五）講演

由於明明聖道方在草創時期，廣事宣傳自是很重要的。他們每逢朔望日在壇中的活動即以講演為主要內容之一，號召道親在家中設壇時，將能否容納多人聽講為主要條件之一。他們負責講演的人，講演內容、講演時的守則等，都有規定。以下錄出兩種：

《明明聖道董事會講演組規則》

一　本組講演宗旨，遵奉佛訓，體裁、目的任組員自擇。惟以闡揚天理，糾正人心，並應儘量發揮五常，務使人心感動，改惡向善為原則。

二　本道設立講演組，係為代天宣化，挽世救劫起見，無
　　論士農工賈，各使明悉五常，並嚴守國律，謹做良民，
　　對於有礙種族國家社會利益之行為，努力改善，雖可
　　於講題以外任意發揮，但不得涉及現代政治。

三　講演組組員如有事不能出席講演時，應於期前通知本
　　組，以便另由其他組員代替，而免臨時缺席。

四　組員每於講演時前，或講畢後，應將講題報告本組，
　　以便登簿而作日後之參考。

五　組員對於講演詞句，以力求淺顯明瞭，俗不傷雅為原
　　則，以期婦孺均入聽，而收普遍之效。

六　擔任是日講演組員，應提前到會預備，並將講題事先
　　備妥，以免臨時措手不及。

七　講演日期，因本道道親及來賓多於每月（夏曆）初一、
　　十五兩日到壇，平日來者甚少，故暫定每月朔望為演
　　講日期，如嗣後逐日或星期日來者較多時，再行增定。

八　講演時間，因每月朔望入道者多，於平日應儘先辦理
　　點傳救渡手續，而利用空閒時間從事講演，故時間暫
　　不預先規定。

九　講演日期雖暫定每月朔望兩日，但平日如需要講演
　　時，在十五日以前由每月份「講演預定實施表」（表
　　式另定之）指定之上期值班組員任之，十五日以後由
　　下期值班組員任之。

十　本規則如有未盡事宜或未完善處得隨時稟請佛訓增
　　刪之。

十一　本規則自稟奉佛訓允准之日實行。

（六）鋤奸

明明聖道有一個特殊的組織為現代秘密宗教中所僅見的就是董事會中附設的「社會仗義鋤奸團」。一種宗教中設立這樣的組織目的何在，有何具體行事，調查時沒有得到材料。從下錄這個團的簡章來看，我們的估計，可以認為這是該道的一種社會公益活動，因為他們的資力可能不厚，不能開辦其他慈善事業，因此想出了這個只出人力的辦法來擴大社會影響。但是「仗義鋤奸團」這個名字由於帶有濃厚的政治色彩（如當時即有一個抗日組織「抗日鋤奸團」）故雖前錄各則章程屢見不許涉及政治字樣，卻也不能不叫我們懷疑到其他。究竟如何，現在已經很難弄清了。

明明聖道董事會社會仗義鋤奸團組織簡章：

第一條　本團奉佛訓命名為「明明聖道董事會社會仗義鋤奸團」。

第二條　本團以維護本道道親，有紛爭事件出為調解，越理逾分出為制止，不使有被屈含冤之事發生為宗旨。

第三條　本團設團長一人，團員若干人。

第四條　本團規定應辦事項如下：一、文牘；二、交涉；三、調查；四、施作。

第五條　本團應辦各項事務，由團長指定團員，分別擔任辦理。

第六條　團長對於團員分任事務，應隨時督飭，並從嚴監視之。

第七條　團員應承團長之命，分掌規定各項任務。

第八條　團員對於團長有絕對服從之義務。

第九條　本團對於本道道親遇有被屈含冤事件，應盡全力
　　　　解除而維護之。

第十條　本團對於前條事件發生據報後，應即由團長督飭
　　　　團員調查屬實，報由本團人員，會議對待辦法施
　　　　行之。

第十一條　本團人員執行職務應本大無畏精神主持正義，
　　　　　不准有畏縮及絲毫偏袒之行為。

第十二條　本團人員如有假借名義作不正當之行為，一經
　　　　　發覺，由本團調查屬實，或由本團團員二人以
　　　　　上之證明，即取消其團員之資格，如涉及法
　　　　　律，其刑事責任應由其個人負擔之。

第十三條　本團事無巨細，須經過半人數同意決定之。

第十四條　本簡章如有未盡事宜及欠完善之處，應隨時稟
　　　　　請佛訓修正之。

第十五條　本簡章自稟奉佛訓允准之日施行。

附　錄

駕乩扶鸞原理淺測

駕乩扶鸞簡稱扶乩或扶鸞。即用一個羅圈或一個木棍，中間連一個木頭的短棒，由一個或兩個乩手扶著在沙盤上寫字。它的由來很久，唐代已見於記載。當時叫做請紫姑，乩並不能寫字，只能跳動，或在鋪些米穀的簸箕裏做些簡單的符號，以示人豐歉、災祥。從乩的構造形制和其流行情況看，可知它是一種與農業生產有關的農村婦女的遊戲。

後來它發展了，變成能在沙盤上寫字畫畫專代神靈說話的人與神之間的媒體，它的功能自然也隨之改變。如一般人問事問病，文人舉子問試題，詩詞唱和，以至上層人物謀劃軍國大事，都要取決於乩壇的指示。這類事實在明清時代的筆記小說甚至正史裏都是經常看到的。從民國前後開始，它更被一些宗教職業者用為演示道義的法器。當時鸞壇的設立非常普通，不僅有專業的，還設在私人家裏，特別是那些會道門，更利用扶乩做騙誘訛索信眾的唯一手段。

所以如此的原因除了整個社會的因素外，主要是信者不理解這把戲的秘密因而信以為真，至少是一提起扶乩來不免有神乎其技之感。其實懂得了一些心理學方面的知識，這個問題是不難解釋的。

扶乩根本不是神靈的指使。請看那些所謂乩手吧，他們大半

是從小就被訓練的，一般都是十一二歲的孩子，經過一兩年或更多的時間，整天關在佛堂或鸞壇裏，在裏面「坐功」，背誦經文或成套的乩文，觀摩別人扶乩，自己練習扶乩，日子長了，他們的幼稚頭腦裏除了充滿乩文一類的東西外什麼也沒有了。我曾親見過一位乩手，他連普通對話也都是乩文式的了（乩文一般是三、三、四句法的十言韻文或七言韻文），可見其「功夫」之深，而到了這種地步那些壇主、點傳師之類的人就說：「這個人與仙佛通靈了！」於是就可以隨便叫那些孩子們按照他們的意圖來編造，而孩子們不用動什麼腦子，全憑他習慣性的意識活動或者說是條件反射作用就可以編出成套的乩文來。

　　乩手扶乩時何以有時乩文也很典雅，有時還能用墨筆（臨時綁上的）作出書畫，有時可以知道新來壇的人的名字，有時能讓耶穌降壇，乩文裏帶上幾個英文字，這又是怎麼回事？這同樣是訓練有素的結果。聰明些的孩子背些典雅的文章，寫字、畫畫都不是難事。而且以我所見，小孩子扶的乩文、書畫無論如何都很幼稚，年齡大些的品質就高，因為小孩子畢竟知識面比較狹窄。這種現象對我們解釋它的原理時有很大方便。

　　首先我提出一個名詞來：下意識作用。這是每個人每個時候都有的現象。比如你回家，拿鑰匙、開門、換拖鞋……這些行為都不一定通過意識。又如你和別人一道騎車，儘管你們談笑自若，但是腳卻不停地蹬，手也在不停地左右晃動，這些行為都經過意識嗎？不一定，這就是下意識。扶乩的小孩子經過長時間的訓練，他們的下意識隨時可以起作用，在一定的場合，譬如佛堂、壇場，一定環境，譬如燒上香、磕了頭，點傳師念了請壇詞，他們的下意識作用是極容易誘發的，所謂進入催眠狀態。進入催眠狀態後，意識作用的統治力就變得極其薄弱，下意識遂得暫時替

代指揮身體的活動，所謂人格變換。此種現象的極端，可使一個人具有兩種絕然不同的人格，他們的行為完全不能自主。於是過去由下意識所知覺所記憶的事物就可能再生出來，能做出意識所不能做的行為來。

記得在大學讀書時心理學教授講了一例：某個成年人忽然發燒、昏倒，口中亂說亂道，甚至背出一段話，誰也聽不懂，原來那是拉丁文。但這個人從來沒學過拉丁文，經過考察，那是他嬰兒時在教堂「受洗」，天主教的神甫念的拉丁文經文。於此可見，兒時的記憶（下意識的）印象保留會是長時期的，不定什麼時候它會再生出來。扶乩的小孩子滿腦子沒有別的，就是乩文，他也可能接觸過幾個英文，在一定條件下他就可能扶出耶穌降壇說的一段話來。乩手到了一定年齡，他的下意識作用就要衰退，沒有或偶然有那種由下意識支配的行為了。但他還是個乩手，這就全靠他的經驗，用正常的意識來扶乩，乩文於是也沒有那麼神奇了。

至於乩文裏能指出新到壇人的名字，這也不奇怪，只需再明白一個心理學的概念就可以了，就是：暗示作用或腦波傳導或觀念的傳達作用。就是說，乩手知道新到壇人的名字那是新到壇人自己把名字經過腦波傳導到乩手的腦中樞神經，可不待神經末梢的傳達而感知的。有一個條件，即乩手需要有一種特異功能，能夠接受這種傳導。這種功能是可以培養的，所以需要長期訓練就是培養他的這種功能。

漢代的劉向寫過一本書叫《說苑》，在《貴德》篇中記載了一段故事：「今有滿堂飲酒者，有一人獨索然向隅而泣，則一堂之人皆不樂矣。」這就是說那個向隅而泣的人發生一種腦波，影響了周圍的人，所以弄得大家都不愉快。不用說，周圍的人有不少具有特異功能的，能夠接受向隅而泣的人腦波傳導的。這種功

能越是低等動物（犬馬之屬）表現得越突出，乩手以及能接受腦波傳導的人未始不是一種反祖現象。不見有人能用耳朵「聽」字嗎？那個寫字條、又把它卷上，塞進聽者的耳朵裏（其實塞到鼻子、嘴什麼地方都可以）的人，不要離開現場，離開了就沒人發信號了，聽者也就無從接受暗示了。所以聽字的人能聽出字條上寫的是什麼字，那是寫字條的人告訴他的。我通過不只一次表演耳朵聽字的，都能證明這個事實。

乩文的內容不能超過乩手的知識和經驗閱歷，以及在場人的知識和經驗閱歷。乩文的內容只能知己知，不能知未知或不可能知。

附記

本文初發表於天津《民國日報》1946 年 11 月 10 日《心理與教育》專刊，收入本書前做了修改。該專刊的主編是輔仁大學心理系主任林傳鼎教授，我的「社會心理學」老師。在發表該文時主編人加了按語，除了推薦該文之外，還特別提出：「腦波學說至今還沒有實驗的證明，但可能性很大。」此事距今近 60 年，林先生早已過世。他所關心的腦波學說證明終於得到可喜的消息，就是臺灣地區《聯合報》2002 年 3 月 15 日第 10 版《國際話題》刊登了一則消息：《重大科學突破　腦波操控電腦　思想化為行動》。這是德國羅德島布朗大學神經科學教授唐納修領導的小組做的，研究結果發表在英國《自然》科學期刊上，研究報告主要撰寫人為研究生瑟路亞。我想林先生九泉有知，聽到這個消息當會十分告慰吧。

萬全縣黃天道調查報告
（1947 年）

　　1947 年暑假，我隨我師比籍賀登崧教授與另一同學張驥文君由北平輔仁大學派赴察南考察，目的在對當地廟宇、宗教、民俗、語言、史地諸情況作一實地調查。計自 7 月至 8 月中旬歷時一月又半；一共走過 92 個村莊和一個市，範圍包括萬全縣的南半，懷安縣的一部和張家口市，計東西 70 里，南北 35 里，合約 2500 方里，在上述各種題目之下，我們果然都得到不少的資料，這裏我把我們所得材料的一部分——萬全縣的黃天道作一報告。

　　黃天道是萬全縣西南部流行很盛的一種秘密宗教，當地的俗稱叫「善人」，顧名思義知道這種教的信徒都是「修行好善」「吃齋念佛」的人們，並且給當地人以一個很不壞的印象。根據我的研究，黃天道的起源在明末，二百多年之後才輾轉傳到萬全縣的。現在它的流布範圍究竟到多大，信徒究竟有多少，一時尚不可知，不過從光緒初年它才來到萬全卻是事實。請先從萬全縣發現黃天道的經過說起。

一、萬全縣發現黃天道的經過

根據過去的經驗，要想調查一種秘密宗教，要費很多時間，很多周折。但在這短短的一個半月中我們竟能發現萬全縣的黃天道並且搜集了許多材料，真是一件幸運的事。

在我們調查工作的第十天，走到萬全縣縣城（Cz 216）的時候，偶然於一座玄壇廟中發現在供桌上面有三個木製的牌位，中間的寫著「供奉普明佛之神位」，兩旁一方是「供奉大仙之神位」，另一方是「供奉龍王水母八蜡之神位」。我們對於「普明」一詞並不瞭解，當時不過抱著姑妄記之的態度寫在記錄本上。想不到這個小木牌，卻成了我們發現「黃天道」的線索。

此後半個月中，我們並沒再有這樣的記載。我們所走的地方大概都是張家口西面的一些村莊，在這些村莊中沒有發現類似的材料，這並非是被我們忽略了，因為我們調查時是很仔細的。直到我們走到萬全縣西部的許多村莊時，才發現了大量的材料。

在舊羊屯村（Cz 288）的一個叫普佛殿的廟裏，我們初次見到一個奇怪的神像：它的正殿是大肚彌勒塑像，西陪殿是五個大型的塑像，中間有兩個，一個是類似「土地爺」的樣子，一個是老太婆，形狀頗似平津一帶所崇拜的「王三奶奶」；兩旁在北面的有一個像，南面的有兩個，都是年輕女人像。經過向村人詢問，才知道當中的兩個叫「普明爺爺」「普明奶奶」，或簡稱「爺爺奶奶」；兩旁的一位叫「米姑姑」，一位叫「面姑姑」。並且簡略的告訴我們這些神的來歷說：他們是一家子五口，生前好行善念佛，不殺生，死後成神；並且時常顯靈，解救人們的疾苦災難，於是就設立他們的牌位而崇拜之。

幾天之後，又到柳溝窯村（Cz 176）的一座佛殿中，發現了

一個陪殿，也是同樣的規模和內容。村中人告訴我們：普明爺爺是膳房堡（Cu 775）人，他就在那裏修成，他的廟也在那裏，這裏不過是他的行宮。這個殿的左右兩壁上，還繪著普明佛生前的行實畫傳，一共二十幅[1]。

在德勝堡村（Ca 80）中的八龍王廟的西陪殿中，也同樣供著普明佛一家五口的大塑像。至此我們覺得普明的問題已經不簡單，於是特別詳細的加以詢問和記載，並且照了相片。

陽門堡村（Cz 286）的龍王廟內東陪殿也是普明爺爺。五個泥像並排，兩旁壁上也有普明的畫傳 20 餘幅。

萬全縣賈賢莊普明佛殿

後來就是賈賢莊（Cz 250），這個村中的普明佛殿規模很大，係附屬於真武廟內，雕塑精巧，顏色華麗，壁上有畫傳 38 幅，在這個廟中又發現了一個特殊現象，就是普明爺爺的裝束與前不

---

[1]　廟牆上有畫傳的風氣，在萬全縣很普遍，不但普明佛如此，真武，觀音，釋迦等廟也如此。畫傳的內容大多敘述所在廟裏的神明的成聖故事及所顯現的靈跡。

同，他帶了一項「蓮花僧帽」即「毘盧冠」或稱「五佛冠」。

為了明白普明崇拜的究竟，我們做了個尋源的工作，到了一次離張垣五十里的膳房堡（Cu 775）。這個地方是傳說中的普明發祥地。在村外的西南郊有一座大廟，是光緒初年的建築，廟名普佛寺，範圍之大，在我們走過的萬全縣 570 個廟中，算是第一個了。一共是六進大殿，各殿供奉的神像及全廟的樣式，與一般佛道教的廟宇不同，但又純粹是模仿它們而來。例如：第一進殿內是哼，哈二將。第二進是四大「天王」，壁上又繪著八位金剛，正面還有觀音和旃檀佛。第三進又是四大金剛的塑像，中間是藥師佛和韋陀；這一進院中還有四處陪殿，裏面供的是關帝、龍王和兩處胡仙。第四進院的正面是金身的彌勒佛像，頭上帶著紅色的「蓮花僧帽」，兩列陪以太上老君及孔子的像以及十八羅漢；兩廡一是阿難，一是迦葉。第五進院內才是釋迦文殊普賢的大佛殿，但又加了四位普薩；其餘的陪殿一是三星殿，一是普明一家五口的殿和本廟創建人志明和尚的肉身像殿。第六進內是三官、真武、關帝、玉皇等。廟內又有碑記 5 塊及鐘磬 11 口。在這座廟內我們得到普明的正確傳說，也證明了當地對普明的崇拜是如何的熱烈。但我們還沒想到他的崇拜是屬於秘密宗教性質的，也就是說他的秘密還沒完全被我們揭穿，一直到了張貴屯村之後才漸漸明白。在去張貴屯之前，還經過兩個地方。

一個是暖店堡（Cz 256）。在村中觀音殿裏的一個陪殿中，有普明一家五口的繪像，和一個蟠龍的木牌位，上面寫著：「普明老佛爺之神位」，並且兩壁還有 20 餘幅畫傳。另一個是屈家莊（Cz 253）的三皇殿中的一面牆上，貼著一個黃條，寫著：「供奉普明佛如其在上之位」。

在張貴屯（Cz 255）的三官殿旁，是一座普明殿。裏面供著

五位塑像，殿前的匾額寫著：「收圓祖」，這裏又一個奇怪現象，是當中的普明佛與以前所見者完全不同，乃是一位大肚彌勒佛，頭上帶著紅色蓮花冠；其餘陪像如普明奶奶等人及兩壁的畫傳則又與別處絕無二致。由此可證普明佛與彌勒佛是二而一的，或者說普明就是彌勒的化身。經我苦苦的向看廟的老人叫蔡長盛的追問之後，才知道普明佛和彌勒佛乃是一種叫黃天道的「教門」的中心崇拜，他個人也是黃天道的老信徒，現在還是每天茹素諷經，遵行道中的規戒。雖然從他口裏又說出了許多教裏的道理，然其底蘊究竟是沒透露了多少，我們只得繼續努力。

以上所見的普明佛，都是附屬於其他廟宇中，且很明顯的是就舊有的殿座，重新塑建的神像。第一次見到的普明獨立廟是在趙家梁（Cz 258），它是民國十三年的建築，完全是為了普明的崇拜而個別的修建。規模不算太大，也有五位塑像，東西兩廡一是地藏，一是呂祖，南殿是天王。普明殿中除了兩壁也有畫傳之外，又發現了一種特別陳設，是在佛像前拴一根繩，上面吊著許多紙聯，寫著各種詩句及讖語，叫做「吊聯」[2]。並有石碑一塊，敘述黃天道到趙家梁的歷史。我們又在這座廟裏很榮幸的見到了本廟創建人之一趙爾理先生，並在他的屋裏發現了幾種經典，我們在得到他的同意後，把它們「請」回家來。

此後又在三個村中發現了普明崇拜的事實。先說深井堡（Cz 291）。在村中馬王廟的陪殿中，有一張普明佛的紙繪像。又在小屯堡（Cz 293）龍王廟的東陪殿中，有普明佛。殿的正中是釋迦牟尼，東面是普明等五位塑像，右面是上述膳房堡普佛寺創建人

---

[2] 「吊聯」一詞得白黃天道經典《神名對本》中，詳第五節。此種吊聯於膳房堡普佛寺內也有發現。

志明的塑像。

再說張傑莊（Cz 295a）。這村中的普明廟是個較大的獨立廟。殿內有普明等的塑像及畫傳 50 幅，吊聯八副，陪殿為志明的繪像。在這個廟裏，我們得到了幾種經典，又很幸運地到了一位當地很有勢力的黃天道徒苗姓家中做了一次訪問。在他們的口中，也得了不少材料。

我們對於黃天道的發掘工作，至此已大部分結束了，以上共是十四個村子所見的事實。此外還有幾點需要一提的，是當我們沒有發覺大肚彌勒帶紅色毘盧冠的像是和普明有關時，我們也見到過三四處的彌勒佛是這樣打扮的，可惜我們沒有記下來，大概是洗馬林（Cz 72）及此外的幾處。

還有在膳房堡（Cz 775）的普明殿中，有許多信徒們佈施之後，將所祈求的事由用紙條寫好貼在牆上。我們一共見到六個，其中四個是寫明位址的：一在洗馬林（Cz 72），一在柳溝窯（Cz 76），一在於家梁（Cz 249），一在東紅廟（Cz 260a）。

萬全縣張傑莊苗姓家中陳設的銅彌勒佛像

又在上述所見的幾種畫傳中，提到幾處黃天道開過渡的地方，其中一個是頭百戶屯（Cz 299）。

再有在所得到的經本後面發現一位信士弟子的地址是在水

莊屯（Cz 286b）。雖然這幾個村子我們沒有直接看到他們崇拜普明的痕跡或根本沒去過，但由上述這些發現，也可間接證明確乎是有黃天道存在的。

二、黃天道在萬全縣的流行範圍

我們把上述的許多村莊一一表示在圖上，可以得到一幅黃天道流衍範圍地圖（參看地圖）。圖中帶心形記號的，表示經過調查而知道確有普明崇拜的地方，帶三角記號的，表示間接證明此地有普明崇拜的地方。在這張圖上很明顯的看出來，黃天道是如何從它的發祥地——膳房堡，流行到萬全縣西南部的許多村莊的。我們再用斷續線把他們圈起來，便可以確定了它的範圍。但有一個問題，就是在這個範圍之內，許多沒發現材料的地方，是否也應該算在裏面呢？是的，應該算在裏面。舉例來說：黃天道從膳房堡經過 216 一帶，到了 253，255，258，250，249，248 這一脈傳下來的許多村莊，也許需要一個過渡的橋樑，才能傳至西部的 72，76，80 等村，所以中間的許多村中，可能是有普明的崇拜者存在的。又如：295a 和 293 兩個村中都有很大的普明佛廟，而考 295a 村中共有 132 戶人家，293 村中只有 120 戶，如要大家拿錢來修廟，只憑一村的力量是絕辦不到的，非要到附近的村中募化不可，募化就要傳道，就會有信徒，所以這一部分互相連接的村莊，無疑的全會有信徒存在。又秘密宗教的崇拜，有時保守得很謹嚴，他們不願露出痕跡來，譬如我們曾經調查過的 249 及 260a 兩個村莊，一些關於普明的痕跡也沒得到；而從膳房堡的普佛寺中的「祈事條」上卻知道這兩個村子確是有著普明的崇拜者。所以我們所畫的範圍中，雖有幾處未曾發現材料，但其中也

可能是有黃天道的分子存在的。

　　當然，這個事實我不能太武斷，因為宗教的流行，有時不一定有媒介地帶的必要，由於一些熱心佈道者的開闢，很可能由一地直接傳至很遠的地方。但在我們所決定了的範圍內，究竟何者

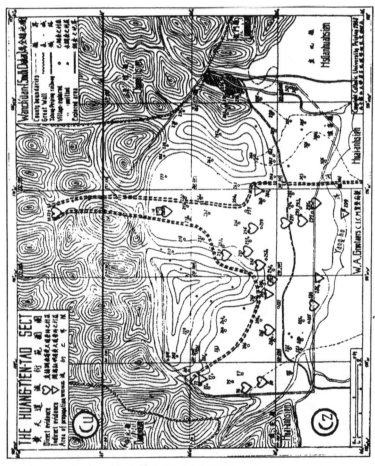

黃天道流衍範圍圖

是被遺漏了的呢？那就很難知道了，總之，由於這張圖中，我們可以明確地知道黃天道的流衍路線和範圍，這一點也就是本節所應用的「民俗地理學」方法的功能所在了。

在上節所提到的「畫傳」裏，也有幾個提到了其他流傳的區域，如：西河、馬房、懷安、蔚州、宣陽、枳兒嶺、廣昌等地（詳下節）。這些地方誠然都在察南及晉北各處，與事實是否符合，尚待調查。如果條件許可，甚願有機會再去考察，使我們可以做上一幅黃天道流布的全圖。

還有一點不能不引為遺憾的，就是在膳房堡的普佛寺裏的石碑上，分明寫著建廟的款子是由膳房堡附近的 18 個村子攤派而來的；但反覆的搜尋，結果沒有找到這 18 個村子的名字，如果找到，這張圖上無疑的又要多了 18 個確鑿的記號。大約這 18 個村子一定是在膳房堡的周圍，並且多數是在南面的，因為向北多係山地，且有長城的阻隔，不容易有大而富的村子。所以我們想像中的黃天道的流衍範圍絕不是從膳房堡一條線式的下來，而是一個全面的。

三、普明佛的傳説

關於黃天道徒對於普明佛的傳説，本來也算是道中主要教義之一，但所得的此項材料比較完整，又因曾到過一次黃天道的聖地膳房堡，所以是很值得專節特書的。

據說：光緒初期的某年，萬全縣大旱。時有游方僧人志明者，行經膳房堡地方。因他的來歷不凡，乃是某位菩薩的化身，他看出了這地方的善人很多，此次的災難，應該集合他們，共同向上天作一祈禱，上天或者因為這群人的誠心所感而普降甘霖。於是

就在此地大規模舉辦道場，果然不數日後，所求應驗，志明的聲價立刻高起來。一般「有佛緣」的人，早已識出他的根底不凡，於是奉為活佛。志明也覺得當地的一些「下民」，是如此的誠摯可親，於是大發慈悲，稟明上天，擬救此方善信永脫輪回之苦，就在此地大開普渡，點授先天真傳，定名為「黃天大道」。

原來志明本人並未承認他是黃天道的創始人。他說：現在天運已至三期末劫，世界即將被罡風掃蕩，無生老母不忍其兒女玉石俱焚，遂降大道渡救善信；而此劫期早即應在大明年間，老母派下彌勒古佛化為人身，執掌教務，其人姓李名賓，號稱「普明金光佛」，也就是志明本人第幾輩師傅。現在志明已接得乃師的啟示，叫他在此地修建普明佛的宮殿，以便大開普渡，當時人們雖然非常相信，然而心中躊躇，以為修殿一節，茲事體大，非有巨大財源不可。而志明卻早已胸有成竹，一天邀集合村善信人等，到了膳房堡西南郊外一地，忽然心血來潮，即以所持禪杖在地上畫一圓圈，聲言修廟鉅款，即自此圈中取之。旋命人就圓圈向下挖掘，不久發現一塊石板，揭開之後，得一水井。復命向下打撈，發現石碑一塊，這就是普明佛李賓的墓碑。

普明佛李賓在世的事蹟是這樣：他就是萬全本地的人，後來定居在膳房堡，他的妻子是普明歸聖佛的化身，生有三女，大女是普淨古佛投胎，二女是普賢古佛投胎，三女是圓通古佛投胎，普明佛本身也就是彌勒古佛的另一稱號。五人在世時，皆好念佛吃齋，戒殺行善。普明年輕時曾為軍人，因鎮守野狐嶺關口[3]，失去一目。又曾為農家小工，某次曾顯聖跡，即普明於同日同時應許數十農戶雇用，所謂數十個化身。而今普明佛恩典，特由志

---

[3]　野狐嶺在萬全縣城（Cz 216）西北三十里，為元明險要，清廢。

明和尚發其寶藏，再度在萬全縣顯發天道教義，救度「皇胎兒
女」。自該井掘出之後，普明大發靈光，凡自井中取水，飲後可
癒百病，對聾目的復明尤其具有特效。於是遐邇聞之，接踵而來，
膳房堡的聖水，一時名聲大噪，由此得到八方信士的佈施，大廟
得以修成。

　　這是我們直接聽到的傳說的始末。根據我們所得的文字方面
的材料與傳說印證起來，很多地方固然有差別，但也有不少地方
確與這段傳說一致。現在就把有關普明的實物文字方面的材料一
一錄下。

　　我們在膳房堡的確見到普佛寺內有一面井。在第五進殿的普
明殿中的確有一塊石碑，上面寫著：「明故高祖行三李公諱賓之
墓」，右面兩列小字：「祖原籍萬全左衛（Cz 308）後搂兌本堡[4]，
午時，卒於嘉靖四十一年十月十一日子時」。左列小字：「孫名×
×滅」；碑陰：「普明祖之墓」，但字體與正面顯然不同。

　　又在同廟的志明和尚碑上，也有關於普明的記載，節錄於
下：「志明姓馬名有，法名志明。萬全朝陽窯子人[5]。道光六年
生……光緒初以普老地仙之靈，欲復舊寺規模……光緒元年，志
明掘井，發現普明石碑。」

　　又在同廟另一碑上，也有這樣意思的話：「當時志明和尚募
款修廟，因結果所得甚微，乃於一日邀集村中父老至郊外一處地
方，命人挖掘，得一井，復得一石碑。」[6]

---

[4]　按此處應有脫落。

[5]　朝陽窯子據說在萬全縣，但查無其地，或係某村別稱。

[6]　農村中的廟宇碑記，多係出自非知識份子之手，故往往鄙俚不文，這裏
　　只能錄其大意。又本文中之錄原文者，錯字錯句均仍其舊。

　　此外尚有數碑，內容多與傳說無甚關連，此處從略。

　　在同廟的志明肉身像殿中，尚有志明的畫傳數十幅，可惜都沒有標題，大意是敘述普明前世的根基，及如何投胎、修行、得道、祈雨、掘井、建廟、佈施及信士取聖水、朝拜普明佛的情形。

　　在趙家梁（Cz 258）普明殿內一塊民國十三年的石碑上所記黃天道的開創和傳至萬全的情形，與傳說大有出入。原文如下：「惟黃道復生，光緒十九年於山西壽邑。任老師獨駕孤舟至趙家梁村，接續傳發，親傳黃天大道，與趙先師進有承接法船，單渡緣人。後嗣趙師爾理，授法高莫，涉水登山，普結善緣，因夢修洞，憂貧憐老，至誠焚香，萬代覺醒。忽悟原照，憶榆林街天花洞，想是天感時至，願捨已址村南朱家地一畝餘，建設廟堂，永遠為眾善之舟航，稱黃道萬古之基礎。……」

　　以下錄出幾處普佛廟中的畫傳標題。第一先錄柳溝窯（Cz 76），兩面壁上共是十二幅：

1.女媧煉補	4.夷年兆矢	7.架木為巢	10.三人議圖
2.作經究脈	5.肆首定數	8.鳳凰來儀	11.老君出宮
3.鹿皮結婚	6.蒼頡造字	9.蜜蜂製陶	12.普佛成聖

　　賈賢莊（Cz 250）的普明畫傳共是三十八幅：

1.十化牛角始誕聖身	8.回心向道化頂求師
2.運父林母賜名解愁	9.洋遇周祖親傳大道
3.立春隨父移居膳房	10.參禪入定運出陽神
4.親恐不壽往識僧師	11.再詣化頂傳渡趙先
5.獅林賣地天緣相湊	12.性入都鬥親領天軸
6.效力邊庭禦侮傷目	13.頭百戶屯佛壇大開
7.千手眼佛降丹救難	14.修蓋三天長生寶殿
15.演留經典降妖伏魔	27.蔚州開道救度皇胎
16.李莊偕亮建鐵佛寺	28.馬房說法喧演大乘

17.創設兩壇廣救世人
18.鋤禾顯聖無數化身
19.親傳六侯鎮服五魔
20.邊役誣害告欠糧草
21.麻景苦拷富商賠補
22.大眾賢良代祖賠補
23.糧草補足釋放還家
24.偕眾賢良申文謝聖
25.順聖生道注成清靜
26.宣陽寶地說妙談玄

29.西河度眾陰陽乖戾
30.飛符顯聖日月光明
31.玉敕封鎮北天教主
32.祖師果滿腹胯回宮
33.枳兒嶺上說佛剩生
34.通傳皈戒不染瘟瘟
35.廣度人緣二十四會
36.聚眾悲泣秘授家堂
37.靜祖掌船續親大法
38.五佛果成入聖回宮

除了四個村子的普佛畫傳是沒有標題的而外，其餘張貴屯（Cz 255）、趙家梁（Cz 258）和張傑莊（Cz 295a）三處的畫傳都是相同的，皆有五十幅，並且大部和上面所錄的相同，現在把不同的十五條寫下：

1.九化朝陽船開真定
2.菩薩傳言令正人倫
3.侯真趙越發誓領經
4.十經懺成並留鑰匙
5.賢祖接法演留混沌
6.經成了義救度原根
7.廣昌救旱祈雨救民
8.老母開法整理傳燈

9.水莊坐道傳周九法
10.演三元偈並留四維
11.慈憫眾生注千佛懺
12.李景清家人聖回宮
13.酬恩謝聖歲大有年
14.功圓果滿七七回宮
15.懷安化度善男信女

最後在《萬全縣誌》的卷七中，還找到一段關於膳房堡普佛寺的記載，節錄如下：

> 膳房堡西有大寺，在先為碧天寺，建置年月不可考。就者老傳聞：明嘉靖四十一年有馬房州人李寶來膳房堡，娶許姓女，夫婦修道成真，號曰普明，葬於碧天寺內。後寺宇為官家所毀，僅存佛像；經該堡許姓遷佛像於其家。迫後

旱魃為災，鄉民禱于普明墳墓，油然作雲，沛然下雨，則
苗勃然興之。甘霖既降，信佛彌堅；於是鳩工庀材，建廟
祀之，名曰普明寺，時在光緒元年。當是時也，有僧人志
明來自小屯堡（Cz 293），參與修廟事宜，口講指劃，應驗
如神；因之寺院逐漸擴充。……至主持道廉失蹤後，寺為
『明』，『黃』二會爭執，苦訟不休，卒將該寺由十八村經
營。[7]

上面所述都是實物或文字方面的材料。由普佛寺中的並及記
載志明和尚的兩塊碑和志明的畫傳看來，膳房堡的普佛寺是志明
所建，並且發現了聖水的井，這是無疑的了。普明的碑，除了實
有其物外，又見於志明的碑文，故也可證明與現今的傳說是一致
的。唯從李賓碑後的「普明祖」三字的字體與正面不同一事看來，
李賓是否為普明祖實成問題，於是關於整個普明傳說的真實性，
也成了問題。但這是一段「傳說」，又由這段傳說發揚了黃天道，
於是前記普明的故事及他的畫傳，仍然不失其價值——畫傳中所
說的故事，演義性很大，與我們聽到的，差別也很多，因其條目
清晰，這裏不再分析。

還應提出：一是萬全縣誌中所記的故事，它給李賓及志明又
加了兩段新鮮材料，好在與我們聽到的還不算太違背，所以無需
置辯；同時縣誌一類的書，大半是「官書」，以官書而記一種流
行在民間的秘密宗教材料，其真實性是不問可知的了。另一個是
趙家梁的碑文，它所說的黃天道，好像和膳房堡全無關聯。根據
我當時和那位仍舊健在的本廟創建人趙爾理的談話，可以推知他

---

[7] 任守恭《萬全縣誌》第 49 頁，1932 年版。

們這段碑文是有意的要和膳房堡脫離關係，才能顯出他所領導的黃天道是源遠流長的正統派，而實際上它依舊是從膳房堡來的。

總之，普明的事既屬傳說，那麼不同的時間，不同的地點，是容有不同的說法的。

四、黃天道經典研究

在這次短時間的調查中，我們幸而有兩次機會獲得黃天道的經典，一共有十部之多；並且有幾部還包括了許多種，有的還有許多附件，這真是十分幸運的事。下面做一概括介紹。

（一）慈航寶訓

民國丙寅年三月求是道人重刊，塞北逸士馮廷舉續刊；白紙鉛印。最初是山左劉明文印送，封面還有他的題簽。我們的一本則是從苗自新家中得來，也就是他所印送。全書共十五頁（中國頁），23×15cm（前者為長，後者為寬，下仿此）白紙鉛印。篇首有觀音菩薩降乩所自繪的聖像及最初將此圖製版的徐輔仁的序。以下分四篇：第一篇《慈航寶訓》，第二為《真武大帝法諭》，第三為《大士傳救產真言真印》，第四為《呂祖救劫指迷歌》。

《慈航寶訓》是「民國八年黑龍江巴彥縣十八戶屯鄺宅幼女十二吐諭，令識字人錄之」者，就是觀音菩薩的一篇乩文。全文皆為十言（句法為三、三、四）的韻文，共 208 句，又附一靈符，一仙方。內容先由觀音敘述皂王爺將人間違逆孝悌倫常的罪惡十三本，奏與玉皇大帝。玉皇聞之大怒，陪侍玉皇左右的關帝、孔子、邱祖、老君、西方佛、西王母、真武帝、呂祖、太乙等神，都急得無可奈何。後由觀音陳述世上尚有一部分善良修德的情形

以請玉皇息怒。結果玉皇反怪觀音為多此一舉，命他跪於凌霄殿前。歷時七日夜，經過伏羲爺的乞情後，玉皇始改變滅絕世人的初衷而頒下十種「大劫」，意在考驗世上的惡孽與善信，定下「十留二三」的比率。觀音將這十大劫的慘酷，儘量演述，又苦苦向世人勸善，並說出懺語，傳授避劫靈符及神方，預許傳播符方的益處。今將訓中較好的詞句錄出一二。

峨眉山觀音佛來教劫難　　　　真武爺為救劫心慌意亂
借幼女任玉真口吐法言　　　　同呂祖與太乙久跪殿前
諭爾等眾凡民齊聽聖勸　　　　　………………………
吾本是觀世音救劫臨凡　　　　玉皇爺聞吾奏怒容滿面
　………………………　　　　說我是大慈悲不道惡言
玉皇爺見本章怒氣滿面　　　　論理說就該著將你罰貶
才將這十大劫降在凡間　　　　才將吾罰跪在凌霄殿前
諸仙佛見此情無法可辦　　　　可憐吾罰跪了七日七夜
或降諭或降詞血心費幹　　　　莫奈何放悲聲祈告上天
關聖佛為救劫勞破肝膽　　　　多感得伏羲帝乞情訴辦
孔夫子為救劫淚滴胸前　　　　凌霄殿對玉主細說一番

《真武大帝法諭》一篇，也係同時藉幼女任玉真之口所降的訓辭，共用十言韻文 76 句，內容為敘述上篇所降十大劫來臨時的慘狀以警世人。計有：乾旱劫，瘟疫劫，火劫，黑風劫，黑雨劫，雷電劫，雪雹劫，瘋狗劫，刀兵劫等。

《大士傳救產真言真印》一篇是記載觀音大士降真言於某信士家中救濟一難產婦人的故事；並有真言 28 句，都是梵語；真印（符）一張；最後是真言真印的用法及靈驗實例三則。

《呂祖救劫指迷歌》包括七言詩一首，歌 82 句，敘述大劫來臨時之實況及因果報應的道理。

這四篇東西，當然前二者比較重要，並且由下面所提的挽劫

俚言中，可以證明這兩篇中所述的道理是黃天道主要道理之一，是普遍的為信者所熟知的。但是，巧得很，我在過去所搜集的秘密宗教經典中，發現有三種也有這兩篇訓詞。第一是民初流行全國的同善社的一本經，名叫《渡世仙槎》的（民國九年，濱江大舞臺印刷部印）。其中包括十二篇經文，第十二篇叫《三聖救劫文》的就有這兩節，內容完全相同，只是文字上有極小的差別。第二是皈一道的一種經《觀音救劫仙方》中，共有三篇訓，其中也有這兩篇。第三是《濟世佛航》，也是這本經的另一版本。

（二）挽劫俚言

這本經不但是從張傑莊的苗姓家中得來，並且還是已故的苗自新的創作。從他家裏的一方匾額上，知道他生前在黃天道的地位如何，匾上的款是：「大三元映霄苗老夫子德政」（映霄是苗自新的字），匾文是：「嘉惠後學」。這本經是民國戊辰年二月刊，全書共十五頁，19.5×13cm，有光紙鉛印。篇首是苗自新的序，以下分六篇：第一是挽劫俚言，第二是葛真人勸賑歌，第三是戒吸鴉片歌，第四是王中書勸孝八反歌，第五是戒溺女歌，第六是雷公救急丹。

《挽劫俚言》一文包括西江月半闋，十言的正文 230 句。內容由民國以來文明進步情形，說到人心不古，人倫敗壞，和社會秩序的紊亂等。其中尚有兩段的內容是與前述《慈航寶訓》一書相呼應的，由此可以證明《慈航寶訓》中的道理是如何重要。如本書第八頁說：

> 到後來謹提防諸劫齊現　其他處水火風亦已顯形
> 請看看慈航士玄天訓文　再遠方又現出山崩地裂

這現在兵旱瘟親見親受　　船有漏速速補快到江心

又在第四頁說：

不久的風狗劫發生遍地　　報怨仇計命債逃躲無門

但是，黃天道中所以如此奉為寶典的《慈航實訓》，已經在另外的三個教門中又發現了，可見各種秘密宗教的教義常是彼此相通的。

其餘幾篇都是較短的歌詞，不再是苗自新所作了，我們顧名思義就可知道內容是什麼，這裏不再贅述。

（三）四聖救世真言

這種經也是黃天道中很要緊的經典，因為其中包含了很多的教義和儀式。我所得到的一本是民國十四年刊，由苗自新、劉明文等印送，全書 17 頁，20×13cm，有光紙鉛印。計分六篇：第一為《勸君急早修行文》，第二為《觀音古佛救劫寶訓》，第三為《文昌帝君救劫真言》，第四為《關聖帝君血心諭》，第五為《武聖帝君救劫真言》，第六為《張桓侯帝君救劫真言》。

《勸君急早修行文》是代替序文的，計七言詩 51 句。

《觀音古佛救劫寶訓》包括十言訓文 196 句及西方佛祖的一段贊。內容仍是反覆的說明降劫的原因，劫臨時的情況，躲劫的方法，改換乾坤後的世界等。

《文昌帝君救劫真言》計有十言訓文 106 句，因為他是管文墨的神，所以句子也比較的文雅。內容是化導讀書人也快進教。訓的前半段都是批解的四書，以後敘述歷代大儒學道的故事，如張良、羅狀元、呂祖、順治等人。請讀者欣賞本訓的八句開場詩，

前四句還冠著「文昌帝君」四個字：

> 文華燦爛世千秋，昌盛山河化中洲。帝道無疆歸物與，君恩有象荷天麻。
>
> 衣冠文物何時在，風俗陶唐日已浮。提筆寒沙書血諭，仙真雙搵泪雙眸。

《關聖帝君救劫真言》計十言訓文 72 句，內容敘述十大劫的道理，與上述真武帝的訓大同小異。

《武聖帝君救世血心諭》計十言訓文 112 句，內容敘述關公為救劫而辛苦的種種事蹟。

《張桓侯帝君救劫真言》計十言訓文 94 句，內容除十大劫外，又宣講「罡風降世」，「三會龍華」等道理。全篇大氣磅礴，不失在三國演義裏的老作風。訓文裏有這樣的話：「爾莫說咱老張天機透露，非天命又誰敢直指說出；勸爾等把壇場竭力扶助，時至矣咱保爾人人成佛。」

這裏應該附述的就是我在北平西城氈子房的一個叫「北極禪林」的真武廟裏又發現了這種經的另一本，內容隻字不差，只是版本不同，可惜我尚不能鑒定它是被什麼教門所採用的。

（四）目連寶卷

這是本次收穫的經典中最有價值的一本。折裝，共十折，21×37cm，宣紙抄寫，因為是抄本，所以失落了題目和年代。它不但是黃天道獨有的經典，並且還是自黃天道開創時就有的。（黃天道並非創自膳房堡修廟的志明和尚，乃是從明代就有的，詳見本文第六節）它的體例是與明代一般秘密宗教所流行的「寶卷」

完全一樣。所以本次的發現是彌足珍貴的。全文分兩篇：第一篇
敘述目蓮僧由海螺螄修煉成佛的故事，及彌勒、觀音、藥師等佛
救世的情形；第二篇是普明、普賢二佛傳道的情形及其道理。下
節談教義時徵引此卷文字獨多，這裏不再贅述。

（五）神名對本

　　這是黃天道的秘典之一，我們能夠得來，可說是「佛緣」不
淺了！它也是一個抄本，沒有章節，計 31 頁，21×9cm，毛頭紙
抄本。包括：現在所崇拜的神名 97 個；五種「雜馬」的寫法（按
即用紙書寫神名以供奉的），其中有一個是四個神名，其一有六
個神名，其一有 1 個，其一有 57 個，其一有 55 個；還有聖誕八
節應念的經應上的供的表格；七種吊聯的寫法；八副對聯的詞
句；最後是藏這本經人的三代祖先的名字。另外還有三個附件：
一是祈禱福祿所用的表文，一是死人安葬的表文，一是獻供的表
文。這些都在下節去講。

（六）三會收圓寶筏

　　民國二十二年上海明善書局印，共五十面，22×15cm，報紙
鉛印。這是癸酉年關帝要挽救劫運而頒降，於湘南資興西鄉的宣
化壇的。內容是三教的聖賢仙佛所合降的訓文。計分三類：一是
儒教類，有孔子、顏回、曾子、孟子、朱子、程子、韓昌黎、曾
國藩等 30 人的訓；一是佛教類，有阿彌陀佛、釋迦佛、彌勒佛、
普明佛、普光佛、無量壽佛、迦葉尊者等 24 篇訓；一是道教類，
有太上老祖、元始天尊、北斗星君、及八仙等 27 篇訓。

　　這顯然並非黃天道所固有的經。他們所以崇拜它的原因是因

為訓中有兩篇是普明、普光所降。苗姓的信徒向我說：「我們的道創始於萬全，得道者也多在萬全，尚沒有傳至江南地帶。這本經降於湘南，也有我們道祖師的訓文，可見他們神通廣大，也可知他們有意在江南開道。」

我找到一種經叫《普度收圓演義》的，它印刷的年代地點以及紙料，尺度，字體，裝訂，和這種經完全一樣。我曾鑒定它是民初的同善社所刊行的，從這本《三會收圓寶筏》知道黃天道和同善社是有關係的。

（七）新頒中外普度皇經

民國十四年成都通儒壇刊，上海明善書局印，共 48 頁，25.5×15cm，白紙石印。內容為玄旻上帝宣佈現在「改換天盤」，新舊皇交替，將有禪位大典，又將降經一部。後來果在敘州大觀樓降下此經，又由王陽明賜名分章及列聖降贊。計分上下二卷：上卷敘述陰陽、天地、河圖、洛書等道理；下卷敘述九宮、五星、三才、五尊、兩大、五害、五德、五倫等意義。

（八）北極真武玄天上帝真經寶懺

民國三年楚北川邑積善堂刊，萬全水莊屯無名氏送。共 75 頁，26×16.5cm，有光紙石印。計分三卷：前兩卷為元始天尊演說真武帝修持得道的故事，後一卷為真武帝講述世上為何遭受劫運及破迷指玄悟性明道等事。因為這是純粹的道經，內容不必詳述。

（九）破迷歌

苗自新的作品，印在一頁單紙上。計四言歌詞 73 句，敘述貪財之害。

（十）破迷十枉然

也係苗自新所做，也印在一頁單紙上。計七言歌十首，各加注釋，敘述欲得子孫之賢、壽、富、貴、聽、和、強、真、儉、安的方法。

五、教義及儀節

關於黃天道的教義，我們在調查時聽到許多道徒的演說而得來的材料，固然是很散漫而不容易歸納，在我們所獲得的許多經典中，欲查考一些他們的教義，也是非常零亂。但究竟還是從經典去找，比較方便又可據一些。這裏我要分條來敘述，每條之下都找出一兩個證明來，當然我不能將所有談到每條教義的證據完全寫下來，因為一條教義，有時每種經裏都散佈著一點。譬如「三期末劫」一條，在《慈航寶訓》的前兩篇中，幾乎完全講的是這些；《挽劫俚言》裏，也是反覆的在引申；而《三會收圓寶筏》一書，顧名思義，更不是講別的。所以我只能找出一兩句較為具體的話，來說明黃天道的教義中實有這一條就是了。

（一）三期末劫

《慈航寶訓》第七頁真武大帝的訓中說：「目下裏十大劫現在定了，眾凡民一個個死在眉梢。……欲逃劫速速的猛進善道，

逃過了末劫年才算英豪。」《四聖救世真言》第一頁觀音的訓中說：「這先前現劫運掃蕩幾陣，警世人早向善解脫冤情，喚不醒到末後諸劫齊起，世界盡劫數盡人也乾淨。」又第四頁：「這三期分善惡考人心性，清孽債整心田改換乾坤。……紅陽終白陽接三曹位定，改婆娑化蓮花孽債繳清。」

（二）三教歸一

《北極真武玄天上帝真經寶懺》第一頁總序中說：「昔孔聖以仁義開教化之門，老子以精修證妙玄之品，釋氏以慈悲結歡喜之緣。三教之情，不外乎導人為善。」《四聖救世真言》第二頁觀音的訓中說：「塵世中遇迷人誹賢謗聖，先天道三教理當做異文。」又第十二頁武聖帝君的訓中說：「三清祖鴻鈞祖三教來見。」

（三）三曹普渡

《慈航寶訓》第 7 頁真武帝的訓中說：「關帝爺為寬限大開神教，設飛鸞驚動了空中三曹。」《四聖救世真言》第 2 頁：「命諸佛開普渡大道遍行。」又第 4 頁：「命諸佛開普渡善把善引，命魔王收惡徒惡把惡擎。」《中外普渡皇經》第 36 頁倉聖先師的贊中說：「皇皇大典，萬教之宗。……中外普渡，教育同功。」

（四）無生老母

《目連寶卷》中（以後簡稱寶卷）第 3 頁說：「空王殿立起了黃羅寶帳，八寶砌祥光罩坐定無生。」又第 6 頁：「九九數天定就不來不去，八十一坐蓮臺子母同心。」《四聖救世真言》第 2 頁：「無極祖他也曾將劫救拯。」

（五）理天

寶卷第 5 頁：「脫凡胎再不來投胎認母，永不生永不滅常伴清風。」《四聖救世真言》第 3 頁：「願清福持五戒超凡入聖，願紅福持四戒後享太平。」按「理天」即「天堂」之意，是無生老母的居處。黃天道中本來未見此詞，而由上引二句即可知定有此理。近來一般教門所謂理天就是這樣：不生不滅，不入輪回，常伴清風，常享清福（在理天享清福，在世上享紅福，意義恰好一致。）所以在此地借來是很合適的。

（六）彌勒佛掌教

寶卷第 7 頁：「空王殿閃一尊彌勒出現，有黃龍傳凡世親口留傳。」《四聖救世真言》第 4 頁：「彌勒佛掌乾坤世界立定，變上古羲皇氏天下化成。」當然，黃天道中彌勒佛的道理是無待證明的了，因為上文已經屢言，普明佛本身就是彌勒佛所化。

（七）茹素

寶卷第 2 頁：「誰知是陽世間造孽男女，吃酒肉貪財色無盡無窮。」又第 7 頁：「世間人不知道修行性理，吃酒肉貪財色不肯回心。」《挽劫俚言》第五頁：「每一家餵牛羊不下數百，餵肥豬賣屠戶盡死刀鋒。」關於這條教義，黃天道徒表現得最為具體，因為每一個教徒進教之後一定吃素，這是我們親見的。

（八）原子

寶卷第 3 頁：「當陽佛傳金令連叫師範，進前來吩咐你考選原人。」又第 9 頁：「三十六大元明玉羅安起。考選他皇胎子法

不容情。」《四聖救世真言》第 15 頁：「九六億緣人齊龍華救度，有忠臣和孝子神光透出。」

（九）點香功

寶卷第 7 頁：「正五九月香功。」又第 9 頁：「察院裏理香功嚇退眾人。」《四聖救世真言》第 16 頁張桓侯的訓中：「咱勸爾世上人回頭進步，玄關竅不二門返本正途。」按一般秘密宗教，都有「三寶」的說法，普通都在入道儀式中傳授。點香功就是三寶之一。上引「玄關」一詞是指兩眉當中的地方，也就是普通點道時需點的所在。

（十）真言

這是三寶之二，黃天道有四句真言，寶卷第 7 頁：「戊午年普明佛同傳妙偈，七十二按節候日夜行功。」又第 5 頁：「四句偈穿山海無字真經。……得了寶不可你輕褻怠慢，發弘誓降龍虎意靜心清。」又《神名對本》：「四字真言無多語，三世諸佛正教門。」（見第十六條《吊聯》）。

（十一）合同

這是三寶之三，普通是一種手式或指訣。寶卷第 9 頁：「那應時才是咱皇極教顯，普天下布鼓響才對合同。」按小屯堡的普明佛殿門額上寫著「皇極宮」，這裏又說「皇極教」，所以「黃天道」與皇極教意義上並不衝突。

（十二）採補

寶卷第 10 頁：「辛丑年金船現天差師範，點男女晝夜行急采先精，把日月活靈丹吞在腹內，四時香休間斷性合情明。」

（十三）神靈

當今皇帝萬歲萬萬歲
南無釋迦牟尼佛
文殊菩薩
普賢菩薩
阿難菩薩
迦葉菩薩
南無燃燈古佛
觀音勢至
南無彌勒尊佛
寒山石德
南無普明金光古佛
南無普淨古佛
南無普賢古佛
南無圓通古佛
東嶽泰山青盧大帝
南嶽衡山長生大帝
西嶽華山白華大帝
北嶽桓山煞生大帝
中嶽嵩山玉皇大帝
子丑寅卯辰巳午未申酉戌
　亥時迴圈帶領八刻童子
南無功德尊天菩薩
南無大辯尊天菩薩
南無大梵尊天菩薩
南無帝釋尊天菩薩
南無持國尊天菩薩
南無增尊曾天菩薩

南無廣目尊天菩薩
南無多聞尊天菩薩
南無密跡金剛菩薩
南無散脂尊天菩薩
南無韋馱尊天菩薩
南無堅牢地天菩薩
南無菩提樹天菩薩
南無鬼子母天菩薩
南無摩醯首羅尊天菩薩
南無訶利帝喃尊天菩薩
南無摩利支天菩薩
南無太陽日宮尊天菩薩
南無月宮尊天菩薩
南無星宮尊天菩薩
南無緊那羅王菩薩
南無談魔羅王菩薩
南無娑竭龍王菩薩
南無雷神大將菩薩
三十二天瓊闕高真
南斗六司延壽星君
北斗九皇解厄星君
東斗星君
西斗星君
中斗星君
斗母元君
九曜星君
二十八宿星君

十一大曜星君　馬王神位
十二宮辰星君　牛王神位
南無玄武真君花光五聖等眾　后土尊神位
文義聖真佛　司命皂君
武功大真佛　家堂水火神位
欲公大祖　增福財神位
玄雲老祖　宅神禁忌
白雲老祖　門神將軍
淨雲老祖　喜神
姜太公老祖　貴神
證道真佛　運神
普濟佛　祿神
復恩老祖　伏魔大帝
志明老祖　招財利世進寶錢龍
達摩老祖　值年太歲至德尊神
是日各該管值日帥將　風症
伽藍諸神等眾　痘症
劉龐勾畢四大元帥　送子白衣菩薩
馬趙溫關四大元帥　眼光娘娘
鄧辛張陶四大元帥　十八護法金剛
康劉朱党四大元帥　昊天金闕玉皇大帝
年月日時四值功曹使者　南無太陽星宮菩薩
鹽齋老祖　南無太陰星宮菩薩
本境城隍　南斗六司延壽星君
當方土地　北斗九星解厄星君
值符使者　九江大王
家宅如意福神　狐突大王
家宅如意祿神　龍天大王
福祿財神　青龍大王
水草大王　黃龍大王
五道將軍　赤龍大王
山神土地　白龍大王
本命星君　黑龍大王
土公土母土子土孫　藏山大王
土科神位　文昌帝君
羊王神位　大成至聖文宣王孔子之神位

北極玄天上帝	太上老君
魁光星君	唐李長者之神位
三官大帝	和合二位
昭濟聖母	純陽呂祖
暉山聖母	九天應元雷神普化天尊
泰山聖母	魯班祖師
蒼岩聖母	南無韋馱菩薩
玉文聖母	火帝真君
天仙聖母	葛仙翁
藏山聖母	夷狄之神位
圈神之位	藍公之神位
子孫娘娘	收瘟攝毒消災使者
老趙將軍	五海龍王
五穀場神尊神位	金山大王
風伯尊神	幽冥教主地藏王菩薩
青龍白虎神位	一殿秦廣王之神
倉官神位	二殿楚江王之神
庫官神位	三殿宋帝王之神
蜈蛤蚧蠍神位	四殿五關王之神
五龍聖母	五殿閻羅王之神
靈官王	六殿卞城王之神
黑龍趙元帥	七殿泰山王之神
行雨龍王	八殿都市王之神
井泉龍王	九殿平等王之神
護國大王	十殿轉輪王之神
三皇聖祖	藥王
妙道真君	行雨河神尊神

　　按以上神名179個，皆係見於神名對本中者，其中的大部分都是當地各廟宇中所習見的，或是居民所崇拜的；普明、普光、志明、彌勒、呂祖……等本道的神靈則占少數。可見黃天道的崇拜是儘量與當地舊有的信仰採取一致的，這就是三教歸一的精神。

（十四）牌位

除了各廟中供有普明的佛像外，在信徒家中另外還設牌位，但牌位的寫法並不統一，在我所調查過的範圍內，曾見過兩家的牌位，一是張傑莊苗姓家中，共設三個牌位，中間的寫「至聖孔子先師之神位」，一方寫「張祖紫陽，劉祖華陽，魏祖白陽之神位」，另一方寫：「馬祖丹陽，伍祖守陽，張祖三豐之神位」，一是趙家梁趙姓家中，也是三個牌位，中間的寫「供奉大成至聖孔子，志明老祖，劉復恩老祖之神位」，一方寫「供奉南無普明金光佛，普光歸聖佛，普賢古佛，普淨古佛，圓通古佛之神位」，另一方寫「供奉釋迦牟尼佛祖之神位」。

（十五）八節

《神名對本》中有一表格，規定了一年中按八位佛的聖誕訂出八個節期，並注出每節應誦的經和應書的「吊聯」。

普明古佛　十月十一日　誦《清靜經》,《了義卷》,《蓮華經》吊聯「玉帝」（古佛老爺爺）

普光古佛　七月二十七日　誦《清靜經》,《了義卷》,《蓮華經》　吊聯「偃月」（老母奶奶）

普淨古佛　三月初四日　誦《清靜經》,《萬法經》,《了義卷》,《蓮華經》　吊聯「明光」（大姑奶奶）

普賢古佛　三月初九日　誦《清靜經》,《萬法經》,《了義經》,《了義卷》,《蓮華經》　吊聯「明光」（二姑奶奶）

文義聖真佛　三月十三日　誦《清靜經》,《萬法經》,《了義卷》,《蓮華經》　吊聯「明光」（大姑爺）

欲公大祖　三月二十日　誦《清靜經》,《萬法經》,《了義

經》,《了義卷》,《蓮華經》　吊聯「明光」(二姑爺)

　　武功大真佛　五月初一日　誦《清靜經》,《萬法經》,《了義經》,《蓮華經》　吊聯「明光」(米姑爺)

　　文殊師利古佛　八月初六日　誦《清靜經》,《了義經》,《萬法經》,《蓮華經》　吊聯「明光」(米姑奶奶)

(十六) 吊聯

　　這是黃天道的儀式之一,本文第二節已有解釋,上條也已注出各節應書吊聯的名稱。在《神名對本》中計有吊聯七種,今將上條所注的三種錄出:

　　玉帝親來降禎祥,諸星九曜遶當陽。十二時中添吉慶,真香一炷透空蒼。每日沿門尋烈士,黃天聖道滿十方。心如皎月池塘現,命似清風不無常。(玉帝)

　　偃月爐中一點紅,當陽下生彌勒尊。普明傳道歸無上,劈破千般萬樣形。四字真言無多語,三世諸佛正教門。歸圓同赴龍華會,八萬億劫永不分。(偃月)

　　明光二祖立法門,金花兩朵號圓通。道意開闡南北岸,千里相傳歸舊縱。後一少祖光登顯,說法利生談慧明。各稱功果招先眾,談得清來道得真。(明光)

(十七) 獻供禮儀

　　見《神名對本》,亦依八節供獻:

　　天地壇　素供一碗,腐菜一碗,大供一盤,一湯一飯,箸一雙,茶一鐏。

　　韋馱壇　按天地壇供獻。

　　菩薩壇　素供五碗，腐菜五碗，大供五盤，三湯二飯，箸三隻，小點心二十四個，煮豆一碗，茶三罐。

　　孤魂壇　素供一碗，大供一盤，一湯一飯，辛米飯一碗，鹹菜一把，箸一雙，茶一罐。

　　「大供十獻，香花燈塗果，茶食寶珠衣，菩薩壇五獻，香花燈午時獻，大供頭一天開經，第二天子後拆供送神疏。」（原注）

　　在《神名對本》中尚附有獻供神疏一紙，文詞較長，僅錄一部分如下：「……僅依科典，所有經疏，謹專獻上諸神百官。惟願燒醮已後，闔家安吉，四時無纖小之災，八節有康泰之虞。虔誠祈禱，願賜禎祥。今者僅備供儀，伏望臨金納照，幸祈冥債圓滿。謹疏。」

（十八）喪禮

　　黃天道徒的喪儀中，在佛殿裏還有種種儀式，例如道徒集到佛殿諷經等，可惜所得材料不多，只有一張「歎靈榜文」，詞句比較文雅，又沒有多少錯誤，所以寫下來：「伏以天高地厚，原無不死之人，海闊江深，豈有回頭之浪。羨八百之彭祖，歎四八之顏回。雖然修短不齊，總之生死有命。父母恩深，昊天罔極。生當孝養敬愛，死宜追遠慎終。馨衷竭力，惟酬養育之恩，敬祝經章，聊答劬勞之德。超薦之靈，早升天界，本壇據此，建設道場，禮真超度，為此合行右榜通知，實貼靈前。」

（十九）祈福表文

　　《神名對本》中有附件一紙，詞句為祈禱時之表文，但不知何時用之：「今據南贍部洲，中華民國直隸宣化府萬全縣所屬×

×。奉佛奠土，順星祀竈，祈福迎祥保安。信士×××暨領闔家
善眷，是日一心叩千鴻造，伏為自身本命闔家大小，幸祈衣食隨
心。生居下土，命屬上蒼，感三寶之護持，賴托四恩，酬天地之
蓋載，荷日月之照臨，賴皇王水土之恩，報父母養育。知身有苦，
悟世非堅，浮世易度，生死難逃。謹發誠心，置辦香紙供物，隨
輪金銀，雲獻錢財，紙馬香花，茶果燈燭供獻，祭謝神天，須至
意者。年月日。」

（二十）祈事條

黃天道徒遇有災難尚可隨時書所求之事於一紙條，然後佈施
若干，將條貼於普明佛殿中，即信其能解脫。今錄膳房堡普佛寺
的祈事條兩個：「祈告普佛祖慈悲位前悉知，茲因東紅廟人蘇子
章，身得眼目疼痛，今日祈禱眾神仙保佑弟子眼目明光，身體平
安，無災無難，情願心喜，許洋五十元即送成紀七三九年弟子蘇
子修叩」。其二：「洗馬林郝秀藻為孫男守業年二十三歲祈明年功
名成就願施錢十吊」。

六、明代的黃天道

前面已經提過，萬全縣的黃天道並非創自萬全膳房堡的志明
和尚，實是從明末就開始的。我曾在《破邪詳辯》的書裏發現一
些明代黃天道的材料，但當時不叫「黃天道」而叫「黃天教」。
此外我還沒找到其餘關於「黃天教」的資料，所以現在只就《破
邪詳辯》一書來作討論。

《破邪詳辯》一書，正續共 6 卷，作者黃育楩，字壬谷，清
道光時人，曾任清河鉅鹿兩縣的知縣，和滄州的知州。當時朝廷

查禁邪教，黃壬谷曾於上述各地先後抄出邪經 68 餘種，俱係刊於明萬曆崇禎等年，而當時流行的一些秘密宗教仍在採用。黃氏曾遍覽這些經典，後來又將他們的荒誕不經處一一加以辟辯，且裝印成這部《破邪詳辯》以為破除迷信的宣傳品。他辟辯時所引用的各經原文很多，我們能見到明代秘密宗教的經典，實賴黃氏的力量。

《破邪詳辯》卷一第 14 頁：「紅陽教，飄高祖；淨空教，淨空僧……黃天教，普靜祖……」

又卷四第 20 頁：「……普明祖名李升官，曾著《普明如來無為了義寶卷》，因係無為教又稱無為祖……此外又有稱無為祖者不計其數……此等教匪，稍一出名，即互相假冒。」

我們可以從這兩句話來分析明代黃天教與今日黃天道的關係。

第一，明代黃天教的教祖叫普靜，而今日黃天道的道祖叫普明，他的女兒叫普靜（有時道中也寫成普淨）。這是由於黃壬谷的錯記呢，還是今日黃天道徒的錯傳呢，現在是很難斷定的了。不過我們確知他們都崇拜普靜。至於「普靜」與「普淨」的異同，卻沒大關係，因為在農村裏應用文字是很有出入的。

第二，明代無為教的教祖叫普明，恰和今日黃天道的教祖名字相同，這又不知是怎樣造成的錯誤。由此可以知道「普明」這個名字在明代也是和黃天教同時並傳過的。

第三，明代普明祖名李升官，今日黃天道道祖名李賓，兩者不同。我斷定李賓之名一定是錯傳。因為這個名字的來源是由於膳房堡志明和尚修廟時發現一塊石碑上刻李賓的名字便說這就是普明祖的墓碑，且在碑陰偽刻字體不同的「普明祖」三個字，所以根本是不可靠的。但無論如何，普明祖一定姓李，是沒有疑問的了。

第四，明代的普明曾著《普明如來無為了義寶卷》，今日黃天道的普明也相傳著過《了義經》，且今日仍奉為寶典。（第三節的畫傳裏有一條是：「經成了義救渡原根。」又第五節的第十五條所記「八節」應誦的經典中還有《了義經》和《了義卷》兩種。）這一點，兩者是相當吻合的。

第五，由「此外又有稱無為祖者不計其數……此等教匪，稍一出名，即互相假冒」等語來看，可知當時尚有一種假冒風氣，那麼普明也叫無為祖是否也係假冒呢？如果真是假冒，他本來是那一教的教祖呢？由今日黃天道情形來推論，可能普明和普靜同是當時黃天教的祖師；更可能和今日黃天道是一樣，有普明、普靜、普賢、普光、圓通五位祖師。

這些事都是一時不能考證的。但是無論如何，從《破邪詳辯》的這兩句話來看，已經足夠證明今日黃天道的從明代傳下來的了。雖然有一些小的矛盾，而一種全靠口傳秘行在民間的宗教，經過了二百多年的長時間，是本來不免有錯誤的。

既然黃天道是從明代傳下來的，那麼請看下面所錄的明代黃天教的經典——在《破邪詳辯》裏所引的許多經裏，有三種可能是黃天道的：《普靜如來鑰匙通天寶卷》，《普明如來無為了義寶卷》，《佛說大方廣圓覺修多羅了義寶卷》。可惜今日黃天道從經常所誦的《了義經》和《了義卷》等經，我沒有機會見到，不然我們可以做一比較研究，也許更可證明他們之間的關係。

《破邪詳辯》卷二第 8-10 頁引《普靜如來鑰匙通天寶卷》云：「古佛開開各樣庫，取出各樣經」。

又云：「道之而血為之麗乎；意之而然為之壯乎，龍是心，意是虎，性是猛，命是柔，為是四聖乎？」

又云：「七寶者：精是水銀，氣是美玉，血是黃金，腦是靈

妙，髓是水晶，腎是硨磲，心是珊瑚。此七寶歸身，結成大丹。」

又云：「唐僧我之心，白馬我之意，沙僧我之命，八戒我之精，悟空我之性。」

又云：「先天內，陰五神，陽五氣。男取陰神者，即成菩薩之果；女採陽氣者，即成佛果之身。」

又云：「燃燈佛子，獸面人心；釋迦佛子，人面獸心，彌勒佛子，佛面佛心。」

又云：「過去人壽活三甲，現在人壽活六甲，未來人壽活九甲；三甲壽千歲，六甲七十者稀，九甲八百一十歲。」

卷二第 10 頁引《普明如來無為了義寶卷》云：「一十八劫已滿，改換形體：十八個月為做一年，十八時辰乃為晝夜，正合九甲四十五日為做一月，晝夜一百四十四刻，總計八百一十日為一年。天地無圓無缺，人無老無少，無生死也無女相，才是長生大道，壽活八萬一千。天數已盡，又立乾坤世界。」

卷四第 19 頁引《佛說大方廣圓覺修多羅了義寶卷》云：「彌陀化凡世，默演無生偈。」又云：「若逢山僧親指點，分明了義見彌陀。」又云：「無為法門在元中，掃除萬典覓無生。」又云：「一段無生淨土天，婆娑迷子莫外觀。」

這些經文都是明代黃天教的教義，如果與實際調查到的現在流行著的黃天道的內容對照，更可明確現在黃天道的師承關係。

涿鹿縣普明大佛道調查報告
（2000—2004 年）

2000 年，我隨一個旅行團到北京西面的靈山（北靈山）去旅行，該地屬河北省涿鹿縣。到了縣城，參觀了礬山鎮、黃帝殿、黃帝泉，最後還有一處蚩尤墳，在一個村子叫塔寺。我們去了，道路極不好走。到了村裏，蚩尤墳就在村西。這是一個只有一百多口人的小村子，卻有著悠久的歷史。首先它有一個帶戲臺的龍

王廟（現改為碧霞元君廟），戲臺現在還能用。還有一塊遼代的經幢。過去不止一個龍王廟，還有一座大佛殿，一座觀音殿，現尚存有一塊殘碑。他們每年四月十八日有廟會，屆時娘娘要出巡，全副儀仗，敲鑼打鼓，當年一直走到蔚縣，現在就在村裏繞繞算了。明年還有廟會，村裏人希望我們再來。

周德瑞像

　　我倒沒被蚩尤墳吸引住，而是
被那個廟會。聽說屆時要有幾萬人
都來趕會，我很想一睹這個盛況。
2002 年 5 月 29 日（舊曆四月十八日）
我又去了。還是先到塔寺，廟會看
到了，去的人不少，縣裏也來了人。
我只管拓碑（舊明正德年觀音寺的
殘碑），連戲也沒顧上看。這時一個
驚人的消息打動了我，那位看墳的
老人周德瑞說：「塔寺村全村人都信
『普明大佛道』，所以廟會才這麼興
旺。他們還有一個大廟在柳樹莊，

作者（左）和孫朝仁（右）合影

離這兒十里地。人們也都往那裏去朝拜。」這個消息對我太重要
了，我立刻去了柳樹莊。

　　到了村裏，果然見到一座大廟，還見到了建廟人孫朝仁。孫
朝仁自稱是彌勒佛轉世，他的來歷不凡。人們把他傳說得神乎其
神：「他什麼都知道，可神啦。他能給人治病，什麼病都能治，
越是絕症越能治，什麼癌症呀、吐血呀、瘋病呀都能治。這一帶
的人都愛往這兒來……」

　　我和孫朝仁談了話。他給我講的是地球和人類是怎麼生成的
（詳後）。因為是初次見面，沒敢多問什麼，只是要求他和我照
了一張像，他欣然同意（見圖）。

　　這次去還拿到幾本經，一是《龍華經》，這種經很重要，給
我經的人說：「我們傳的東西都在這裏了，你拿回去好好參悟參
悟吧！」「第二、三種都是孫朝仁自己寫的，一種叫《彌勒佛天
文詩》，一種叫《彌勒歷史天詩文》。孫朝仁不識字，一個字都不

會寫，他自己編了一種文字，只有他自己認識，當時他拿給我看，我沒敢要求拍照。那些經都是他口述由旁人記錄的，連語病都記上了，像「占」、「走」、「看」等。

此行還知道一些關於孫朝仁的故事，但是不很多，等到 2003 年我第二次去柳樹莊才逐漸明白很多事。這次是 8 月 10 日到 11 日，我向他提出要求，就是我想把佛像都拍下來。他說：「你等我去問一問。」說著進到一個佛殿裏去，不一會兒出來，說可以拍。他問的是誰我不知道，別人告訴我：「他是去問佛爺，問的時候不讓人看，誰也不知是怎麼問的。」我於是拍了起來，當時是舊廟，新廟正在蓋，所以拍下的像都是舊廟的。連上次沒拍那些他自造的字，還有些生理解剖圖也都拍下來。

此外我還從孫本人和其他人瞭解到孫的出身、家世，什麼時候當上彌勒佛，什麼時候信的這種教，為什麼要傳它，怎麼會治病，大廟是什麼時候蓋的，將來怎麼開展等等，這些問題都大體上得到解決。但是還有一些遺漏，譬如塔寺的人說他們村的人都信普明大佛道，我 2003 年去柳樹莊時正在蓋新廟，工人中有好幾位都是塔寺來的，他們都是義務工，或是只收半費，我一進村他們都認識我。是不是塔寺全村都信普明大佛道，這事如果從這些工人證明，那他們就是黃天道的遺緒，孫朝仁也就找到了根派。而這些工人卻茫然不知所對。我急於知道這個問題，因為我在 1947 年調查萬全縣的黃天道時很多跡象與普明大佛道是一致的。這類問題就有待於第三次再來柳樹莊了。

第三次是 2004 年 8 月由 17 到 19 日。進了村子，一番新氣象歡迎我的到來，那就是新廟落成了。是一座下面架空的大殿，名叫三陽殿，月臺很寬敞，正前面是左右兩個斜坡式的臺階，樓體全部用磁瓦包鑲。設計者是個信徒（工程師），分文不取，磁

瓦則是信徒的捐獻。北面的山坡上是新蓋的一個院落，把原來的老母殿搬下來，分別改為四個殿：司公殿、九母殿、東元殿、西元殿。殿裏的像全是新塑的，陳設也都是新的。我全部拍了照。這次孫朝仁沒有管我，他的體力似乎不如以前，跟我也沒有多談話，我所有得到的新材料都是通過別人。

　　這次的新材料包括孫朝仁的全部所吐經文，過去只拿到過兩種，這次拿到9種。還有兩部和《龍華經》差不多的《舍羅漢》和《老母典地》。給我經的人告訴我說：「你拿得夠多的了，我們也就是這些經了。我們都不認得多少字，經裏講些什麼我們也不懂。」

　　為了證實普明大佛道的問題，我又特意跑了一次塔寺，找到周德端。我再一次問他：「你們是不是全村都信普明大佛道？」

新落成的三陽殿外觀

他一口咬定說「是」。我又問:「我問了許多人,包括孫朝仁,都說不知道,這是怎麼回事?」他說:「他們都沒文化,不識字,普明大佛道是我們一代代傳下來的,他們都不懂。孫朝仁是我侄子,他原來也姓周,他爺——我大叔死的早,他隨娘改嫁,嫁給姓孫的,他也就姓孫了。」周德瑞 72 歲(2004 年)是村裏的知識份子,他每年都給奶奶廟寫對聯,看這一副:「春景重臨增幸福,世風好轉振文明。」橫批:「山門有慶。」平仄還很協調。

下面就把我所獲的資料依次寫下來。

(一)孫朝仁的歷史

孫朝仁就是柳樹莊本村人,今年(2004 年)80 歲。原是個農民,沒有文化。很早就結了婚,生了好多個孩子,現在活著的還有四女一男。該村在全國解放前就解放了,屬晉察冀邊區。

1948 年,該村有個叫周祥的人,她妻子平常就神神道道的。有一天她到地窖裏去挖土豆,出來後就中了「邪魔」,又哭又唱,唱的詞很離奇,什麼坐在屋裏就能看大戲,六七月裏還吃冰塊,十冬臘月還吃鮮菜,往地裏撒白麵,用鐵牛耕地,天天去趕集,不用做褲子做襪子,不用挑水自己就往鍋裏流,人們都穿石頭做的衣服……解放軍來了,說她是宣傳迷信,正要把她逮走,她忽然不喘氣了,死了,等一會兒解放軍走了,她又喘氣了,活了。

孫朝仁有一天擔著水遇上了她,也說她迷信。她指著孫說:「你不要說我迷信,你是彌勒佛,將來你要辦大事,有很多大事要你辦!」孫朝仁沒理會她,挑著水走了。周祥的妻就這樣唱了三四個月,就死了。她說的話後來都應驗了。

全國解放後,孫朝仁不願再在家裏幹農活,到了北京興都磚

場去打工。活很累，多少日子不能回家。偏偏家裏老出事，連著死了兩個孩子。他一著急，也得了瘋病，瘋瘋癲癲的好多年。

有兩件事要提一下：一件是柳樹莊的後面山上有個小山洞，洞裏有尊彌勒佛像，是石頭的。相傳彌勒佛背著媽媽住在那裏，媽媽有病他來服侍，媽媽死在這裏，他整天哭，後來也死在洞裏，化為小石頭佛像，這就是彌勒佛的來歷。孫朝仁很信仰他，根據他在夢裏得到的啟示，有時把彌勒佛搬到家裏去供奉，過些日又做夢了，夢見必須把石頭像送回山洞，如此上來下去不知有多少次。不照夢裏的指示辦，家裏就出彆扭事。「後來孫善人（按：指孫朝仁）在 1957 年把我背下山，住在我的小西房洞裏。1966 年 7 月 21 日文化大革命把身子打壞，1981 年孫善人塑上新像。」（引自《彌勒歷史天詩文》第 72 頁。）

還有一件事，「三五反運動」時人們因為孫朝仁的行為乖張，還是那樣瘋瘋顛顛，想開會批鬥他。定好日子，人也都召集齊了，忽然天下起雨來，沒有批成。第二次又想批鬥他，也定好日子，召集來了人，又一次天降大雨，又沒批成。人們說孫朝仁有靈氣，再不敢批鬥他。

孫朝仁清醒了，不知怎麼，會給人治病，先是扎針炙，以後他根據自己的理解畫了一幅生理解剖圖，又懂得生理解剖，脈理，藥理，能開一些成方。他還能給人看風水。還自己上山採藥，還真治好一些人的病。

從六年前開始（1999 年），他專門注意蓋廟的事，找來一些人幫忙，有管總務的，有管會計的，有管採購的。先買下了已遷到別處去的小學地址，改建為佛殿，以後又於 2003 年大興土木，這就是我們曾見到的新蓋的佛殿。

孫朝仁能自己設計蓋廟不是自柳樹莊的彌勒殿開始，1997 年

懷來縣老君山翻修，裏面的像都是孫朝仁設計的，因此修建柳樹莊彌勒殿在他是易如反掌。他一共設計了 173 座神像，包括道佛仙三家的像，都是他和當地的雕塑家共同完成的。

（二）普明大佛道的教義依據

當我第一次到柳樹莊時，拿到一本經叫做《龍華經》，又名《三期白陽會考證龍華經》，給我經的人就告訴我說，他們傳的東西都在這裏了，叫我拿回去好好參悟參悟。這本經就是普明大佛道的教義依據。

這部《龍華經》就是明末清初圓頓教的著名經卷《古佛天真考證龍華寶經》的刪節、改寫本。原經寫成於明末，刊於清初。分二十四品，四卷。這部經的內容包括了明清時期白蓮教派民間秘密宗教的全部教義。所以黃育楩在《破邪詳辯》一書中說：「邪教妖言盡備此經，故辯駁為尤詳焉。」就是說明清時代由佛道儒混合而成的一套新型教義都在這部經裏了。只是它只保留了二三千字，另外又不知從哪裡抄來一部分，總共不過 15000 字左右，而經的原文達五萬多字。雖然如此，原經的主要精神還是留下了[1]。

《龍華經》的內容就是研究民間秘密宗教的人所熟知的那一

---

[1] 這只是就著此次在柳樹莊發現的《龍華經》說的。在此之前我還發現過該經的兩種版本，也是標榜《龍華經》，有一種還是抄本。不知是哪家編印的，內容不盡一樣，尤其是首尾，差異很大。這兩種《龍華經》也是以《古佛天真考證龍華寶經》為藍本。一種保留得多些，也有一萬多字，一種少些，約有七八千字。裏面的次序也不盡相同。由此可證此經流傳的普遍。

套：無生老母生於未有天地之前，她造下人類，共有九十六億，叫做原人或稱原子，下生人間。由於他們被物欲所迷失去了本性。無生老母十分惱怒，決定派燃燈佛下凡把他們都渡回來，叫做青陽時期。哪知他辦理不力，只渡回了二億，無生老母二次又派釋迦牟尼下凡救渡原人，叫做紅陽時期。釋迦也辦理不力，也只渡回二億，於是又第三次派彌勒下凡，這叫白陽時期，因為是最後一次，所以又名末後一著。這次任務很大，要一次渡完九十二億原人，所以要大開普渡，平收萬教。每期之末都要開一個大會，叫做龍華大會，也要分三次召開，即一會龍華、二會龍華、三會龍華。三會龍華之後就要重開新天，將是一個黃金鋪地的世界。

這部經不再分品，通體就是一段，不過也能看出一些眉目，就是原卷的《走馬傳道品》第十九和《龍華相逢品》第二十是它的主體部分，因為引得比較多。

值得注意的是經的開頭一段：「經云：卻說這部龍華經是天佛祖母親傳，因為三期末劫之時，世道不古，人心大變。惡人難勸。留下真經，好作未來應驗。把這部考證龍華經隱藏關外古佛廟內佛爺肚裏，等候三元發現。」這就是說這部經是傳自「關外」的。

第二種經叫做《舍羅漢》，這也不是普明大佛道自己的經卷，全經約 8000 字，主要是十言韻文和七言韻文，有時有些白文。內容全是無生老母為了渡回九六原子的哭訴，以至咬破中指寫成血書的經過。為什麼叫《舍羅漢》，語意難明。大約是指著你本是羅漢體，為什麼不聽老母的話，捨棄了做羅漢的機會。老母在召喚你了，召喚你還不聽，急得老母都寫血書了。

這種經原來不知是哪種民間秘密宗教使用的，持經人聽說普

明大佛道這裏需要經，於是拿來散發。持經人要求普明大佛道翻印，我拿到的是他們的翻印本。

第三種經叫《老母典地》，它的來歷和《舍羅漢》一樣，全文《老母典地》一篇，《老母十勸文》一篇和《太陽救劫經》一篇。《老母典地》是主要的，是說老母倒裝下凡渡化彌勒佛的故事，共十言韻文 152 句，七言韻文 54 句。其他兩種都是較短的韻文，內容如題。

（三）孫朝仁吐經

以上說的是我們在柳樹莊彌勒殿裏拿到的三部經，可以說是普明大佛道的教義依據。如我上面介紹的，這些經都是借自別教的，雖然教派不同，而傳的則都是大同小異，即都是明清以來白蓮教或稱羅祖教那一套東西。創教的祖師文化水準高一些，他講的教義就順理成章一些；文化水準不高又不善於利用知識份子為他做參謀，他講的教義就不免走樣。孫朝仁就是屬於後者。

要知道普明大佛道傳的是些什麼內容，這要看孫朝仁自己吐的經。孫是文盲，他的經都是他口述，別人記錄的，記錄的人文化水準也不高，所以他的經內容都很簡單，一件事翻來複去地講，什麼地方想告一段落就停下，再講還是那一套。他已經印過 9 種小冊子，有時是分行寫，並不押韻，有時寫成散文。它們是：

孫朝仁所著九種經

(1)《彌勒佛天文詩》

(2)《彌勒歷史天詩文》

(3)《彌勒佛龍華語》

(4)《佛出世》

(5)《共產主義真經卷》、《彌勒佛億海經卷》

(6)《彌勒掌教天詩語》附：《彌勒真經卷》

(7)、(8)、(9)《彌勒龍華語》

不難看出，普明大佛道教義的依據首先就是彌勒佛將要代替釋迦佛掌教，而且定出由彌勒佛掌教的日期，1999 年正月十五日。在傳統的教義裏多半要先講宇宙的生成，即「創世記」，孫朝仁也不例外，他和我第一次見面時就談的是這些。後來在《彌勒歷史天詩文》裏我發現了他所講的：

> 天開宇宙來，下冷空氣一萬年，地光靈變成黃土。原始人打野獸，拿石頭打，石頭對石頭，對著了火，把原始林燒得淨光。經火光靈大風刮了一萬年，變成一堆火硝山，凝

固成大火，變成太陽照大地。地發熱生成水，水裏生出了
魚，大魚撞水，水撞大魚。東面高西面低，撞在新疆，魚
成了大山，大山變成土，土變石頭。黃土大水連刮一萬年，
土變成石頭礦，地殼翻高低。魚變萬物一切東西，大魚翻
上岸變成毛猴，毛猴變成原始人，小魚翻地下，變成石油。
[2]

　　他又交代了無生老母的來歷，他說最高的造物主叫王生老
母，她生下三個女兒，一個叫王三老母，一個叫無生老母，一個
叫恩勸老母。王三老母生下太上老君，無生老母生下彌勒佛，恩
勸老母生下釋迦牟尼及耶穌基督。這也是不同一般的提法。

　　在九部他所吐的經卷裏反復宣講的就是號召大家「跟黨
走」，他說：

> 彌勒掌教實現共產主義路線，跟毛主席思想走。彌勒掌教
> 馬克思列寧主義毛主席思想人人去作，彌勒掌教先學毛主
> 席二萬五千里長征革命工作。彌勒掌教不忘長征革命苦
> 路，過雪山、草地、大渡河。彌勒掌教不忘二萬五千里長
> 征的婁山關、臘子口、金沙江苦。彌勒掌教如來佛下凡，
> 為人民為世界變新。彌勒掌教走共產主義，全世界人民不
> 忘馬克思心。彌勒掌教人人要吃共產主義飯，人人有工作
> 辦。彌勒掌教去掉舊社會，實現新民主義走。彌勒掌教推
> 倒大山，大山裏變水庫稻麥化。彌勒掌教邪門快快取掉，

---

[2]　這段引文見於《彌勒歷史天詩文》一開頭。這是孫朝仁在 2002 年寫的，
　　他的頭腦已開始不清醒了。今年見他時，精神已更不如前。

教門自散，緊跟黨來辦。[3]

其他經卷內容與此相類。

弥勒说，前事说完了，我把后事再来表一表。灵山头倒，灵山头要倒，推倒六道山头平，从天山来到灵山一万一千年。又过了一千五百年洪水口村人修灵山庙，前阳有弥勒石头像，抬上弥勒石像请到了庙里。后来孔龙反王土雁把庙烧大德了，刘仲善把我背到八宝村西城坡，西城地伏叫八宝村，有六、七户人家住，后来善庙占，又把弥勒石头像请到庙里占进龙王殿，到日本电子大出发时，把弥勒身子妖到地上，是吴廷贤和吴万富把我又背到一个洞里，那时候土洞里没粮，怕小电子抢走，再加土洞要塌，怕佛祖坏了身子，吴善人又把我背到山头上的石头大洞住下来。后来，大旱之年，孙善人常来求雨。一九四一年弥勒变我残，劝人改心，过太平年，享福分。一九四八年期间善人之妻天啸，劝人，唱有三、四个月，叫人们跟毛主席走，不叫人们走邪门，通门，一九四八年善人之妻得病死后，留下劝人话都应音，人人相信。后来，孙善人在一九五七年把我背下出，住在我的小西房洞里。一九六六年七月二十一日，文化大革命把我身子打坏。一九八一年孙善人塑上新像，一九九一年从小西房搬到村东北院。一九九四年五月初九日搬进佛殿。二〇〇
—72—

年正月初七日搬进西佛殿。一九九四年弥勒露头。一九九九年正月十五日九点弥勒掌教，过天之才人。二〇〇二年正月初九日十二点弥勒出世，善人传开弥勒，弥勒释四方走八道。弥勒说，出世后，人要上天。火车要上山头，汽车要上坡头，弥勒说，三个亿、九个亿，八个蛤蟆，九个重，铁马骑上河山头转，亿马毛过九江大海，星球落，八个姑娘哭，九个天盘来转，天小、地大，八角上看，九个太阳，九个地球，十个字宙，九个太阳转，人类九十亿，把地球转，后世不见，前世看，后世把话听，雷知前世，谁知前世说话听。天下才占宇宙边大，宇宙比地球大九十六倍，三个宇宙一个太阳，九个宇宙看八个太阳照。弥勒变化，脱一次笑，弥勒变化说，变成五层世界，人民走世界，中国人民领导全世界，弥勒要作五次大翻手，要走共产主义。人人来吃好饭，脱化工作进展，机器自动化，人人不微落，铁人魔透，把世界改成天堂主义来占，人心是善，铁马把山头去变，海洋水要变，地球要来变，五层世界一层变，半球落一半。太平洋」种葡萄，普满田占，南极洲住上人走，北极州地上牲畜，牛、羊、猪、骆驼、龙占，种上菜、粮、油、茶
—73—

孫朝仁所著經的經文

有兩種經名為《共產主義真經卷》、《彌勒佛億海經卷》，合為第（5）。實際只有27頁，而且是用4號字排的，全部分行寫。內容是《老君佛經》，只有8行；《老君真經念》，有9行；《老君佛天元經》，8行；《老君佛上德經》，8行；《北斗七星佛經念》，8行，《天元是老君佛》，300行，《億老君佛來占經》，244行，《老君佛天經》，76行，《彌勒掌教世界合一》，37行。在這些段經裏竟然找不到一段是與「共產主義」有關的，不知為何經的名字上

---

[3] 見《彌勒佛天文詩》（一）第三部。

冠以「共產主義」。

在全部 9 部經裏倒用了不少馬克思、恩格斯、列寧、史達林、毛澤東、朱德、劉少奇、周恩來、鄧小平、楊開慧、江澤民、陳毅等人的名字，更多的是提到二萬五千里長征，提到金沙江、大渡河、臘子口、婁山關、雪山、草地。還提到孫中山、蔣介石、汪精衛、李鴻章、袁世凱、詹天佑、殷紂王、秦始皇、朱洪武、劉伯溫、李太白、包公、王朝、馬漢、孫臏、龐涓。還提到《紅樓夢》、《西廂記》、《封神演義》。還提到美國、日本、新加坡、伊拉克。看來他的知識面還很廣。

孫朝仁吐經是有著傳統的白蓮教思想體系作為依據的，對於無生老母的塑造和創世記的演述則是他的創造，把彌勒下凡和革命結合起來更是他的一大發明。他還想有所做為，「將來你要辦大事，有很多大事要你辦」（周詳妻語），限於他的水準，這就很不錯了。

（四）孫朝仁造神

孫朝仁在修廟時曾用了很多時間設計各殿堂內的神像該怎樣塑，最後他和當地的雕塑家合作，塑了一米以下的小型塑像若干個，別具一格。共有如下些：

太極彌勒佛	地將軍（地盤佛）
太極老君佛	天將軍（天盤佛）
德將軍	立善將軍
紅財部手拿黃銅金	長合將軍
白財部手拿白銅金	億將軍
黃財部手拿白銅金	看蛇佛
地財部手拿白銅金	看青苗佛
天財部手拿太陽金	看善人佛

請官佛　　　　　　　　第四位司功爺
億聖土地　　　　　　　第五位司功爺
千聖土地　　　　　　　第六位司功爺
年聖土地　　　　　　　第七位司功爺
月聖土地　　　　　　　第八位司功爺
日聖土地　　　　　　　第九位司功爺
彌勒佛　　　　　　　　第一位醫聖
看家佛　　　　　　　　第二位醫聖
年值功曹　　　　　　　第三位醫聖
月值功曹　　　　　　　第四位醫聖
日值功曹　　　　　　　第五位醫聖
時值功曹　　　　　　　第一位將軍
天仙聖母　　　　　　　第二位將軍
送生娘娘　　　　　　　第三位將軍
眼光娘娘　　　　　　　第四位將軍
催生娘娘　　　　　　　第五位將軍
癍疹娘娘　　　　　　　第六位將軍
子孫娘娘　　　　　　　第七位將軍
太極龍王佛　　　　　　南藥王觀音
神將軍　　　　　　　　北藥王觀音
周公師　　　　　　　　東海觀音
時值金剛　　　　　　　西海觀音
時值公將　　　　　　　南海觀音
王生老母　　　　　　　北海觀音
無生老母　　　　　　　保太將軍
王三老母　　　　　　　合太將軍
恩勸老母　　　　　　　脫離大仙
白海觀音　　　　　　　黑離大仙
北海觀音　　　　　　　青離大仙
南海觀音　　　　　　　雙離大仙
億海天觀音　　　　　　八離大仙
億海左觀音　　　　　　九離大仙
億海右觀音　　　　　　胡仙（一）
第一位司功爺　　　　　胡仙（二）
第二位司功爺　　　　　虎形
第三位司功爺　　　　　馬形（五匹馬）

　　以上共是 94 尊像，按該廟的一份報告[4]中說共有 173 尊像，
經詢問是連舊廟裏沒拆掉的像也統計在內，其中有許多是重複
的。這些像都安排在三陽殿、九母殿、刑公殿、東元殿、西元殿
（以上為新修）、三佛殿、彌勒殿、山門殿、娘娘廟、觀音廟、
胡仙廟（舊名北靈寺）中。

彌勒佛

　　山門殿其實是很小的三個殿，正中的是天仙聖母，兩旁各有
一殿，名字都叫三仙殿，供奉脫離大仙等六位帶「離」字的大仙，
面目猙獰，形象可怕。據說那是防止亂搞男女關係的人進廟的，
其作用與佛道教廟宇的四大金剛或四大天王相同。

　　塑像中有馬形五個，介紹者說那是四值功曹回天庭時所騎

[4]　見本文第九節。

乘，未必如此。按靈山一帶居民多數養馬，為了企求馬的安全健壯他們常在神佛面前供奉馬形，柳樹莊的馬形當也是這種意圖。

塑像中有五位醫聖，都沒有名字。介紹者說原來都有，都是在抗日戰爭和解放戰爭中犧牲的隨軍醫生，其中有一個還是本村人，都標出真名實姓。今年河北省有關部門來廟檢查，叫他們把姓名劃掉。如此推測，五位醫聖中有位留鬍鬚的外國人形象大約是白求恩大夫。

在九部經書裏一律說王生老母生下三個女兒，大女兒叫億山老母，第二個叫紅山老母，第三個叫天山老母。而塑像中又稱王生老母的三個女兒叫王三老母、無生老母、恩勸老母。我以為塑像為是，因為明清以來民間秘密宗教的中心就是無生老母，不能沒有她的名字。至於把彌勒佛說成是無生老母所生那倒沒有關係。

（五）孫朝仁行醫

據傳說，孫朝仁在完全清醒之後就能給人看病，問他自己是什麼時候學的醫道，他也不知道。這就給他的歷史添上幾分神秘性。後來經我採訪一些人，他們告訴我：他在自己得病之前就注意給人看病，當時他家的生活很困難，到醫院去不起，常把病耽誤了。於是他就決心自己學看病。等他自己的病好以後，正趕上有某個軍醫院的醫務人員來靈山採藥，這裏的藥很多，什麼都有，他也跟著上去。這樣就懂得了哪個是藥哪個不是，藥性是什麼，治什麼病。後來他的醫道好起來，這一帶的人都來找他看病，直到現在。

他看病不找人要錢，有非給的，他就拿出個「佈施本」來，

叫人寫上給多少錢，算是給彌勒佛的奉獻。他的幾間殿堂就是這樣蓋起來的。等廟蓋起來，收入就不僅是看廟得的「脈禮」了，直接給佈施的也很多。他的生活則由他在身邊的兩位姑娘輪流照顧。

　　孫朝仁的醫道最高成就在於他自己根據他的理解繪就的病理圖。他拿給我看，我經過他同意後全部拍了照。下圖是我拍下的一部分。

　　他怎麼根據病情下藥，我在他住處的院裏看到他從山上採來的中草藥，在院裏晾著，經詢問，知道那是黃芩、紫胡、臭蘭香之類大約七八種。關於下藥，我見到他的三個藥方：

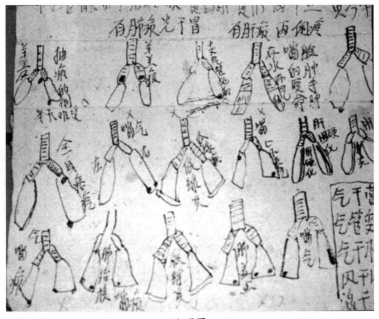

病理圖

雞血曬乾與白蘿蔔片碾爛，曬乾，治鼻子流血、嘔心，喝
一點不頭疼，鼻子不流血。肺炎、硫干、白血症，把蒜皮、
雞毛和黃芩沖開，晾冷喝，吸不進硫干氣，肝膽怕硫干病。
用雞毛一克、蒜皮一克，紫胡一克，三大解，進了口鼻子，
上吐下瀉止住。[5]

這是一般的「偏方」，無足為奇，還是要找到孫朝仁行醫的
真正來歷。在《彌勒掌教天詩語》（六）裏有一段話道出了真實
情況：

終南山田道人來，想見孫道人（指孫朝仁）。田道人創藥
八十八，孫道人創脈八十八，兩個人平衡話，田道人藥，
孫道人脈，能取病來出。[6]

另有一段話是這段話的引申，即《彌勒龍華語》（九）：

田道人創藥創出八十八，
全國疫要他在終南山洞。
人人不知田道人為國，
田道人創藥能治各種病出。
孫善人（指孫朝仁）創脈八十八按病之出，
二個道人一向要出二本書藥出，
全脈全藥二個道人全見面。
治病救人不要送禮人道主義，

---

[5] 見《佛出世》（四）第24頁。
[6] 見《彌勒掌教天詩語》（六）第6頁。

救人為善不能要禮錢吃飯。[7]

這兩段引文雖是半通半不通，卻能達意。就是說從終南山來了個姓田的人，通曉醫學，傳給孫朝仁八十八個藥方。孫在田的誘導下也創出了八十八種脈像。兩人配合默契，曾想出兩本書，因故未能實現（至今沒見）。這就是孫朝仁醫道的來源。

（六）孫朝仁的宗教生活

在《彌勒佛天文詩》裏有這樣一段話：

家住靈山根，生個彌勒身。天賜佛祖占在柳樹莊孫家住，住了四十年身。過了二十三年彌勒不占凡家住，彌勒回到西殿住十年左右看，修起北靈寺九間大殿，人人再看大善人立像（指孫朝仁），身身是功，先苦後甜。[8]

這段話是孫朝仁的自述，他以彌勒佛自居。西殿是指馬路西邊的幾間屋子，北靈寺是指未蓋新廟前在一個小學校址蓋的那座舊廟，在馬路東面。從「大善人立像」一語看，他還在計畫著要塑他自己的一個像。既然如此，孫朝仁每天的生活就在彌勒佛的氛圍中，一切都要聽彌勒佛的。那天我要拍照他的佛像時他說你等我問一問去，他去問誰，誰也不知道，大約就是去問彌勒佛吧！

他是彌勒佛，又是創教的祖師，但是他從來不傳教，不發展教徒，誰來拜佛誰就是信徒。自從大廟蓋好以後信徒更多了，因為大部分農民是有廟就進，有神像就燒香磕頭。一年有三次大的

---

[7] 見《彌勒龍華語》（九）第64頁。

[8] 見《彌勒佛天文詩》（一）第三部第48頁。

廟會期，一次是正月十五日，這是彌勒佛掌教的日子；一次五月初九日，這是諸神下界的日子；一次是九月初九日，這是彌勒佛的生日。到廟會期這天香客要超過千人。這一天孫朝仁顯得特別忙碌，他要念經，念的是什麼經誰也不知道。因為他不識字，自己創造了一套符號，只有他自己認得。這套符號寫在一個大木子上，很厚，每個符號旁邊都有一個漢字，那是請人翻譯的。我在經他同意後都拍了照，下面展示一下。

孫朝仁在三陽殿裏專門為他設置一套念經的桌子，上面擺著木魚、鐺子、懸磬、鼓四樣打擊樂器，念經時由他自己伴奏。念經不只是在大的廟會期，較小的還有，如二月十五日，這是老君爺的生日；四月十八日，這是泰山娘娘的生日。還有一些時候他也要念，人們掌握不了他的規律。念的時候也是有腔有調，只有他一個人念，問他為什麼沒有別人念，他說：「還沒到時候，到2008 年我要從山東找來一些童女，我教她們念。」為什麼要從山東找，他沒加解釋。

向我介紹的人告訴我，孫朝仁堅信現在是白陽時期即該彌勒佛掌教，將要走向共產主義，過去是紅陽時期即該釋迦佛掌教，那時是階級社會，從 1999 年正月十五日就過去了。再往前一個階段是沒有階級的社會即原始共產主義社會，那時該燃燈佛掌教，燃燈即老君佛，也早就過去了。不過現在他不那麼說，實際是這麼回事。所以現在孫朝仁不讓人

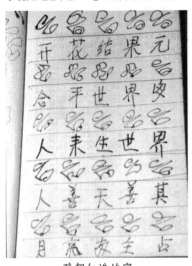

孫朝仁造的字

們說「阿彌陀佛」，要說「彌勒陀佛」。——我記住了，以後見了孫朝仁也說「彌勒陀佛」！

介紹的人還說，你看進廟的人作揖行禮跟別人不一樣吧，這也是孫朝仁的發明：雙手合十先向上舉過頂，然後落下來，這跟一般作揖沒區別，然後右手作行軍禮狀，即舉至右上方，左手插至腰間。這是一種行禮法，另一種是左手下垂。掐腰表示你沒清口，即還吃葷，下垂表示吃素了。——我也記住了，以後行禮也照這種辦法。

孫朝仁專用的念佛桌

彌勒殿——普明大佛道好像是孫朝仁一個人的道，有了他就一切可以調動起來，沒有他，後果將是不可知的。現在他的號召力除了那座大廟和幾個廟會期之外，大概還是他的醫道。

（七）普明大佛道和黃天道

我在 1947 年在萬全縣做農村考察時遇見了黃天道，2002 年在涿鹿縣又遇見了普明大佛道，這真是機緣湊巧。我斷定普明大佛道就是黃天道的遺緒，儘管多數彌勒殿的人都說不知道普明大佛道，包括孫朝仁本人。我為什麼這樣說呢？

第一、黃天道信奉的是明清時代白蓮教派民間秘密宗教信奉的那套基本教義，普明大佛道也是。即彌勒佛將來掌教，天盤要改變。

第二、黃天道創教人李賓自稱是彌勒佛化身，普明大佛道目前的掌門人孫朝仁也是自稱彌勒佛化身。

第三、李賓籍貫萬全縣左衛，他的第幾代的接班人志明和尚是萬全朝陽窯子人。孫朝仁是涿鹿縣柳樹莊人，都在現在河北省西北部，這些地方最遠距離不過一百多公里。

第四、當年我調查黃天道時李賓的形象是著道裝帶毗盧冠（五佛冠），因為李賓自稱是彌勒佛化身，所以有的廟裏就把李賓塑成彌勒佛的樣子，而這個彌勒佛也帶著毗盧冠，其他人物如他的妻子、女兒則不帶。這種形象很奇怪，除了藏傳佛教偶爾見到這種形象外很少見，這可說是黃天道的一個特點。再看一下彌勒殿的彌勒形像，無一不帶毗盧冠（共有三處）。這不是巧合，而是鐵證。

第五、李賓應徵入伍戍守野狐嶺，在戰事中失去一目，所以後來他就自稱虎眼禪師。孫朝仁在修官廳水庫時也傷去一目，在我見到他和他一起合影時，好像又見到了當年李賓的影子。

第六、黃天道入道的信徒一律稱為「善人」，普明大佛道也是一樣。

　　以上列舉的事實都是十分真切的，因此我不禁想起周德瑞的話，他的話是可信的。孫朝仁等不敢承認普明大佛道一定是他們有顧慮。顧慮何來呢？

　　1992 年我重訪萬全、宣化，看看幾十年後這兩個地方變成什麼樣子。果然是面目全非，我要看的那些廟宇，除了水母宮一處之外，鮮有保存的了。我想去膳房堡這個黃天道的發源地，因當時微恙而未果。幸而在 2001 年我在東京學習院大學講演，講後一位從一橋大學來聽課的研究生名叫村上志保的拿著一幅照片過來，她說她正在按著我們當年的路線重新踏勘萬全縣，包括膳房堡。那幅照片正是膳房堡普佛寺的遺址，已經改作別用了。她還告訴我，此行什麼也沒得到，你描寫的當時的情況我們什麼也沒看到。這件事說明當地在解放後的歷次運動中，會道門是遭到取締了。孫朝仁的顧慮可能正在這個方面。

　　其實我 1947 年發現的黃天道只是志明和尚利用李賓的出生地和死後埋葬地膳房堡來大作文章。李賓創教在明嘉靖年間，他當時很活躍，一直跑到北京，結交權貴，聲稱他是普明佛。他寫了幾部經，後來經人修改後都出版了，這大約都是他死後的萬曆年間的事。入清以後他的教不行時了，從乾隆年起到嘉慶年間黃天道屢遭政府查禁，甚至搗毀膳房堡李賓的老巢。然而李賓的徒子徒孫們並沒死心，隨時都有人企圖利用膳房堡捲土重來，都失敗了。光緒初年來了個志明和尚，不知他屬哪一輩的，利用膳房堡挖出一口井來，又挖出李賓的一塊墓碑，大肆宣傳，說井裏的水能治百病，又向周圍十八個村子集資，經過三四年的工夫，修了一座全縣最大的廟宇普佛寺，時隔李賓在世已經 200 餘年。

　　1947 年我在萬全縣見到的普佛殿都是附在別的廟裏的，甚至只是加個木頭牌位，唯一獨立的普佛殿就是趙家梁的，它是 1924

年的建築，是專為崇拜普明佛的。因此談起黃天道在萬全縣的流衍情況就不能與李賓在世時的一直傳到北京，以致他的姑爺把黃天道帶到江南另立支派的事實相提並論。我見到的只是萬全縣的那十幾個村子，其他地方呢，我想在懷安、宣化、涿鹿、懷來等河北省西北角的幾個縣還可能有，過不了長城。

那麼，孫朝仁設計的神像——彌勒佛帶著毗盧冠……到底是哪裏來的呢？我想不會是他自己的發明吧！

（八）彌勒殿的規章制度

彌勒佛殿關於佛殿領導小組辦事的規章制度

一、佛殿實行當家人（組長）負責制，當家人對佛殿一切事務負全部責任。各小組成員要尊重當家人意見。遇到重大特殊難辦之事，當家人要請示彌勒佛祖，得到明示後，方可安排實施或決定。小組成員實行分工負責制，按組實施。

二、為便於工作，佛殿事物分三組實行管理，即：行政管理組、財物管理組、組織宣傳組。分別由領導小組成員任正、副組長。各領導成員的任務另外安排。

三、領導小組建立定期會議制度

1.每年陰曆年初要召開一次年度計畫會，研究安排當年佛事活動，預算當年建設專案及資金，確定殿內管理的人事變動等。

2.年終召開一次總結表彰會，總結一年的佛事活動經驗和問題。結算一年資金收支情況，查點殿內物資庫存、損耗等。表彰佛事活動中的先進分子。

3.每年安排好正月十五日、五月初九日、九月初九日三大

聖誕節日的活動。

　　四、加強會計制度，保障資金的使用合理合法，要做到以下五點。

　　　　1.錢賬分開，物賬分開，會計和出納員不得一人兼職，保管和賬目不得一人兼管。

　　　　2.清點佈施時，當事人、會計和出納三人必須在場。當天清點入賬，當天入櫃。

　　　　3.公用開支、借款建立審批制度。一次借款或開支在五百元以內，須借款人填寫借據，當家人簽字批准。一次借款、開支五百至一千元以內，須由當家人和財務組長共同簽字批准。一千元以上者須由四個領導成員研究批准，當家人簽字再注明研究批准日期。

　　　　4.收入支出要日清月結，季度審計。審計時要有當家人監督、會計、出納對賬，做到錢賬相符，否則要究其原因。物賬每年清理一次。

　　　　5.無論何人何時均不得私自動用殿內資金、被褥、桌椅等，不得據為私有。若須借用，要經當家人批准，並辦借用手續，做到損壞賠償。

　　五、領導小組成員，必須清白、廉潔，不收受不索要他人錢財，更不能隨意利用殿內錢物賄賂他人。

看廟值班人管理制度

　　一、凡經批准在本殿值班人員都要實行合同制，每班四個月，從接班當日起簽訂合同，到期回家。

　　二、值班人員要堅守崗位，認真守佛，勤奮工作，不能擅自

離開。如有特殊情況，須經領導批准方可離殿。

三、值班人員要愛護殿內一切設施，做到經常清理、維修。要隨時隨地清掃衛生，不得隨地方便，亂堆雜物。

四、對燒香拜佛者要熱情接待，有接有送。不能冷落或置之不理。對遠來客人要儘量提供方便。

五、除拜佛人員外，不得招引閒散人員到佛殿聊天，要嚴禁孩童到殿玩耍。

六、值班人員必須提高警惕，做好防火、防盜、防毒工作。

本殿領導小組立 2002 年正月

彌勒殿當家人守則

一、遵守國家法律，按照宗教管理部門的指示和規定辦事。

二、按照佛旨，當家人遵守殿內各項制度，建立合同制，遵守合同條款，嚴格按合同辦事。

三、理財一定做到一清二白，不占佛殿便宜。幹工作實事求是，決不弄虛做假，不撥弄是非。虛心聽取有關人員意見，及時改正錯誤，事事處處以身作則。

四、辦佛事努力做到勤儉節約，少花錢，多辦事。

五、為了搞好工作，堅持原則，不接受別人的禮物和賄賂，不隨意拿殿裏的東西送人。

六、對待拜佛的善人以禮相待，按眾生平等原則安排生活，堅決避免粗暴態度或不好現象出現。

二〇〇二年正月

彌勒殿辦事處學習制度

一、認真學習黨的各項方針政策，以黨的各項方針政策指導佛殿各項工作。

二、認真學習貫徹落實各級政府下達的有關宗教管理的規定，執行各項要求，規範佛殿管理制度。

三、大力宣傳公民社會公德，教育廣大群眾多做好事善事，抵制社會上的各種不正之風。

四、佛殿辦公人員堅持集中與分散相結合的學習制度，以分散學習為主，每月逢九集中學習，談心得、講體會。

五、對黨和政府下達的宗教管理文件收到後立即學習、討論，並貫徹執行。

二〇〇二年二月

（九）彌勒殿的報告

涿鹿縣礬山鎮彌勒殿辦事處關於彌勒佛殿建殿六周年情況的報告

彌勒佛殿建在涿鹿縣東靈山北麓礬山鎮柳樹莊村。自 1999 年至今整整六年了。六年來，特別是在涿鹿縣民政局於 2000 年 2 月 15 日發給《河北省宗教場所登記證》以後，佛殿有了長足發展，發生了明顯變化。目前院已初具規模，對周邊地區群眾的政治思想和經濟建設產生了一定影響。現將基本情況報告如下。

一、佛殿建設初具規模

本殿由兩處院舍組成。東院是一處民房，購置後，建成善源殿，總建築面積為 1023.7 平方米。彌勒殿分設三陽殿、彌勒殿、三佛殿、龍王殿和六個廟。善源殿分設九母殿、刑公殿、東元殿、

西元殿和老母殿。總計九殿六廟，殿內共有佛、神、仙塑像 173
尊。其中佛像 16 尊，神像 143 尊，仙像 14 尊。呈現佛道儒為一
體的建設格局。另有倉庫、宿舍、伙房用房，全殿共有房屋 33
間，還有價值十萬元的帳逢和小型發電機組等，服務設施也基本
齊全。

二、有明確的辦殿指導思想

經過六年的工作，辦殿指導思想逐漸明確，概括起來，有三
點：

(1)圍繞「彌勒掌教走共產主義」的總目標，努力勸導善人們跟党
走，行善跟佛走，召示世界人民跟黨走跟佛走。反對戰爭，爭
取和平。大力宣傳彌勒就是共產黨，長征人就是千佛萬祖，千
佛萬祖就是做了最大好事的人。堅決反對任何形式的反黨、叛
黨言行。

(2)以「善」為中心勸化人。圍繞一個「善」字，要求善人們以勞
動為道，多做好事。努力學習長征人艱苦樸素的思想作風和謙
虛謹慎戒驕戒躁的工作作風。努力學習毛主席著作，做到全心
全意為人民服務，毫不利己，專門利人。爭做「五種人」，要
求善人孝敬父母，教育好子女，不要貪不義之財，不要搞男女
混亂，做事要一清二白。

(3)勸導善人，在日常工作和生活中，以「仁義禮智信」為行動指
南，不搞「坑蒙拐騙偷」，做一個遵紀守法，按照社會公德要
求做一個好公民。

三、對周邊地區產生了影響

由於辦殿指導思想正確，地理位置優越，交通方便，位於京
張旅遊圈內，來殿參拜佛神的善人逐年遞增。近三年來，每年正
月十五、五月初九、九月初九日三大節日均達千人左右。加上平

時拜佛人員，年均有萬人左右。從拜佛人的地址涉及範圍已達十個省市（區），有來自北京、天津、內蒙、黑龍江、山東等省市（區）的善人。也有來自江西、福建、貴州、甘肅等南方和西部的善人，當然以河北省人數最多。省內涉及保定、廊坊、滄州、石家莊、承德、張家口等六市。其中以張家口市為最多，懷安、萬全、宣化、赤城、蔚縣、陽原、崇禮，河北和市轄四區也有不少人前來參拜。就人員成分看，有國家公務員，有專家、學者，還有企業家，有新聞工作者，更有佛道信徒。當然還是以工人、農民為多數。參拜者普遍反映本殿符合我國國情，有中國特色，有新意，是一種創新。對堅持黨的領導，堅持社會主義方向大有益處，是團結非黨群眾抵制邪教，進行社會主義教育的極好場所。

四、促進當地經濟發展

因拜佛人數的增加，佈施款也越來越多。到今年五月初九日止，佈施款累計達 49 萬元，總支出 47.7 萬元。其中固定資產 37 萬元，生活用品消耗 11.7 萬元，給本村墊支綠化費和基建費 3 萬元，結存現金 1.3 萬元。所有支出款項均在當地消費，有利地促進了當地的貨幣流通，增加了國家和當地政府的稅收。

綜上所述，在縣、鄉政府的大力支持下，幾年來彌勒殿沒花國家一分錢，由一個家廟發展成一座初具規模的佛殿，不斷地對拜佛者進行了社會主義和共產主義教育，對周邊地區，乃至全國十個省市（區）產生了政治思想影響，還促進了當地流通，支持了當地經濟發展，是一件極大的好事。我們堅信各級黨、政領導會大力支持，我們熱烈歡迎領導前來佛殿考察。當然，彌勒殿就其指導思想看，與其他教門有明顯的區別，帶有顯著的政治色彩，時常受到其他教門信徒之攻擊。但我們還是覺得這正是彌勒殿具有強大生命力所在，任何新生事物的誕生，都會有不完備之

處。為此我們也相信各級黨政領導，會按照黨的宗教政策因勢利導，進行批評指正，把彌勒殿引向更加完備更加正確的軌道。

2004.7.30

附記

孫朝仁於 2006 年陰曆七月十三死去，其教、其廟依然存在，來朝拜者依然踴躍。

2007 年 8 月 18 日

一心天道龍華聖教會調查資料輯存
（1945—1951 年）

　　一心天道龍華聖教會的歷史很近，他的前身就是民國初年興
起而大盛於民國十八年左右的山東一心堂，再早的源流，則因文
獻不足而未能加以考證。

　　它是秘密宗教中，教義最嚴格最秘密的一種，雖然它在近年
已進入了都市的範圍，並且從外面看來已是一個公開的組織，而
因為在實質上一點沒有更動，我想盡了方法，始終沒得到機會和
他們接近。幸而勝利來臨後，政府明令查禁邪教，一心天道龍華
聖教會首先被查抄。從天津市政府社會局查抄後的檔案中，我們
可以得到不少材料。但還有一點，不能不認為是學術上的損失，
就是當查抄時因為要執行功令，所以當場燒掉了該教經典九十餘
種；而我事後得到的只有《無生老母十指家書》是一個極薄的冊
子。從這些材料中，當然不能分析出什麼結果來，然而已經是很
可貴的了。

　　對於一心天道龍華聖教會的調查，除了這一部份材料之外，
還有前人作過的一些，就是日本末光高義氏在《支那的秘密結社

及慈善結社》中有一段記載。這本書現在尚沒有中文翻譯,所以也加在本文之中。還有一部分材料是解放後該道被查抄,公安部門所披露的情況也一併輯存在這裏。

一、一心天道龍華聖教會概觀

從下面這些僅有的記錄裏,我們可以看出一心天道龍華聖教會的梗概。這些記錄有的採自天津市政府社會局風化禮俗科的檔案,有的採自報章的記載,現在不再一一識別。

(一)調查一心天道龍華聖教會情形

一、該會會長馬士偉字冠英,係山東省長山縣人,曾在魯東創設一心堂,以左道惑眾,妄思稱帝,圖謀不軌。於民國二十年時為前山東省主席韓復榘所發覺,嚴行取締。該馬士偉遂潛逃大連,後遂輾轉來津,於日人卵翼之下,在前日租界桃山街組設一心天道龍華聖教會,自稱皇帝,擅封大臣,廣招生徒,傳佈邪說,並有率領會眾遊行,反抗官府政令,擅改曆法諸情事。二十六年七七事變天津淪陷後,該會更藉日寇勢力,將會址遷移至楊家花園,益肆活躍。

二、該會會員多為鄉民,遭受愚弄,凡入會者多將財產典賣淨盡,捐納會內,故又名淨地會,傾家會。

三、該會會員均蓄長髮,高帽左衽,眩惑世俗,極為荒謬。

四、該會會員現集居本市楊家花園 47 號,計男會員 254 人,女會員 157 人,所有女會員多為二三十歲之少艾。據該會總務組長馬仙龍稱,此輩女會員因鄉間不靖,避居此間。但此輩女會員曾否出嫁,有無父母,竟雜居此處,令人眩惑不解。

五、每年十月二十二日為該會會長馬冠英生辰，懸燈結彩，異常熱鬧，各地來賀會員盈千成萬，極為招搖。

六、該會內部另設會主內宅，設置富麗堂皇，高懸「正大光明」匾額，有若宮室；並有美婦數十人，說者謂係馬士偉之嬪妃。

七、聞該會會長馬士偉以自稱皇帝身份，不願與外人隨意見面。倘有人詢以馬會長是否在津，則言語支離，或稱已去南海朝山。

八、該會名稱原已離奇，又將所冠一心之「一」字改用「1」字，以示與眾不同。

九、在天津淪陷時期，該會與日寇勾結，組織「大東亞佛教聯合會」，懸巨牌於門前，敵日僧侶官民出入該會者極夥。凡楊家花園一帶居民均知其事。

十、該會對外稱信奉儒釋道，以舉辦慈善事業為宗旨，但其行動詭密，從事非法活動，實為一圖謀不軌之團體。

（二）調查一心天道龍華聖教會與紅卍字會職員李怡民談話記錄

據稱一心天道龍華聖教會創於山東長山縣，會首字冠英，又稱馬皇帝。其人素具野心，兼習左道，初設總會於日租界桃山街，屢有率領會眾遊行情事，且於會址門前張貼佈告，擅改曆法，訂一月四十八天，一年十八月。近數年來不知其人何往。其在津徒眾約有四五百人，會員男女兼收。女會員多住於會內，恒數年足不出戶，完全與世隔絕；男會員之住於會內者則皆披髮左衽，奇裝異服，與外間亦鮮往來。會之教義不明，僅知入會者率多傾家蕩產，惟年來對於慈善事業則頗多贊助。

（三）調查一心天道龍華聖教會與天津理教聯合會負責
人盧錦榮談話紀錄

據稱一心天道龍華聖教會起於山東周村，創始人馬冠英妄思稱帝，遂創斯教，自稱馬皇帝，以左道廣收門徒，聚眾持械，意圖不軌。北伐時與張宗昌有所勾結，後遭查禁，逃至大連，復藉日人勢力，潛來津沽，在日人卵翼之下活動於日租界。七七抗戰，平津淪陷，始遷今址。該會教義不明，衣冠別異，蓄發左襟。入會者須捐獻全部家產，故又名傾家會，愚民受害者極夥。該會會員僅少數人在外活動，其餘皆不外出，對內部情形向不為外人道，故莫知其底蘊。但該會歷年對慈善事業之舉創，則頗著成效。

（四）一心天道龍華聖教會內部情形

奉示視察一心天道龍華聖教會內部情形，遵於本月十八日下午偕同本科禮俗股主任崔蔚雲前往。抵達後，由該會總務組長馬仙龍招待，並引導視察。茲將觀察情形，詳陳如左：

一、佛堂　該會大小佛堂約共有五六處，或供奉該會年譜，或供奉南極仙翁等，以與一般宗教相較，尚無何特異之處。惟塵封蛛網，香火不盛，似對於禮懺不甚注意者。

二、會員　是日所見在會之會員，約百餘人，男女兼有，男皆蓄發，女梳雙髻，男會員皆衣藍布道袍，女會員則裝束各有不同，似無限制。該會自高級職員以迄傳達差役，皆由會員擔任，無一外人，是為該會一大特色。而會員中各以其原有技能，司理各事，有任裁縫者，有任木匠者，有任廚役者，似採自足辦法，以期與世隔絕。

三、會主內宅　該會另闢一院為會主內院，據云係馬會長攜

眷居住之所。入內則為一構造精緻房間，眾多之樓房，額懸一橫匾曰「正大光明」，則儼然宮殿氣象。屋內陳設華麗異常，每一室內有女會員六人至八人，類多二三十歲之少艾。據該會組長馬仙龍稱，此輩女會員多籍山東各縣，因鄉間不靖，始避居此間。偶詢一女會員，則稱已來此數年矣。此輩女會員有無父母？曾否出嫁？何以與其家屬隔離數年之久？來此所為何事？殊不可解。既稱會主內宅，而會主又不在內，益令人眩惑不已。

四、會長　會長馬冠英究在何處？據該會組長馬仙龍稱，馬冠英於民國二十四年至南海朝普陀，並擬赴華山、峨嵋山等處遊歷。初尚有信來，太平洋戰爭起後，即音訊杳然。現在何處，會中亦不知悉。

五、教義　該會之宗旨究竟何在？經詢據馬仙龍稱，敬奉天地，崇尚道家清靜無為之旨。僅於每日三餐前各叩首一次，以謝天地之恩，其他並無禮拜，目前則著重於辦理慈善事業而已。

（五）一心天道龍華聖教會概況

一、會址　南開楊家花園東西街 47 號。

二、宗教派別　屬於儒宗，並重釋道真如清靜無為之旨。

三、供奉　天地君親師及儒之孔孟，釋之如來，道之老子，但不供祀偶像。

四、負責人　會長馬冠英，現由副會長陶雲祥及總務組長馬仙龍代理。

五、會員數目性別及職業

甲　會員總數共 56076 名。（男 30816 名，女 25260 名）

乙　會員職業農占五分之四，其餘五分之一為工商。

六、經濟來源　所有一切費用，概由會員擔負，並不外募。會員納入計分三項：

　　甲　經常費每人每月拾元。

　　乙　新入會員每人入會費五十元。

　　丙　逢春冬雨季，自動輸納義捐，辦理賑務。

七、主要工作　以慈善救濟事業為主體。常年有免費之學塾，一部慈善診療所，一部夏令施茶施送暑藥，冬令施粥施糧或施放賑款及棉衣等。

八、捐款來源　此次捐助本市冬賑會之聯鈔七百萬元，係由各會員義捐項下儲備辦理冬賑之款項。

（六）一心天道龍華聖教會的經典

據天津社會局云，查抄時曾當場焚毀其教中經典 90 餘本，但各經內容及名目則皆無記錄。現存於局中者，僅《無生老母十指家書》一種，民國二十三年孟夏重刻，木版印刷，前有無生老母圖像一張，正文甚短，不具年月及名字。茲錄全文如後：

無生老母十指家書

一指皇胎家早回，來時歡喜去時悲。三期莫誤龍華會，同登極樂仲元魁。

二指東方兒女來，皇胎子女母嬰孩。至今過了半周載，正午還家三泰開。

三指中華外國娃，午時三刻快回家。不知何日光天下，為找原來母種瓜。

四指皇胎家早還，阿娘想破慈心肝。幾番教子幾番歡，一字血書一字寒。

五指原來返正中，親來東土喚兒童。破開世上紅塵夢，幻景一時名利空。

六指乾坤雷六合，為娘教子早登科。功圓果滿萬緣閣，天榜題名考善額。

七指坤元婦道流，同登海上樂三洲。阿娘教好閨中秀，考取賢良女德修。

八指南針定卦書，玉龍寶馬負鴻圖。先天修補後天數，過去未來三寶珠。

九指宮開天上學，西方佛子喚同胞。親來教化修儒道，同步青雲好上橋。

十指家書天下聞，兒拆母信便知音。同來福地洞天隱，何必桃源去問津。

二、日本人對一心天道龍華聖教會的調查

（一）淨地會之起源宗旨及目的

山東省長山縣有名淨地會之團體出現，宗旨為「樂善好施」，普救人類。人若皈依此教，必將賣盡財產，故世人稱之為淨地會。其本名實為一心堂，由馬士偉字冠英者所創。馬現年五十七歲，二十年前學得秘術，頗得當地居民之信仰。信徒入會後，將自己所有資產獻納，寄食於會中。時至今日，迄無一人中途退教者。又信者皆稱馬為「馬善人」。現以「馬善人」為中心之丁王莊一心堂已集有萬餘人，其中幼童約五百人，女子約一千人。最初僅為鄉里中之愚夫愚婦，其後遠至雲南，貴州，滿洲，蒙古各地來獻納全部財產之信徒日多。現全國信者已達四十萬人，集於丁王

莊者以黑龍江，河南，福建人為最多，滿洲之大地主亦有數人。彼等每年一度歸鄉，攜萬金而回。民十七年秋有攜款五萬元之五十餘人來丁王莊參謁，至膠濟路之龍山，忽為紅槍會所包圍，鉅款悉被劫去。然無論如何，一心堂每年自全國各處所得金錢，絕非少數。集於此處之信徒咸度極簡單之生活，消費甚少，所餘據云大多捐助慈善事業。

馬士偉現兼中國紅十字會長山縣分會會長，為地方上之有力者，各縣之醫院小學校或無力就學之貧寒子弟貧苦患難者，皆能得其資助，他如修路築橋，信徒等亦當親服勞役。濟南商埠地二馬路小緯六路之一角，有一宏壯之醫院，即其出資所建。濟南治安維持會，因財政困難，員警無餉，欲謀不軌，馬士偉出贈巨金，始安然渡過。故今日皆知馬為一大善士。各省之大官名士，多以匾額贈一心堂。至於一心堂之事業及信徒之生活情形，絕難為會外人所知。今特將曾至丁王莊訪馬士偉者所述之情形，摘引於後。

（二）一心堂絕對秘密 —— 由外面的觀察

在二三年前世人僅知馬士偉為一慈善家。不知何人云：山東省長山縣有馬姓者即皇帝位，任命文武百官。當時日本報紙曾記載此事，謂此馬姓者即馬士偉，後方知所傳不確。實在皇帝乃明朱洪武之後，名朱宗光者，年方二十五歲。其部下均為馬姓，軍機大臣馬士偉，外務大臣馬光云，財政大臣馬士貞，大學士馬士標，內務大臣馬春田，驛務（交通）大臣馬培臣等人。因大臣皆為馬姓，故皇帝當作豪語，謂我有「八駿馬」，此後可統一中國，治理天下。又馬士偉近曾聘請專門軍事人員訓練軍隊，現已有槍者達 1500 人，但仍未編成正式軍隊，並有大炮四門，機槍多台。

故又有人云：馬實創設大刀會、紅槍會。其皇帝究為馬士偉，抑為朱宗光，傳說不一，然長山縣有皇帝出現一說，則已成街頭巷尾，酒後茶餘之談話資料。濟南記者及日人，曾去訪察真相，但終不能明瞭此皇帝一說之真偽。

一心堂對來訪賓客之口頭語為「回來了麼？」信徒們的口頭語為「天意」。「天意」係指神授予人間以一至善天使馬士偉，即萬人之「老父」。信徒們從萬惡社會中重登至善之堂，若久別乍歸，所有信徒都互為兄弟，「回來了嗎」？意即在此。人本性善，為欲所迷，以致釀成種種罪惡，一旦醒來，歸至老父身邊，從此清心寡欲，博愛行善，以度此一生，此即為其宗旨。訪者曾於馬士偉住宅後之客室內，由信徒口中得到幾點關於一心堂的宗旨：

一、一心堂中無神，無佛，我心即主宰，故無須拜佛許願，只努力自修而已。

一、四海之內皆平等，有緣者方得為同胞，故我等主義當為世人所贊同。

一、清心寡欲以達於「無為」，罄其所有以歸依此教，能在一心堂中度一日，幸福無涯。

一、因四海之內皆同胞，故不獨中國各地，即英，法，美，俄諸國，亦皆為我黨活動之處所。

一、日本東京尤其大阪北部，亦多我同胞。

一、一心堂亦多有日人，如鈴木，岡田，小山，橋口等。因當時日本大本教在中國布教者出沒於福建、東北各地，皆利用此一心堂故。

一、一心堂之擁有武器，並無企圖，只為禦侮。

客室中懸有如下之文句匾額：「一心堂中美緣會，四海境內一家人。」及「非禮勿聽，非禮勿動，非禮勿視，非禮勿言。」

　　一心堂又頗類似修道院，信徒等將財產獻納。雖年獻巨萬之富人，亦一律度簡單樸素之生活：身著棉質道袍、足登敝履、食物為小米豌豆粥，菜為蘿蔔鹹菜等，絕少魚肉。頭髮任其生長，手足不加洗滌，污穢不堪。一見之下，每使人疑為原始人或怪物；然無論衣表若何，總是笑顏滿面，童心佛顏，恬靜淡泊，不求名利。

　　一心堂內築有地窖，為信徒修練之所，每日點名兩次，每百人為一隊，悉長髮蓄鬚，其中約有四分之一為紅槍會、白槍會會員，紅色坎肩上嵌有白色「上下左右」四字，此或為所傳組織紅槍會白槍會之原因。

　　信徒集合所分中京，大平府，大靈山三部，居所亦分三部，「大象」為男子所居，「二象」為女子所居，「三象」為童子所居。

　　大象在南部約占地十畝，東南有一門，影壁上繪有五色旗，院內中央豎一大紅十字旗，此即紅十字會長山縣支部；二象地約三千坪，南北有門；三象地約一千坪，西有門，其週邊以高約一丈五六尺之磚牆，但未築槍眼。第一象長方形，第二三象方形。第一象門前有背負大刀之步哨二三十人警備，由隊長率引，出入之信徒頻繁。第二三象門前無步哨，但有馬隊警戒，房屋皆灰磚所築，甚為樸素，蓋彼等以為宏壯美觀，非所必要，能禦風雨已足。馬士偉住宅位於村之中央，前門懸有前山東省督辦鄭士琦所贈之匾額，屋宇與平常無異，門前有執舊式刺槍橫大刀之二名步哨。男女住宅分別，但時定日期會合遊行。

　　外間訪問者所見到之一心堂，為無欲善行主義者，所云稱帝及行使秘密法術傳道等，苟非入教，只憑臆測，絕難得其真諦。至於馬士偉之表面事業、信仰、信徒及日常生活據濟南記者之訪問則大略如下：

一、一心堂至最近其禮貌禮節人員均似佛教之一團體，非常敬恭。民十七年秋日人二三十加入以來，言行較為粗暴。

一、有二日人，一為牧師，一為軍隊教練。其內部是否藏有大量武器，頗屬可疑。

一、馬士偉現已五十七歲，有妾七八人，其行為如何，殊難確知。

一、于馬善人袍中，可映出信徒之四代祖先。

一、求馬善人代筆時，可勿告以原委，即能明白書出。

一、馬善人能知當日新來信徒數目及所獻金錢數目。

一、從馬善人處借資本營商，三年內可獲利十倍。

一、馬善人有「吹風化雨」「砂土成兵」之法術。

一、馬善人念咒，能倒斃十里外之敵兵。

一、曾為張學良時代督辦之張宗昌拜訪馬善人時，曾攝影以為紀念；歸時馬善人像現出約有丈餘。

（三）山東長山縣丁王莊皇帝出現

民十八年二月山東新聞刊有長山縣丁王莊馬皇帝之訪問，題目是「皇帝呢？神呢？奇怪之團體。」現在抄在下面：（日本記者之一心堂訪問）

記得是去秋的事情，山東省長山縣有馬姓即皇帝位，任命文武百官之說，不知何處傳來。古語云：「王公將相豈有種」，今以平民妄敢稱帝，記者本不甚相信。其後此項傳說喧騰益甚，蓋民國成立已十八年，而戰禍連綿，人民塗炭，忽聞有皇帝出現，勢必騷動一時也。此類傳說之可供參考者，約有數點：

一、出現於長山縣之皇帝馬士偉，任命張敬堯為兵馬元帥。

緣彼為長山縣北丁王莊人，現年五十六歲，二十年前，學得異術，頗得當地居民之信仰。一入彼教則罄其所有以獻納，其教義以「慈善救人」為本。信徒遠若雲南，貴州，滿，蒙各地，皆獻其所有，聚集於此，現全國約有四十萬，在丁王莊者已達二萬。信者稱馬士偉為皇帝，父老目為天帝第二子，丁王莊為天京，其誕辰為舊二月二日，稱之為聖壽節。當日行即位式，年號熙順，國號新明，長山縣為京畿，其制分四宰相六郡九卿，延用舊明制度，組成黃紗會、紅旗會為開國先鋒以平天下。

　　二、外傳馬士傳為皇帝，但據其內部人稱：皇帝實為朱洪武之後朱宗光，年二十四歲，丙午年生，其部下均賜與馬姓，軍機大臣馬士偉，外務大臣馬光雲，財政大臣馬士貞，大學士馬士標，內務大臣馬春田，驛務（交通）大臣馬培臣等。

　　三、外間喧傳馬士偉近來確曾聘請專門軍事人才，訓練軍隊，已有槍者約千五百名，大炮四門，紅槍大刀自造，並有增槍至二千五百支之計畫。其性質似為宗教團體，又似武力團體；似皇帝，又似神。皇帝究為何人，始終不明。

　　至於記者等訪問之情形，則大略如下：自周村至長山約 18 華里，長山至丁王莊約 15 華里，我等一行先至垣台縣孫英芳氏處，乘孫氏汽車行 18 里之土路，於薄暮中達丁王莊。此莊甚大，外無圍子等設備，汽車抵達門前通報後，即有長髮怪人十餘來迎，笑問「回來了嗎？」「回家了嗎？」我等被此輩怪人引至外客接待所，首先見到「五代其昌」四字之匾額。

　　旋有一人持茶進，一人持紙煙進，其意殷勤，頗使人有久別乍歸之想，親切意味，溢於眉宇。俄推桌而入，羅列山珍海味十八種，並有佳酒，我等頗為惶悚。

　　據我們所知，馬士偉現兼中國紅十字會長山縣分會會長，出

資建設醫院學校於各地，修橋補路，盡力於公共事業，如濟南二馬路小緯六路一角之慈善醫院，即為其所建。

去年濟南維持會財政困難，員警無餉，欲謀不軌，馬士偉曾出巨金，濟南治安始得維持。當時我等見到此事，頗為不解。一、濟南不乏富豪，何以獨受他地慈善家之援助？二、紅十字會何以如此富有？三、紅十字會若果富有，為何不從濟南本會支出，而自長山分會支出？

當時固不知馬者即今日之馬皇帝也，記某報曾載馬某門徒，遍於全國，不下十萬，一若喇嘛教徒，年年獻納巨金至丁王莊。現莊中有滿洲大地主數人，一年一度歸鄉，攜數萬金而回。

去年秋有攜五萬元之五十人來丁王莊，于晏城站下車，因有匪首張明九盤據章邱，而齊東，鄒平各地，又多土匪，故一行人眾沿膠濟路而至龍山，忽為紅槍會包圍，所攜巨金，悉被沒收。丁王莊中雖年獻數萬金之富豪，亦度此一心堂之質樸生活。更有數約七百之信徒，親往修建醫院，道路，橋樑等。

五年前龍江省一老信徒云：「為善甚樂，以其與天意相合也。民國以來，人民苦於塗炭，即兵士等亦不知戰意何在，此皆由於私鬥私欲之結果，頗與天意不一致。天曾為我東洋人生釋迦，生孔子。蓋天對眾人一視同仁，絕無中國，日本之分；而人類各重私欲，以致自相殘殺。我會乃仰體天意，領導社會向善。若天下皆我會員，則必早已太平，而中日之事，亦必消滅淨盡。」

其說雖近迂腐，然亦有其真理在。在垢面敝衣人欲為勇敢真摯之實行家，萬人爭攘之私利私欲，視同敝屣，專為理想社會之實現而奮鬥。

綜觀各點，一心堂似拜邪教，然何以世間傳說如此之甚，抑係為人中傷？昔日所聞與今日所見，歧異若此，使人不能無疑。

　　我等本欲當晚謁見馬某，彼答云：「馬善人於會晤某人前，須扶乩以定吉凶，吉則會。以張宗昌督辦使者之威，亦曾回絕，第二次始得一見。」我等遂留宿該地，並謹行宣誓以待明朝。宣誓禮由信徒中的長老代行，誓詞內容大約為（一）不為惡，（二）不妄貪酒色財，（三）莫與人鬥爭，（四）莫負人為善等約七八項。宣誓畢始到寢室。次晨起來，問寒暖，進臉水，洗漱完畢，即往晤馬善人，馬居室為正屋，入室後見室內正面一桌，右坐者為「老父」，左有「老母」之座位，老父長髮長髯，面蒼白，此即數十萬人信仰的中堅，貌頗莊嚴，奉敬禮畢，說教約三十分鐘，多引用古今成例，勸以寡欲為善。情意懇切，使聽者頗似受教於親父之前。

　　老父挽留我等多留數日，我等答以尚有他事，容改日再來拜謁。聞曾有來此二十餘年之信徒，尚未得見老父一次者，我等深以得一見為幸，於是敬禮退下。

　　早飯又已送來，較昨日晚餐尤豐，斯時已七時餘，因須於十時五十分至周村乘汽車，故登馬車，於晨曦普照中揚鞭而歸。

三、1951 年對一心天道龍華聖教會的調查

　　一心天道龍華聖教會於民國二年，由長山縣大丁汪莊馬士維創辦（馬原係聖賢道徒，木匠出身）。當時由江南來的趙乾坤、銅和尚、楊道士三人（均留全髮），趙自命老聖人，揚言前來尋訪新聖人「馬士維」（馬三十三歲）。自此馬士維便留全髮，在其南屋閒居三年，每日三時由其妻送飯至門口，不准見面談話。時過三載，馬步門而出，「鬚髮蒼白」，偽裝「神人之風」，自尊佛位，將己之房產、地 30 餘畝賣淨，攜妻、女三人以討飯渡人。

首渡已之嬸妹及其姑丈申光耀，繼有濟陽王金珠（此時當地亦有很多人繼續參加）。民國六年成立了「大靈山（長山縣古名）一心堂」，向外擴展組織，申光耀渡起了商河靳子中、于文正，王金珠渡起了濟陵王長海及益都高立仁。自民國十二年，一渡十、十渡百，道眾達五百餘人，在大丁汪莊聚集，當以 250 人分五路傳道，關外 50 名由劉文輝（膠東）、崔萬福為首，山東 50 名由高文公為首，江南 50 名由王金華（現住濟南馬市街 10 號）為首，河北 50 名由朱家貴（臨淄）為首，山西 50 名由王長海為首，分途擴展徒眾。

民國十三年由申光耀、高立仁等，聯絡了上海紅十字會會長顏惠慶，馬士維任長山縣分會會長，時值北閥戰爭，馬趁機成立醫院，組織救護隊在濟寧等地救護傷兵。同時亦在大丁汪莊成立醫院和義務小學，並修橋補路等善舉。

十六年修建馬氏住宅，工程浩大，貪婪自私之野心開始顯露，十七年召集河南、河北、山西、關外、甘肅、安徽各省縣男女道徒二千餘到大丁汪莊「躲劫避難」，男女分住西南大院，中大院，以席草為鋪。十八年二月二日西南大院失火，死男道徒十四名，傷數十名，燒牛十餘頭，大車數輛，事後不少道徒視破其偽，退道離走者千餘。

十八年正月有黃沙會首領朱知靜（即日偽時期盛極一時的「朱皇帝」），紅槍會首領牛寶山（德縣人）投入，馬士維聲振一時。十八年正月馬開考場，揚言「歸家歸一，孝順老父母，尊法聽令，學好學善，若有洩露不尊明公即斬，空中雷轟」並各賜道號，統一姓馬，發給道袍道帽等。

由於朱知靜、牛寶山與馬士維勾結一起，他們便集議買紅槍、大刀，甚至荊條、木棍，搜羅道親千餘人，編成大隊陰謀作

亂，此時會員洞悉其陰謀，逃跑者又過半，僅餘五百餘人。十八年七月一日，全戴紅色包頭，藍裹腿，手執紅槍大刀，秫秸木棍開始蠢動。當局陳調元（山東省主席）聞訊驚懼，便飭令長山縣趙維成，率部圍剿，當時死道眾百餘人，傷數十名，馬士維潛逃，其會亦趁機而散。

失散後馬士維遁居大連。十九年至山西五臺山嘯聚會眾進行復辟活動。廿一年買通了軍閥吳佩孚、張宗昌、鮑毓林（北京警察局長），王琦等入會，在北京地安門共組「普化救世佛教會」，馬任會長，向各省進行活動，後因吳佩孚對該道勒索過甚更因為馬勾結之張宗昌，在山東被刺，馬恐遭連累，再次逃跑五臺山，會中財產全由吳佩孚承受。馬至五臺山後，即通知重要會眾到五臺山聚集，糾合 120 人，又分五路傳道，每路 24 人，上海一路以王淮（現住山東陵縣白菜沙莊）為首，四川一路以王金華（現住濟南馬市街 10 號）、范景星（山西遼縣馬天鎮人）為首，甘肅一路剛玉才（安徽宿縣）為首，綏遠一路以李成勳（山東廣饒曹窠李家）、趙崇德（濟陽牌坊趙家）為首，黑龍江朱寶貴（萊蕪人）、朱家貴為首，向外發展，各路道徒至年底返五臺山。

廿二年九月馬士維及其隨從申光耀，高立仁等為進一步擴張野心，又至天津在日租界淡路街一號成立「一心天道龍華聖教會」，又通過日寇翻譯于寶泉串通日寇，又定名「大東亞佛教聯合總會」，由馬士維任會長，下設八大組，總務組長馬雲成，文書組長馬賢陵（河北密雲人、五十多歲，九十六大賢，現住上海沉香閣 49 號），交際組長周鳳臣（五十多歲，河北滄縣人），會計組長劉洪賓（死）、庶務組長遲盛章，教育組長高文公（死），賑濟組長袁光德（死），宣傳組長梁好珍（濟陽內大莊人）。所舉辦之業務，除搜刮各地會員之金錢外，僅設立粥廠、醫院、小學

各一處，藉以壯觀。

馬士維於廿四年十月初九病死，上層道徒為達其野心目的，便於十三日揚言馬士維死而復生，借其妻體還陽，十六日馬妻「正坐」口述《九轉還陽回龍傳》一部，有陶雲祥、馬雲成、周鳳臣、劉洪賓、遲盛章、高文公、梁好珍、袁光德八人（即八大部）跪前抄錄（實際八人捏造）。十月廿日由馬妻定了「白陽盤」，宣稱：自今日起整個世界進入白陽時期，馬為白陽聖主，其妻為白陽聖母自稱是統治世界的「真朝廷」（見《回龍傳》），四十五天為一月，十八月為一年。接著馬妻「開科考試」封官封爵，前後共考九次，考中九十六人，相次九十六賢，說此九十六人統轄全世界人類，又從九十六賢中選出六大宰相、十二朝臣等官職。十一月十五日，有三十六人著白，九十六人著藍，十八人著紫，十八人打燈龍，有軍樂隊領先，並備汽車兩輛，在街誇官遊行。二十五日示威遊行，大門懸有「一天起」,「一地起」旗兩對，遊行隊內打著「一佛起」「一神起」旗各一對，每道徒手執「一真」之旗，考甄時有馬妻正坐，「大皇姑」,「三皇姑」左右相陪，八大部站班，九十六賢侍立，眾道徒頻頻磕頭「聽訓」。馬妻又宣佈六大佛法，令所有道徒每日供念三遍：

1.白陽一定萬萬年，誰知真妙算。

2.新無生出世坐寶蓮，定住真天盤。

3.老聖人出世天下安，誰知真龍天。

4.白陽活佛坐天壇，白陽真自然。

5.新真人出世坐金鑾，定住白陽盤。

6.三赴龍華大團圓，出了新聖賢。

（每句佛法之前皆加有「無生來掌盤，無生來掌盤」兩句）。之後馬妻分發每人藍袍一件、「天十」帽子一頂，鞋褲等。

　　廿六年日寇佔領天津，馬妻將馬屍移往英租界永定里 18 號，此時由馬雲成、陶雲祥、周鳳臣在津南市以物資救濟「遇害兵燹」，並在南市大舞臺設收容所，誘惑民眾，取寵日寇，得其歡心，發給大米 50 包。陶雲祥見有機可乘，遂通過日特于寶泉聯絡日偽天津「治安維持會」次長中山，重新備案。二十八年天津遭受水災，該會又利用天災人禍之機，打著日本許可旗，以小恩小惠擴大影響，愚昧人民，取寵日寇。二十九年初該會首罪惡滔天，陶雲祥以該道名義大量向日寇獻銅，供日寇製造槍炮，屠殺中國人民，此事極得日寇首相侵華首犯東條英機之歡心，乃以東條名義發給感謝狀，東條並鑒於該道存在發展對其侵華有利，又以其自己名義發給獎狀，經該會製成照片分發跑令者每人一張，通行各地發展組織，日偽人員見其證明皆加保護，此事道徒郝春圃（山東跑令，他自己有兩張，日降後撕毀）。遲盛章（八大部）等皆供認不諱，自此該道大事發展組織，山東、綏遠各地分會紛紛成立。

　　二十九年九月二十六日馬妻死，連同馬屍葬於楊家花園西院，由八大部保駕「大皇姑」、「三皇姑」掌權，在日寇保護下，繼續發展會務。三十年由劉鴻濱、劉升昌至山西太原成立支會，三十二年由王金華、楊國昌在石家莊成立分會，王任會長，三十三年由張開祥在徐州成立分會。

　　馬妻死後，雖由「大皇姑」執權，但其自身活動能力實較其母遜色，因此在某些方面只是起著傀儡作用，馬雲成、遲盛章、周鳳臣、馬政新（皇孫）等人，則掌握不少實權，不過經濟大權則由自己掌管，同時仍有效的繼承著其父母的反動迷信淫威。

　　日寇投降蔣政府佔據天津後，該道繼續活動，並捐獻食糧，實行賑濟。但因該道過去曾有稱帝叛亂活動，該道存在蔣黨恐其

對己不利，又懷疑該道徒能「呼風喚雨、撒豆成兵」，因此頗感不安，加以該道在日偽時期勾通日寇，臭名遠揚。蔣政府懾於群情，便不得不於 1946 年 6 月以該道「邪法歪術」，「傾向不明」，「蓄髮左衽有礙觀瞻」為名，將該會查封，在該會門口掛上「清理一心天道龍華聖教會」的牌子。至三十六年六月，又秘密允許該道等清理完竣後，可改裝「中和慈善救濟會」而進行活動，接著陶雲祥便乘機到上海，將原「上海一心天道龍華聖教會」改為「中和慈善救濟會」，待至天津組織起來還未公開恢復時，即告解放。

國家圖書館出版品預行編目資料

現在華北秘密宗教／李世瑜著. -- 初版. --
　　臺北市：蘭台, 2007[民96]
　　面；　公分. -- （宗教與社會叢書：1）

　　ISBN 978-986-7626-55-4（平裝）

1. 秘密宗教　2. 中國

270　　　　　　　　　　　　96025077

宗教與社會叢書 01

現在華北秘密宗教

作　　　者：李世瑜
出　版　者：蘭臺出版社
地　　　址：台北市中正區開封街一段 20 號 4 樓
電　　　話：(02)2331-1675　傳真：(02)2382-6225
總　經　銷：蘭臺網路出版商務股份有限公司　劃撥帳號：18995335
網 路 書 店：http://www.5w.com.tw　E-Mail：lt5w.lu@msa.hinet.net
　　　　　　　　　　　　　　　　　　books5w@gmail.com
網 路 書 店：博客來網路書店　http://www.books.com.tw
網 路 書 店：中美書街　http://chung-mei.biz
香港總代理：香港聯合零售有限公司
地　　　址：香港新界大蒲汀麗路 36 號中華商務印刷大樓
　　　　　　C&C　Building, 36, Ting　Lai　Road, Tai Po,New Territories
電　　　話：(852)2150-2100　　傳真：(852)2356-0735
出 版 日 期：2007 年 12 月初版
定　　　價：新台幣 800 元

ISBN 978-986-7626-55-4